KRISTINA MONINGER

THE FIRST to fall

ROMAN

RED SUMMER

Forever

Forever by Ullstein
forever.ullstein.de

Wir verpflichten uns zu Nachhaltigkeit
- Papiere aus nachhaltiger Waldwirtschaft und anderen kontrollierten Quellen
- ullstein.de/nachhaltigkeit

MIX
Papier
FSC FSC® C021394

Originalausgabe bei Forever
Forever ist ein Verlag der Ullstein Buchverlage GmbH Berlin
1. Auflage März 2025

Bei Fragen zur Produktsicherheit wenden Sie sich bitte an
produktsicherheit@ullstein.de
Umschlaggestaltung: Favoritbuero GbR - Bettina Arlt
Titelabbildung: © shutterstock/ Paulo Henrique Pigozzi; © shutterstock/ KsjuKn
Abbildungen im Innenteil: © flaticon.com
Gesetzt aus der Albertina powered by *pepyrus*
Druck- und Bindearbeiten: ScandBook/Litauen
ISBN 978-3-98978-011-8

Für Christiane

… I love you, it's ruining my life …

Aus »Fortnight« von Taylor Swift

I

Aurora

;

Drei Monate vor dem Fall

48 218 7 625 651 324, 16 411 233 541 238 712

Mit der alten Kiste bleibst du stehen, ehe du Kärnten verlassen hast, haben sie gesagt. Bis Wien hat es schon mal gereicht. Jetzt fehlt mir nur noch ein Parkplatz, was sich als schwieriger herausstellt, als ich gedacht hätte. Dreimal habe ich den Block, in dem meine Schwester wohnt, jetzt schon umrundet. Nichts, keine einzige kleine Lücke weit und breit.

Du solltest dir einen Zettel in die Windschutzscheibe kleben, auf der die Höhe des Vans steht, hat mein Kumpel Chris gesagt.

Und ich hätte darauf hören sollen, dann wüsste ich, ob mein Weltreisemobil unter der Tiefgaragenbarke mit der Aufschrift *2,20 m* durchpasst oder eben nicht. So scheidet alles, was meinen Camper unter die Erde führt, aus. Verdammt. Also dann doch noch eine Runde um den Block … oder … nein, da, hinter einem schwarzen Kastenwagen mit italienischem Kennzeichen, ist doch noch was frei. Ich versuche, mich an die Rückwärts-seitwärts-Einpark-Anweisungen meines Fahrlehrers zu erinnern, schlage ein, kurble, checke die Spiegel, korrigiere, und dann stehe ich. Krumm, aber ich stehe.

Ein klein wenig stolz auf mein Werk, schlüpfe ich in meine leichte Daunenjacke, steige aus und renne direkt einem Typen in die Arme. Oder besser gesagt, seinem Umzugskarton. »Ups, sorry.«

»Pass doch auf«, kommt es brummig zurück.

Ich sehe nur nackte Arme und dann die kleine Kiste, die oben auf dem Karton gefährlich wackelt. Ehe ich meine Finger um die Kiste schließen kann, ist sie schon auf die Straße gekippt, und das unschöne Geräusch lässt keine positive Interpretation zu.

Ich bücke mich gleichzeitig mit dem Typen, der seinen Karton abstellt und einen leisen Fluch von sich gibt. Aber ich bin schneller als er, begutachte die Kiste und fische eine weiße Tasse heraus, die einen mehr als merkwürdigen Henkel hat. Er erinnert mich an die bunten Griffe in der Boulderhalle, in die ich Em manchmal begleitet habe. Ein feiner, aber deutlicher Riss zieht sich vom Rand der Tasse über den Schriftzug *6b* hinunter bis zum Boden.

»Sorry«, nuschle ich zum zweiten Mal. »Das tut mir echt leid.«

Er sagt nichts, sondern greift in die Kiste, und ich packe alarmiert mit der freien Hand die seine.

Er zuckt zurück, ich zucke zurück.

»Pass auf, sonst schneidest du dich!«, warne ich ihn und schiebe schnell noch ein drittes »Sorry« hinterher. Für die zerbrochene Tasse und die übergriffige Berührung.

Er hebt den Kopf ein wenig, und das erste Mal sehen wir uns direkt an. Blaue Augen hat er, wie ein Gletscher. Sie sind genauso eisig wie der Zug um seinen Mund. Unfreundliche Menschen verursachen bei mir eine Gänsehaut. Es ist ein natürlicher Abwehrmechanismus. Früher dachte ich, das ginge allen anderen auch so. Bis Em mich ausgelacht und mir erklärt hat, dass Gänsehaut absolut nichts mit Abneigung gegen Unfreundlichkeit zu tun hat. Höchstens mit Ekel. Aber Ekel ist es nicht. Wirklich nicht, dazu muss man ihn sich nur anschauen. Er sieht gut aus. Wenn man auf durch und durch athletische Typen steht, die so tun, als wäre ihnen ihr Aussehen egal, aber ihre Muskeln vermutlich jeden Abend vor dem Spiegel zucken lassen. Typen, die bei zehn Grad Außentemperatur Muskelshirts aus schweißabweisendem Trikotstoff tragen, auf dem auch noch fett die Namen irgendwelcher Sponsoren prangen. Und … ich fasse es nicht, die olympischen Ringe. Klar, warum nicht gleich die Weltherrschaft.

Er sagt noch immer nichts. Stattdessen macht er eine alberne Bewegung, als müsste er mich um Erlaubnis fragen, erneut in die Kiste greifen zu dürfen. Ich presse die Lippen aufeinander und weiche ein klein wenig zurück, das Opfer unseres Zusammenstoßes noch immer in der Hand. Er zieht eine Tasse nach der anderen heraus – ziemlich gewöhnliche Ikea-Modelle, die den Sturz überlebt haben – und legt sie nach der Inspektion wieder zurück. Nur die mit dem seltsamen Griff ist kaputt. Er nimmt, nein, er *reißt* sie mir ruckartig aus der Hand. Und in dem Moment geht sie endgültig zu Bruch. Wie eine Felsspalte klaffen die beiden Hälften auseinander, die er mit gerunzelter Stirn mustert.

»Vielleicht solltest du dir Blechtassen kaufen?«, schlage ich vor und schiebe ein Lachen hinterher, das viel zu hoch gerät. Fehlt nur noch der Schluckauf.

»So weit kommt es noch«, sagt er. Als wären bruchsichere Tassen in der Küche ein Indikator dafür, die Kontrolle über sein Leben verloren zu haben.

»Ich ersetze dir die natürlich«, biete ich an.

»Nicht nötig«, brummt er. »Die ist von meiner Ex-Freundin.« Er hat eine sehr tiefe, aber melodiöse Stimme, so Marke Dokumentarfilmkommentator. Nur eben in unfreundlich. Lieblos stopft er die Tassenhälften zurück in die kleine Holzkiste, richtet sich auf und fährt sich durch die dunklen Haare. Der Wirbel an seiner Stirn bleibt davon genauso unbeeindruckt wie ich.

»Kann ich dich dann auf einen Kaffee einladen, als Entschädigung?«

Ich bin nicht so wirklich gut im Flirten. Zu wenig subtil, viel zu direkt. Jetzt aber würde ich gern flirten können. Er mustert mich kurz, und seine Miene wird ein, vielleicht sogar zwei Grad wärmer.

»Danke, aber ich trinke keinen Kaffee aus Blechtassen.«

Okay, der war nicht schlecht.

»Ganz schön zerbrechliche Laune, was?«, scherze ich, aber da hat er sich längst gebückt, die Kiste wieder auf dem Karton platziert und mir den Rücken zugedreht.

Em kann mir erzählen, was sie will. Unfreundliche Menschen *sind* Gänsehautgaranten. Ganz gleich, wie sie aussehen. Ich zwinge mich, ihm nicht nachzuschauen, und ein viertes »Sorry« schlucke ich runter. Stattdessen sehe ich mich kurz auf der Straße um, versuche, mich zu orientieren. Dann ziehe ich das Handy aus der Tasche und tippe meiner älteren Schwester eine Nachricht.

Bin jetzt da, zeigst du mir den Wandschrank?

Em wohnt, seit sie vor ein paar Wochen nach Wien gezogen ist, in einem winzigen WG-Zimmer, das ihren Aussagen und den Fotos nach halb so groß ist wie Harry Potters Domizil unter der Treppe. Laut Mietvertrag sind es großzügige 8,98 Quadratmeter, die Schräge mit eingerechnet.

Schau mal hoch, vierter Stock, das gelbe Haus.

Ich folge ihrer Anweisung und entdecke sie wild winkend auf einem Miniaturbalkon.

»Em«, brülle ich und hüpfe wie ein kleiner Flummi auf und ab.

• • •

Wir sitzen in einem Wiener Café mit dunklen Möbeln und riesigen Spiegeln an den Wänden. Es ist herrlich und gleichzeitig irgendwie beängstigend.

Em lacht. »Sachertorte und ein Verlängerter, Aurora. Das ist also deine Henkersmahlzeit, bevor es losgeht.«

»Fühlt sich alles ein bisschen so an, als würden wir Erwachsensein spielen«, sage ich. »Also *du* bist erwachsen, *ich* spiele«, korrigiere ich schnell.

Em trägt eine Cat-Eye-Brille mit pastellfarbigem Rahmen, obwohl sie im Gegensatz zu mir gute Augen hat. Ich kneife lieber die Augen zusammen oder blinzle, als mich um Kontaktlinsen oder eine Brille zu kümmern. Ihr Pony sitzt ordentlich und glätteisenglatt auf ihrer Stirn, und kein einziges Haar ihres dunkelbraunen Longbobs steht ab. Ich zupfe an dem Crunchy an meinem Hinterkopf herum, mal wieder Opfer des Em-Effekts.

»Das täuscht«, sagt sie. »Oder glaubst du, ich hätte wirklich eine Ahnung vom Leben? Ich bin nur nicht so mutig wie du.«

»Vielleicht bist du auch einfach schlauer.«

»Hast du Angst, weil es jetzt losgeht?«

»Ein bisschen«, gebe ich zu. »Und du wirst mir fehlen.«

Ich strecke die Füße unter dem Tisch, bis sie Ems berühren, wie früher, als wir Kinder waren.

Em hasst das, aber jetzt lacht sie. »Ich könnte dir einen Platz unter meinem Bett anbieten, Untermieterin in Harry Potters Wandschrank. Du könntest irgendwas … studieren.«

»Safe, könnte ich«, erwidere ich grinsend, stütze die Ellbogen auf den Tisch und bette das Kinn auf meine gefalteten Hände. »Aber ich will nicht. Du kannst deinen Anteil von Omas Erbe gern in einen Bausparvertrag investieren, ich investiere in Zeit. Das ist die Währung der Zukunft.«

Em zieht die Augenbraue übertrieben Richtung Stirn und spitzt die Lippen wie unsere Mutter. »Die ADAC-Mitgliedschaft hast du aber abgeschlossen, oder?«, fragt sie und imitiert dabei auch Mamas Stimme.

»Klar«, behaupte ich, kann aber nicht beschwören, wirklich daran gedacht zu haben. »Weißt du, was Mama zum Abschied gesagt hat?«

Em zuckt mit den Achseln, hebt ihre Kaffeetasse mit dem sehr gewöhnlichen Henkel an und führt sie zum Mund.

»Pass bloß auf an der Côte d'Azur, die Franzosen klauen dir das Auto unterm Hintern weg.«

»Und was hast du geantwortet?«, will Em wissen. Die Tasse schwebt vor ihrem Mund, und der Anblick des Porzellans lenkt mich für einen Moment ab.

»Wusstest du, dass es Tassen gibt, deren Henkel Bouldergriffen ähneln?«

Em zieht eine Grimasse.

»Egal«, sage ich schnell und lehne mich dann ein wenig nach vorn über den Tisch. »Ich hab zu Mama gesagt, dass ich gehört habe, dass die Franzosen sehr attraktive Hintern haben sollen.«

»Aurora …«, prustet sie und hält sich die Hand vor den Mund. Zwischen ihren Fingern quillt ein Schwall Kaffee hervor.

Wir glucksen gemeinsam, und weil Ems Glucksen schon immer mein allerliebster Laut auf der Welt war, lache ich laut. So laut, dass die Leute am Nebentisch zu glotzen anfangen, ich das Lachen schlucke und Lachschluckauf bekomme.

»Vielleicht begegnet mir in Frankreich ja die große Liebe oder in Spanien, spätestens in Portugal.«

»Glaubst du denn dran?«, will sie wissen, während sie sich die Finger an einer Serviette abtrocknet. »An die große Liebe?«

»Klar, du nicht?«

Em streckt ihre Hand über den Tisch und legt sie auf meine. Ich kann sehen, wie sich ihr Kehlkopf bewegt. »Wenn ich an unsere Eltern denke, bin ich mir da nicht sicher«, sagt sie leise und löst ihre Finger von meinen. »Wie war es mit ihm …?«

Em schafft es noch immer nicht, *Papa* zu sagen oder *unser Vater*. Seit er uns verlassen hat, ist er für sie nur noch *er*. Ich kann nicht lange böse sein, nicht einmal, wenn das gesünder wäre, weil es Menschen gibt, die einem nicht guttun. Em dagegen ist so ziemlich der nachtragendste Mensch, den ich kenne. Aber auch mir rutscht das Grinsen halb aus dem Gesicht. Ich denke an die Lücke zwischen den Körpern meiner Eltern, als wir uns im Hof verabschiedet haben. Eine Lücke, die selbst zu Coronazeiten ein übertrieben großer Sicherheitsabstand gewesen wäre. Eine Lücke, in die Em gepasst hätte und die ohne sie so gewirkt hat, als hätte ich sie verursacht.

»Komisch«, antworte ich. »Es war komisch.«

»Hast du noch mal mit Mama gesprochen …?«

Ich schüttle den Kopf.

»Und … er?«

»Wollte mir Geld zustecken, Notgroschen. Das Kuvert war so dick, das hätte wahrscheinlich für Notfälle aller Art bis 2035 gereicht.«

»Hätte?«, hakt Em nach.

»Ich hab's natürlich nicht angenommen!«

»Warum nicht?« Sie starrt mich an.

»Aus Prinzip!«

Em wird sofort laut. »Aus welchem Scheißprinzip nimmst du sein Geld nicht an? Das ist das Mindeste, was dieser Voll…«

Irgendetwas in meinem Gesicht bringt sie zum Schweigen. Aber ich sehe, wie sich die Wut in ihren Augen staut. Im Jähzorn ist sie unserem Vater nicht unähnlich. Schnell stopfe ich mir ein sehr großes Stück Sachertorte in den Mund, damit ich das nicht laut ausspreche.

Ich spüle die Torte mit Kaffee runter und versuche zu lächeln. »Lass uns über was anderes reden, bitte.«

»Gut«, presst meine Schwester zwischen dünnen Lippen hervor.

»Wie gefällt es dir in Wien? Hast du schon neue Freunde gefunden? Vermisst du Max? Wie sind die Profs? Kannst du schon Wienerisch?« Wie immer, wenn mir etwas unangenehm ist, neige ich dazu, zu viel zu sprechen.

Em weiß das. »Weißt du was, warum kommst du nicht einfach heute Abend mit!«

»Wohin?«

»In irgendeinen angesagten Club, hab den Namen vergessen.«

»Mit wem?«

»Mit Freunden von Hannah.« Und weil sie meinen verständnislosen Blick auffängt, fügt sie hinzu: »Na Hannah, die ich in der Bibo bei dieser Übernachtungsparty kennengelernt hab. Du weißt schon, die auch Jura studiert. Ich kenne ihre Leute noch nicht besonders gut. Aber sie sind nett. Sie feiern den Abschied eines Kommilitonen, der sein Studium geschmissen hat, und haben mich eingeladen.«

Ich verziehe das Gesicht. »Ich hasse Clubs.«

»Ich weiß, aber du könntest meinetwegen mitkommen.«

Die Vorstellung, noch einen Abend mit Em zu verbringen, ist verlockend, aber dann denke ich an meine Etappenziele, an den

Campingplatz, den ich vorgebucht habe, und daran, wie sehr ich mich nach dem Meer sehne.

»Weißt du, was Oma an ihrem Sterbebett zu mir gesagt hat?«

Em schüttelt leicht den Kopf.

»*Ich hätte viel mehr Tage meines Lebens einfach am Meer sitzen und auf die Wellen starren sollen.* Deswegen sorge ich jetzt dafür, dass dieser Satz nicht zu *meinen* letzten gehören wird. Ich kann nicht mehr warten, ich möchte so schnell es geht ans Meer.«

Em zuckt resigniert die Achseln. »Frei nach Hemingway: Das Meer ist der letzte freie Ort der Welt.« Sie zieht kurz die Nase kraus. »Schade, aber ist okay. Es ist einer von diesen teureren Clubs, mit Gästeliste. Wäre wahrscheinlich eh schwierig geworden.«

Em klingt nicht gerade überzeugend, aber ich bin ihr trotzdem dankbar dafür, dass sie mir diesen Ausweg bietet.

Meine große Schwester greift noch einmal nach meiner Hand. »Mach keinen Unsinn, okay. Und wenn du einen schlimmen Adrenalinschub bekommst, dann ruf mich an, ja? Pass auf dich auf, Kleine!«

»Mach ich!«

Em brauche ich das nicht zu sagen. Em kann verdammt gut auf sich aufpassen.

Als wir uns zum Abschied vor meinem Van umarmen, fühlt es sich an, als müsste sie sich an mir festhalten. Oder ich mich an ihr? Da bin ich mir nicht sicher. Meine Arme um Ems schlanke Hüfte geschlungen, presse ich mich an meine Schwester und empfinde eine seltsame Leere bei dem Gedanken, das erste Mal ohne sie zu verreisen. Ich will Fahrtwind und Freiheit. Aber am liebsten mit Em. Ich will panierte Sandfüße und Dosenthunfisch mit Rotwein aus dem Tetrapak. Aber all das macht mir ein wenig Angst ohne Em. Nicht, weil ich glaube, nicht allein zurechtzukommen. Sondern weil ich weiß, wie ich sein kann, wenn sie mich nicht bremst.

Ich lege alles in diese Abschiedsumarmung. Die langen Nachmittage, in denen wir als Kinder Legohäuser gebaut haben und es darin immer ein Zimmer für Em und mich gemeinsam gegeben hat. Die Nächte, die wir auf Festivals durchgetanzt haben, und unseren ersten gemeinsamen Urlaub in Paris, in dem ich meine Jungfräulichkeit an einen gewissen Bastién verloren habe und Em dachte, an einer Lebensmittelvergiftung zu sterben. Ich lege all die Umarmungen hinein, die wir als kleine Mädchen geteilt haben und die dann später seltener wurden. All die Nächte, in denen wir aneinandergeklammert eingeschlafen sind und Em ihre Hand über meine Ohren gelegt hat, damit ich unsere Eltern nicht streiten höre. Sie gerät sehr lang, diese letzte Umarmung, und Em ist diejenige, die sie löst.

»Alle guten Dinge beginnen damit, etwas anderes zu beenden«, sagt sie liebevoll und drückt mir einen Kuss auf die Stirn.

»Versprich mir, dass wir uns bald wiedersehen«, schniefe ich.

»Ich verspreche es.«

2

Jakob

Drei Monate vor dem Fall

Schwarze Absperrbänder werden aus- und wieder eingehakt, Türen geöffnet, eine Frau in einem Minikleid befestigt VIP-Bändchen an unseren Armen. Ich strecke ihr das linke Handgelenk hin, obwohl sie rechts von mir steht. Warum, weiß ich selbst nicht. Wir passieren die Türsteher, die ihre dicken Bizepse unter weißen Hemden verstecken.

Magnus klopft mir auf die Schulter. »Hofer, ich hoffe, die Kreditkarte sitzt locker heute.«

»Du lässt keine Gelegenheit aus, mir klarzumachen, wie wenig ich dich vermissen werde«, kontere ich und lache.

Das stimmt natürlich nicht ganz. Magnus ist einer meiner ältesten Kumpels. Wir sind wie Brüder aufgewachsen. Wie charakterlich sehr unterschiedliche Brüder. Und manchmal bin ich mir nicht sicher, ob Magnus und ich auch Freunde geblieben wären, wenn die Vergangenheit nicht ein Band zwischen uns geknüpft hätte, das man nicht so einfach durchschneiden kann wie das bunte Plastikteil an meinem Arm.

»Die gehört zu uns«, ruft Magnus dem Türsteher zu, der die

zierliche Blonde namens Hannah, die seit ein paar Wochen wie ein angelutschtes Eisbonbon an Magnus klebt, zurückhalten will.

Ich scanne die Menge im Eingangsbereich des Clubs. Stroboskopische Lichteffekte in Neonfarben zucken über die Köpfe der Besucher und verwandeln auch das erdbeerblonde Haar meiner Zwillingsschwester vor mir in ein tanzendes Farbenmeer. Nena muss nicht auf einer Gästeliste stehen, um eingelassen zu werden. Anders der Vollidiot an ihrer Seite. Leo, der seinen und Verenas Beziehungsstatus als Situationship definiert und damit lediglich seine Fremdgeherei legitimiert, schiebt meine Schwester mit der Hand am Hintern in Richtung Bar.

»Relax«, sagt Magnus in mein Ohr. »Das ist dein Abend, Alter. Lass dich nicht ärgern. Hab ein bisschen Spaß! Was macht die Gletscherfrau?«

»Schmelzen und schmollen. Annamaria und ich haben uns getrennt, Mann.«

Kurz denke ich an den Zusammenstoß mit der Frau mit den wirren Haaren heute Mittag. Denke an die zerbrochene Tasse, die mir Annamaria geschenkt hat. Die Tasse ist mir scheißegal, aber ich krieg einfach das Gefühl nicht aus dem Kopf, dass es ein verdammt schlechtes Omen ist. Gleichzeitig ist es blöd, deswegen schlechte Laune zu haben.

»Umso besser.« Tristan, mit dem ich gemeinsam in Meran Matura gemacht und zum Studieren nach Wien gekommen bin, grinst mich breit an.

»Ich leihe dir Hannah gern aus, wenn du uns mit den Almwiesen entgegenkommst«, ruft Magnus und lacht übertrieben laut. »Nicht dein Typ? Zu klein? Winzige Titten? Zu viel Arsch?«

Ich brauche Magnus nicht zu erklären, dass mein Typ Frau sich nicht an Körbchengrößen oder dem Volumen bestimmter Körperteile festmacht. Wenn ich Magnus damit komme, dass ich auf

Frauen stehe, die mich zum Lachen bringen oder mich auf irgendeine Art und Weise herausfordern, dann kann ich mich auf einen Abend voller schlechter Witze auf meine Kosten einstellen. Also halte ich den Mund und wünsche mich jetzt schon weg.

Reiß dich zusammen, das sind deine Freunde, deine Party.

Ich setze ein Lächeln auf und schaue mich um. An der Bar umarmt Hannah überschwänglich eine Brünette in einem gelben Kleid und Cowboystiefeln. Ich hab sie an der Uni ein-, zweimal gesehen, sie scheint eine neue Freundin von Hannah zu sein. Mila oder Emma oder so. Und dann donnern die Beats wieder los. Hier, nur wenige Meter von dem Podest mit dem DJ-Pult entfernt, schlucken sie fast jeden Laut. Ich mag das, auch wenn ich mit Elektro nichts anfangen kann. Es gibt mir Zeit, meine Gedanken zu sortieren. Das hier ist mein Abschiedsabend. Ich will ihn genießen, will mit meinen Leuten feiern, dass ein neuer Abschnitt beginnt. Dass ich so nah dran bin, mir meinen Traum zu greifen, wie nie zuvor. Im wahrsten Sinne des Wortes. Der Gedanke ans Klettern, an meine Finger an einer Steilwand, an das unbeschreibliche Gefühl, wenn das Adrenalin mich packt, sendet für gewöhnlich freudiges Kribbeln durch meinen ganzen Körper. Heute ist es irgendwie anders. Das liegt nicht so sehr an der Tatsache, dass Magnus' Sprüche mir auf die Eier gehen. Oder daran, dass Leo meiner Meinung nach eine Fehlbesetzung in Verenas Leben ist. Vielleicht ist es die Angst. Die Angst vor dem Versagen.

Wenn ich die Qualis versaue, dann zitiert meine Mutter mich zurück in ihre Chalets. Dann habe ich nicht nur meinen Traum verloren, dann … Der Gedanke ist so beinhart und schwer und unerträglich, dass ich mich innerlich in völlig überzogene Schreckensszenarien flüchte. Denn wenn ich mir vorstelle, mit Mika in der Küche Zwiebeln zu schnippeln, beim morgendlichen Run mit den Gästen den Drill-Instructor zu spielen oder, schlimmer noch, mit Handtuch um die Lenden zu Elton-John-Songs Eventaufgüsse in der Waldsauna zu machen, dann könnte ich jetzt schon ausflippen. Gedanklich halte ich mich von den viel schlimmeren Folgen meines möglichen Versagens fern: der Tatsache, dass ich keine Ahnung habe, was ich sonst mit meinem Leben machen soll. Ein Anstellungsverhältnis am Felsenhimmel kommt meiner Vorstellung von Hölle schon ziemlich nah. Also belasse ich es dabei.

Ich setze mich auf den Barhocker und versuche, nicht an die Konsequenzen meines möglichen Scheiterns zu denken, die erst heute so richtig hochgekocht sind.

Magnus lässt sich neben mich fallen, streicht sich die blonden Haare aus der Stirn. »Was willst du trinken, Hofer?«

»Coke Zero«, schreie ich über die Musik hinweg.

»Alter! Das geht auf keinen Fall! Das mit der Kreditkarte war nicht ernst gemeint. Ich zahle, Daddy zahlt.« Er verzieht das Gesicht, und ich bekomme ein wenig Mitleid. Magnus' Vater ist so etwas wie der Pate Norditaliens. Er zahlt, aber das hat auch immer seinen Preis. Eine Tatsache, unter der Magnus seit frühester Kindheit leidet.

»Paris!«, erinnere ich ihn. Paris zieht besser, als ihm zum dreihundertsten Mal zu erklären, dass ich keinen Alkohol brauche, um einen geilen Abend zu haben.

Magnus verdreht die Augen. »Warum tätowierst du es dir nicht auf die Stirn. O-L-Y-M-P-I-A? *Ein* Drink geht ja wohl. Hast du doch sonst auch, mal einen mitgetrunken.«

Das stimmt, denke ich, während ich die lange Reihe verschiedener Gin-Flaschen mustere, ohne das geringste Verlangen zu verspüren, eine davon zu probieren. Ich habe es seit geraumer Zeit so satt, mich den Gewohnheiten anderer anzupassen, nur weil es von mir erwartet wird. Da Magnus das aber nicht versteht, spare ich mir dieses Mal die Luft.

Die Brünette und Hannah stellen sich zu uns. Emma/Mila oder wie auch immer lächelt nett und sagt etwas, ich nicke, habe aber kein Wort verstanden. Aus dem Augenwinkel beobachte ich Leo, der meiner Schwester über den Sensor am Oberarm streicht. Ich möchte ihn würgen.

Ein Blick auf mein Handy verrät mir, dass es kurz nach elf ist. Mit dem Taxi wäre ich in zwanzig Minuten in der Hannovergasse. Ich könnte gut noch ein, zwei Stunden trainieren. Wenn ich an einem Felsen hänge, mich an einen Vorsprung oder einen Griff klammere, ist es, als würde ich nicht nur die Schwerkraft bezwingen, sondern gleichzeitig auch jede innere Schwere von mir schütteln. Ich sehne mich nach diesem Gefühl, nach dem Schreien meiner Muskeln und dem Rausch einer schwierigen Wand.

Das kann ich nicht bringen, oder?

Doch ehe ich mich entscheiden kann, hat Magnus seine Pranken schon auf den Tresen geknallt. »Eine Runde Shots auf unseren Goldjungen hier.«

»Noch bin ich nicht mal qualifiziert«, sage ich. Zu leise, als dass es jemand hören könnte.

Ich schaue zu Verena, und sie nickt mir kaum merklich zu. Als Magnus die kleinen Schnapsgläser auf dem Tresen verteilt, hat meine Schwester sich schnell unbemerkt eines geschnappt, es in das Waschbecken hinter dem Tresen geleert und mir wieder zugeschoben. Schon ein bisschen shitty, mit solchen Tricks arbeiten zu müssen. Immerhin grinst Magnus so, als wäre er sehr glücklich darüber, mich von einem Kurzen überzeugt zu haben. Tristan neben ihm macht alberne Posen, klammert sich am Tresen fest und tut so, als würde er abstürzen. Hannah lacht, ihre Freundin bewegt sich zum Takt der Musik, sodass das gelbe Kleid schwingt.

Verena beugt sich zu mir und formt ihre Hände zu einem

Trichter an meinem Ohr. »Emilia steht auf dich«, flüstert sie und deutet auf die Brünette.

Emilia also. Ich winke ab. Verena behauptet ständig, alle möglichen Frauen würden auf mich stehen. »Nur weil sich alles nach dir umdreht, gilt das nicht zwangsläufig auch für mich. Wir sind *zwei*eiige Zwillinge, schon vergessen?«, raune ich zurück.

Verena zieht eine Grimasse und schreit mir dann ins Ohr: »Ist das eigentlich eine komische Art von Understatement, oder checkst du wirklich nicht, dass sie alle auf dich fliegen, Mr Ninja Warrior? Vielleicht solltest du nicht absichtlich so enge Sachen tragen, in denen jede verdammte Muskelpartie betont wird.«

»Das ist mein Lieblingsshirt, und es ist mir in der Wäsche eingegangen«, sage ich wahrheitsgemäß.

Verena zwinkert ihr »Ja klar«-Zwinkern und ich bedeute ihr mit einem flüchtigen Blick, dass ich hier rausmuss.

Als ich mich in Richtung WC an der Bar vorbeikämpfe, remple ich Emilia aus Versehen an. »Sorry!«

»Alles gut. Ich dachte, das ist deine Party, aber du schaust aus, als hätte dir heute Morgen jemand in den Kaffee gespuckt.«

»Nur die Glückstasse zerbrochen«, sage ich.

Sie lacht warmherzig und schiebt das VIP-Bändchen an ihrem Arm weiter nach hinten, sodass eine kleine Tätowierung sichtbar wird. »Das ist ja fast noch schlimmer.«

Ich grinse. Geht doch. Schon ein bisschen besser.

Im winzigen Vorraum der vollständig in Schwarz gehaltenen Männertoilette spritze ich mir Wasser ins Gesicht und versuche, diesen einen Wirbel auf meinem Kopf in Form zu legen. Im Moment sieht mein Lächeln selbst in dem milchigen Spiegel vor mir aus wie eine Grimasse. Seufzend schlage ich mit der Handfläche kurz auf das Waschbecken und zwinge mich, nach draußen zu gehen.

Ein paar Leute, die das Rauchverbot auf dem Gelände nicht allzu ernst nehmen, sitzen auf dem Bordstein und qualmen. Die Abendluft ist kalt, aber nie so frisch wie zu Hause. In Wien habe ich immer das Gefühl, meine Lunge nicht vollständig mit Sauerstoff füllen zu können.

»Hey, du Grübler«, sagt Verena, die mir natürlich unter das Vordach gefolgt ist und mir jetzt eine Coke Zero in die Hand drückt.

Verena verschränkt die Arme vor der Brust und mustert mich prüfend. »Was ist das Problem? Du hast es geschafft! Nie mehr Sportbiomechanik bei Professor Krotz.«

Ich ziehe einen Mundwinkel nach oben. Den Krotz los zu sein hat immerhin ein halbes Lächeln verdient. »Vielleicht habe ich einfach nur Angst vor meiner eigenen Courage«, sage ich, was ich vor niemand anderem als Verena zugeben würde.

»Was kann schlimmstenfalls passieren?« Sie mustert mich aus ihren großen blauen Augen.

Ich kenne diesen Blick.

»Dass der Fallschirm nicht aufgeht und ich abstürze«, brumme ich.

»Du meinst, dass du mitten auf dem Rezeptionsdesk des Felsenhimmels aufschlägst?«

»Auf dem Schoß unserer Mutter«, sage ich und muss dann doch ein bisschen lachen.

»Du schaffst das«, erwidert sie. »Mach dir nicht so einen Druck. Du brauchst mal eine Auszeit. Die Tour in ein paar Wochen wird dir guttun.«

Die Tour, scheiße, die habe ich völlig verdrängt. Jedes Jahr machen wir gemeinsam eine Höhenwanderung. Wie früher, als wir noch Kinder waren und zusammen die Berge unserer norditalienischen Heimat erkundet haben. Ich liebe diese Trips. Jetzt aber rattert der Rechner in meinem Kopf und spuckt mir die Stunden aus, die zum Trainieren fehlen, wenn ich tagelang unterwegs bin.

»Du hast es vergessen«, stellt Verena fest.

»Verdrängt«, gebe ich zu.

»Du drillst dich, und dein Kopf dreht den ganzen Tag über Spiralen. Du hast alles geopfert, dein Studium, Annamaria, und jetzt willst du auf Biegen und Brechen nach Paris.«

In Momenten wie diesem hasse ich es, dass wir diese Verbindung haben, wie eine Schnur, die direkt von ihrem Hirn zu meinem führt. Manchmal wünschte ich, es gäbe einen Knopf, mit dem ich unsere synchronen Gedankengänge ausschalten könnte.

»Wir alle zusammen am Berg, den Kopf durchlüften, das ist genau das, was du brauchst.«

»Ich kann nicht.« Obwohl ich zugeben muss, dass mich die Vorstellung sehr reizt. Meinen Kopf mit frischer Luft zu füllen, aus Brunnen Quellwasser zu trinken und abends todmüde, aber zufrieden in ein Bettenlager zu fallen, ist pure Freiheit. Eine Freiheit, die ich mir derzeit einfach nicht erlauben kann.

»Du willst nur nicht«, kontert Verena ungerührt.

»Stimmt.«

»Drei Tage Auszeit, Jakob, und dann bleibe ich noch zwei Wochen und trainiere mit dir. Wenn du willst, mixe ich dir jeden Tag gesunde Smoothies, halte dir unsere Mutter vom Leib, stoppe, ohne zu murren, tagelang deine Zeiten und stecke dir unbezwingbare Routen.«

»Muss das sein?« Es gelingt mir nicht, das so schlecht gelaunt rüberzubringen, wie ich gern möchte.

»Du bist nicht mehr fokussiert, du bist fanatisch.«

»Vielleicht. Aber ich bin ja jetzt eh erst mal im Trainingslager.«

»Das passt doch perfekt, dann starten wir die Tour direkt danach.«

»Das wird zu viel …«, widerspreche ich schon weniger überzeugend.

»Quatsch, es wird ja ohnehin alles lockerer dieses Jahr, jetzt, da Leo mitkommt …«

»Was?«, blaffe ich und lasse die Flasche sinken.

Verena hält meinem Blick stand. »Ich weiß, dass du ihn nicht magst …«

»Er ist ein Arschloch, er ist nicht gut für dich.«

»Das kann ich selbst entscheiden.«

»Wen willst du noch alles mitnehmen? Deinen Hairstylisten, den Barkeeper?« Sofort verliert die Vorstellung dieser Tour ihren Reiz. Wenn ich meine frische Bergluft mit Leo teilen muss, dann …

»Jakob …«

»Ist doch wahr. Ich dachte, das wird wie … früher. Nur Magnus, Tristan, Kit, du und ich.«

»Und ich dachte, du hättest die Tour verdrängt?« Verena kann das gut, einen mit den eigenen Waffen schlagen. »Unsere Schwester fährt neuerdings nur noch Moped, seit HaWe ihr die KTM fit gemacht hat. Mit Kit brauchst du nicht rechnen.«

»Mit dem Anfänger können wir nicht an den Felsenhimmel«, starte ich einen letzten Versuch.

Als ob der Felsenhimmel überhaupt eine Option wäre. Auch wenn Magnus uns mit der Tour seit Jahren in den Ohren liegt.

Sie zuckt mit den Achseln. »Dann nehmen wir eben eine andere Route.«

»Wie wäre es denn, wenn wir noch ein paar Mädels dazu einladen? Für die Ausgeglichenheit zwischen den Geschlechtern. Wenn du schon deinen Stecher mitschleppen musst!«

»Von mir aus, wen willst du dabeihaben? Annamaria?«

Warum nicht? Annamaria liebt die Berge, und wir haben uns

im Guten getrennt. Dann aber denke ich an die zerbrochene Tasse. Das schlechte Omen, das ich ja auch einfach auf unsere gescheiterte Beziehung projizieren könnte. Womit Annamaria raus ist. Ich gehe gedanklich alle Frauen durch, die mir auf die Schnelle einfallen. Jemand, mit dem man sich gut unterhalten kann, eine, die Witz hat und genug Energie für so eine Tour. Und dann habe ich als Erstes Emilias nettes Lächeln vor Augen.

Emilia steht auf dich.

»Emilia«, sage ich spontan.

»Okay, dann müssen wir aber auch Hannah fragen.«

»Klar, gut.«

Hannah ist mir egal. Emilia interessiert mich auch nicht wirklich. Dafür liegt die Trennung von Annamaria noch nicht lange genug zurück. Aber je mehr Leute dabei sind, desto weniger fällt hoffentlich Leo ins Gewicht.

Verena zieht ihr Handy aus der Hosentasche. Eine Benachrichtigung blinkt auf: Hoher Glukosewert 236. Dahinter ein Pfeil, der nach oben zeigt.

»Ich geh mal wieder rein«, sagt sie. »Soll ich die beiden einladen?«

Ich nicke langsam. Eigentlich will ich noch immer, dass sie Leo »Arschloch« Weidl auslädt. Aber bitte, dann eben so.

»Und, Jakob?« Sie dreht sich im Gehen noch einmal um.

»Ja?«

»Wenn du Angst hast, dass der Fallschirm nicht aufgehen könnte, dann darfst du nie springen.«

Ich stoße mich von der Wand ab und folge ihr nach drinnen. Verena hat recht. Es ist Zeit zu springen. Und vorher, verdammt noch mal, sollte ich mich endlich ein bisschen amüsieren.

3

Aurora

;

Eine Woche vor dem Fall

37 037 5 298, -8 893 4 408

Vor mir liegt der Ozean. In meinen Ohren rauscht die starke Brandung, die der Atlantik in brausenden Wellen an den Strand schiebt. Der kräftige Wind von gestern ist etwas abgeflaut. Die portugiesische Flagge am Mast eines in der Bucht liegenden Seglers hängt in Fetzen. Glücklicherweise sind der Campingplatz und mein Van durch die großen Felsblöcke recht gut geschützt.

»Bleib«, sage ich zu Alabaster, der Mischlingshündin, die mir in Mandelieu-la-Napoule zugelaufen ist, und halte die Handfläche ausgestreckt vor ihr über den Boden. Dann springe ich aus dem Bus und ziehe das Fliegengitter hinter mir zu. Ich muss daran denken, wie seltsam Em reagiert hat, als ich ihr begeistert von Alabaster erzählt habe. Aber ich bin mir sicher, wenn sie sie erst einmal gesehen hat, wird sie genauso ihr Herz an diese krude Mischung aus Husky, Border Collie und Setter verlieren. Wir wollten doch beide immer einen Hund, als wir Kinder waren.

Ich ziehe eines meiner Armbänder vom Handgelenk und

nutze es, um meine wirren, im Wind flatternden, dunklen Haare zu einem Bun zu binden. Der Strand versteckt sich ein wenig hinter Wäscheleinen mit Strandkleidern und ausgeblichenen Handtüchern. Ich zücke mein Handy und mache ein Foto für Em, das auch einen Fetzen Strand einfängt.

Praia do Baranco Suchbild, wo ist das Meer?

Ich warte darauf, dass meine Schwester zurückschreibt und ein Bild mit Hasenohren verlangt. Mit ausgestrecktem Zeige- und Mittelfinger über dem Kopf, eine Angewohnheit, mit der wir unsere Eltern als Kinder in den Wahnsinn getrieben haben.

Aber Em reagiert nur mit einem Daumen nach oben, der in Sachen Enthusiasmus nicht wirklich mit Hasenohren mithalten kann.

Der Boden unter meinen Füßen brennt, aber davon lasse ich mich nicht abhalten und laufe runter ans Meer. Der Anblick ist wirklich *instagrammable*, das muss man ihm lassen. Ich mache einen glücklichen Luftsprung und würde gerne laut schreien vor Freude, will aber den Rest des schlafenden Campingplatzes nicht aufwecken. Also knipse ich einfach noch ein Foto. Und wünschte, ich könnte es meiner Oma schicken.

Auf dem Weg zurück zum Van schiele ich immer wieder auf mein Handy. Aber Em schickt keine weitere Nachricht, auch nicht, als ich schon mit meiner geliebten Blechtasse neben Alabaster auf dem Boden sitze und starken schwarzen Kaffee trinke. Es bleibt bei dem Daumen-Emoji, das an meiner Nachricht hängt, als könnte es jederzeit abstürzen und wieder verschwinden.

Em? Alles gut?

Ich scrolle in unserem Verlauf zurück, um zu überprüfen, wann Em mir das letzte Mal eine Nachricht oder ein Foto geschickt hat. Kann es sein, dass das schon fast zwei Wochen her ist? Sonst schickt sie mir doch alle zwei, drei Tage eine besorgte »Alles gut, Ducky?«-Nachricht. Ich wechsle in die Anruferliste. Wann haben wir das letzte Mal telefoniert? Em und ich hatten über eine Party gesprochen, auf die sie gehen wollte oder auf der sie war? Ich erinnere mich nicht richtig, und das dämpft mein frühmorgendliches Glücksgefühl ein wenig. Unschlüssig schwebt mein Daumen über dem Handy. Soll ich Em anrufen?

Ist heute Mittwoch oder schon Donnerstag? Hat sie heute spät Vorlesungen oder gleich morgens um acht? Ich beschließe, noch ein wenig mit dem Anruf zu warten. Mein Magen krampft, vielleicht sollte ich weniger Kaffee trinken. Oder ab und an ein bisschen Milch reingeben. Ich könnte endlich den Krimi von Ben Behrens fertig lesen, den ich in einem Supermarkt an der Costa Brava gekauft habe, aber selbst als ich das Buch dann in den Händen halte, verschwimmen die Buchstaben vor meinen Augen immer wieder.

Und dann habe ich auch noch die Stimme meiner Mutter im Ohr: *Was hast du vor? Den Rest deines Lebens auf der faulen Haut zu liegen?* Als ob man mit einundzwanzig Jahren schon an den Rest des Lebens denken müsste. Die anerzogenen Muster der westlichen Leistungsgesellschaft ploppen selbst nach einigen Wochen Vanlife noch hin und wieder unkontrolliert auf, um mir ein schlechtes Gewissen zu machen.

Mit dem Vorsatz, aktiv dagegen vorzugehen, schicke ich meiner Mutter das Bild vom Strand. Wenn sie jetzt auch einen Daumen schickt, kriege ich einen Schreikrampf.

Ich bin in Portugal angekommen.

Ich würde so gern noch viel mehr erzählen. Dass es Momente gab, in denen die neu gewonnene Freiheit ziemlich anstrengend war, aber dass ich so unglaublich viel gelernt habe. Ich will meiner Mutter erzählen, dass ich jetzt ohne Hilfe einen Reifen wechseln kann, mir einen Einbruchschutz und einen Gasmelder nach stundenlangem Studium eines YouTube-Videos eingebaut habe. Dass ich an der Costa del Sol den Van festgefahren habe, mich aber mithilfe der Fußmatte selbst befreien konnte. Dass ich es hinbekomme, mit der solarbetriebenen Camper-Batterie den Starter des Motors zu überbrücken. Doch ich belasse es bei dieser einen kurzen Nachricht. Stattdessen scrolle ich weiter auf meinem Handy herum und betrachte die Fotos der letzten Wochen.

• • •

Am Abend haben sich dieselben Leute vor meinem Camper eingefunden, die auch gestern schon hier waren.

Meine Nachricht an Em wurde wie durch ein Wunder zugestellt – vermutlich auf den letzten verfügbaren Resten mobiler Daten, die es hier draußen gibt. Jetzt halte ich das Handy vergeblich in die Luft und wackle.

»Vergiss es, das Netz ist tot«, erklärt mir Philipp. Er greift nach einer der Dosen auf dem Tisch, schüttelt sie und stellt sie gleichgültig wieder weg, als er bemerkt, dass sie leer ist.

Alabaster liegt satt, müde und mit sandpaniertem Fell im Schatten des Vans neben mir. Alles wie gestern. Und vorgestern. Wie hat Magali gesagt: *Freizeit ist in ihrer Wiederholung vielleicht auch nur Alltag, aber wenigstens am Meer und schön.* Sehr schön sogar.

Ich lehne mich zurück, kann mich aber nicht wie sonst entspannen. Ich bin offline, und für gewöhnlich stört mich das nicht. Seit ich Wien hinter mir gelassen habe, ist es mir eigentlich ziemlich egal, was in der Welt so los ist. Vielleicht ist auch das wahre Freiheit. Vielleicht, wispert mir eine Stimme zu, ist es auch nur ein weiteres Gefängnis. Ich schüttle den Gedanken ab, der viel zu sehr nach meiner Mutter und meinem Vater klingt. Ich sollte eigentlich froh sein, nicht ständig irgendwelche Mahnungen meiner Mutter lesen zu müssen.

Jemand hat Chili con Carne gekocht und bietet mir einen Teller an. Doch ich lehne ab. Mir ist schlecht, und mein Kopf dröhnt unangenehm. Noch immer fisseln sich meine Gedanken an dem letzten Telefonat mit Em ab. War sie gereizt? Hat sie mit etwas hinterm Berg gehalten? Wollte sie meinen Rat und … viel wichtiger: Hab ich ihr zugehört? Ich schlucke und fasse mir an den Hals, an das Semikolon, das ich mir zu meinem achtzehnten Geburtstag habe tätowieren lassen.

»What's wrong?«, will Philipps Freundin wissen.

»Ich mache mir Sorgen um meine Schwester«, antworte ich.

»Wenn du den Hügel raufgehst«, sie deutet vage hinter sich, »und dich oben auf den Felsen stellst, dann sollte es für eine Nachricht ausreichen.«

Oben auf dem Felsen, der das Gelände überblickt, erscheint tatsächlich ein wacklig wirkender Balken und ein E für die mobilen Daten. Eine Weile stehe ich wie erstarrt breitbeinig in meinem Strandkleid da und fröstele etwas im Wind, darauf wartend, dass eine Nachricht aufploppt. Außer einer Benachrichtigung meiner E-Mail-Adresse, dass in 30 Tagen die ESTA für die USA abläuft, passiert nichts. Ich seufze und tippe eine weitere Nachricht.

What the duck, Em?

Sie wird es verstehen, und sie wird antworten. So schnell es geht.

Um zu testen, ob das mit dem Internet auch wirklich funktioniert und der fehlende zweite Haken nicht an mir, sondern an Em liegt, rufe ich Instagram auf. Tippe ein wenig, bis ich Sinas Seite finde. Ich hinterlasse ein Herz unter ihrem letzten Beitrag, wechsele zu WhatsApp und tippe eine Nachricht für Chris.

Stehen deine Pläne?

Sofort erscheinen die tanzenden Punkte, und Sekunden später taucht seine Antwort auf.

Noch nichts sicher, aber ich freue mich, dich wiederzusehen.

Ich lächle, schließe das Chatfenster und öffne Ems Profilbild. Kein aktueller Status. Keine Haken an meiner Nachricht. Ich tippe auf den Kontakt und starte einen Anruf, aber sofort schaltet sich die Mailbox ein. Mein Kopf dröhnt. Irgendeine Sache nagt an meinen Gedanken, etwas, das ich nicht richtig zuordnen kann. Etwas, das mir ganz und gar nicht gefällt. Aber ich finde keinen Zugang, also muss es reine Paranoia sein.

Em ist erwachsen, sage ich mir. Immer wieder. Viel erwachsener als ich. Es geht ihr gut.

Immerhin hat sie einen Daumen geschickt, wenn ihr derzeit nichts an unserer Kommunikation liegt, bitte, dann kann ich es auch gleich lassen. Meiner Mutter geschieht es nur recht, wenn sie so wenig Vertrauen in mich hat. Und meinem Vater … ich will nicht über ihn nachdenken. Ich lade ein kurzes *Bin dann mal offline* in meinem Status hoch, schalte das Handy ab und laufe den Hang hinunter.

Morgen bin ich weg. Die Welt ist so groß. Ich will am Ende meines Lebens nicht bereuen, zu lange an einem Ort gewesen zu sein. Ich bin eine Nomadin, in der Welt zu Hause. Ich bin einundzwanzig Jahre alt und so frei wie ein Vogel. Adeus, Praia do Barranco!

4

Jakob

Achtzehn Stunden vor dem Fall

»Und habe ich dir zu viel versprochen?«, will Verena wissen und legt ihren Arm um mich. Da wir fast gleich groß sind, muss sie sich nicht einmal besonders strecken.

»Nein, stimmt schon. Es tut gut, dich zu sehen.«

»Es ist, als würde die Welt hier aufhören und dort unten ganz neu beginnen«, sagt sie und breitet die Arme in ihrem blauen Funktionsshirt aus.

Wir haben den ersten größeren Anstieg unserer Tour bewältigt. Von unserem Rastplatz, einer kleinen Kapelle, windet sich die Straße vom Tal schwindelerregend schmal um den Berg herauf. Von der nördlichsten Grenze des Grundstücks unserer Eltern aus habe ich einen guten Blick auf die frisch sanierten Chalets, die wie in den Berg gehauen wirken. Umgeben von Bäumen, schier endlosem Grün und terrassenförmigen Wegen voll scharfkantigem Schotter.

Hier ist meine Heimat, aber dieses Wort und dieses Gefühl schmecken nach süßer Vergangenheit. Ich will es loslassen, nicht daran festhalten. So schön es auch anzusehen ist, ich will mehr als das. Mehr als Grün und Zirbenholz und den vertrauten Geruch von Moos, der hier so allgegenwärtig ist. Ich blinzle und gönne mir noch einen Moment, um die Veränderungen der Chalets auf mich wirken zu lassen.

Anders als viele der wuchtigen Resorts hier oben, trotzen die Chalets des Felsenhimmels der Natur nichts ab, sondern vereinen sich mit ihr. Wie gut das mit den neuen Fassaden aus Holzvertäfelung funktioniert, ist wirklich erstaunlich. Modern und dennoch traditionell, rein aus lokalen Rohstoffen gefertigt, lassen sie die Chalets auf elegante Weise unauffällig wirken. Nur der Kran an Chalet Nummer 8 … und ich stören das Bild. Wir passen nicht in diese Symbiose. Doch der Gedanke, dass wir beide hier nicht von Dauer sein werden, tröstet mich und hilft mir, mich wieder auf die Schönheit des Ausblicks zu konzentrieren. Jedes der Häuser ist wie auch das Hauptgebäude mit breiten Panoramafenstern ausgestattet und bietet eine unglaubliche Aussicht ins Tal. Unter uns liegt Meran wie eine einsame Insel inmitten eines Massivs.

Nach dem Abend im Club habe ich Wien verlassen, und seither halte ich mich vorwiegend in hängender Position an Felsen und in der Meraner Kletterhalle auf. Passenderweise hat mir ein Kumpel, der für ein halbes Jahr in Australien ist, seine Bude zur Verfügung gestellt, sodass ich nicht gezwungen bin, jetzt nach dem Trainingslager bis zu den Qualis am Felsenhimmel zu wohnen. Wien, die Uni, Clubs und Bars, meine Freunde – all das ist mir inzwischen fast fremd geworden.

Ich sauge die Luft ein, dieses unbeschreibliche Aroma der Berge, und zum ersten Mal in den letzten, trainingsintensiven Wochen kann ich die Natur genießen, ohne meine nächsten Schritte zu bedenken. Ich hätte es nicht für möglich gehalten, nach so langer Zeit in der Großstadt, aber die Stille der Berge, die es einem möglich macht, nicht nur in die Natur, sondern auch in sich selbst hineinzuhören, packt mich jetzt so richtig.

Verena hatte recht, der Trip tut mir gut. Und ich will ihn mir auch wirklich nicht von dem Teilnehmer verderben lassen, den es meiner Meinung nach nicht gebraucht hätte.

»Du hättest den da in Wien lassen können«, rutscht es mir trotzdem raus, und ich deute auf Leo, der hinter uns einen Stiefel auf die Bank gestellt hat, um ihn fester zu schnüren. Stramme Waden, markantes Gesicht, dunkles Haar. Äußerlich von mir aus ein Gewinn, von innen ein absoluter Fail.

»Fängst du schon wieder an?«, zischt Verena.

»Ich kapier's einfach nicht. Er sieht ja halbwegs passabel aus, aber ansonsten hat der nichts. Er ist ein Fuckboy, Nena.«

Sie holt Luft und schaut zu Boden.

Verdammt. Sofort bereue ich meine Worte. Als wüsste ich nicht ganz genau, warum Verena ist, wie sie ist.

»Du kannst jederzeit mit mir reden, okay«, sage ich sehr viel sanfter.

»Ich weiß.«

»Wirklich, Nena.«

»Meistens weißt du dann ja doch alles besser als ich.«

»Ich versuche, objektiv zu sein.«

»Jakob, wir wissen beide, dass du das nicht kannst.«

»Was kann unser künftiger Olympiaheld nicht?«, fragt Magnus, der sich zusammen mit Tristan zu uns gesellt. »Banner schon gedruckt?« Er breitet die Arme aus, als spannte er ein Plakat, und ruft: »Jakob Hofer, Italiens Goldjunge 2024.«

»Alter«, stöhne ich. Aber geil klingt es, das stimmt schon.

Und das Training ist bisher so gut gelaufen, dass ich meine Ticklist, auf der ich die Boulder, die ich schaffen wollte, markiert habe, früher erfüllt habe als gedacht. Ich habe mich am Minibarren abgerackert, um meine Stützkraft zu steigern, und mich jeden Tag mit ABC-Training verausgabt, sodass ich noch im Schlaf Klimmzüge geübt habe. Und das Wichtigste: Ich habe wieder Freude am Klettern. Der Druck, den ich mit der Doppelbelastung durch das Studium so enorm verspürt habe, hat sich gelöst. Es hat gutgetan, sich nur auf eine einzige Sache zu konzentrieren. Ich fühle mich mental fit und habe das Gefühl, bestens für die ersten Quali-Läufe in Shanghai gerüstet zu sein.

»Wann fliegst du?«, will Magnus wissen.

»In sechs Wochen.«

»Nervös?«

»Bullshit, natürlich nicht.«

Ich muss Verena nicht ansehen, um zu wissen, was sie denkt. Besser, ich schaue noch einmal hinunter ins Tal. Verena hat recht. Hier kann sich der Blick noch immer in alle Richtungen verirren, nur unterbrochen von Zypressen und Zirben, Palmen und Nordwänden. Ich sehe Pässe, die sich durch saftige Hänge schlängeln, Lärchen im Fels und Luxusresorts, die ihre Infinitypools strecken wie die wenigen verbliebenen Weidewiesen ihre Kämme. Und bekomme unbändige Lust, mal wieder im Freien zu klettern. Nur ich und der Berg und das demütige Gefühl, unbedeutend zu sein gegen die Kraft der Natur.

»Sieh dir das an, das braucht ihr alles nicht«, sagt Magnus, der meinem Blick gefolgt ist. »Du könntest mir die Wiesen verkaufen. Kleine Finanzspritze, bis du die fetten Olympiaboni einstreichst.«

Ich verschwende keine Energie darauf, Magnus zum wiederholten Male zu erklären, dass es keine fetten Olympiaboni gibt. Seit Monaten will Magnus mir die Wiesen abschwatzen. Es nervt gewaltig. Auch wenn ich mich an seine ständig neuen Geschäftsideen gewöhnt habe.

»Zum Mitschreiben: Die Wiesen gehören mir nicht, Magnus.«

»Hab gehört, dass deine Mutter sich mit den Renovierungen am Felsenhimmel ein wenig übernommen hat«, sagt er in einem Ton, der nichts Böses vermuten lässt. Aber sein Blick wandert gleichzeitig zum Kran und dem Schutthaufen, der sich daneben erahnen lässt.

Ohne eine Antwort drehe ich mich um und suche nach dem Rest der Truppe. Emilia steht ein wenig abseits und schultert gerade ihren Rucksack. Hannah hat sich ein paar Meter weiter auf den Boden gesetzt und tupft sich den Schweiß mit einem Mini-Handtuch von der Stirn. Das kann ja heiter werden.

»Sieht schwer aus«, kommentiere ich Emilias Gepäck, als ich auf sie zusteuere. »Denk dran, dass du den die ganze Zeit tragen musst.«

Sie richtet die Augen zu Boden und räuspert sich kaum hörbar. »Ich bin nicht die erfahrenste Bergsteigerin, ich konnte mich nicht entscheiden.«

»Zwischen Outfit A und Outfit B?«, necke ich sie und mache eine Handbewegung, die sowohl ihr sehr kurz geschnittenes, dunkles Haar unter der grünen Baseballcap mit dem Logo von Rapid Wien als auch das eng anliegende Top mit dem Sport-BH und die Zipphose einschließt. Alles, bis auf die leicht verblichene Cap, sieht aus, als hätte sie es eben erst bei *Sportler Alpin* gekauft.

»Nein, hauptsächlich sind da Energyriegel drin.« Emilia schenkt mir ein schiefes Grinsen. »Werden wir in den Felsenhimmel steigen, auf einer der Touren?«

»Nope, in den Felsenhimmel kann man nicht steigen. Man schaut ehrfürchtig hinab.«

»Hinab? Obwohl es Himmel heißt?«

»Ja«, erwidere ich lächelnd. »Man schaut nach unten und hat dabei das Gefühl, einen Neuanfang zu starten. Es endet nicht im Abgrund.«

»Das klingt schön.«

»Es ist vor allem ein wenig angsteinflößend. Aber die Schlucht steht nicht zur Debatte, schon gar nicht zu dieser Zeit. Da oben liegt jetzt noch Schnee.«

Emilia nickt langsam. Dann schaut sie mir in die Augen. »Kann ich mich dir anschließen, auf dem Weg hoch zur Almhütte? Hannah ist mir zu langsam, deine Schwester und Leo …« Sie winkt energisch ab.

»Hast du von den anderen schon genug?«

Sie zuckt mit den Achseln. »Ach, die Storys von Magnus, Tristan und Leo sind ja doch immer dasselbe toxisch männliche Gelaber und Geprahle.« Sie verzieht derart angewidert das Gesicht, dass ich lachen muss.

Wir laufen los, und die anderen folgen uns in einigem Abstand.

Immer wieder werfe ich einen Blick über die Schulter und beobachte Verena dabei, wie sie sich so auffällig fröhlich und aufgekratzt gibt, dass ich ein wenig misstrauisch werde. Ich kenne das an ihr. Verena neigt dazu, sich für die Stimmung einer Gruppe verantwortlich zu fühlen. Und ich bin mir nicht sicher, ob sie wirklich so voller Enthusiasmus ist oder es ein wenig übertreibt, um die anderen anzustecken.

Eine Weile geht Emilia still neben mir her, bis sie schließlich erneut das Wort ergreift. »Erzähl mir noch ein bisschen was über den Felsenhimmel.«

»Die Chalets oder die Schlucht?«

Sie überlegt und sagt dann: »Die Schlucht.«

Ich denke an meinen letzten Aufstieg zum Felsenhimmel, der Jahre zurückliegt. Es war, kurz nachdem das gesamte Gebiet abgesperrt worden war, und HaWe, unzurechnungsfähigster Vater aller Zeiten, mit Verena, der damals erst achtjährigen Kit und mir hochgeklettert ist und uns sogar ein Stück weit nach unten abgeseilt hat.

»Der Blick in den puren Felsen hinein ist gigantisch. Ich habe nie etwas Erhabeneres gesehen. Unmöglich, da hochzugehen und als derselbe Mensch wieder herunterzukommen«, erkläre ich.

Vor meinem inneren Auge sehe ich wieder Kit, HaWe, Nena und mich, wie wir auf einem zerklüfteten Felsen vor dem eisernen Gipfelkreuz stehen. Nenas Haare im Wind, HaWes alte Trainingsjacke, die sich bauscht, und Kit, die sich halsbrecherisch nach vorn über den zerklüfteten Abhang beugt. Ich reiße mich von dem Bild los, bevor es automatisch eine Kiste in meinem Kopf öffnet, die ich lieber verschlossen halte, und konzentriere mich auf Emilia. »Es ist keine typische Klamm oder Schlucht. Eigentlich ist der Felsenhimmel eine Felsspalte, die sich über die Jahre aufgrund des Klimawandels so weit ins Innere des Massivs vertieft hat, dass sie schätzungsweise den gesamten Berg durchschneidet.«

Emilia sieht erwartungsvoll zu mir hoch, während wir über einen umgestürzten Baum steigen und ich die Äste halte, damit sie ihr nicht übers Gesicht streifen.

»Die untersten Gesteinsschichten sind vermutlich Vulkanite und wegen des Anstiegs der Permafrostgrenze …« Ich halte inne, als ich mich daran erinnere, dass ich nicht mit der Gletscherexpertin Annamaria spreche. »Der Weg ist seit Jahren für Bergsteiger gesperrt, weil es selbst für geübte Kletterer viel zu gefährlich ist, da hochzusteigen. Das Gelände ist unwegsam, und keiner weiß, wann sich der nächste Felsbrocken lösen wird. Vor einigen Jahren gab es vermehrt tödliche Unfälle. Die Fallwinde da oben sind so krass, dass man sich das Gebiet nicht mal mit Drohnen ansehen kann. Eine Firma in Meran hat letztes Jahr versucht, 3-D-Aufnahmen vom Felsenhimmel zu machen, aber es ist ihnen nicht gelungen.«

Emilias grüne Augen leuchten auf. »Das ist so spannend.«

»Lass dich von Hofer, der Spaßbremse, nicht verunsichern«, sagt Magnus, der zu uns aufschließt.

»Würdest du mit mir hochsteigen? Oder traust du dich auch nicht?«, fragt Emilia ihn.

O Gott, das nimmt alles keine gute Richtung.

»Kurzer Stopp und eine Runde für alle?«, fragt Tristan, der uns nun ebenfalls erreicht hat und einen Flachmann aus der Tasche holt.

»Jetzt doch noch nicht«, widerspreche ich.

»Sind wir zum Partymachen hier, oder ist das ein Rentnertrupp auf Kaffeefahrt?«

»Kaffee wäre mir jetzt lieber als Schnaps«, meint Emilia. »Kaffee und ein paar beeindruckende Felsformationen.«

Ich kann nicht glauben, was ich da höre. »Das ist kein gesicherter Bungeesprung, der Felsenhimmel ist für Laien *lebensgefährlich*.«

»Bla, bla, bla …«, macht Magnus. »Hofer, du Dramaqueen.«

Emilia kichert. Eben noch beschwert sie sich über Magnus' *red flags*, und jetzt fällt sie doch auf sein Machogehabe rein.

»Wenn du eine Pussy sein willst, bleibst du eben da«, setzt Magnus noch einen drauf.

»Wer ist eine Pussy?«, fragt Verena, die uns in genau dem Augenblick einholt.

»Dein Bruder spielt die Spaßbremse. Kein Felsenhimmel für die Anfänger.« Das letzte Wort rahmt Magnus in Anführungszeichen. »Nur die Goldhoffnung von Vieran darf die Schlucht besteigen. Wir sind das Fußvolk und sollen auf dem Forstweg bleiben.«

»Hab ich so nicht gesagt. Aber der Anstieg bis zur kritischsten Stelle allein dauert vier Stunden. Danach geht es über ausgesetzte Stellen, es ist rutschig da oben, und man muss immer mit breiten

Schneefeldern rechnen. Und selbst wenn man die überquert hat, wartet da ja noch der Steig, der …«

»Ach, geht das wieder los«, unterbricht mich Verena, und Leo neben ihr setzt ein ekelhaft triumphierendes Gesicht auf. Das scheint Verena noch anzustacheln.

Klar, Nena, fall du mir auch noch in den Rücken.

»Du weißt schon, wer damals zuerst auf dem Gipfel war, oder?«

Leo lacht. »Das nenn ich Frauenpower.«

Das nenn ich Arschloch, denke ich. »Ihr habt ja keine Ahnung, wie verdammt gefährlich das ist.«

»Also, ich muss das nicht haben«, meint Hannah.

»War ja klar«, kommentiert Magnus.

Ich versuche mich an einem möglichst autoritären Ton. »Es ist zu gefährlich, das machen wir nicht. Schluss damit.«

»Ach wirklich?« Leos nasale, maximal nervige Stimme reizt meine Nervenbahnen aufs Äußerste. »Hofer sagt, es ist Schluss, und ihr kuscht? Bist du hier der Chief of the Mountains oder was?«

Niemand lacht, außer Verena. Ich habe absolut kein Problem damit, dass Magnus mich mit meinem Nachnamen anspricht, aber dieser kleine Pisser sollte sich mal besser zusammenreißen.

Ich balle die Fäuste und lasse mich zu einem Konter hinreißen: »Was weißt du schon von Frauenpower? Verena traue ich das natürlich zu, aber wenn ich mir dich so anschaue, bin ich mir sicher, dass sogar Emilia vor dir am Gipfel ist.«

»Was heißt hier *sogar ich?*«, hakt Emilia nach, wobei ich ihrem aufgesetzten Ton entnehmen kann, dass sie nicht wirklich beleidigt ist. »Wer sagt denn, dass *du* außerhalb von einer Kletterhalle überhaupt genug Kondition hast.« Sie blinzelt und lächelt, um ihre Aussage abzuschwächen.

Mein Blut kocht trotzdem.

»Ha!«, brüllt Magnus und lacht. »Da hörst du es, Hofer.«

»Wenn eine von euch wissen will, was Kondition ist, kann ich euch das gerne vorführen.«

»Am Berg, nicht im Bett«, kontert Emilia trocken.

Jetzt bin ich es, der laut lacht.

Magnus hält sich die Hand ans Herz. »Treffer! Eins zu null für dich. Ich werde dir beweisen, dass meine Siegergene für beides reichen.«

»Ach ja?« Emilia hebt die Augenbrauen.

Verena gluckst und verzieht das Gesicht. »Shit, Magnus, du arrogantes Ekel.«

Mist, diese Situation entgleitet völlig meiner Kontrolle. »No offense, aber der Felsenhimmel ist für Anfänger einfach nicht zu machen«, versuche ich es noch einmal. »Hakt das mal ab.«

»Sagst du«, erwidert Leo.

Kann der einfach mal die Fresse halten?

»Wie siehst du das, Schatz?«

Kann er offenbar nicht. Ich möchte würgen, als er Verena einen schleimigen Fake-Schmachtblick zuwirft. Sieht sie das nicht? Was das für ein manipulativer Kotzbrocken ist?

Verena mustert mich, und ich weiß, was jetzt passiert. Oh nein. Ich hätte einfach nichts sagen sollen. Ich kenne diesen Blick. Wenn eines an Verena noch stärker ausgeprägt ist als ihr Hang zum People Pleasing, dann ihr Ehrgeiz.

»Mit der richtigen Einstellung und Ausrüstung ist es gar nicht so schwierig. Und die Schneeschmelze ist fast abgeschlossen, also ich halte es nicht für unmöglich.«

Magnus schlägt mir mit der Hand auf die Schulter. »Hofer schiebt bloß Panik, weil er glaubt, jemand würde ihm den Felsenhimmel entmythisieren.«

Fast muss ich lachen. Wenn mein Leben am Felsenhimmel eines *nicht* ist, dann ein Mythos.

Und schließlich ist es ausgerechnet Tristan, der mir die zündende Idee liefert. Er füllt den Schnaps in kleine Gläschen und reicht sie herum. Dieses Mal nehme ich eins, ohne zu mosern.

»Aber wir sollten ja alle den Spaß dabei nicht vergessen, oder?«, sage ich. Verena ist die Einzige, die mich skeptisch beäugt. Ich zwinkere, aber sie verdreht nur die Augen. Die anderen greifen zu, und als ich »Einer ist keiner« sage, grölt Magnus begeistert: »*Das*, Hofer, das ist die richtige Attitude.«

Wenn Tristans Hang zum Alkoholismus dazu führt, dass diese Truppe hier schon bei Ankunft in der Almhütte kräftig einen sitzen hat, dann hängen die morgen früh alle in den Seilen. Und zwar nicht in den Kletterseilen. Denn so gut kenne ich Magnus, Tristan und auch Arschloch-Leo: Mit fettem Kater kommt keiner von denen auch nur in die Nähe des Felsenhimmels.

5

Aurora

;

Drei Wochen nach dem Fall

36 808 88 420 662 236, -5 306 163 016 927 162

Die Straße schlängelt sich in Serpentinen den Berg hoch. Es scheint, als drehten sich diese Kurven immer wieder im Kreis um den Felsen. Wie ein Kirmeskarussell über hitzetrockenem Kies. Ich muss an die Ferien mit unseren Eltern denken und wie Em immer übel wurde, wenn wir länger als eine halbe Stunde Auto gefahren sind. Ob sie diese Anti-Übelkeits-Armbänder noch hat, die ich ihr mal geschenkt habe? Ich gebe Gas, bremse ab, gebe wieder Gas. Immer ein klein wenig mehr.

Ich versuche, mich auf die herrliche Aussicht zu konzentrieren, stelle mir vor, der Van und ich würden uns in den Berg hineinschrauben. Wie gut, dass alles in meinem Van ordentlich festgezurrt ist, in Schubladen oder Plastikkisten verpackt, und nichts, aber auch wirklich nichts wackelt, wenn ich fahre. Ein paar Hundert Meter weiter entdecke ich eine Parkbucht, die dem Felsen abgetrotzt wurde, und halte an.

Mein Handy ist seit drei Wochen ausgeschaltet. Es hat gutgetan, sich völlig abzukapseln. Kein Chris, der ständig seine Reisepläne ändert. Keine Em, die nur Daumen-Emojis für mich übrig hat. Keine Mutter, die mich mit ihren wirren Geschichten bombardiert, und kein Vater, der mir nach dem Mund redet. Es hat gutgetan, bis diese kleine, nagende Stimme in mir angefangen hat, sich zu melden. Paradoxerweise – jetzt, da sich niemand aktiv um mich sorgen kann – fühle ich meine Sorgen um sie umso deutlicher. Was, wenn es Em schlecht geht? Wenn sie Max doch mehr vermisst, als sie zugibt? Wenn sie sich einsam fühlt in Wien? Trotz dieser Hannah und ihren neuen Freunden. Was, wenn ich Papa unrecht getan habe? Wenn es so ist, wie er sagt: nicht einfach?

Was, wenn Mama ihre Tabletten nicht mehr nimmt?

Auf einmal möchte ich wirklich gern ihre Stimmen hören.

Absence makes the heart grow fonder. Vielleicht ist ja was dran.

Ich stecke das USB-Kabel in den Zigarettenanzünder und warte, bis der kleine weiße Apfel auf dem Display erscheint. Ich tippe meinen Code ein, gebe kurz darauf die vierstellige PIN ein und gehe dann direkt auf meine Kontakte. Zuerst versuche ich es natürlich bei Em, aber ihr Handy ist aus, und die Mailbox schaltet sich an. Wahrscheinlich ist sie noch in der Uni. Also zurück zu den Kontakten. Nach unserem letzten Streit habe ich Mama unter ihrem vollständigen Namen eingespeichert. Nadine Martini. Es klingelt nur ein einziges Mal, dann nimmt sie ab. Sie schreit ins Telefon, so laut und überraschend, dass ich heftig zusammenzucke.

»Aurora«, höre ich meinen Namen, dann ein erschöpftes Stöhnen und … was ist das für ein Geräusch? Weint meine Mutter etwa? Das ist selbst für ihre Verhältnisse überdramatisch. Schließlich habe ich meine Handyabstinenz vorher angekündigt.

»Was ist denn los? Jemand gestorben?«, frage ich und lache. Eine Ahnung wie eine Messerspitze Arsen in der Stimme.

Noch ehe sie etwas sagen kann, nur ihr Schluchzen im Ohr, spüre ich die Vibration meines Handys unter den Fingern. Im Sekundentakt gehen Meldungen über verpasste Anrufe und Pushnachrichten ein.

Immer und immer wieder. Was ist denn jetzt los? Das können wohl kaum alles verpasste Nachrichten sein. Wann löschen sich Nachrichten eigentlich automatisch? Nach wie vielen Wochen Digital Detox?

»Mama? Was ist denn los?«

»Wo warst du?«, ruft sie.

»Ich …«, setze ich an.

»Wieso bist du nicht erreichbar? *Drei Wochen,* Aurora? Wie kann man drei Wochen lang nicht erreichbar sein?!«

O Gott, sie hat ihre Medikamente wieder abgesetzt.

Ihre Vorwürfe donnern als schlecht getarnte Fragen über den Äther, aber sie haben eine andere Schlagkraft als sonst. Ich kann noch nicht einordnen, warum.

»Du warst wie vom Erdboden verschluckt …« Sie bricht ab und jetzt bin ich mir wirklich sicher, dass sie weint.

»Mama, was ist denn los?«

Keine Antwort. Ich halte das Handy ein wenig vom Ohr weg, linse aufs Display. Acht verpasste Anrufe von meinem Vater? Das Handy hat noch immer nicht aufgehört zu vibrieren.

»Sag jetzt endlich, was passiert ist!«, dränge ich sie und möchte mir gern die Ohren zuhalten, um es nicht hören zu müssen.

6

Jakob

Vierundzwanzig Stunden nach dem Fall

»Was ist passiert, Herr Hofer?«

I am a rat in a trap.

Die Textzeile donnert in Endlosschleife durch meinen Kopf und macht mich schier wahnsinnig. Ich trommle den Rhythmus mit den Fingern auf den grauen Schreibtisch, während der Carabiniere mit der schwarz umrandeten Brille mir gegenüber ein wenig schneller in die Tasten haut. Er wird nicht zugeben, dass er genervt ist von meinem Geklopfe.

Es fühlt sich an wie ein ganzes Leben. Als säße ich nicht seit ein paar Stunden hier, mit blutverkrusteten Haaren, notdürftig gereinigten Schürfungen an Armen und Beinen und einer tonnenschweren Last auf der Brust. Die Frau stellt einen Becher Kaffee neben mir ab und lächelt aufmunternd. Einen Augenblick lang überdeckt der Kaffee den Geruch von Putzmitteln. Der Beamte ergreift die Tasse, ehe ich sie zu mir ziehen kann.

»Noch mal: Was ist am Abend zuvor passiert?«

»Ich weiß es nicht, ich hab einen Filmriss. Vielleicht hab ich zu viel getrunken.«

»Sie haben also getrunken?« Er schaut auf sein Blatt. »Wie das? Wie ich gehört habe, verzichten Sie strikt auf Alkohol.«

»Dann habe ich wohl eine Ausnahme gemacht.«

Ich reibe mir die Stirn. Keine Ahnung, ob ich etwas getrunken habe. Aber das kann die einzige Erklärung sein, oder?

»Wer hatte die Idee, den Felsenhimmel zu besteigen?«

»Nun lass ihn doch erst mal seinen Kaffee trinken«, schreitet die Beamtin der Polizia di Stato ein, schiebt mir die Tasse wieder zu. Sie setzt sich mir gegenüber und stützt die Arme auf die Beine. »Alles, woran Sie sich erinnern, ist von Bedeutung. Sie sind ein wichtiger Zeuge.«

Ihr Kollege hält mich wohl für den Hauptverdächtigen. Besser mich als Nena.

Die beiden Polizisten spielen *Good cop, bad cop*. Ich weiß es und falle trotzdem drauf rein. Einem freundlichen Gesicht erzählt man viel lieber sorgsam zurechtgelegte Lügen als einem, das einen anschreit. Also wende ich mich an die Frau in der dunkelblauen Bluse.

»Ich weiß es nicht«, sage ich. »Ich habe doch bereits gesagt: Ich habe keine Erinnerung an den Abend zuvor. Das Letzte, woran ich mich erinnere, ist, dass wir zusammen oben an der Almhütte angekommen sind. Magnus wollte mich davon überzeugen, dass wir den Felsenhimmel besteigen, ich habe das von Anfang an abgelehnt.«

Der Mann lehnt sich zurück und schlägt eine Mappe auf. Das steht sicher auch im Drehbuch für Bad Cops, es nervt trotzdem. »Magnus? Magnus Grasser?«

»Ja«, bestätige ich und spüre, wie sich beim Namen meines Kumpels etwas in mir verkrampft. Die Tür hinter mir ist geöffnet, und ich bin mir sicher, das ist auch eine Art Taktik. Ich versuche, über den Gang zu schielen, dorthin, wo Verena zeitgleich befragt wird. Ich hoffe, sie hält sich an unsere Absprache. Sie muss einfach. Aber durch den Glaseinsatz kann ich nur ihre Jacke schimmern sehen. Mit Mühe halte ich mich davon ab, nervös mit dem Fuß zu wackeln.

Der Beamte räuspert sich. »Ihre Schwester Katharina Hofer hat ausgesagt, dass Sie erst nach den anderen die Almhütte verlassen haben. Aber offenbar hatten Sie genug Zeit, um aufzuholen. Eineinhalb Stunden Vorsprung, das ist beachtlich, Herr Hofer. Ist es nicht viel wahrscheinlicher, dass Sie der Gruppe früher gefolgt sind?«

»Ich bin Sportkletterer, das ist nicht beachtlich. Bergsteigen ist mein Beruf. Da waren Anfänger dabei …«

»Anfänger, die Sie schutzlos haben ziehen lassen.«

»Ich hab doch mehrmals …«

Aber er lässt mich nicht ausreden. »Ihr Vater hat die Aussage Ihrer Schwester bestätigt, es gibt dennoch einige … nun …« Er kostet die Spannung aus, die er künstlich erzeugt hat. »Nennen wir es wohlwollend *Eigentümlichkeiten.*«

Good Cop mischt sich ein und lächelt. »Sagen Sie uns doch bitte einfach, ganz ohne Hintergedanken von unsereins, warum Sie Ihre Schwester Katharina davon abgehalten haben, Ihnen zu folgen?«

Was ist das denn für eine Frage? Ich stöhne auf und reibe mir übers Gesicht. Meine Glieder sind schwer, alles ist so unendlich schwer. Schlafentzug ist ebenso Folter wie der Ohrwurm in meinem Gehörgang. *I am a rat in a trap.*

»Weil es eine verdammt gefährliche Route ist.«

»Und Ihre Schwester ist keine erfahrene Bergsteigerin?«

»Doch … aber …«

»Kann es sein, dass es etwas mit dem Vorfall vor acht Jahren zu tun hat, Herr Hofer?«, unterbricht mich der Beamte.

Ich fröstle, schiebe es auf die Klimaanlage und weiß doch, dass diese Kälte von innen kommt. Dass sie von Erinnerungen verursacht wird.

Der Vorfall vor acht Jahren.

»Nein. Ich wollte meine Schwester nur schützen.«

Beide Schwestern, denke ich, sage es aber nicht.

»Oder dafür sorgen, dass es keine weiteren Zeugen gibt.«

»Zeugen wofür?«, blaffe ich ihn an.

»Dafür, dass Sie Leo Weidl am liebsten einen Felsen hinunterstürzen wollten. Und das auch getan haben.«

Ich schließe kurz die Augen.

»Das ist es, was Ihr Vater ausgesagt hat. Das sollen Sie am Abend zuvor, an den Sie sich ja leider nicht erinnern können, noch erklärt haben.«

Er schaut auf den Bildschirm und zitiert mit monotoner Stimme: »›Der Jakob ist ein feiner Kerl. Der tut niemandem etwas zuleide. Auch wenn er den Leo am liebsten einen Felsen runterstürzen wollte.‹«

Er sieht auf und stützt die Hände auf dem Tisch ab. »Was ist mit Emilia Martini? Hatten Sie auch mit ihr ein Problem? Stand ihr Tod auch bereits fest?«

»Nein! Ich kannte sie ja kaum.«

Er schaut auf meine Hände, als klebte Blut daran statt weißen Kalks, der sich wie bei allen Kletterern ins Nagelbett gefressen hat. Ich trage noch immer die gleichen verschwitzten Klamotten, ich habe seit mehr als dreißig Stunden nicht geschlafen und bezweifle, jemals wieder gut schlafen zu können. Wie soll ich die Augen schließen können, ohne zu sehen, wie Emilia und Leo im Nichts verschwinden?

»Magnus Grasser hat uns hinsichtlich Ihrer Beziehung zu Emilia ganz anderes berichtet.«

Es überrascht mich nicht, dass mein Vater Mist erzählt, aber Magnus? Vielleicht sollte ich auf einem Anwalt bestehen? Aber noch fühlt sich das hier an, als müsste ich nur erklären, dass das alles ein beschissener Zufall war.

»Grasser meinte, Sie hätten mit Emilia geflirtet, sie aber hätte nur Augen für Leo gehabt. Das klingt nach einem Motiv, nicht wahr? Eifersucht unter Freunden.«

»Was wollen Sie eigentlich von mir hören?« Es kommt müde, kaum noch wütend aus meinem Mund.

»Die Wahrheit, Jakob. Nur die Wahrheit.«

Dass er jetzt meinen Vornamen verwendet, scheint kein Zufall zu sein. Steht im Leitfaden unter »V« wie »Vertrauen erzeugen«.

Ich hole Luft und schaue an den beiden vorbei, als ich sage: »Die Wahrheit ist, zwei Menschen sind in den Tod gestürzt und ihre Leichen liegen in einer Felsspalte. Die Wahrheit ist auch, dass ich keine Ahnung habe, wie das passieren konnte.«

»Wie passt Ihre Schwester in diese Wahrheit?«

Ich sehe ihn an, ohne zu antworten.

»Oder lassen Sie es mich präzisieren: *Wo* passt Ihre Schwester ins Bild?«

Er schiebt mir eine Karte zu. »Markieren Sie bitte, wo Verena Hofer stand, als Leo und Emilia abgestürzt sind.«

»Die Karte ist ungenau«, erwidere ich.

»Umso wichtiger, dass *Sie* genau sind.«

Eine Sekunde lang schließe ich die Augen, dann fixiere ich den Plan vor mir. »Sie stand am Gipfelkreuz«, sage ich und deute auf die Stelle, an der zum Zeitpunkt des Absturzes niemand mehr stand. »Hier.«

»Und da sind Sie sich sicher?«

Ich schlucke. Wenn man beim Klettern ein Problem vor sich hat, eine ausgesetzte Stelle, eine körnige Wand, einen Absatz, den man nur schwer überwinden kann, dann darf man nicht zittern. Dann gilt es, entschlossen zu handeln. Meine Stimme ist fest, als ich sage: »Ja.«

»Was haben Sie dann getan?«

Auch das habe ich bereits dreimal erzählt. So geduldig wie möglich wiederhole ich meine Worte. Und merke, wie es mir langsam schwerfällt, Sätze zu formulieren. Wie Müdigkeit und Panik mich auszehren und die Bilder in meinem Kopf alles andere zu blockieren drohen. »Ich bin aufgestanden, so schnell es ging, hab mich über den Rest des Grates zur Schlucht vorgekämpft und mich über den Abhang gelehnt … Nein, ich hab mich hingelegt und hinuntergeschaut. Da war nur … eine rote Jacke. Keine Ahnung, wie lange ich gebraucht hab, um zu reagieren. Irgendwann ist mir das Seil wieder eingefallen. Und der Schlaghaken, der war einfach da. Ich weiß nicht mehr … ich glaube, es war Magnus, der ihn mir gegeben hat. Vielleicht war der auch schon im Felsen, von früheren Besteigungen, als der Grat noch nicht gesperrt war, ich weiß es nicht mehr …«

Wieder und wieder, Fragen über Fragen, die ich wiederhole, und der dumpfe Kopfschmerz, der sich in meinem Schädel ausbreitet, macht es mir unmöglich, abzuschätzen, ob ich von meinen ursprünglichen Aussagen abgewichen bin oder es mir gelungen ist, sie von meiner Variante zu überzeugen. Wenn ich daran denke, dass sich Verenas Worte mit meinen decken müssen, wird mir schwindelig.

»Herr Hofer?«

Ich schaudere. Ein Zucken überkommt mich. Ähnlich dem, das einem manchmal durch den Körper geht, wenn man beim Einschlafen glaubt zu fallen. Nur dass ich die Augen weit geöffnet habe.

»Es gab also keinen Streit zwischen Ihrer Schwester und Leo?«, fragt der Carabiniere, klappt endlich die Karte zusammen und schiebt sie weg.

Ich stoße den angehaltenen Atem aus, froh, nicht mehr auf den Punkt starren zu müssen, an dem Leo und Emilia ihr Leben verloren haben. »Davon weiß ich nichts.«

Die Dame von der Staatspolizei erhebt die Stimme. »Sie ist nicht nur Ihre Schwester, sie ist Ihr Zwilling, nicht wahr? Da hat man doch eine spezielle Bindung, vielleicht auch einen besonderen Draht zueinander.«

»Ich bin nicht hier, um über geschwisterliche Bindung mit Ihnen zu philosophieren, oder?«

»Nein, das sind Sie nicht.« Eine Weile starren wir uns in die Augen. Seine Miene ist wie eine winzige Kante im Felsen, eine Erhebung, die es zu nutzen gilt, um nicht abzurutschen.

»War's das? Kann ich gehen?«

Ein leichtes, triumphierendes Lächeln spielt um seinen Mund. Bad Cop und Good Cop sehen sich an und tauschen ein Lächeln.

»Herr Hofer?«, sagt die Freundliche und klingt jetzt nicht mehr freundlich. »Sie dürfen das Land nicht verlassen und halten sich zu unserer Verfügung.«

Mein Blick fliegt von der geschlossenen Tür gegenüber zu der Frau, die die Hände vor der Brust verschränkt hat.

»Was?«

»Sie dürfen das Land nicht verlassen!«

So fühlt es sich also an zu verlieren. Kurz vor dem Gipfel abzurutschen. *Das* ist der freie Fall. Ich kralle die Hände um die Lehne des Stuhls, als könnte mich das noch retten. »Aber das geht nicht! Ich muss nach Shanghai! Zur Quali für Olympia.«

Die Lippen von Good Cop kräuseln sich. »Ich denke, Sie sind vorerst genug geklettert.«

»Was?«

Ihr Gesicht verschwimmt vor meinen Augen, ich schaue auf meine Hände, versuche, mich zu konzentrieren. Aber da sind nur die Kalkränder, die mich verhöhnen wollen.

»Sie sind genug geklettert«, wiederholt sie. »Wenn Fluchtgefahr besteht, werden wir Sie in Haft nehmen. Falls das eine Alternative ist, sagen Sie ruhig Bescheid, wir haben noch ein paar Zimmer frei.«

• • •

Noch im Flur des Reviers habe ich das Gefühl, die Blicke der beiden Beamten in meinem Rücken zu spüren. Der Dreck an meinen Stiefeln ist getrocknet, und kleine Reste davon lösen sich beim Gehen ab und bleiben auf dem Teppich liegen. Ich registriere Verena erst, als sie sich von dem Stuhl an der Wand gegenüber der Anmeldung erhebt und leicht humpelnd auf mich zugeht. Auch sie steckt noch immer in ihren Wanderklamotten. In der knapp über dem Knie endenden Hose klafft seitlich ein Loch, darunter sind Kratzer zu sehen, die teilweise mit Pflastern abgedeckt sind. Unter den Rändern schimmert das Rot der Jodtinktur.

»Wie geht's dir, Nena?«

Auf ihren staubbedeckten Wangen zeichnen sich die Spuren ihrer Tränen ab. Ich will darüberwischen, aber ihre ganze Körperhaltung zeigt Abwehr.

»Ich hab dich nicht darum gebeten, Jakob«, sagt sie tonlos und viel zu laut.

Ich schaue zu der Treppe, die ein paar Stufen hinunter zum Ausgang des Reviers führt, und strecke die Hand nach ihr aus. Aber Verena weicht zurück. »Können wir das draußen klären?«

Sie verschränkt die Arme um ihre Mitte. Sie zittert. »Warum, Jakob? Warum?«

Ich weiß nicht, worauf sich dieses *Warum* bezieht. Es stehen wohl zu viele davon im Raum.

»Warum hast du das getan?« Sie schluchzt jetzt.

Ich kann das nicht sehen, ich ertrage es nicht, dass Nena traurig ist. »Nicht …«, sage ich ganz leise.

»Er ist tot. Leo, mein Leo ist tot!«

Dumpfe Schritte ertönen hinter uns.

»Und Emilia auch. Jakob, was hab ich … hast *du* …«

Ich halte meinen Zeigefinger warnend vor den Mund. »Nena, bitte!«, dränge ich. »Nicht hier.«

Die Schritte kommen näher, und ich schaue mich hektisch um. Etwa zwei Meter weiter ist die Damentoilette, ich stoße die Tür auf und atme erleichtert aus, als sie mir folgt. Drinnen lehne ich mich an das Waschbecken, Nena sackt mit dem Rücken gegen die Tür. Sie vergräbt das Gesicht in den Händen.

»Ich wollte dich beschützen!«, flüstere ich, als Verena endlich den Kopf hebt.

Eine Weile starren wir uns an. Ihre Augen sind dick geschwollen, unter ihren hellen Wimpern liegen die düsteren Schatten einer schlaflosen Nacht.

»Ich hab dich nicht darum gebeten«, sagt sie schließlich leise, dann mit zunehmend lauter, entschiedener Stimme: »Ich wollte das nicht.«

»Ich weiß, aber es ist besser so.«

Sie starrt mich an, die Lippen leicht geöffnet.

»Was hast du ihnen gesagt?«, frage ich und beuge mich dabei etwas näher nach vorn.

»Ich hab alles so gemacht, wie du es wolltest«, zischt sie, was nicht zu meiner sonst so sanften Schwester passt.

»Und … und was machst du? Ich meine, darfst du … wieder an die Uni?«

»Ich bin nicht mehr verdächtig, im Gegensatz zu dir, und kann tun und lassen, was ich will.«

Sie neigt den Kopf nach vorn, sodass ihre Stirn fast die meine berührt. Ich sehe mich in ihrer Iris, sehe, wie wir beide im Blau des anderen verschwimmen. Aber längst nicht mehr eins sind. Das hier, das spüre ich so intensiv wie meine Liebe zu ihr, ist ein Wendepunkt. Ein Cut, eine Schnittstelle, ab der sich unsere Beziehung zueinander unwiederbringlich verändert hat. Zum ersten Mal in unserem Leben spüre ich eine Distanz zwischen uns. Es ist kaum zu ertragen.

Verena öffnet die Lippen, und ihre Worte lassen mein Blut gefrieren. »Und jetzt, Jakob, jetzt geh mir aus den Augen.«

• • •

Minuten später, draußen vor dem Revier, ist das gleißende Licht des Vormittags viel zu hell. Jetzt fühle ich mich, als beträte ich eine andere Welt. Eine, in der ich nicht nur für den Tod von zwei Menschen mitverantwortlich bin, sondern auch noch meine Karriere abgeschossen habe. Und meine Schwester unglücklich gemacht habe. Ich schirme die Augen mit der Hand ab, aber ich kann kaum etwas sehen. Verena ist weg.

Ein Wagen hupt, und als ich mich im Kreis drehe, entdecke ich meine Mutter, im Auto sitzend mit heruntergelassener Scheibe. Sie winkt. Die Bewegung sieht so müde aus, wie ich mich fühle.

Meine Mutter ist eine schöne Frau mit einem glatten, fast faltenfreien Gesicht unter einem blonden Pony. Vielleicht weil ihr Gesicht kaum je eine Gefühlsregung verrät und sich nicht in Lachfalten oder Stirnrunzeln verzieht, sieht sie Jahre jünger aus, als sie ist.

Ich habe sie noch nie weinen sehen. Natürlich weint sie auch jetzt nicht, als ich ins Auto steige, aber sie mustert mich auffällig still von der Seite.

»Jetzt hast du, was du wolltest«, sage ich. Es könnte Wut darin mitschwingen, klingt in meinen Ohren aber nur ernüchtert.

»Jakob … es tut mir leid.«

Ich klatsche in die Hände, so laut, dass sie zusammenzuckt. »Olympia ist geplatzt.« Ein hysterisches Lachen kriecht aus meinem Hals, ich verschlucke mich beinahe daran.

Sie sagt nichts. Sie muss auch gar nichts sagen. Wir wissen es ja beide.

»Wo ist Nena?«, will sie wissen.

»Sie ist schon auf dem Weg zurück nach Wien«, murmle ich.

Der Asphalt vor uns flirrt, als wir den Parkplatz verlassen. Nena, verdammt! Meine Hand will nach meinem Handy greifen, aber das liegt noch in der Almhütte. Wie unwahrscheinlich lange es mir vorkommt, dass ich dort orientierungslos hochgeschreckt bin.

»Jetzt fahren wir erst mal nach Hause«, höre ich meine Mutter sagen. »Es gibt genug zu tun. Genug, um dich abzulenken.«

Sie sagt nicht: Ich mache das alles nur für euch. Sie sagt nicht: Sei dankbar, ich habe Millionen ausgegeben, die ich gar nicht habe, um die Chalets in eine neue Zeit zu führen. Sie sagt auch nicht: Du hast es versaut. Olympia ist gestorben. Du hast das Studium geschmissen. Der Felsenhimmel ist deine Zukunft.

Die ersten Apfelplantagen fliegen an mir vorbei, Häuser, Hotels, eine Kirche. Der Wagen keucht in der Haarnadelkurve. Auf Höhe der verblichenen Werbetafel für die Kletterhalle in Meran ächzt die Kupplung, als wollte sie mir ein Zeichen geben. Meine Brust wird eng. *I am a rat in a trap.*

7

Aurora

;

Drei Wochen nach dem Fall

48 218 7 625 651 324, 16 411 233 541 238 712

Deine Schwester ist verunglückt.

Meine große Schwester ist tot.

Em ist gestorben.

Emilia Martini lebt nicht mehr.

Die Sätze hallen in unterschiedlichen Wortzusammensetzungen durch meinen Kopf, aber sie wollen auch nach über einer Woche keinen Sinn ergeben. Am allerwenigsten jetzt, da ich den Van ein zweites Mal in die Straße steuere, in der Em wohnt. *Gewohnt hat.* Dieses Mal ist da kein Umzugswagen, und ich finde auch sofort einen Parkplatz, keine fünfzehn Meter von der Haustür entfernt. Als ob es ein Naturgesetz wäre, dass man eine trauernde Schwester nicht auch noch nach einem Parkplatz suchen lassen kann.

Schon wieder quellen die Tränen in meinen Augen. Ich habe so viel geweint, ich müsste ausgetrocknet sein wie Dörrobst. Aber irgendwie kommen immer noch welche nach. Nie wieder mit Em lachen, nie wieder mit Em tanzen, nie wieder Em umarmen. Ich blinzle und wische mir dann mit dem Handrücken übers Gesicht. Das hier muss ich jetzt irgendwie überstehen. Ich habe die Trauerfeier meiner Schwester verpasst, weil ich an Stränden herumgelegen und mein Leben gefeiert habe, während ihres zu Ende gegangen ist. Es ist das Mindeste, ihre Sachen abzuholen, mir ein paar Erinnerungsstücke mitzunehmen und den Rest in Kartons verpackt an wohltätige Organisationen zu spenden. Mama will das Fotoalbum von Em als Baby, das sie angeblich mit nach Wien genommen hat. Mein Vater die Boulderschuhe, die er ihr zu Weihnachten geschenkt hat. Ich werde ihm nicht sagen, dass sie sie nie getragen hat. Er wird es vermutlich selbst sehen, und es wird ihn traurig machen. Verdammt, sofort sind die Tränen wieder da. Kein Wunder, dass es so lange gedauert hat, von Portugal über Spittal bis nach Wien. Wenn die Tränen wie Sturzbäche aus den Augen rinnen, hilft leider auch kein Scheibenwischer mehr.

Als ich Alabaster anleine und mit ihr aus dem Camper steige, kommt es mir so vor, als trüge ich Gewichte an den Beinen. Es ist wärmer, als ich gedacht habe, und die Vögel zwitschern aufdringlich, es riecht unangenehm nach Gegrilltem. Hier auf dem Asphalt der Kafkastraße fühlt sich das Leben ekelhaft normal an. Merkt denn hier keiner, dass meine Schwester fehlt? Ich stehe verloren auf dem Gehsteig, und Alabaster fiepst. Ich nehme an, sie weiß auch nicht, wie ihr geschieht. Vielleicht kann man Traurigkeit riechen. Sie muss mir aus jeder Pore tropfen. Mein Blick fällt auf die andere Straßenseite, und auf einmal wünsche ich mir nichts mehr als den Typen mit dem Muskelshirt und dem Karton. Nicht des Typens wegen. Aber ich brauche einen Zeitsprung, ein Zurück zu dem Augenblick, in dem ich ihm in die Arme gelaufen bin. Als wäre dieser lächerliche Vorfall so etwas wie ein Schlüsselmoment. Vor meinem inneren Auge spule ich unseren Zusammenstoß ab, sehe, wie sich die beiden Teile der Klettertasse wieder zusammensetzen, wie sich mein Leben wieder zusammensetzt. Wenn ich dem Typen jetzt noch einmal in die Arme laufen könnte, würde mir auch Em da oben vom Balkon aus zuwinken. Meine Welt wäre noch ganz und kein Scherbenhaufen.

Aber der Typ ist längst weg, und Em ist es auch.

Blinzelnd und verloren schaue ich die Straße entlang.

Eine junge Frau kommt auf mich zu, bleibt vor mir stehen und spricht mich an. »Du musst Aurora sein. Wir sind verabredet. Ich bin Hannah. Hannah Mayr-Mendling.«

Hannah, Ems Freundin, sieht genauso aus, wie ich sie mir vorgestellt habe. Sie ist klein, sehr zierlich und hat riesige Rehaugen. Der Rucksack mit dem Henkel auf ihrem Rücken muss schwer sein, ihrer leicht gebückten Haltung nach zu urteilen.

»Ja, ich bin Ems Schwester. Hallo«, murmle ich.

Kann ich das so noch sagen? Ich bin Ems Schwester? Ich *war* Ems Schwester. Ich habe keine Schwester mehr, also bin ich auch keine Schwester mehr.

Hannah beäugt Alabaster misstrauisch, dann kommt sie näher, als wollte sie mich umarmen. Als Alabaster die Zähne zeigt, ihre etwas eigenwillige Art, Freude auszudrücken, weicht Hannah zurück. »Es tut mir so leid«, murmelt sie und senkt den Blick.

»Mir auch«, erwidere ich, weil mir nichts Besseres einfällt.

»Ich hab ihre Sachen aus der Uni und den Schlüssel.«

»Danke.«

Sie stellt den Rucksack ab und zieht umständlich eine Einkaufstüte mit Büchern und Kram heraus, die sie mir überreicht. Dann drückt sie mir den Schlüssel für die Wohnung in die Hand. Ihr Blick schweift in die Ferne, sie öffnet den Mund, schwingt den Rucksack eilig auf den Rücken zurück.

Will sie etwa schon wieder gehen? Ich habe zweimal mit Hannah telefoniert. Beim ersten Mal hat sie nur geweint. Beim zweiten konnte sie mir grob erzählen, was auf der Tour passiert ist. Immer wieder durchbrochen von Schluchzern und dem Hinweis, sie wisse das alles selbst nicht so genau. Auf meine Nachfragen per Sprach- und Textnachricht hat sie nicht reagiert. Das hier ist vermutlich meine letzte Chance, etwas aus ihr herauszubekommen.

»Hannah, bitte warte kurz.«

»Ich hab dir alles gesagt, was ich weiß«, platzt sie heraus. Sie macht einen Schritt zurück, schaut über die Straße. Nur der stete Strom an Autos, Rollern und Fahrrädern scheint sie davon abzuhalten, vor mir davonzulaufen.

»Hast du die Liste mit den Leuten, die dabei waren? Die Telefonnummern, um die ich dich gebeten habe?«, dränge ich.

»Das kann ich nicht machen, wirklich nicht.«

Ich starre sie an.

Sie dagegen weicht meinem Blick aus.

»Meine Schwester ist tot!« Ich schreie es fast. »Ich muss herausfinden, was da passiert ist.«

»Es war ein Unfall, okay?« Hannahs Stimme hebt sich kaum merklich, sackt dann wieder in sich zusammen. »Nichts macht Leo und deine Schwester wieder lebendig.«

»Aber ich muss wissen, was passiert ist!« Ich packe Hannah am Arm, unter dem Volant ihres Kleides, spüre, wie Alabaster neben mir sich anspannt. »Bitte!«

Sie seufzt leise. »Sie sind an dem Morgen zu fünft losgezogen, Magnus, Tristan, Leo, Emilia, Verena. Ich … ich bin auf der Hütte geblieben, weil es mir zu gefährlich war.« Sie stockt.

Ich weiß, dass ich ansetzen muss, jetzt, ehe ich sie verliere und sie wie in den letzten Tagen nicht auf meine Fragen reagieren wird. »Ich möchte gern mit den anderen reden.«

Dass Hannah nicht dabei war, muss mir in unseren Telefonaten völlig entgangen sein.

»Was willst du hören? Es ist passiert, sie sind abgestürzt.«

»Aber meine Schwester … Emilia war eine hervorragende Kletterin, sie war im Verein …«

Hannahs Rehaugen verengen sich. Sie öffnet den Mund, schließt ihn wieder und versucht dann, sich loszureißen. Erst da bemerke ich, dass ich sie noch immer festhalte.

»Du tust mir weh!«

Augenblicklich löse ich meinen Griff. Meine Finger haben rote Striemen auf ihrem Oberarm hinterlassen. »Entschuldigung. Es tut mir leid, ich … das wollte ich nicht.«

»Ich gehe jetzt«, blafft sie, rührt sich aber nicht.

»Ja … natürlich.« Es ist mir unfassbar peinlich, dass ich so grob zu ihr war.

»Was hast du jetzt vor?«

Ich schlucke den Kloß in meinem Hals hinunter. »Ich räume ihre Wohnung aus und dann … ich weiß auch nicht.«

»Sie hätten da nicht hochgehen sollen. Sie hätten auf ihn hören sollen.«

Wovon spricht sie? Ich kralle die Finger meiner rechten Hand in meinen Oberschenkel, schließe die der linken fest um Alabasters Leine, damit ich nicht wieder nach Hannah greife. »Auf wen hätten sie hören sollen?«

Hannahs Blick schweift ab.

»Ich brauche mehr Infos, Hannah!«

»Ich kann nicht … aber …« Sie senkt die Stimme, sieht sich um. Als ob uns jemand belauschen könnte. »Vielleicht solltest du selbst hinfahren. An den Felsenhimmel. Ihn dir anschauen. Mehr kann ich dir beim besten Willen nicht sagen.«

Dann dreht sie sich weg und geht davon. Ich halte sie nicht auf, sehe ihr lange nach, bis sie um die Ecke verschwunden ist. Erst dann öffne ich die Tür zu dem Haus, in dem Em nur wenige

Monate gewohnt hat. Jede Stufe hoch in den vierten Stock fühlt sich an wie ein Abschied, macht es endgültiger. Ich versuche, Ems Schritte nachzufühlen, versuche, sie mir vorzustellen. Em in ihren Laufschuhen, Em in ihren Party-Heels, Em in Badeschlappen, nachdem sie den Müll runtergebracht hat.

Und immer wieder drängt sich ein anderes Bild auf. Em in dieser Schlucht, ihr Körper, der nicht geborgen werden kann.

Mein Puls rast, als ich oben ankomme. Ems Name steht nicht auf der Klingel, vielleicht stand er da nie, vielleicht hat ihn schon jemand ausgetauscht.

Das Bild, das sich in ihrem Zimmer bietet, ist völlig anders als erwartet. Nichts, wirklich gar nichts erinnert an meine Schwester, die niemals Ordnung halten konnte. Ihre Mitbewohnerinnen waren erstaunlich effektiv. Jetzt verstehe ich auch, warum keine von ihnen sich mit mir hier treffen wollte und Hannah als Schlüsselbote herhalten musste. Denn Ems WG-Kolleginnen haben es ziemlich eilig, das Zimmer neu zu vermieten. Das Bett ist abgezogen, auf dem Nachttisch schimmert eine Staubschicht. An der kahlen Wand sind Abdrücke von Rahmen oder Postern, aber Em hat nicht lange genug hier gewohnt. Ihre Fotos waren es also nicht, deren Schatten die Wand verändert haben.

Nicht lange genug gewohnt. Nicht lange genug gelebt. Nicht lange genug geliebt.

Ems Sachen, all diese unwichtigen, seelenlosen Dinge, die Menschen im Laufe eines Lebens anhäufen, sind in Kartons verpackt.

Ich habe mich darauf eingestellt, Ems Zimmer auszuräumen. Zeit darauf zu verwenden, sie alle zärtlich zu berühren und auf Erinnerungen zu testen, sie sorgsam zu verpacken und die wenigen Dinge herauszusortieren, die eben doch eine Seele oder zumindest eine Bedeutung haben. Alabaster legt sich auf den Teppich vor dem Bett. Dieses flauschige beige Ding, das wir aus Versehen bei Ikea geklaut haben, kurz bevor Em zum Studium nach Innsbruck gegangen ist. Es lag unter dem Karton mit dem Billy-Regal, und wir haben vergessen, ihn zu scannen.

Ich knie mich vor eine der Kisten, mein Hals ist zu eng für all die Gefühle, die nach draußen drängen wollen. Mit zittrigen Händen öffne ich eine Kiste. Offenbar hat Em ihre Umzugskartons aufbewahrt, und ihre Mitbewohnerinnen haben sie wiederverwendet, denn dieser hier ist mit Ems großen, nach rechts geneigten Buchstaben beschriftet. *Sommerklamotten* steht darauf. Ganz oben liegt das gelbe Flatterkleid, das sie mir in einer kleinen Boutique in Rom weggeschnappt hat und um das wir heftig gestritten haben. Ich streiche zärtlich über den Stoff, nehme das Kleid heraus und presse meine Nase dagegen, suche nach Ems Geruch, nach einem Hauch ihres Parfums oder wenigstens dem vertrauten Duft ihres Waschmittels. Nichts. Als hätte sie es nie getragen.

Müde lege ich mich zu Alabaster auf den Teppich und schließe meine Augen. Das Kleid noch immer in den Händen, denke ich an die letzte Nacht. Daran, wie ich mir sicher war, auf dem Handy unter Ems Namen die blauen Punkte tanzen und wieder verschwinden gesehen zu haben. Aber da kam keine Nachricht. Kein »What the duck, Em?«. Es war nur ein Traum in einer Endlosschleife aus blauen Punkten, Stillstand, blaue Punkte.

Irgendwie schaffe ich es, mich wieder aufzuraffen und die anderen Kartons zu durchsuchen, finde das Babyalbum aber nicht und auch die Kletterschuhe sind weg. Die hat sie vermutlich längst verkauft. Bei dem Album bin ich mir sicher, dass sie es gar nicht erst mit nach Wien genommen hat. Nachdem alle Kisten verladen sind, werfe ich den Schlüssel wie vereinbart in den Briefkasten.

»Dann fahren wir jetzt also in die Berge«, sage ich zu Alabaster.

8

Jakob

Ich tuckere mit dem Traktor bis zum Ende der Straße und biege Richtung Heuhütte ab. Der Hänger hinter mir poltert über die unbefestigte Straße, und die Schlaglöcher geben alles, um mich ordentlich durchzuschütteln. Seit ich das Polizeirevier verlassen und mich ins Auto meiner Mutter gesetzt habe, gab es keinen einzigen Moment, in dem ich meine Hände nicht mit irgendetwas beschäftigt habe. Jeden Morgen wache ich um halb fünf auf und starre so lange aus dem Fenster, bis die ersten, wenigen Gäste die Chalets verlassen. Jeden Morgen versuche ich, meine Schwester zu erreichen, die mich jedes Mal wegdrückt. Meine Nachrichten an sie, die erste direkt nach dem Aufwachen, die letzte kurz vor dem Einschlafen, haben immer blaue Häkchen, aber sie antwortet nie.

Früher hatten meine Hände Schwielen und Wunden vom Klettern, jetzt stammen die Kerben und Schürfungen vom Schaufeln, Schleifen und Hämmern. Als ob man sich Schuld und Wut aus dem Körper schwitzen könnte.

In Gedanken versunken bemerke ich beinahe zu spät, dass der kleine geschotterte Platz vor der größten Hütte unserer Wiesen, die als Materiallager genutzt wird, bereits belegt ist – von einem weißen Van mit dreckigen Reifen. Einer von der Sorte »Eigenumbau«, Marke »Digitaler Nomade baut sich Traumhaus auf Rädern«. Solarzelle, Fahrrad auf einem horizontalen Träger und ein SUP auf der langen Seite der Beifahrertür. Hashtag Vanlife. Sozusagen das Gegenteil von Hashtag MyLife.

Ich halte an, stelle den Motor ab, öffne ruckartig die Tür und springe mit einem Satz heraus. Wie befürchtet hat der Fahrer das Scheunentor blockiert, sodass ich nicht mit dem Hänger davorfahren kann. Der Blick durch die Fenster des weißen Busses ist mit Lamellen versperrt. Es ist neun Uhr morgens, und die Sonne steht hoch am Himmel. Unfassbar. Keine Ahnung, was mich mehr aufregt. Die Tatsache, dass hier jemand mein Lager zugeparkt hat, oder die Dreistigkeit, dass dieser Jemand um neun Uhr morgens noch schlafen kann. Ich umrunde das Gefährt, und als ich am Heck einen Vorhang aus dicken Wollfäden entdecke (wie heißen diese Dinger noch mal?), kann ich nur noch den Kopf schütteln.

Mit der Faust donnere ich gegen das Blech. Fast zeitgleich ertönt empörtes Bellen.

Klar, ein Köter an Bord. Was fehlt jetzt noch zum Klischee? Lammfell und Klappstuhl oder Traumfänger und Hängepflanzen?

»Hey«, brülle ich, als niemand zur Tür kommt, und schlage noch einmal gegen das Heck. Der Hund knurrt, der Wagen wackelt. »Du Vollidiot hast mein Scheunentor zugeparkt!«

»Kein Grund, mir Beulen in den Lack zu schlagen!«, dröhnt es zurück. Eine weibliche Stimme, maximal wütend. Als hätte ich *sie* zugeparkt und nicht umgekehrt.

»Das ist eine Heuhütte, kein Campingplatz«, schreie ich und schlage absichtlich noch einmal gegen den Van, wenngleich ein wenig … sanfter.

»Mein Van ist aber auch kein Boxsack!«, erwidert die Frau im Innern mindestens genauso laut.

Ich muss schmunzeln. Warum muss ich jetzt schmunzeln?

Nichts daran ist lustig. Hätte meine Mutter nur nicht einen auf Sparfuchs gemacht und das Material gleich bis hoch nach Vieran liefern lassen.

Doch dann öffnet sich die seitliche Wagentür. Zuerst schiebt sich ein braun-weiß-schwarzer Hundekopf raus, der meinen Oberschenkel abschleckt, als wäre ich Hühnchen on ice. Ich schaue in ein Paar unterschiedlich farbiger Tieraugen. Eines grün, eines blau und dann, hinter dem Hund, auf nackte, gebräunte Haut mit Gänsehaut unterhalb von zerrissenen Jeans.

Vor mir lächelt ein verschlafenes Gesicht, umrahmt von braunem, struppigem Haar, das in alle Richtungen aus einem unordentlichen Pferdeschwanz quillt. Moment mal … Die Frau hat eine Tätowierung am Hals, halb verdeckt von diesen Haaren, die ich schon einmal gesehen habe. Sie trägt ein viel zu großes T-Shirt mit einem verwaschenen Adidas-Logo.

Ich schaue in ihre grünen Augen und bin einen Moment lang fassungslos. »Du?«

»Du?«, ruft sie zeitgleich, schiebt die Hündin am Halsband sanft hinter sich und gibt einen Befehl, sodass sie sich zu ihren Füßen legt und regungslos verharrt, mich – den Fremden – aber nicht aus den Augen lässt. »Hoi«, sagt sie und lächelt breit, aber ein klein wenig schief. »Was machst *du* denn hier?«

Fragt die Frau, die meine Tasse kaputt gemacht hat. In Wien, in einem anderen Leben.

»Ich wohne hier, die Frage ist also eher, was machst *du* hier?«

»Auch wohnen, oder so«, sagt sie und deutet ins Innere.

Sie streckt mir eine kleine Hand hin, um deren Gelenk ein paar Lederriemen, Flechtbänder und Haargummis gewickelt sind. Mir fallen die kurzen Fingernägel auf, der leichte Dreckrand darunter. Instinktiv streiche ich über mein rechtes Handgelenk. Als würden sich dort auch nach Wochen noch die Spuren ihrer Finger wiederfinden.

Fuck, diese ganze Berührung hat kaum eine Sekunde angedauert, sie ist keine verdammte Tätowierung. Ich stretche die Finger meiner Hand, spreize alle fünf und zögere. Erst dann strecke ich ihr meine Hand hin und bin überrascht, wie fest sie zudrückt. Es ist, als löste der Kontakt eine Kettenreaktion an Gefühlen aus. Zuerst spüre ich ein Kribbeln, das von meinen Fingern in meinen ganzen Körper schießt und mich an das Adrenalin erinnert, das ich jedes Mal beim Freiklettern verspürt habe. Dieses Empfinden ist völlig fehlgeleitet. Es gehört zu mir und den Felsen, nicht zu mir und der Frau, die meine Tasse zerbrochen hat.

»Aurora«, sagt sie.

»Das ist kein Campingplatz«, erwidere ich trocken.

»Sagtest du bereits«, erwidert sie und lässt meine Hand los. »Ich fahr gleich zur Seite.«

Ich schüttle den Kopf und deute auf die Wiese. »Auf keinen Fall, du kannst hier nicht einfach zur Seite fahren.«

»Chill mal, ich hab nicht vor zu bleiben.« Sie lehnt sich gegen die Tür des Vans, sodass ihre Haare zur Seite fallen. Das Zeichen an ihrem Hals ist ein übergroßes Semikolon.

Wer bitte lässt sich einen Strichpunkt tätowieren?

»Die Landschaft gefällt mir eh nicht. Es ist so abartig grün hier«, erklärt sie ohne jegliche Gesichtsregung.

So abartig grün wie ihre Augen?

Ich nicke. »Zehn Kilometer von hier entfernt gibt es einen Waldcampingplatz mit Pool, Rutsche und Spa-Bereich.«

»Sehe ich so aus, als wäre das mein Ding?«

»Du siehst so aus, als …«, fange ich an und breche ab, habe keine Ahnung, wie ich diesen Satz beenden soll. Ich habe nicht erwartet, sie wiederzusehen. Ich habe gar nicht mehr an sie gedacht.

Sie ist nicht groß, auch wenn das, weil sie auf dem Tritt des Vans über mir steht, schwer einzuschätzen ist. Sie ist schlank, aber nicht zierlich. Wobei ihre Proportionen unter dem weiten Shirt nur zu erahnen sind. Und mich ja auch gar nicht interessieren. Aber sie hat kräftige, muskulöse Beine, unlackierte Zehennägel, eine Stupsnase und dichte, dunkle Wimpern und Augenbrauen. Alles davon ist mir auch in Wien schon vage aufgefallen, jetzt aber brennt es sich so tief in mein Gedächtnis, dass ich sie ein zweites Mal nicht vergessen könnte.

Der Gedanke, dass ich irgendwie ihretwegen vorgeschlagen habe, Emilia mit auf den Berg zu nehmen, ist auf einmal so präsent, dass ich ihn nicht mehr loswerde. Ebenso wenig wie der Ausdruck in ihren grünen Augen.

»Also, wo soll ich hin? Gibt es irgendwo ein nettes, ruhiges Plätzchen?«

»Das ist nicht mein Problem. Ich muss da rein und mein Baumaterial holen.«

»Ich dachte, das ist ein Heuschober!« In ihrer Stimme schwingt etwas mit, das man nur als triumphierend bezeichnen kann.

Ihrem Dialekt nach ist sie entweder Süddeutsche oder Österreicherin. Ich tippe auf Letzteres. Wie alt mag sie sein? Jünger als ich, vielleicht zweiundzwanzig, maximal vierundzwanzig?

Meine Hände sind schwitzig. Ich will sie an meinem Shirt abwischen, aber da gibt es ein Problem.

9

Aurora

;

46 605 367, 11 159 057

»Du trägst kein Shirt«, sage ich.

Er lächelt nicht. An Freundlichkeit hat Mr Grumpy in den letzten Wochen kaum zugelegt. Von all den Menschen, die mir hier hätten begegnen können, muss es ausgerechnet *er* sein.

»Ich habe kein Shirt an, weil es …« Der Mann, der meinen Van mit seinen Fäusten verbeulen wollte, deutet vage auf den Motor des eckigen, weiß-schwarzen Schleppers hinter ihm. »… Probleme mit der Hydraulik gab.«

»Kenne ich. Mir ist in Spanien der Öldruckschlauch der Servolenkung gerissen.«

»Ah …« In seinem Gesicht zuckt es.

»Hättest du nicht gedacht, was?«, gebe ich zurück, bisschen schnippisch zugegeben, und streiche meine Haare über die Schultern, sodass er mein Semikolon nicht mehr anschauen kann.

»Dass dir der Ölschlauch gerissen ist?«, fragt er nach.

»Dass ich weiß, was das ist und es sogar reparieren kann.«

»Und warum sollte ich das nicht gedacht haben?«

»Weil ich eine Frau bin.«

Er winkt ab und wirkt fast verärgert. Er murmelt etwas, das ich nicht verstehe. Und ich denke, was ich in Wien schon gedacht habe: wie verschwendet das gute Aussehen an ihm doch ist. Er ist groß, nicht muskelbepackt, aber schon sehr definiert. So der Typ Bergsteiger.

Ich blitze ihn an. »Kannst du das noch mal laut wiederholen?«

Er wirft mir einen Blick aus zusammengekniffenen Augen zu. »Ich habe gesagt: Ich kann keine gerissenen Ölschläuche reparieren.«

»Aber du hegst eine gewisse Abneigung gegen Menschen, die das können?«

Oder nur gegen die, die ihn schon einmal angerempelt haben.

»Mich nerven diese Nomaden in ihren Campern, die glauben, die Natur würde ihnen gehören.«

Na, das war mal direkt. Kann ich auch.

»Mich nerven Proleten in ihren Lamborghinis«, kontere ich, und da ist das Lächeln von vorhin wieder.

»Oben ohne«, fügt er hinzu. »Oben-ohne-Proleten in Traktor-Lamborghinis.«

Ich muss noch einmal laut losglucksen, und wie immer verschlucke ich mich daran, weil mein Achtzig-Dezibel-Lachen mir so schrecklich unangenehm ist. Und weil Lachen mir nicht zusteht, nach allem, was passiert ist.

Er räuspert sich. »So oder so, du kannst hier nicht bleiben. Fahr den Wagen weg.«

»Geht klar. Verrätst du mir dann auch deinen Namen?«

Warum interessiert es mich überhaupt, wie dieser Kerl mit seinen Minimum einen Meter fünfundachtzig manifestierter Schlechtlaunigkeit wirklich heißt?

»Jakob«, brummt er und seufzt.

Genauso gut hätte er sagen können: Schafft mir jemand endlich die Alte mit dem Van vom Hals.

»Sehr erfreut, Jakob.« Mit diesen Worten knalle ich die Tür vor seiner Nase zu und klettere ans Steuer.

Wenn er mich loswerden will, bitte, dann verschwinde ich besser – Gletscheraugen hin oder her. Nachdem ich sieben Stunden am Stück gefahren bin und seit Tagen nicht richtig schlafe, fühle ich mich allerdings alles andere als bereit, jetzt nach einem Stellplatz zu suchen. Ich weiß nicht einmal genau, wo ich hier bin. Habe das Gefühl für Tag und Nacht verloren und den Appetit gleich dazu.

Ich starte den Van. Oder besser: Ich versuche, ihn zu starten. Währenddessen beobachte ich Jakob dabei, wie er das Tor zu dem Schuppen aufschiebt. »Blöde Kiste, spring schon an«, murmle ich vor mich hin. Alabaster ist auf den Sitz neben mir gehüpft und schaut auffordernd zu mir rüber.

Der Motor orgelt.

Fuck, fuck, fuck!

Ich versuche es wieder und wieder, aber es tut sich nichts. Also runter vom Fahrersitz und raus. Ich mache die Motorhaube auf und werfe einen prüfenden Blick auf die Verkabelung. Alles sieht gut aus, kein Kabelschaden, keine Spuren nächtlichen Nagerbesuchs. Ich schließe die Motorhaube wieder und werfe einen Seitenblick auf den Oben-ohne-Preisboxer, der so tut, als würde er nichts von meinen Startproblemen mitbekommen. Er trägt Bretter aus dem Schuppen demonstrativ vorbei an meinem Van und legt sie auf den Anhänger.

Scheiße. Was mache ich jetzt?

Ich springe wieder in den Wagen und hole meinen Laptop aus dem Fach über dem Tisch. Aufklappen und schnell die Carly-App öffnen. Aber das Programm zeigt keinen Fehler an, die Elektronik scheint okay. Vielleicht die Zündkerzen? Ich kann ja schlecht … Jakob fragen … Auf keinen Fall. So viel Stolz habe ich noch. Langsam und möglichst unauffällig lasse ich die Rollos hoch und beobachte, wie er das Scheunentor wieder schließt und sich auf seinen Traktor setzt.

Und dann tuckert er einfach davon.

• • •

Eine halbe Stunde später habe ich es mir im Schneidersitz auf dem Schotterboden halbwegs bequem gemacht und trinke kalten Kaffee, während ich meine Optionen durchgehe. Da tuckert es wieder. Als ich hochschaue, traue ich meinen Augen kaum.

»Hast du vielleicht einfach kein Benzin mehr im Tank?«, ruft Jakob, kaum dass er den Motor abgestellt hat.

»Hältst du mich für blöd?«, entgegne ich, während es in meinem Kopf zu rattern beginnt. Ich habe den Van schon mit kaputter Tankanzeige gekauft, achte aber peinlich genau darauf, nicht leerzulaufen. Nein, ich hab getankt, etwa hundert Kilometer vor diesem gottverlassenen Ort hier. Der Beweis steckt im Seitenfach der geöffneten Fahrertür: ein leerer Becher Emmi Espresso und der Rabattcoupon der Toilette, den ich vor Müdigkeit vergessen habe einzulösen.

»Ich schleppe dich ab, wenn du willst«, reißt Jakob mich aus meinen Gedanken.

»Üblicherweise werde ich das nicht gefragt.«

»Hast du dir denn schon mal gewünscht, gefragt zu werden?« Er streckt den Kopf aus dem Schlepper, und ich stelle fest, dass er inzwischen ein schwarzes T-Shirt trägt. Kein Muskelshirt.

»Exakt jetzt, in diesem Moment hab ich mir einen Abschlepper gewünscht, ja.« Jetzt stehe ich doch auf, klopfe mir die Hose und die Oberschenkel ab und blicke ihn direkt an.

»Die nächste Tankstelle – mit Werkstatt – ist fünfzehn Kilometer entfernt«, sagt er. Die Betonung, die er auf die Anzahl der Kilometer legt, klingt verdächtig.

»Schon gut. Ich brauche deine Hilfe nicht.«

Er beugt sich ein wenig weiter vor. Es ist etwas albern, dass er nicht einfach aussteigt. »Das sollte nicht heißen, dass ich dich nicht dahin bringe.«

»Aber?«, hake ich nach.

»Aber ich könnte dich auch mit zu mir nach Hause nehmen, also mit auf unseren Hof. Es gibt einen Stellplatz da.«

»Mit Spa und Pool?« Das Grinsen kann ich mir nicht verkneifen.

»Fast«, erwidert er. »Mit einem Yogalehrer, der den Sonnengruß für einen Cocktail hält, sich aber mit Autos auskennt.«

»Und wo ist das? Dein Zuhause?« Ich trete ein paar Schritte näher, und Jakob öffnet die Tür und springt raus. Als er direkt vor mir steht, fällt mir auf, dass er gute zwanzig Zentimeter größer sein muss als ich. Ich stelle mich auf die Zehenspitzen. »Also?« Ich blinzle ein wenig gegen die Sonne, suche nach dem Gletscherblau in seinen Augen.

»Am Felsenhimmel«, murmelt er.

Meine Sohlen berühren den Boden sofort wieder, aber ich habe dennoch das Gefühl, leicht zu schwanken. Hab ich richtig gehört? Ich starre ihn an. Felsenhimmel. Was allein dieses Wort bedeutet, was es in mir auslöst, lässt sich nicht mit Worten beschreiben. Es ist, als hätte sich das Tal verengt, als hätten sich die Netze der Apfelplantagen um mich gewickelt und einen Kokon gebildet, dem ich nicht entfliehen kann. Ich bin direkt hineingelaufen, ohne es zu wissen.

»Alles gut?«, will er wissen.

Ich blinzle. Mehrmals. »Felsenhimmel?«, sage ich stockend. »Aber …«

»Chalet, nicht Schlucht«, erwidert er trocken. »Und ich bin nicht gefährlich.«

»Oh.«

Das mit dem *gefährlich* stimmt nicht. Ganz und gar nicht. Aber seine Worte haben einen beruhigenden Spontaneffekt auf mein Herz. Natürlich wohnt niemand an einer gefährlichen Felsschlucht.

»Es gibt ein Resort, das so heißt wie der Ort, an dem neulich …«, bringe ich dümmlich hervor.

Und dann hat sein Blick mich wieder. Findet meinen. Ich lag falsch. Sein Ausdruck mag eisig sein, aber seine Augen sind keine Gletscher. Sie sind wie das Meer, man wird ruhig, wenn man sich lange genug darauf einlassen kann.

»Zwei Menschen verunglückt sind, ja. Hat man das auch in Portugal schon mitbekommen?«

»Woher weißt du …?«, frage ich verblüfft und zucke heftig zusammen, als ich seine Finger an meinem Handgelenk spüre, nur ganz leicht über einem meiner Armbänder. Dem mit den portugiesischen Landesfarben.

Jakobs Reaktion auf mein Zucken ist ungleich heftiger. Er springt förmlich mit einem rasanten Satz rückwärts. »Entschuldige, es war nur …«

Er deutet von Weitem auf das Handgelenk, das er eben noch ganz vorsichtig und überhaupt nicht übergriffig berührt hat.

Ich schaue nach unten. »Ah, das!« Ich widerstehe dem Drang, an meinen Nägeln zu kauen, und sage viel zu laut. »Also, fahren wir jetzt los, oder was?«

Noch während ich in meinem Van sitze und Jakob ein Abschleppseil befestigt, überlege ich, ob das eine gute Idee ist. Überlege, ob es vielleicht sogar eine richtig schlechte Idee ist. Was will ich in einem Alpenresort? Was will ich überhaupt hier in diesem Tal, in dieser Gegend? Wo mich jeder Atemzug daran erinnern wird, dass meine Schwester tot in einer Schlucht liegt.

Geh nicht mit Fremden mit, haben sie gesagt und vergessen, dass neue Leute immer erst einmal Fremde sind. Und dass »fremd« nicht grundsätzlich etwas Schlechtes ist.

Ich könnte eine Kerze für Em anzünden, in dieser malerischen Dorfkirche am Berg, an der Jakob vorbeituckert. Ich könnte ein Kreuz besorgen und es an der Unfallstelle aufstellen lassen. Oder ich könnte mich einfach so schnell wie möglich wieder verpissen. Em wäre es egal, oder? Wir haben so oft über den Tod gesprochen. Warum also bleibe ich hier? Warum hupe ich nicht und bedeute Jakob, stehen zu bleiben? Fünf Stunden bis zum Fährhafen von Genua. Und dann Korsika oder gleich Sardinien. Etwa dreizehn Stunden nach Le Havre. Wie wäre es mit dem Ärmelkanal?

Aber ich hupe nicht, ich konzentriere mich auf die Kehren, noch fünf Tornanti, wie das Schild unter dem Ausrufezeichen verrät, und darauf, den Van im Takt mit Jakobs Traktor zu lenken. Als wir die letzte Haarnadelkurve geschafft haben, erhasche ich den ersten Blick auf einen kleinen Natursee und dahinterliegende Holzhütten mit einem Schild, auf dem in geschwungener Schrift *Herzlich willkommen am Felsenhimmel* steht. Und in diesem Moment glaube ich, es zu wissen. Der Typ mit den Gletscheraugen hat mich auf den Felsenhimmel gebracht. Und auch wenn es nur derselbe Name ist, geliehen vom tödlichen Felsen, um Touristen anzulocken, ist es vielleicht auch Schicksal. Vielleicht finde ich hier den Beweis, den ich noch brauche, um nicht ständig zu denken, dass Em nicht tot sein kann. Nur weil ich das nicht will. Weil schon Morgenstern beschlossen hat, dass nicht sein kann, was nicht sein soll. Vielleicht finde ich die Wahrheit, die auch meine Eltern brauchen, um ihre Tochter zu beerdigen, ohne je einen Körper in ein Grab zu betten.

Ich weiß, dass ich Em nicht retten kann, aber womöglich erfahre ich, warum sie von einem Felsen gestürzt ist. Denn eines ist klar: Meine Schwester ist nicht in eine Gebirgsspalte *gefallen*. Sie wurde nicht vom Berg geschluckt. Emilia Martini hat den Arge-Alp-Cup das erste Mal als Vierzehnjährige gewonnen. Sie ist behände wie ein Eichhörnchen, und wenn sie klettert, ist es, als würde der Fels sich an sie klammern, nicht umgekehrt. Em fällt nicht aus Ungeschicklichkeit in eine Schlucht. Wenn sie nicht gesprungen ist, dann hat sie jemand gestoßen.

Jemand, der womöglich noch hier ist.

10

Jakob

Ich fahre auf den kleinen Wendeplatz vor dem Hauptgebäude und kann nicht anders, als den Felsenhimmel mit Auroras Augen zu sehen. Schon nachdem wir das Willkommensschild hinter uns gebracht haben, ist mir plötzlich aufgefallen, wie »abartig grün« es auch hier ist. Ich registriere, wie elegant sich die Chalets an den Berg schmiegen und das Haupthaus mit der Holzfassade über den halb fertigen Naturteich wacht. Allerdings sehe ich auch die Schilder, die einzelne Wege absperren, den Bauzaun und den bescheuerten Kran vor Chalet 8. Die Tennisplätze links des Haupthauses fügen sich mit ihrem roten Sand fast ebenso unauffällig in die Umgebung ein wie der Kunstrasenplatz für die Fußballer, aber beides könnte ein paar Renovierungen gut vertragen. Gut versteckt sind all die anderen Sporteinrichtungen, wie das fünfzig Meter lange Schwimmbecken und die ebenfalls halb fertige Hochsicherheitstiefgarage für teure Bikes, Bonzenkarren und alles andere, was zu kostspielig ist, um es draußen aufzubewahren. Ich sehe die Berge, die sich im Wasser spiegeln, und verspüre einen völlig irrwitzigen Augenblick lang … Glück.

Wie dämlich. Wie absolut bescheuert.

Ich bremse den Traktor so abrupt, dass ich fürchten muss,

Aurora könnte mit dem Van direkt auf die Anhängerkupplung auffahren. Glücklicherweise hat sie bessere Reflexe als ich. Adam, der gerade vor dem Rezeptionseingang dabei ist, mit Mika Fliesenpakete von einer Palette zu heben, schaut auf.

Ich rümpfe die Nase. »Wonach riecht es hier?«

»Adam hat die Sache mit den Räucherkerzen ausprobiert«, erklärt Mika, die eine seltsame Kombination aus Reiterhosen und Küchenschürze über einem pinken Tanktop trägt.

Adam streicht sich verschämt die hellbraunen Haare hinter die Ohren und fährt seinen Schnurrbart nach. »Sorry, Boss, ich hab es eben mehr mit Zündkerzen.«

Unbemerkt hat sich Aurora neben mich gestellt. »Das trifft sich gut«, sagt sie. »Du musst Adam sein.«

Adam strahlt sie an und streckt sich, damit seine ein Meter siebzig wie ein Meter fünfundsiebzig wirken. Ich drehe den Kopf und sehe, wie Aurora zurückstrahlt.

Es nervt mich kolossal.

»Dein Van?«

»Ja«, erwidert sie stolz.

»Mercedes Sprinter 211 CDI, 80 kw, Baujahr 2001, vielleicht auch 2002. Erster Motor, aber leider auch erste Karosserie. Rostet so gut, wie er fährt …«

Aurora nickt begeistert, ihre Wuselhaare fallen ihr in die Stirn, und ich habe den verrückten – sicher auch müdigkeitsbedingten – Wunsch, sie ihr aus dem Gesicht zu streichen und hinter die Ohren zu stecken. Fast bin ich erleichtert, als Kits KTM aufjault und dann neben Adam und der Palette zum Stehen kommt.

Meine kleine Schwester zieht den Helm herunter und starrt Aurora an. »Wow, wer bist du denn?«

»Ich bin Aurora, Jakob hat mich abgeschleppt.«

»Sieht meinem Bruder gar nicht ähnlich.« Kit grinst und streckt

Aurora ihre lederbehandschuhten Finger entgegen. »Ich bin Katharina, nenn mich Kit.«

»Hi, Kit«, sagt Aurora.

»Mika, Mädchen für alles, hauptsächlich aber Köchin«, stellt sich Mika sogleich vor.

Ich räuspere mich. »So, können jetzt mal alle wieder an die Arbeit gehen? Habt ihr nichts zu tun?«

»Ich sehe, du nimmst deine Aufgaben endlich ernst und gehst mit etwas mehr Elan an die Sache«, kommt es von meiner Mutter, die uns offenbar aus ihrem Büro mit dem Fenster zum Hof heraus beobachtet hat und jetzt auch noch dazukommt.

Fehlen ja nur noch die Zimmermädchen.

Mama mustert den Van, dann Aurora, dann mich. »Wolltest du nicht die Bretter für die Sauna holen?«

»Hab ich«, sage ich knapp.

Aurora tritt einen Schritt auf sie zu. »Mein Van ist nicht mehr angesprungen, und Jakob war so nett, mich abzuschleppen. Ich bin Aurora«, sagt sie.

Sie spricht es italienisch aus. Mit rollendem R. Es macht mich fertig.

Mama reicht ihr die Hand. »Marita.«

»Kann ich mich irgendwie erkenntlich zeigen? Brauchen Sie vielleicht Hilfe?«

»Nein«, sage ich schnell.

Aber offenbar nicht schnell genug. Ich kann förmlich sehen, wie sich hinter der Stirn meiner Mutter ein Gedanke formt. Einer, der mir ganz und gar nicht gefällt.

»Was können Sie denn, Aurora? Haben Sie vielleicht etwas handwerkliches Geschick?«

Was zur Hölle hat sie vor? Ich will gerade sagen, dass ich ja wohl genug handwerkliches Geschick bewiesen habe, bremse mich aber rechtzeitig.

»Ich hab den Van selbst ausgebaut«, sagt Aurora, und ihre großen grünen Augen funkeln.

»Und Sie haben Zeit?«

»So viel, dass ich ein bisschen davon entbehren kann.«

Meine Mutter nickt langsam. »Soso … na, wir werden sehen.« Und mit diesen Worten verschwindet sie wieder nach drinnen.

Hilfe suchend sehe ich mich um. Mika zieht die Augenbraue hoch in Richtung ihrer raspelkurzen blondierten Haare, Adam macht sich kleiner, als er ohnehin schon ist, und Kit fängt schallend an zu lachen.

»Wir sehen uns, das hab ich im Gefühl.« Kit tippt sich mit dem Zeigefinger an die Stirn und setzt den Helm wieder auf.

Mika und Adam machen sich wieder an die Arbeit und tragen ein weiteres Paket Fliesen ins Haus. Und ich verspüre den Drang, wie ein Kleinkind im Wanderurlaub einfach laut »Ich hasse mein Leben« zu schreien.

Aurora und ich sind allein. Sie dreht sich einmal im Kreis um sich selbst und wirft einen Blick auf die Baustelle, die sich rund um die Waldsauna offenbart. Auf den ungepflasterten Weg und das Gerüst für die Außenbretter, das noch immer hiersteht, weil die Baufirma insolvent ist und wir einfach keinen adäquaten Ersatz bekommen.

»Gefällt mir, ist immer noch abartig grün. Und sieht so aus, als würde es noch sehr viel schöner werden, wenn alles fertig ist.«

Ich weiß nicht, was ich darauf antworten soll. Ich wünschte, ich könnte die Zeit zurückdrehen. Und Aurora nicht hier hochbringen. Was hab ich mir nur dabei gedacht?

»Ich würde wirklich gern helfen«, sagt sie

»Ich brauche keine Hilfe.« Ich verenge die Augen, damit ihr Anblick nur noch einen winzigen Teil meiner Sicht einnimmt. Aber es reicht nicht. Ich schaue an ihr vorbei und sage so fest wie möglich: »Aber du kannst erst mal bleiben, wenn es sein muss. Zwei Nächte sollten reichen. Ich stelle den Van unten auf die Schotterfläche und schicke dir Adam.«

Es ist Aurora, die jetzt leicht den Kopf schüttelt, ich würde meinen gern gegen die Wand knallen. Warum kann ich nicht aus meiner Haut? Warum bin ich so fest in ihr verwachsen?

• • •

Den restlichen Tag versuche ich, nicht an Aurora zu denken, was verdammt noch mal fast unmöglich ist, weil ich überall diesen bescheuerten Kasten von ihrem Van sehe. Als ich die Bretter den noch unbefestigten Weg runter zur Waldsauna schleppe, muss ich aufpassen, nicht an dem Ding hängen zu bleiben.

Im Büro erledige ich die Bestellungen beim Obsthändler und dem Weingut, wobei mein Blick mehrmals nach draußen und zu dem SUP schweift. Sofort geht das Kopfkino an, und ich kann nicht verhindern, dass ich mir unweigerlich vorstelle, wie Auroras braune Beine darauf balancieren. Sie hat eine Wäscheleine an ihrem Van festgebunden und das andere Ende an der Laterne befestigt, die den Weg zu den Chalets beleuchtet. Daran hängt ein Handtuch, und natürlich muss ich deswegen daran denken, wie sie es sich um den Körper schlingt.

Ich würde sie auffordern, den Van gefälligst woanders zu parken, wenn ich nicht höchstselbst der Depp gewesen wäre, der ihn dahingestellt hat. Unter mein Schlafzimmer. Da hilft wirklich nur noch kaltes Wasser und starker Kaffee, um meine fehlgeleiteten Gedankensprünge wieder zurück auf die wirklich wichtigen Dinge zu lenken.

Als mein Handy zweimal kurz hintereinander piepst, stürze ich mich fast auf die Ablenkung. Aber es ist nur eine Nachricht in der Rocksrocks-Gruppe, die ich jetzt wirklich nicht lesen will. Und dann – toll, wirklich gutes Timing – eine E-Mail der Reiseagentur. *In wenigen Tagen ist es so weit, Ihre Reise steht kurz bevor. Hier ist Ihre Checklist …*

Ich will das Handy weglegen, aber da klingelt es, und die Nummer auf dem Display macht jedes Mal unangenehme Dinge mit meinem Mageninhalt. Es ist die Frau Kommissarin, die mich mehrmals die Woche anruft und sich scheinbar harmlos nach meinem Befinden erkundigt oder danach fragt, ob mir in der Zwischenzeit etwas Neues eingefallen sei.

Nachdem ich sie abgewürgt habe, schleudere ich wütend das Handy einmal quer durch den Raum.

Unter der Dusche schreie ich meine Frustration laut raus. Die Wut und die Ohnmacht. Ich hab lang nicht geschrien, lang nicht geheult. Jetzt passiert beides, auch wenn ich das nie jemandem erzählen würde. Schreien ist okay, heulen nicht. Es ist nicht okay, so viel zu fühlen, dass einem das Herz davon überläuft und der Verstand Dammbruch erleidet. Als ich mich trocken rubble, schaue ich aus dem Fenster und sehe … Aurora. War ja klar.

Als wäre sie diejenige, die eine erneute Lawine an Emotionen losgetreten hat. Scheiße, macht mich das wütend. Sie und ihr Camper und ihr minimalistisch angestrichenes Leben. Das muss aufhören. Am besten sofort. Und ich weiß auch, wie.

Adam liegt in der Garage unter dem Rasenmähertraktor, den er behelfsmäßig auf Pflastersteine gebockt hat. Der Mäher ist mit schuld daran, dass mir Aurora über den Weg gestolpert ist. Ohne den Mäher hätte ich ein T-Shirt angehabt. Wir hätten uns nicht weiter unterhalten, ich hätte nicht den Wunsch verspürt, das Gespräch nicht enden zu lassen, und wäre nicht, zwecks Wiederaufnahme ebenjenes Gesprächs, wieder nach unten gefahren, um ihren Scheiß-Van an meinem Traktor zu befestigen. Ich schüttle mich.

»Hey, Boss«, murmelt Adam, ohne mich anzusehen, während er versucht, den geplatzten Ölschlauch zu reparieren.

»Du sollst nicht Boss zu mir sagen.«

»Si, Patrone.«

»Adam, kannst du bitte hier aufhören und dich zuerst um den Van kümmern?«

»Welchen Van?«

»Wie viele Vans parken hier gerade?«

Ich hätte einfach ihren Namen sagen können. Aber ich packe es nicht, ihn laut auszusprechen. Er fühlt sich falsch an in meinem Mund. Und irgendwie lächerlich gefährlich.

»Du meinst Auroras Van?« Erstaunlich, dass Adam kein Problem damit hat, ihren Namen zu sagen. Er krabbelt unter dem Mäher hervor und blinzelt zu mir hoch.

»Ja, welchen sonst«, pampe ich gereizt.

»Das hat noch Zeit, oder?«, sagt er ausweichend. »Sie könnte ja erst mal ein wenig zur Ruhe kommen hier.«

»Soviel ich weiß, hat sie keinen All-inclusive-Urlaub mit Entspannungsgarantie bei uns gebucht.«

»Das nicht, aber …« Adam druckst herum. »Sie hat mich gefragt, wo sie Wasser holen kann, und ich hab ihr die Stelle gezeigt …«

Ich muss die Augen kurz schließen, weil ich spüre, wie Wut in mir aufsteigt. »Aha«, presse ich heraus.

»Da hat sie das Kreuz gesehen«, erklärt er.

»Und? Du hast ihr gleich auf die Nase gebunden, was es bedeutet?«

»Nein, Boss, ich … Nein, *Jakob,* ich hab ihr nur erklärt, was ein Marterl ist.«

Nur.

Verdammt.

Das hat noch gefehlt, dass sie mir Fragen stellt.

»Aber sie war dann ganz fertig, hatte Tränen in den Augen. Sie hat erzählt, dass sie von Portugal hierhergefahren ist, seit Wochen unterwegs ist, fast ohne Pause. Ich glaube, sie muss sich einfach mal ausruhen.«

Sofort sehe ich Auroras abartig grüne Augen überschwemmt mit Wasser. Das muss aufhören.

»Morgen, Adam, morgen kümmerst du dich um den Van«, sage ich, und weil das wie ein Befehl klingt, füge ich noch ein »bitte« hinzu.

»Klar, Chef! Pronto«, ruft Adam und grinst dann breit.

• • •

Das Holzdeck am höchsten Punkt des Felsenhimmels mit dem Pavillon und der Feuerstelle ist mein liebster Ort hier. Von dem kleinen Plateau oberhalb des Grundstücks sieht man zwar die Chalets, aber es ist trotzdem so geschützt, dass man auch inmitten des größten Trubels seine Ruhe hat.

»Warum fragst du sie nicht, ob sie mitessen möchte?« Mika stellt die gusseiserne Pfanne auf dem hölzernen Untersetzer ab und schaut in die Runde.

»Sie hat einen Campingkocher«, erwidere ich.

Adam lacht, verstummt wieder und grinst dann Kit an.

»Du hast auch ein Esszimmer in deiner Bude«, sagt sie und deutet zur breiten Glasfront meines Apartments. »Trotzdem isst du lieber mit uns.«

Sie hat recht. Diese gemeinsamen Abendessen auf zusammengewürfelten Möbelstücken, dem niedrigen Kaffeetisch hier unter dem weichwarmen Licht einer verstaubten Lichterkette waren in den letzten Wochen so ziemlich das einzig Schöne. Ich weiß es zu schätzen, dass Mika jeden Abend kocht, obwohl sie sich in ihre kleine Wohnung im Angestelltentrakt zurückziehen könnte, um ihre geliebten Ego-Shooter zu spielen, die so wenig zu ihrem ausgeglichenen Charakter passen wollen wie Verenas Aussehen zu ihren Selbstzweifeln. Ich weiß es genauso zu schätzen, dass Adam mein brummiges Schweigen erträgt, statt mit seiner Familie in der Ukraine zu telefonieren. Kit ist seltener hier, und dass sie uns heute mit ihrer Anwesenheit beehrt, liegt vermutlich mehr an Aurora als an mir. Was mich schon wieder low key wütend macht.

Und meine Mutter lässt sich hier so gut wie nie blicken. Weil es offenbar irgendein Hoteliergesetz gibt, das besagt, dass man als Leiterin eines erfolgreichen Alpenchalets nicht mit den Angestellten isst.

»Ich geh jetzt runter und hol sie«, sagt Kit und steht auf.

»Nein, das …«

»Was ist denn dein Problem, Jakob?«, unterbricht mich Kit. Ich will etwas sagen, aber ich komme nicht dazu.

»Soviel ich weiß, hast *du* sie doch abgeschleppt.«

Adams Lächeln ist Triumph pur, Mika tut so, als müsste sie die Moosbeernocken dringend mit Puderzucker bestäuben.

Keine zwei Minuten später höre ich die Tür des Vans. Sehen kann ich Aurora nicht, weil ich mich absichtlich mit dem Rücken zum Stellplatz auf den Balkon gesetzt habe. Dann kommt sie mit dem Hund an ihrer Seite die Außentreppe nach oben. Ich will nicht hinsehen, mache es aber doch. Es ist wie bei einem Unfall. Die Faszination ist eben da. Das ist psychologisch sicher irgendwie zu begründen.

Aurora grüßt in die Runde. Ihre Augen sind gerötet, fällt mir auf. Ich will einen Spruch ablassen, von wegen, ob die Luft hier so abartig frisch ist, dass sie ihr nicht bekommt. Dann aber denke ich an Adams Worte. *Sie hatte Tränen in den Augen.*

Und an Kits zutreffende Feststellung: *Du hast sie abgeschleppt.*

Warum eigentlich? Es muss eine Kombination aus Unzurechnungsfähigkeit resultierend aus Schlafmangel und einem sich entwickelnden Helfersyndrom sein.

Alle streicheln ihren Hund, alle außer mir. Dann legt sich Alabaster zufrieden neben mir ab, und ich widerstehe mit Mühe dem Drang, ihr das weiche Fell zu kraulen. Aurora entscheidet sich für den Sitzsack neben Adam, und ich rutsche auf meinem Klappstuhl instinktiv ein paar Zentimeter nach links, als müsste ich den Abstand ausgleichen. Sie trägt ein weites Shirt mit dem Aufdruck meiner Lieblings-Post-Punk-Band. Reiner Zufall, niemand kennt die heute mehr. Ist ja nicht so, als wären *The Chameleons* so groß wie *Force of Habit.*

Alabaster setzt sich ruckartig auf und legt ihren Kopf auf meinen Oberschenkel.

»Sie mag dich«, sagt Aurora und lächelt mich an.

»Mmmpff«, brumme ich.

Kit lacht. »Normalerweise machen Tiere einen Riesenbogen um meinen Bruder.«

Ich will protestieren, aber Aurora lächelt immer noch. Verdammt, kann die lächeln.

»Was hast du eigentlich vor, hier in der Gegend?«, erkundigt sich Mika, nachdem sie allen reichlich ihre Version von Kaiserschmarrn mit Blaubeeren aufgetan hat.

Etwas huscht über Auroras Gesicht, doch dann zuckt sie mit den Achseln. »Ich habe keine Pläne, ich lasse mich vom Leben treiben.«

Jemand schnaubt. Alle schauen zu mir.

»Findest du das etwa verwerflich?«, faucht Aurora mich an.

»Ohne Plan durchs Leben zu gehen, sich bei anderen einzuzecken und den Tag um elf Uhr zu beginnen? Nein, warum auch?« Meine eigene Ironie tropft in meinen Teller und vermiest mir den Appetit auf die Nocken.

Die anderen schweigen. Sie kennen mich.

»Ziemlich engstirnige Ansicht, was?«, sagt Aurora.

Ja, da hat sie ziemlich recht.

»Wieso, weil es nicht deine Ansicht ist?«, sage ich trotzdem.

Ich blitze sie an. Sie blitzt zurück.

Sie hat die Arme aufgestützt. Es macht körperlich etwas mit mir. Ihr *Name* macht etwas mit mir, ich brauche nur an ihn zu denken und … spüre, wie mir das Blut überall da hinsteigt, wo es jetzt absolut nichts zu suchen hat.

»Hab ich da einen wunden Punkt bei dir getroffen, Boss«, sagt sie.

Im Augenwinkel sehe ich Adam, der zusammenzuckt. Aha. Daher.

Ich beuge mich vor und strenge mich sehr an, all das zu sehen, was mir an ihr so sehr missfällt. Aber alles, was ich sehe, sind die Umrisse ihrer Brüste in dem Shirt, die kleinen Härchen auf ihrem Unterarm und die langen, störrischen Strähnen, die von ihrer Stirn fallen. Ihre Nase zuckt. Ich denke an Gletscher, an Annamaria, an Felsspalten und halte die Luft an. Es hilft. »Mir scheint eher, dass ich einen wunden Punkt bei *dir* getroffen habe, Miss Mir-gehört-die-Welt! Ich habe keine wunden Punkte, ich bin der entspannteste Mensch der Welt.«

»Na, wenn das so ist, dann macht es dir sicher nichts aus, dass deine Mutter mir einen Job angeboten hat.«

»Meine Mutter …« Ich schaue zu Kit, die einen Mundwinkel nach oben zieht. »Sie hat *was?*«

»Jakob, wir wissen nicht mehr, wo vorn und hinten ist«, mischt sich Mika ein. »Es ist Hauptsaison, und wir sind nicht ausgebucht, die Anfragen tröpfeln nur, und das können wir uns auf lange Sicht nicht leisten. Wir brauchen wenigstens eine achtzigprozentige Auslastung der Chalets. Und zwar nicht nur für das eine ausgebuchte Wochenende, an dem diese supergeheime Promihochzeit stattfindet. Bis dahin müssen die Baustellen beseitigt werden. Wir müssen Werbemaßnahmen starten, neue Fotos machen. Wir ertrinken in Arbeit. Wie soll das gehen?«

»Das ist immer noch *mein* Problem. Ich bin der …« Ich stocke.

»Boss«, ergänzt Adam ungerührt.

Ganz genau. Ich verschränke die Arme vor der Brust.

»Du bist der Boss, aber du bist überfordert. Du bekommst diese Sauna nie fertig. Lass uns gar nicht von den weiteren Baustellen reden. Deine Mutter flippt aus.«

»Na und«, sage ich, als wäre mir das egal.

»Es geht hier nicht nur um *dich*, Jakob. Wir können keine schlechten Bewertungen brauchen. Der Umbau hat Unsummen verschlungen, und jetzt stockt er auf den letzten Metern. Und es geht hier auch um unsere Jobs. Der Felsenhimmel ist auch *mein* Zuhause. Verena geht es beschissen, und sie braucht deine Mutter. Und wir brauchen jetzt verdammt noch mal *dich*. Also übernimm Verantwortung.«

Kit klatscht in die Hände. »Aurora könnte dir mit der Sauna helfen. Sie ist wirklich begabt.«

»Nur weil sie einen Ölschlauch reparieren kann, kann sie uns noch lange nicht auf den letzten Metern den Arsch retten.«

Aurora räuspert sich. »*Sie* ist hier, es muss nicht über ihren Kopf hinweg über sie gesprochen werden.«

Ich ignoriere den berechtigten Einwand und schaue zu Kit, die ekelhaft siegessicher wirkt. »Und es wird hier auch nicht über meinen Kopf hinweg entschieden, wem wir einen Arbeitsvertrag geben.«

»Stellplatz und Essen.« Aurora streckt den Arm mit den vielen Bändern in Richtung der Pfanne. »Ich will gar keinen Arbeitsvertrag. Ich habe ein paar Sachen hier zu erledigen. Und dann bin ich weg. Deine Schwester und deine Mutter haben schon recht, ich denke, ihr könnt mich gut brauchen.«

Ich foltere Kit mit Blicken. Alte Verräterin. »In Ordnung. Du baust die Sauna, und Adam repariert den Van. Dann ziehst du weiter.« Und weil das wirklich so klingt, als wollte ich sie unbedingt loswerden, und das ein klein wenig lächerlich ist, schiebe ich hinterher: »Weitere Angestellte können wir uns derzeit wirklich nicht leisten.«

Sage ich, der wenig Ahnung von Buchhaltung hat und lediglich weiß, dass unsere Bilanz in Schieflage geraten ist.

»Deal«, erwidert sie.

Als ich in ihr Gesicht sehe, erwarte ich ein triumphierendes Grinsen. Und erschrecke über die Leere in ihrem Ausdruck. Ich kenne diese Miene, ich sehe sie täglich im Spiegel und habe mich daran gewöhnt. Aber sie an jemand anderem zu sehen, speziell an der Frau mit dem unaussprechlichen – weil viel zu sexy – Namen, macht mich völlig fertig.

Zweite Sprachnachricht

Ich … ich weiß nicht so richtig, wie ich anfangen soll (lautes Atmen), aber du hast ein Recht, zu erfahren, was wirklich passiert ist.

(Pause)

Und du bist mir zu wichtig. Ich will nicht, dass du das Falsche denkst.

Keine Ahnung, ob wir das hier überleben. Du und ich. Ob wir uns dann noch in die Augen schauen können. Vielleicht ist es auch zu viel, und du kannst mir nicht verzeihen.

Aber ich will es wenigstens versuchen.

Fuck, ich hasse diese Sprachnachrichtenscheiße wirklich.

Also, das hier ist ein abgedroschener Satz. Ich sag ihn trotzdem: Es ist nicht so, wie es aussieht, okay?

II

Aurora

;

46 593 981 038 167 975, 11 147 36 346 192 578

Deal, habe ich gesagt, und noch Stunden später klebt dieses Wort unangenehm wie Knoblauchgeschmack an meiner Zunge. Deal, ich bleibe hier. Deal, als wäre mein Grund, hier zu sein, so simpel wie erklärbar. Beides trifft nicht zu.

Ich könnte diesem Jakob erzählen, dass meine Schwester hier gestorben ist. Dass sie die Tote am Felsenhimmel ist. Aber etwas hält mich davon ab. Vielleicht das Wissen, dass er mich anders betrachten, mich vor allem anders behandeln würde. Ich will kein Mitleid. Und mir gefällt es, dass er so unverfälscht scheiße zu mir ist, weil ihm danach ist. Ich mag die Wortgefechte, hinter denen noch etwas lauert, das sich vielleicht am ehesten mit gegenseitigem, skeptischem Interesse bezeichnen lässt.

Außerdem müsste ich ihm dann erklären, warum ich hierher und nicht einfach nach Spittal gefahren bin, wo meine Eltern ein Grab für Em gekauft haben, in dem sie nie liegen wird.

Was will ich hier überhaupt? Was erhoffe ich mir?

Chris schreibt mir jeden Tag, erkundigt sich, wie es mir geht und ob er zu mir fahren soll. Aber ich weiß ja, wie schwer vereinbar das mit seinem Job ist.

Seit Stunden liege ich müde, aber wach auf dem Bauch und warte auf Schlaf. Der Van erscheint mir winzig und verletzlich vor dem Hintergrund der Berge und dem großen Bau davor. *Ich* fühle mich winzig und verletzlich. Wie ist es dir hier ergangen, Em? Bist du auf deinem Weg zur Schlucht vielleicht sogar an diesem Ort vorbeigekommen?

Was ich über die letzten Tage meiner Schwester weiß, ist das wenige, was Hannah mir erzählt hat. Weil Em soziale Medien schon immer lieber konsumiert hat, als selbst etwas zu posten, kann ich mir die Gesichter ihrer Freunde nicht einmal auf ihrem Insta-Profil anschauen. Es gibt da nur dieses eine Foto von einem Sonnenuntergang hinter einer Hütte, von der lediglich der hölzerne Dachstuhl und ein paar Ziegel zu erkennen sind. Mehr nicht. Womöglich ihr letztes. Schließlich ist ihr Handy mit ihr in die Schlucht gestürzt. Irgendwo da hinten, in einer Hunderte Meter tiefen Spalte aus Geröll. Ich versuche, etwas im Dunkeln zu erahnen. Zum ersten Mal, seit ich mit dem Van unterwegs bin, habe ich das Rollo nicht heruntergezogen. Weil es sich falsch anfühlt, die Berge auszusperren, und ich gerne beim Aufwachen jene Felsen vor Augen haben möchte, die Em das Leben gekostet haben. Ein wenig masochistisch, zugegeben, mir die barmherzigen Sekunden nach dem Aufwachen zu zerstören, in denen die Erkenntnis über den Tod meiner Schwester noch nicht gnadenlos auf mein Bewusstsein eindrischt.

Ich drehe mich auf den Rücken und bemerke im Augenwinkel Licht. Es kommt vom oberen Teil des Hauptgebäudes. Hinter dem Glas erblicke ich zunächst nur schemenhaft eine Person. Jemanden, der auf und ab geht und sich dann auf ein Sofa setzt. Instinktiv ziehe ich den Kopf so weit nach unten wie möglich, dabei kann er mich unmöglich sehen, weil mein Van nach Erlöschen der Laterne vor einer halben Stunde im völligen Dunkel steht. Mein Herz pocht laut. Es ist Jakob. Regungslos verharre ich und beobachte, wie er rastlos umhergeht, seinen Laptop auf den Schoß zieht, ihn wieder genervt neben sich auf die Couch wirft, sich einen Teller holt, aber nichts davon isst, eine Flasche Bier öffnet und nicht daraus trinkt.

Es ist ein wenig wie Fernsehen. Wie Netflix-Bingen. Ich sollte wegsehen, seine Privatsphäre schützen. Aber ich kann nicht. Mein Blick heftet sich auf ihn und will sich nicht lösen. Fast schon bin ich enttäuscht, als das Licht ausgeht und er ohne Vorwarnung aus meinem Sichtfeld verschwindet.

»Gute Nacht«, sage ich leise in die Dunkelheit.

Und weiß gar nicht, an wen genau ich diese Worte richte. An Jakob. An Em oder an mich selbst.

• • •

Ich schrecke von einem dumpfen Grollen auf und weiß erst nicht, wo ich bin. Ein Blick auf die Leuchtziffern des kleinen Weckers neben meinem Bett sagt mir, dass es kurz nach vier Uhr morgens ist.

Em ist tot.

Mein erster Impuls ist, den Van zu starten und wegzufahren. Irgendwohin, an einen Ort, an dem dieser Albtraum nicht bittere Realität ist.

Die Angst aber bleibt, das dumpfe Gefühl, hier nicht sicher zu sein. Die Vorstellung, so nah an den Bergen zu stehen, erschien mir bei Tageslicht noch berauschend imposant. Aber jetzt im Halbschlaf ist es ein durch und durch ungutes Gefühl, der Macht der Felsformationen ausgesetzt zu sein. Vor meinem inneren Auge sehe ich Murenabgänge, stelle mir Monsterlawinen aus gleißendem Weiß vor und habe Angst, von einem Gebirgsbach, der sich in einen reißenden Fluss verwandelt, mitgeschleift zu werden.

Ich taste nach dem Lichtschalter und keuche, als das helle Licht der Oberlampe den Van in vertraute Farben taucht. Draußen liegt die Nacht wie eine Decke über der Landschaft und lässt ihre Umrisse nur erahnen. Es ist viel ruhiger hier als an jedem anderen Ort, an dem ich bisher mit dem Camper stand. Eine mächtige Stille, die nicht von zirpenden Grillen unterbrochen wird. Das Grollen, das erneut aus dem Nichts ertönt und klingt, als würde es von den Bergen widerhallen, lässt mich zusammenzucken. Und dann … dann geht das Licht im Haus wieder an. Die Sekunde der Erleichterung ist schnell vergessen. Denn dieses Mal bin ich nicht unsichtbar. Die Lampe über meinem Kopf macht den Van zu einer Insel im Felsenhimmel. Eine, in deren Mitte ich verloren auf meinem Bett sitze. Gut sichtbar für Jakob Hofer, der direkt an der Glasscheibe steht und nach unten sieht. Zu mir auf die Insel der Einsamkeit.

Ich schaue hoch, er runter. Einer von uns beiden sollte den Blick abwenden, das Licht löschen, die Hand zum Gruß heben. Nichts passiert. Die Anspannung dehnt sich wie ein Ballon, der mit dem nächsten Donnergrollen platzt. Kurz darauf zucken Blitze über den Himmel und lassen den Mann dort oben am Fenster so mythisch und gleichzeitig imposant wirken, dass ich eine Gänsehaut bekomme. Ich kann seinen Gesichtsausdruck nur erahnen, aber gerade das lässt mich schaudern. Weil ich mir den ernsten Zug um seinen Mund so bildlich vorstelle, als stünde er direkt vor mir.

Ich lege die Hände an das Glas, und Jakob spiegelt die Geste. Regen setzt ein und prasselt so geräuschvoll und kräftig, dass binnen kurzer Zeit lange Bindfäden aus Wasser an Jakobs Silhouette vorbei die Scheibe hinunterrinnen. Mein Herz dröhnt gegen das Donnergeräusch an, mir ist kalt und warm zugleich. Es ist Zauber und schwarze Magie. Anziehung und Abstoßung. Ich verspüre eine diffuse Angst und merke dabei doch, wie ein Gefühl mich flutet, das sich dieser Furcht gleich stark entgegenstellt.

Dort ist er. Hier bin ich.

Unsere Hände sind unsichtbar miteinander verbunden, als hätten die Lichtbogen der Blitze ihren Anfang und ihr Ende in unseren Fingerspitzen gefunden. Die Energie dort draußen, die sich mit der in meinem Innern mischt, ist greifbar. Ich schnappe nach Luft, lasse Jakob nicht aus den Augen. Als die nächsten Blitze über den Himmel jagen, ist es, als wäre der Tag bereits herangebrochen, so hell wird es um mich herum. Jetzt sind die Berge deutlich zu sehen, ihre Kuppen und Spitzen ragen steil und bedrohlich empor.

Dort die Berge, auf der anderen Seite Jakob.

Für den Bruchteil einer Sekunde wirkt es, als stünde Jakob nicht in seinem Haus, sondern am Gipfel des höchsten Bergkamms. Ich ziehe meine Handflächen so heftig von der Glasscheibe zurück, als hätte ich mich daran verbrannt. Mit schweißnassen Fingern taste ich nach dem Lichtschalter und verschwinde im sicheren Dunkel meines Vans. Auf dem Rücken liegend presse ich die Hand auf meine bebende Brust. Ich weiß, dass ein Auto ein Faradayscher Käfig ist. Dass das Metall den Innenraum abschirmt und die elektrische Ladung direkt in den Boden leitet. Das Gewitter kann mir hier drinnen nichts anhaben. Dennoch fühlt es sich an, als wären vierhunderttausend Ampere aus gletscherblauen Augen direkt in mein Herz geschossen.

12

Jakob

In zwölf Tagen startet der Flieger nach Shanghai ohne mich. Ein paar Kletterkumpels schreiben mir, aber ich wische ihre Nachrichten weg, ohne zu antworten. Was soll ich auch schreiben: Schon gut, total okay, dass sich meine Once-in-a-lifetime-Chance erledigt hat. Oder: Doch, voll spannend, unter Mordverdacht zu stehen, der Kommissar, bei dem ich mich alle zwei Tage persönlich melden muss, ist mein neuer bester Freund. Die Polizei schwirrt auch so ständig durch meine Gedanken wie ein lästiges Insekt, und ich stöhne genervt bei dem Gedanken, dass heute ein ungerader Wochentag ist und damit wieder ein Besuch auf dem Revier ansteht. Das Gewitter hat sich am frühen Morgen verzogen. Weil ich mein Bett noch nicht aufgebaut habe, strecke ich mich ein letztes Mal auf der blanken Matratze und taste nach meinen Kopfhörern in der weißen Hülle auf dem Boden. Ich stecke die AirPods in meine Ohren und drehe die Musik voll auf.

My life meant nothing at all, In shreds, I stare down at the street, Yearning for sleep, That blissful escape

Der Song erinnert mich an Aurora im Bandshirt der *Chameleons.*

Ich stretche die Finger und spüre das alte, vertraute Kribbeln. Mein Blick fliegt zu dem Hangboard an der Wohnungstür. Das Holz mit den Griffen, Leisten und Fingerlöchern ist nicht festmontiert, sondern in den Türrahmen eingehängt. Ich habe es seit dem Vorfall am Berg nicht mehr benutzt. Plötzlich aber verspüre ich das dringende Bedürfnis, mich an meinem Mini-Trainingscenter zu verausgaben. Ein paar Aufwärmübungen, Dehnungen und Punk-Rock-Songs später greife ich die Leisten und habe ein zufriedenes Halbgrinsen auf dem Gesicht, weil ich so Klimmzüge machen kann und sowohl den Schwimmteich als auch Auroras Van im Blick habe.

Ich ziehe mich hoch, lasse ab, atme, blockiere, ziehe mich hoch und starre nach draußen. Hoffe, Aurora zu sehen. Hoffe, sie nicht zu sehen.

Hundertzwanzig Grad, fünf Sekunden blockieren. *Du trägst kein Shirt.* Ob sie mich von da unten sehen kann?

Ausgestreckte Arme, neunzig Grad, fünf Sekunden blockieren.

Die Tür vom Van öffnet sich.

Ich blockiere, zu lange, weil ich nichts verpassen will. Und dann klingelt mein Handy. Verdammt.

Ich ziehe mich noch einmal hoch. *Proleten in Lamborghinis.*

Das Handy piepst aggressiv. Ich greife um, verändere den Abstand zwischen den Fingern.

Das Handy klingelt wieder. Piepst, klingelt.

Fuck. Ich springe runter und laufe ins Bad, hole das verdammte Ding und brülle der unbekannten Nummer ein entnervtes »JA!« entgegen.

»Hofer, mein Freund, am frühen Morgen schon so gereizt?«

Magnus.

»Warum unterdrückst du deine Nummer?«

»Weil du nicht rangehst, wenn dein bester Kumpel dich zu erreichen versucht.«

»Was willst du?«

»Mit dir reden. An einem … neutralen Ort.«

»Ich hab keine Zeit.«

»Wieso? Du musst doch nicht mehr trainieren, du hast doch bestimmt Zeit für ein Frühstück im *Mock Orange*. Könnte gewinnbringend für dich sein.«

»Kein Interesse.« Ich schaue nach draußen. Die Tür des Vans ist geschlossen, ich habe Aurora verpasst.

Einen Augenblick lang ist es still, dann holt Magnus Luft. »Du weißt ja, wem *Alto Sera* gehört?«

Ich antworte nicht. Natürlich weiß ich das. Etwas klingelt in meinen Ohren, und es ist nicht Magnus' Stimme. Ich zucke zusammen. Es ist Emilias.

»Was machen Tristans und Magnus' Familien eigentlich genau?«

Das hat sie mich gefragt. Ich weiß es sicher. Aber wann? Warum fällt mir das jetzt wieder ein. Ich schließe kurz die Augen, überlege, was ich ihr geantwortet habe, und bekomme für kurze Zeit ein Bild zu fassen. Emilia neben mir am Tisch in der Almhütte.

»Magnus und Tristan sind Cousins. Ihren Vätern gehört die Tadigo-Gruppe. Ein omnipräsenter Gigant«, höre ich mich in meiner Erinnerung sagen.

»Bist du noch dran, Hofer?«

Die Tadigo hat wie eine Krake ihre Tentakeln einfach überall. Hinter den Grassers steht ein multimedialer Konzern mit unzähligen Ablegern in allen möglichen Wirtschaftsbereichen. Sie kontrollieren mit zweifelhafter Moral politische Meinungen, den Tourismus und Zeitungen wie die *Alto Sera,* ein Klatschblatt, im Grunde die Bildzeitung der Alpen.

Womit droht mir Magnus hier?

»Und du weißt auch, wer in wenigen Wochen zum Junior-Gesellschafter der Tadigo wird?«

»Du bist ein Arschloch, Magnus.«

»Höre ich immer wieder«, sagt er völlig unbeeindruckt.

»Wann?«, knurre ich.

»Sagen wir um acht?«

Ich lege auf, sage noch dreimal Arschloch, bevor ich mich erneut ans Board hänge und so lange Klimmzüge mache, dass meine Muskeln kotzen. Aber die übliche Erleichterung, dieses Hoch nach dem Auspowern, will sich einfach nicht einstellen.

• • •

Neutraler Ort, dass ich nicht lache. Als gäbe es für Magnus und mich noch neutrale Orte. Nach allem, was passiert ist. Wir könnten bis ans Meer fahren, am Strand stünden trotzdem Worte zwischen uns wie Felsbrocken. Er rührt in seinem Espresso.

Lächerlich, wie er den winzigen Löffel zwischen Daumen und Zeigefinger hält.

Ich starre raus auf die Apfelplantagen unter uns, die Terrasse des Cafés schwebt wie ein Infinitypool über der Landschaft. Hier gibt es kaum Wiesen, die Landschaft wird fast vollständig von Apfel- und Weinplantagen eingenommen. Und Häusern, Hotels, Ferienunterkünften und Restaurants. Dahinter ragen die Dolomiten empor. Schroffe Felsen mit Schneehauben.

Nur eine einzige Fläche hebt sich davon ab, wirkt wie ein unwillkürlicher Fehler in einem Gemälde. Und ich weiß, warum Magnus mich hierhergeschleppt hat. Um mir genau das klarzumachen.

»Also, was sagst du?«

»Ich lasse mich nicht von dir erpressen. Ich dachte, wir wären Freunde.«

»Sind wir, Alter, sind wir. Deshalb gibt es für dich ein Freundschaftspaket. Ihr könnt das Geld doch gut brauchen. Und wir sorgen dafür, dass es weiterhin ruhig bleibt um den Felsenhimmel und seinen ehemaligen Spitzensportler. Glaubst du, ich hätte mich da so reingehängt, wenn wir keine Freunde wären?«

Er winkt der Kellnerin mit einer affig überheblichen Geste zu, und ich frage mich, warum wir Freunde sind. Waren. Dieses Treffen hier ist so sinnlos wie mein nächtlicher Blick auf Auroras Van. Einen Moment lang verlieren sich meine Gedanken, sehen ihre Gestalt in der Heckscheibe des Vans. Erleuchtet von einem zweigeteilten Himmel, der die Landschaft in der letzten Nacht in ein surreales Meisterwerk verwandelt hat. Mit ihr im Mittelpunkt. Magnus' stechende Augen fixieren mich, er beugt sich über den Tisch.

»Die Wiesen gehören mir nicht. Sie gehören Marita.«

»Aber deine Mutter will dir den Laden doch lieber heute als morgen übergeben. Damit du dir die Kletterei endlich aus dem Kopf schlägst. Lass dir den Laden überschreiben, verkauf mir die Wiesen, und du kannst tun und lassen, was du willst. Mit einem Schlag bist du all deine Sorgen los.« Er schnippt mit den Fingern. »Dann kannst du so lange an irgendwelchen Wänden raufklettern, bis du grün wirst.«

Seine Worte lassen mich nicht unbeeindruckt. Wenngleich ich nicht glaube, dass Magnus etwas an meinem Ausreiseverbot ändern könnte. Er blufft. Oder ich bin paranoid und Magnus weiß gar nichts von meinem Ausreiseverbot. Woher sollte er auch …

Er kommt noch ein paar Zentimeter näher, sodass ich problemlos sein aufdringliches Parfum riechen kann. Die teure Marke ist Magnus' persönliches Glaubensbekenntnis an den Kapitalismus. Es – *er* – stinkt nach zu viel Geld und Macht. Und zum wiederholten Mal frage ich mich, wann mein Freund, mein alter Kumpel Magnus, falsch abgebogen ist.

»Dir ist doch klar, dass du alles verlieren wirst, wenn ich dir nicht helfe, oder? Dir ist auch klar, dass du längst alles verloren hättest, wenn ich wollte.«

Was *Magnus* wohl alles zu verlieren hat, wenn er mir drohen muss wie ein Nachwuchs-Mafiaboss?

Eine Fliege landet auf dem Tisch, und Magnus schlägt mit der flachen Hand nach ihr. »Was denkst du denn, warum *Alto Sera* nicht über dich berichtet hat? Über den Vorfall am Berg?«

Tatsächlich habe ich mich darüber auch schon gewundert. Absolut nichts, bis auf eine kleine Randnotiz. Auch online ist der erwartete Shitstorm bisher ausgeblieben. Dabei war ich darauf vorbereitet. Auf Anraten des Kletterverbands habe ich erst die Kommentarfunktion meiner Social-Media-Kanäle abgeschaltet und dann den ganzen verdammten Account auf privat gestellt. Ich brauche den Shit nicht, meine vierzigtausend Follower:innen gehen mir am Arsch vorbei. Keiner von denen bringt mich nach Shanghai, und ohne Shanghai, ohne Budapest, ohne Paris hat das alles ohnehin keinen Sinn mehr.

»Wir zerquetschen dich, wenn es sein muss«, sagt Magnus und hält die tote Fliege am Flügel über meinen Kaffee. »Ich hab es auf die freundliche Art versucht, Jakob, aber Vernunft scheint nicht so dein Ding zu sein.«

»Warum sind dir diese Scheißwiesen so wichtig?«

Es zuckt in seinem Gesicht. Magnus war immer ehrgeizig, aber wann ist dieser Ehrgeiz in Wahn umgeschlagen?

»Warum? Was ist das für eine bescheuerte Frage? Du weißt doch, was passiert, wenn ich den Felsenhimmel öffentlich mit dir und deiner Beziehung zu Leo und Emilia in Verbindung bringe. Wenn ich von dem Streit am Vorabend erzähle, ihnen die Nachrichten zeige, in denen du schreibst …« Er zückt sein Handy und liest vor: »Dieser Fuckboy hat meine Schwester nach Strich und Faden verarscht. Wenn ich den in die Finger bekomme.«

»Du weißt genau, dass ich das nicht wörtlich gemeint habe.«

»Ich weiß das, wir beide wissen, dass die Welt ohne diesen Vollidioten besser dran ist. Aber weiß das auch die Polizei?«

Er blinzelt nicht, aber sein Mund zieht sich wissend nach oben.

Instinktiv schaue ich hinunter, auf die Wiesen, die Magnus im Auftrag seines Vaters zupflastern will. Und dann sehe ich Verena vor mir. Meine Schwester, die zitternd über der Schlucht hängt. Ich sehe die Steine in den Abgrund rieseln. Steine und Körper.

»Die Polizei hat mich befragt, Magnus. Ich habe meine Aussage gemacht. Du kannst gerne weiter so tun, als hättest du mich in der Hand, in Wahrheit hast du nichts, und das wissen wir beide.«

»Verena sieht das anders«, sagt er beinahe beiläufig.

»*Du* hast mit Verena gesprochen?«

Zu spät fällt mir auf, dass ich den Satz falsch betont habe.

»Ach, du etwa nicht?« Magnus sieht mich jetzt wieder direkt an.

»Natürlich, ich spreche täglich mit meiner Schwester.«

Um genau zu sein, spreche ich mit der *Mailbox* meiner Schwester. Jetzt nur nicht zeigen, wie sehr es mich fertigmacht, dass er mit Nena spricht und sie auf meine Anrufe nicht reagiert.

Magnus deutet ins Tal. Das Grinsen auf seinem Gesicht gerät nicht ganz so souverän wie sonst. Dann schlägt er mit der flachen Hand noch einmal auf den Tisch. »Zehn Tage, Hofer. Zehn Tage, dann brauche ich eine Antwort. Vielleicht schaffen wir es ja dann noch, dich nach Shanghai zu schicken.«

Er weiß es also doch. Und ich habe so eine Ahnung, woher.

13

Jakob

Vier Stunden vor dem Fall

Knirschen über Holz, ein Klirren. Ein Lachen. Noch einmal dieses Klirren. Ich bekomme meine Augen nicht auf. Was ist das? Es ist zu hell. Wo bin ich eingeschlafen? Wann? Ich habe nicht einmal gemerkt, dass ich überhaupt eingeschlafen bin. Ich versuche zu blinzeln, aber die Sonne schmerzt. Ich muss mir dringend Rollos besorgen, die große Glasfront raus zum See …

Nein, ich bin nicht in meinem Dreibettzimmer im Trainingslager und auch nicht in Carlos unmöbliertem Apartment. Es riecht ganz anders. Harzig-holzig. Warum tut mein Kopf so weh? Mit der Zunge fahre ich vorsichtig über meine Lippe. Sie fühlt sich fremd an, ein wenig dick, wie nach einem Zahnarztbesuch.

Ich höre eine Glocke. Bin ich in Wien? Ist das Kirchengeläut?

Mein linkes Bein ist vom Bett gerutscht. Ich schaffe es, die Augen einen Spaltbreit zu öffnen. Mein linkes Bein ist nicht vom Bett, sondern von der Couch gerutscht. Wo bin ich? Ich sehe mich um, noch immer ist meine Sicht so neblig, dass ich nichts richtig fokussieren kann. Dann erkenne ich einen Atalanta-Bergamo-Aufkleber, direkt vor meiner Nase, und blicke hoch – in das grinsende

Postergesicht von Valentino Rossi neben einer Taylor Swift in Glitzerkostüm, als wären die beiden ein Paar.

Das ist der Moment, in dem ich begreife, dass ich in Kits Zimmer auf der Couch liege. Ich bin auf der Almhütte. Das Klirren ist Geschirr in der Stube unter mir. Plötzlich ist alles klar. Das Geläut kommt von den Weidetieren. Kühe und Ziegen auf der Sommeralm. Langsam beruhigt sich mein rasender Puls.

Ich bin hierhergewandert. Mit Verena, Magnus, Tristan und den anderen. Wir wollen heute auf den Berg. Felsenhimmel. Nein, nicht auf den Felsenhimmel, natürlich nicht. Warum kann ich mich nicht erinnern, wie ich in das Zimmer gekommen bin? Mein Mund ist seltsam pelzig, und ein metallischer Geschmack klebt an meinem Gaumen. Was ist das?

Da ist ein Riss in der Zeit, eine Kluft, die durch meine Erinnerungen geht. Sie rutschen mir durch die Finger. Keinen einzigen Gedanken kann ich lange festhalten. Als hätte ich nicht genug Chalk auf meine Hände gegeben. Ich hebe sie an, halte sie vor mein Gesicht. Sie sehen normal aus, fühlen sich aber wie Fremdkörper an.

Fokussieren, Jakob.

Das habe ich beim Klettern gelernt. Die Gedanken nicht schweifen lassen, sie auf eine einzige Sache konzentrieren. Eine Empfindung, einen Griff, an dem ich mich hochziehen kann. Ich schließe die Augen und schmecke, überlege, was ich gegessen haben könnte. Aber da ist nichts.

Ich öffne die Augen wieder. Wen habe ich zuletzt gesehen? Habe ich HaWe begrüßt, habe ich Kit gesehen? Nichts.

Mein Körper: Das Herz klopft zu schnell, sprengt meine Brust. Ich schwitze, und mein Shirt klebt klamm und kalt an meinem Oberkörper. Der Boden verschwimmt.

Konzentrier dich, Jakob, was ist deine letzte Erinnerung? Ich sehe flackernde Erinnerungsfetzen vor meinem inneren Auge. Mein Kopf auf dem Tisch neben dem Brett mit dem Schinken. Blinzeln, Augen aufhalten. Die Lider sind viel zu schwer. Ich habe Emilias Lachen im Ohr. Und Magnus, der irgendetwas über Almwiesen erzählt. Felsenhimmel. Mythos. Springen, springen, springen. Auch ohne Fallschirm. Ich schüttle mich.

Fokussieren, Jakob.

Alle Bewegungsabläufe nacheinander durchgehen. Ich sehe Hannah und Emilia das Schlaflager beziehen, so weit, so gut. HaWe mit seinen zu langen Haaren, Kit, die mit Magnus scherzt.

Felsenhimmel. Zu gefährlich. Macht er nicht mit.

Mein Schädel dröhnt, als würde jedes Bild des gestrigen Abends nach unserer Ankunft hier ein Loch in meine Kopfhaut bohren.

Ich kneife die Lider zusammen und habe Mühe, vom Sofa zu steigen. Ein Blick auf mein Handy verrät mir, dass es kurz nach elf ist. Ich stolpere voran und falle die Treppe ins Erdgeschoss der Almhütte mehr herunter, als dass ich gehe. Erleichtert stelle ich fest, dass Hannahs gelbe Regenjacke noch am Haken hängt.

Das Magengrummeln wird stärker. Vielleicht eine Lebensmittelvergiftung? Was habe ich gegessen? Dasselbe wie die anderen. Das heißt, sie müssen alle noch da sein. Einen Moment verspüre ich eine irre Erleichterung, die auch meinen Kopf weniger schmerzen lässt. Das Pochen setzt Sekunden später dafür umso intensiver wieder ein. Felsenhimmel. Mythos.

Ich entdecke Kits dunklen Lockenschopf im Gastraum. Sie singt vor sich hin: »Fever dream high in the quiet of the night … mmmmmmh. You know that I caught it …« Währenddessen räumt sie Geschirr weg und türmt Gläser auf einem Tablett auf. Ohne sich zu mir umzudrehen, sagt sie: »Sie sind weg.«

»Was?«

»Sie sind schon los, aber Hannah ist hiergeblieben. Sie hat Kopfschmerzen, hat sich wieder hingelegt.«

Kit wirbelt herum. Ihre Bewegungen sind ein klein wenig fahrig. Hat sie etwa auch getrunken? Scheiße … Hätte ich nur nicht …

Konzentrier dich, Jakob, konzentrier dich auf das, was jetzt wichtig ist.

»Wann?«, krächze ich.

»Hannah? Eben erst.«

Kit zuckt ein wenig zusammen, als ich viel lauter frage: »Wann die anderen los sind!«

Ich reibe mir die Stirn. Immer noch kalt und nass, aber es gelingt mir, Kit zu fixieren.

»Vor etwa eineinhalb Stunden. Ich soll dir das geben.« Sie zieht einen gefalteten Zettel aus ihrer Jeanstasche und reicht ihn mir. Ich erkenne Magnus' Schrift sofort.

Kannst ja nachkommen, wenn du schnell genug bist, Dramaqueen.

Die Worte, die vorher schon unheilvoll durch mein Unterbewusstsein gerollt sind, werden zu einer Lawine.

Kit bindet sich ihre Locken zu einem Zopf und starrt mich an. »Schaust du aber scheiße aus. Du hast doch gar nichts getrunken. Bist du krank?«

»Warum hast du mich nicht geweckt?«

Meine kleine sechzehnjährige Schwester zuckt mit den Achseln. »Hab ich versucht, aber du warst nicht wach zu kriegen, und die anderen meinten, ich soll dich schlafen lassen.« Sie setzt wieder an und singt schief weiter. »It's a cruuuuueeeel summer.«

»Welche anderen?«

Kit verdreht die Augen. »Magnus, Verena …«

»Haben wir das SAT-Telefon noch?«, unterbreche ich sie, den Zettel achtlos zur Seite werfend.

Sie nickt langsam.

»Kannst du es holen und laden?«

»Ja, aber …«

Ich gebe ihr keine Gelegenheit weiterzusprechen, sondern stürze die Treppe nach oben und während ich packe, ignoriere ich den Specht in meinem Kopf, der offenbar versucht, meinen Schädel auszuhöhlen.

Ich rechne. Vier Stunden, wenn es gut läuft, fünf, sollte das Wetter sich verschlechtern. Aber sie haben die Unerfahrenen dabei. Emilia und Leo. Eineinhalb Stunden Vorsprung. Wenn ich mich für den Grat entscheide und den kürzeren, aber nassen Weg durch den Fluss in Kauf nehme, statt an der Klamm vorbei über den Trail, dann kann ich es schaffen, sie noch vor den gefährlichsten Stellen einzuholen.

Was für eine Dummheit! Wie konnte Nena das mitmachen? An welcher Stelle gestern Abend hab ich verpasst, was hier wirklich geplant wurde?

Im Flur mache ich noch einmal eine letzte Kehrtwende und öffne den Bauernschrank mit den gelb-blauen Blumen, um ein Seil und das erstbeste Kletterzeug herauszuziehen und in meinen Rucksack zu stopfen. Dann renne ich los. Ich habe eineinhalb Stunden aufzuholen. Um meine Schwester und unsere Freunde davon abzuhalten, sich der gefährlichsten Felsspalte der italienischen Alpen zu nähern. Bei Wetterbedingungen, die das auf keinen Fall zulassen.

»Ich komme mit«, ruft Kit, als ich rausstürme.

»Du bleibst hier«, schreie ich, und dann drücke ich mit der flachen Hand gegen die Brust meines Vaters, der sich mir in den Weg stellt.

»Das Wetter schlägt um«, sagt HaWe.

Ich schaue ihn an. »Sicher?«

»Man braucht keine Wettervorhersage, um zu wissen, woher der Wind weht«, sagt er gedehnt. »Ist nicht von mir, ist von Bob Dylan.«

Seine sonst so trüben Augen wirken erstaunlich wach. »Und du sorgst dafür, dass sie mir dieses Mal nicht nachläuft«, sage ich und schiebe ihn von mir.

»Wieso *dieses* Mal?«, schreit Kit und klingt erschreckend wie das Kind, das sie schon lange nicht mehr ist. Die Antwort bin ich ihr seit vielen Jahren schuldig.

• • •

Der Rucksack klebt an meinem Rücken, und ich bereue es, kein Wasser eingepackt und nicht einmal eine Flasche dabeizuhaben, mit der ich das Tauwasser aus dem Fluss auffangen könnte. So beuge ich mich nach unten und trinke wie ein Tier.

Ohnehin haben all meine niederen Instinkte übernommen. Ich spüre kaum, dass mir das Wasser, das hier als Rest der Schneeschmelze ins Tal fließt, um sich mit der Passer und der Etsch zu vereinen, in die Stiefel läuft. Ich renne mehr, als dass ich gehe, und wider besseres Wissen bleibe ich nur für kurze Momente stehen, um vergeblich zu versuchen, Verena, Magnus oder Tristan auf dem Handy zu erreichen. Die Nummer von Emilia habe ich nicht, aber einen Unterschied macht es ohnehin nicht. Sie werden dort, wo sie inzwischen sein müssten, keinen Empfang haben. Das einzig Gute daran ist, dass ich so genau weiß, welche Stellen sie mit Sicherheit schon hinter sich gebracht haben. Wenn ich mich nicht irre, müsste ich etwa zwanzig Minuten bereits aufgeholt haben. Zu wenig, ich werde das Risiko eingehen müssen, die letztmögliche Abkürzung über den Steilhang zu machen. In der Hoffnung, dass das Seil, das ich mir gegriffen habe, für die Sicherung ausreicht.

Die kurze Kletterpassage bringt eine halbe Stunde, die ausreichen könnte, um die Gruppe vor dem ersten Schneefeld zu erreichen.

Das Seil dürfte knapp vierzig Meter lang sein, ich schätze die Wand, die jetzt vor mir aufragt, auf fünfundzwanzig Meter. Das ist knapp, und es wird mich Zeit kosten, die Sicherung zu bauen, vor allem, weil mir mehrere Karabiner fehlen. Schließlich war die Tour nicht als Kletterpartie geplant, sondern als Höhenwanderung. Verdammt. Ich hatte auch nicht geplant, auf den Felsenhimmel zu steigen. Nicht so kurz vor der Quali und überhaupt nie bei solchen Bedingungen. Ich schätze das Risiko ab und beschließe, dass es einen Versuch wert ist, auf die Sicherung zu verzichten. Mit dem linken Fuß steige ich in den kleinen Spalt über mir und ziehe mich hoch. Die Hälfte schaffe ich ohne große Mühe. Erst nach dem ersten Absatz wird es steiler, aber die Wut in meinem Bauch treibt mich an. Oben angekommen weiß ich, dass ich die Gruppe einholen kann. Es kommt langsam Wind auf, eine Böe pfeift über den Grat, ehe sie wieder lautlos verklingt. Ich quere das erste Schneefeld, ohne einen Blick auf sie zu erhaschen, erreiche das zweite und sehe niemanden. Der Wind ist frischer geworden, und hier lässt sich der Geruch von Moos nicht mehr wahrnehmen, weil das scharfkantige Geröll unbewachsen ist. Ein Blick nach oben in die Wolken, und ich weiß, dass die Geschwindigkeit, mit der sich die Kumulonimbus-Wolken bewegen, kein gutes Zeichen ist.

Erst als ich die Eisenleiter erreiche, die über den blanken Felsen gelegt ist und an der ein Drahtseil zur einzigen Sicherung in schwindelerregender Höhe dient, erkenne ich die Gruppe. Sie gehen über den schmalen Grat, die oberste Kante des letzten Bergrückens, der sie noch vom Gipfelkreuz trennt. Sie haben den Punkt oberhalb der Felsspalte fast erreicht. Ich weiß nicht, ob es Erleichterung ist oder eine seltsame Vorahnung, die mich jetzt, da es ja ohnehin zu spät ist und offenbar alle wohlbehalten bis hierhergekommen sind, meine Schritte noch einmal beschleunigen lässt.

Verena kommt als Erste am Gipfelkreuz an, ihre Jacke bauscht sich im Wind. Wie damals HaWes, und der Anblick ist seltsam beruhigend und alarmierend zugleich. Sie reißt die Hände hoch, und ich erkenne Leo, der vor ihr steht. Auch er gestikuliert wild. Dazwischen pfeift der Wind und trägt ihre Worte fort, sodass sich die Szenerie wie in einem Stummfilm vor mir abspielt. Verena greift nach Leos Jacke fast im selben Moment, in dem ich meine rechte Hand um das Eisenseil lege, das ein ächzendes Geräusch von sich gibt. Weiter unten, auf einem Felsvorsprung oberhalb der Spalte, entdecke ich Magnus und Tristan, der wie immer sein Handy schwenkt und Aufnahmen macht. Um die beiden erfahrenen Bergsteiger sorge ich mich nicht. Zum Glück muss ich mir auch um Hannah keine Gedanken machen. Aber wo ist Emilia? Ich suche die Umgebung nach einer grünen Cap ab, lasse dabei Leo und Verena aus den Augen, die ganz offensichtlich heftig streiten, und finde die grüne Kappe. Die Luft in meiner Lunge weicht dem Entsetzen. Sie steht am Abgrund, einige Meter tiefer als Magnus und Tristan, balanciert dort auf dem brüchigen Gestein über dem Riss, der wie eine Wunde im Felsen klafft.

14

Aurora

;

Immer noch: 46 593 981 038 167 975, 11 147 36 346 192 578

»Ein, zwei Tage, dann haben wir das«, murmelt Adam und krabbelt unter meinem Van hervor. »Nicht so schlimm.«

»Was ist es denn?«

»Der Tank ist angebohrt.« Adam zieht eine Grimasse.

»Was?!«

Er bedeutet mir, mich zu ihm auf den Boden zu knien, dann hält er die Taschenlampe unter den Tank und zeigt auf ein daumengroßes Loch im Kunststoff.

»Die Karre ist nicht mehr angesprungen, weil du keinen einzigen Tropfen Sprit mehr im Tank hast. Jemand hat dir ein Loch reingebohrt und dir den Diesel abgelassen. Passiert leider immer wieder.«

»Mir ist das noch nie passiert.«

Adam zuckt mit den Achseln. »Wenn man irgendwo wild parkt, ist es nur eine Frage der Zeit, nichts Ungewöhnliches. Aber das haben wir schnell erledigt.«

»Wie schnell?«

Adam kratzt sich am Kopf. »Na ja, mit etwas Glück kriege ich eine neue Wanne in Lana. Die bau ich dir ein und … theoretisch könnte ich morgen oder übermorgen Abend damit fertig sein.«

»Aber wenn du die Wanne nicht bekommst, weil sie …«, ich überlege kurz, »eine Spezialanfertigung ist, dann dauert es länger.«

Zum Glück ist Adam nicht begriffsstutzig. »Sehr viel länger«, sagt er ernst um das Grinsen in seinem Gesicht herum.

»Zwei Wochen?«

»Eher drei bis vier.«

»Gut, dann würde ich sagen, ich will nichts riskieren. Wir sollten auf die Bestellung aus Fernost warten.«

»Das ist … sehr vernünftig«, erklärt Adam.

»Wie ist das eigentlich, wenn man hier lebt? Ist das nicht sehr einsam?«, wage ich einen Vorstoß.

Adam mustert mich. »Ja, ist es. Und ich liebe es. Mika und ich, wir sind wie Einsiedlerkrebse. Der Felsenhimmel ist unsere Insel.«

Ich nicke wissend, obwohl ich keine Ahnung habe. »Jeder kennt jeden. Da weißt du sicher auch alles über die Leute im Dorf und das, was hier so passiert.«

Adam lacht. »Nee, das interessiert mich null.«

Ich schaue ihn ein wenig hilflos an, will nicht mit Em herausplatzen, müsste es aber, um eine weitere Frage stellen zu können. Ich schlucke zweimal angestrengt, dann sage ich mit einer Stimme, die mir nicht zu gehören scheint: »Ich hab gehört, hier sind neulich zwei Touristen abgestürzt.«

Adam verengt leicht die Augen. »Darüber weiß ich nichts. Also, wenn du auf regionalen Gossip aus bist, musst du ins *Mock Orange*.« Er sieht an mir vorbei.

Sofort bereue ich meinen Vorstoß. Was denkt er jetzt von mir? Vielleicht hätte ich direkt sagen sollen, dass es um meine Schwester geht. Was mir dann Adams Mitleid eingebracht hätte, aber auch keine Informationen. Nein, es ist schon besser so.

»Was ist das *Mock Orange?*«

»Ein Café, direkt um die Ecke. Und eher so ein Treff der Einheimischen, weniger ein Tourimagnet. Den besten Kaffee bekommst du aber bei Mika in der Küche.«

Etwas an seiner Stimme hat sich verändert, und ich hoffe sehr, keine Sympathiepunkte eingebüßt zu haben. *Aurora, das Gossip Girl.* Ich werde Mika nicht fragen können, ohne auch bei ihr einen falschen Eindruck zu hinterlassen. Also dann das *Mock Orange.* Immerhin werde ich da bestimmt nicht auf Jakob treffen. Ich fühle mich alles andere als bereit, jetzt schon unter seine Gletscheraugen zu treten.

• • •

Das *Mock Orange* ist viel mehr als nur ein Café. Es hat den Charme eines stylishen Wohnzimmers auf einer Almwiese und könnte genauso gut eine fancy Bar sein. Auf der breiten Holzterrasse stehen Paletten-Möbel mit üppigen Sitzkissen, Holzbänke und Liegestühle mit Filzauflegern. Auf einem Sofa unter dem Dachvorsprung lümmelt ein riesenhafter Hund, den Alabaster mit eingezogenem Schwanz misstrauisch beäugt. Ich lasse den Blick schweifen, drehe mich ein wenig im Kreis. An drei Seiten ist das Café von blühenden Hecken eingerahmt, deren Blüten an Apfelsinen erinnern. Sie duften aufdringlich nach Jasmin, und vermutlich heißt dieser Ort genau deshalb *Mock Orange.*

Ich drehe mich um, will mir einen Platz suchen, aber Alabaster zieht in Richtung der Dogge, die wie eine Statue auf dem Sofa verharrt. Und weil ich mich darauf konzentrieren muss, die Hündin in eine andere Richtung zu manövrieren, merke ich nicht, dass ich jemandem direkt in die Arme laufe. Erst als es zu spät ist und ich mit Wucht gegen eine breite Brust pralle, schaue ich hoch.

»Pass doch auf«, brummt der Typ.

Und weil Brummen geradezu sein zweiter Vorname ist, braucht es keine weiteren drei Sekunden, um Jakob zu erkennen.

»Du!«, platzt er heraus.

»Du?«, imitiere ich ungewollt. »Schon wieder!«

»Ist das ein Hobby von dir, Leute anzurempeln?«

»Ist das ein Hobby von dir, immer zur falschen Zeit im Weg zu stehen?«

Er gibt einen verächtlichen Ton von sich, schnaubend wie ein Pferd, und macht einen Satz zur Seite. »Doch mehr Hipster als Hippie, hast du deine Blechtasse heute noch nicht gespült, oder was machst du hier?«

Ich mustere ihn und schlucke das Lachen hinunter, das sich unangebracht in meiner Kehle zusammenbraut. »Das hier ist aber schon eine Masche.« Ich deute mit dem Zeigefinger – streng darauf bedacht, ihn nicht zu berühren – auf den kleinen Fleck auf seinem weißen Hemd. Er runzelt die Stirn, und ich meide seinen Blick. »Dass du deine Klamotten einsaust, damit du einen Grund hast, sie auszuziehen und deinen Body zur Schau zu stellen?«

»Ich …«, setzt er an.

»Oder ist die Wäscherei deines Fünf-Sterne-Luxusresorts noch nicht einsatzbereit?«

In seinem Gesicht zuckt es, aber er hat die anfängliche Überraschung überwunden. »Die Frage ist doch vielmehr, ist dein Van schon wieder einsatzbereit?«

Ich schüttle den Kopf. »Man könnte sagen, er hat sich der Umgebung angepasst und ist ebenso eine Baustelle wie der Felsenhimmel.«

Bei dem Wort spüre ich ein Kratzen in meinem Hals. Felsenhimmel. Em. Tot.

Ich warte darauf, dass Jakob etwas entgegnet, aber er starrt an mir vorbei.

»Wann fangen wir an?«, frage ich, meine Stimme seltsam fremd.

»Womit?« Sein Blick zuckt zu mir zurück.

Hastig schaue ich auf seine Füße. Alabaster hat sich auf den Boden gelegt, als wüsste sie, dass es jetzt wirklich wichtig ist, sich ruhig zu verhalten. »Mit der Sauna.«

Einen Moment zögert er.

»Ich hab einen Deal mit deiner Mutter, schon vergessen?«

»Heute Mittag, um zwei«, brummt er.

Ich nicke.

Dann dreht er sich um und geht. Zurück bleibt ein Magengrummeln, das sich nur darauf schieben lässt, dass ich heute wirklich noch keinen Kaffee getrunken habe. Und den brauche ich in noch größeren Mengen als sonst, wenn ich meine Tage habe.

Ich schaue mich um, nach Ablenkung suchend.

Das *Mock Orange* ist mäßig besucht. Schließlich entscheide ich mich für einen Liegestuhl aus Holz, der einen guten Blick auf das Tal und die Berge bietet. Hinter mir hockt ein Typ allein vor zwei Tassen, und im Augenwinkel sehe ich, dass er in einer Tageszeitung blättert. Männer, die lesen, sind schon ziemlich sexy. Er ist braun gebrannt. Trägt Jeans und ein weißes Poloshirt. Polohemden sind allerdings Abturner. Aber der Typ, Mitte zwanzig, schätze ich, trägt es mit der Selbstverständlichkeit und Lässigkeit eines Menschen, dem es völlig egal ist, was andere über ihn sagen. Das wiederum ist ein Anturner. Er sieht kurz zu mir auf, lächelt und schaut wieder weg.

Die Kellnerin beugt sich zu Alabaster und streichelt ihr den Kopf. »Ich bringe ihr gleich eine Schale Wasser, was möchtest du?«

Der Polohemdträger am Nebentisch niest unterdrückt und

deutet dann entschuldigend auf Alabaster. Hundehaarallergie soll das wohl heißen.

Ich bestelle Espresso und Bio-Freilaufhühner-Rührei. Nur um dann zu viel Salz drüberzuschütten und in dem Teller auf meinem Schoß herumzustochern. Obwohl das Gericht köstlich duftet, habe ich den Appetit verloren. Irgendwo dahinten, zwischen einem dieser Felsen, liegt Em. Und für Em gibt es nie mehr Bio-Freilaufhühner-Rührei, für Em ist alles, einfach alles vorüber.

Mein Handy klingelt, und ich erkenne die Nummer der Sekretärin meines Vaters. Drücke sie weg. Keine zehn Sekunden später klingelt es wieder. Dieses Mal steht »Enzo Martini« auf dem Display.

»Ja«, sage ich.

Er atmet hörbar aus, als hätte er meinetwegen zu lange die Luft anhalten müssen. »Aurora, endlich. Wie geht es dir?«

»Meine Schwester ist tot, wie soll es mir gehen?«, fauche ich leise, aber garstig zurück und höre das Zucken am anderen Ende der Leitung.

Kurzes Schweigen.

»Wann kommst du zurück?«

»Gar nicht.«

Gedehntes Seufzen.

»Wo bist du?«

»Hier und da. Ich bin ja ein faules Etwas, das nicht zu schätzen weiß, wie gut es ihm geht, und meint, seine Erfüllung zu finden, indem es in der Weltgeschichte herumgondelt und das Geld, das Generationen vor ihm hart erarbeitet haben, verjubelt. Gen Z eben, Generation Ziellos.«

»Das habe ich so nie gesagt.«

»Aber oft genug so gemeint.«

»Ich rufe auch nicht deshalb an«, sagt er. »Deine Mutter kommt um vor Sorge.«

»Das ist ja nichts Neues. Wie du weißt. Da bist du ja nicht unschuldig dran.«

Ich will das nicht sagen, die Worte schmerzen mich vermutlich mehr als ihn. Aber irgendwie fühlt es sich hier, an dem Ort, der Em das Leben gekostet hat, so an, als müsste ich noch ein wenig mehr wie sie denken. Ein wenig mehr gegen unseren Vater sein, als ich es eigentlich bin.

Längeres Schweigen. Sehr langes Schweigen.

»Es ist nicht alles so einfach, wie du denkst«, sagt er schließlich. »Warum lässt du es dir nicht mal erklären, Aurora? Mich einmal ausreden.«

»Wozu? Ich weiß doch alles, ich hab es ja selbst gesehen, und Em … Em hat mir alles erzählt.«

»Vielleicht hat sie aber auch nicht …« Er bricht ab, hustet kurz in den Hörer und sagt dann dumpf. »Deine Mutter glaubt, Emilia gesehen zu haben.«

Mein Herz pocht lauter. Unheilvoll. Die Plantagen unterhalb des *Mock Orange* verschwimmen zu einem Brei aus Grün.

»Wo?«, keuche ich.

»Zu Hause. Sie behauptet, sie wäre nachts durch den Garten gelaufen.«

O nein, nicht das. Bitte keine neuen Wahnvorstellungen.

»Nimmt Mama ihre Medikamente?«

»Ich weiß es nicht«, sagt er leiser. Er kann es ja auch nicht wissen, er wohnt mit seiner neuen Frau in seinem neuen Haus, und in diesem neuen Haus gibt es Lachen auch ohne Rezept.

»Was soll ich machen?« Ich frage nicht, weil ich fragen will, sondern einfach nur, weil das von mir erwartet wird. Weil man es mir anerzogen hat.

»Wo bist du?«, fragt er erneut.

»Ich wollte … nur ihre Sachen in Wien holen, und dann … bin ich hier gelandet. Als ob es so sein müsste. Ich bin in Italien. Unterhalb des Berges, an dem … an dem es passiert ist.«

»In Ordnung«, kommt es nach einer endlos langen Pause. »Bleib, ich kümmere mich um deine Mutter.«

»Danke«, sage ich, und zum ersten Mal seit langer Zeit meine ich es auch so.

Wir verabschieden uns steif, aber nicht unfreundlich.

»Alles okay?«, fragt der Blonde am Nachbartisch und reißt mich aus meinen hässlichen Gedanken. Fort von dem Bild meines Vaters, der mit erhobener Hand vor meiner Mutter steht. Fort von all den Wahrheiten und Lügen meiner Familie.

»Alles gut.«

»Kann ich dich auf einen Kaffee einladen?«

»Ich hatte schon einen«, murmle ich vage.

»Lehnst du Dinge, die du schon hattest, grundsätzlich ab?«

»Eigentlich nicht.« Ich versuche zu lächeln.

Er winkt der Kellnerin zu. In seiner Handbewegung liegt so eine angeborene Überheblichkeit Servicepersonal gegenüber, dass ich mich sofort frage, ob er in einem Haushalt voller Dienstboten aufgewachsen ist. »Darf ich?« Er deutet auf den Liegestuhl neben mir.

»Sicher.«

Er streckt mir die Hand entgegen. »Markus.«

Alabaster knurrt kurz, bleibt aber liegen. Markus niest.

»Aurora.« Ich drücke seine Hand. »Soll ich meinen Hund weiter vorn anbinden?«

»Geht schon«, winkt er ab. »Ich mag Hunde, nur meine Nase steht nicht so auf ihre Haare.«

Ich muss lachen.

»Machst du Urlaub hier?«

»Nicht direkt«, antworte ich. »Ich muss ein paar … private Dinge klären.«

»Wo bist du untergebracht?«

»Am Felsenhimmel.«

»Ah, schön, die neuen Bergchalets sind sehr hübsch. Ganz fertig sind sie mit ihren Renovierungen noch nicht, aber es ist … nett.«

Seine Augenbraue wandert kaum merklich ein Stück nach oben. Ich bin mir sicher, dass er will, dass ich es sehe. Dass es keine unwillkürliche Bewegung ist.

Eine Zeit lang plaudern wir über die schöne Gegend, das Wetter, und er erzählt, dass er erst vor Kurzem sein Studium beendet hat. Immobilienwirtschaft. Ich überlege dabei die ganze Zeit, wie ich das Gespräch auf den Vorfall am Berg lenken kann, ohne zu viel zu verraten oder zu offensichtlich neugierig zu sein.

Doch dann erledigt Markus die Überleitung ganz von selbst. »Klingt es seltsam, wenn ich sage, dass du gut auf dich aufpassen sollst?«

»Etwas«, gebe ich zu und hoffe, dass er die Gänsehaut an meinem Unterarm nicht bemerkt. Ich bin mir nicht sicher, ob sie von seinen Worten stammt oder weil mir etwas an *ihm* unangenehm ist.

Er lächelt breit, mit glänzend weißen Zähnen.

»Auf welche Gefahren spielst du denn an?«, frage ich und betone *Gefahren* dabei so, als wäre das Wort in Gänsefüßchen eingerahmt.

Er zuckt mit den Schultern und spielt mit dem leeren Zuckerpäckchen auf der Untertasse. »Pass einfach auf … okay?«

Ich möchte sagen, dass wir uns seit kaum mehr als ein paar Minuten unterhalten und es wirklich mehr als seltsam ist, dass er mir einen solchen Ratschlag gibt. Aber hier ist meine Chance, etwas herauszufinden.

»Spielst du auf den Unfall an, der hier vor ein paar Wochen passiert ist?«

Verrät mich mein Gesicht, oder sieht er, dass ich die Finger unter dem Tisch wie einen gordischen Knoten ineinander verschlinge, weil die Anspannung kaum auszuhalten ist?

Er zieht eine Grimasse. »In den Bergen passieren Unfälle. Und momentan zum Felsenhimmel zu wandern ist nicht ungefährlich.«

Ich nicke. »Hast du die Verunglückten gekannt?«

»Wir kennen uns hier alle mehr oder weniger. Aber soviel ich weiß, war die Frau nicht von hier.«

Die Frau. Em. Meine Schwester. Em, *die Frau* bist du. Mir wird schwindelig, und ich greife eilig nach der Kaffeetasse vor mir und trinke in hastigen Schlucken, verbrenne mir den Gaumen.

»Hast du denn vor, hier auch ein paar Bergtouren zu machen?«

Ich zucke mit den Schultern, noch immer nicht in der Lage zu sprechen.

Die Frau war nicht von hier.

»Auf jeden Fall solltest du dir einen guten Bergführer suchen und nicht auf den erstbesten hereinfallen.« Markus grinst selbstgefällig. »Mit passender Ausrüstung und der richtigen Begleitung musst du dir keine Sorgen machen.«

Ich atme tief ein und schaffe es, fast schon süffisant »Und du wärst der Richtige?« zu sagen.

»Das kommt immer darauf an, für was«, erwidert er, dann tippt er auf das Display seines Handys. »Ich muss leider los. Aurora, es hat mich sehr gefreut. Kaffee übernehme ich. Wie wäre es, wenn wir uns mal wiedersehen? Vielleicht an einem Freitagabend? Da spielt hier meistens irgendeine Liveband.«

»Warum nicht«, sage ich unverbindlich und mache mir eine

mentale Notiz, auf jeden Fall an einem Freitag hier vorbeizuschauen und ihm ein wenig mehr auf den Zahn zu fühlen.

Markus steht auf und deutet einen Kuss auf die Wange an. Ich beobachte ihn beim Hinausgehen.

Ich trage mein Bugs-Bunny-Schlabbershirt mit dem Loch am Saum, und in Ermangelung richtiger Wanderstiefel schmücken meine Füße schwarze Combat Boots. Für Männer wie Markus bin ich kaum der Typ Frau, den sie auf einen Drink einladen. Seltsam.

15

Jakob

»Du bist zu spät.« Ich stehe mit dem Rücken zu ihr, spüre ihre Präsenz aber so intensiv, als würden sich ihre grünen Augen in meinen Rücken bohren.

»Ich musste noch meine Blechtasse spülen«, erwidert sie.

Ich knurre, um das Lachen zu unterdrücken, das mir über die Lippen kommen will, und drehe mich dann langsam zu ihr um. Sie hat ihre Haare, die erstaunlich glatt an ihrem Kopf anliegen, zu einem Knoten im Nacken gebunden. Auf ihrem schwarzen Oversize-Bandshirt, dieses Mal *Screaming Trees*, sind Farbflecken in Weiß und Türkis. Es sieht aus, als hätte sie damit gestrichen.

»Das hier soll also eine Sauna werden?«

»Was sonst?«

»Es sieht im Moment eher nach Folterkammer aus.« Meine Augenbrauen wandern schnell nach oben, genauso schnell, wie sie noch ein »Aber mit wunderschöner View« hinzufügt.

Dann geht sie zu den großen Panoramafenstern, die den Blick auf die Berge freigeben. Wie ein Kind legt sie die Hände an die Scheibe, und ich will protestieren, was ziemlich albern ist, weil sie natürlich noch nicht blank geputzt sind. Sie hat recht, es sieht wirklich nach Folterkammer aus. Überall liegt Werkzeug herum.

Trotzdem war ich bisher sogar recht stolz auf meinen Fortschritt. Eines muss ich meiner Mutter lassen: Wenn ich schon nicht klettern kann, tut es gut, meine Hände mit etwas anderem zu beschäftigten, um nicht Tag und Nacht in sinnlose Grübeleien zu verfallen.

»Fast zu schade, um hier eine Sauna reinzubauen«, sagt sie. »Stell dir vor, du schläfst hier und wachst mit diesem Blick auf.« Sie streckt sich, drückt ihren Körper gegen die Scheibe und bewegt die Arme, als würde sie einen Schneeengel machen. Dann dreht sie sich zu mir um. »Okay, du schläfst hier und hast diese Aussicht, auch ohne in einer Sauna übernachten zu müssen.«

Ich zucke die Achseln.

Sie lacht. »Was ist mit Adam? Warum baut der die Sauna nicht mit dir?«

»Adam ist handwerklich … inselbegabt. Hat ein Ding keinen Motor, will er nichts damit zu tun haben.«

»Verstehe.« Sie scannt den Raum.

»Okay. Dann legen wir mal los.«

Und dann fängt sie erst einmal an, alles zu sortieren. Dabei murmelt sie leise Dinge, als müsste sie sich vorsagen, was sie als Nächstes macht. Die nächsten drei Stunden werde ich vom Boss zum Azubi zum Praktikanten und schließlich zum schlichten Handlanger degradiert.

Und ich muss zugeben, dass sie wirklich begabt ist. Ich höre Sätze wie:

»Nimm mal das Brett da und miss den Abstand von der Wand bis zum nächsten Paneel.«

»Das ist zu kurz, vielleicht können wir das drüben an der anderen Ecke verwenden.«

»Silikon? Haben wir eigentlich Silikon zum Abdichten später?«

Sie schwitzt, ein kleiner Film hat sich auf ihrer Stirn gebildet. Einfach nur zauberhaft.

»Halt mal fest, und starr mich nicht so an.«

Ich kann nicht anders, will ich sagen. Bleibe aber besser stumm. Die kleinen Härchen an ihrer Stirn haben sich längst aus dem Zopf gelöst. Keine Ahnung, warum mir das so gut gefällt.

Wir arbeiten schweigend Seite an Seite, nachdem sie mir genau erklärt hat, was ich zu tun habe. So nah, dass ihr Arm hin und wieder meinen streift. Es ist so durch und durch angenehm, dass ich mich dabei erwische, ihr immer wieder näher zu kommen, als es erforderlich ist.

»Bist du oft in den Bergen? Kletterst du oder wanderst du?«, will sie wissen.

»Nicht mehr«, antworte ich und hoffe, sie fragt nicht weiter nach.

»Meine Schwester hat hier in der Gegend schon Urlaub gemacht.«

»Aha«, erwidere ich, weil ich nicht weiß, was sie mir damit sagen will.

»Ähm … meine Schwester hat vor, mal wiederzukommen. Gibt es irgendwelche Routen, die du hier empfehlen kannst? Ich dachte, wenn ich schon hier bin, könnte ich mich auch mal umsehen.«

»Wie gesagt, ich gehe nicht mehr in die Berge.«

»Warum nicht? Wie kann man hier leben und nicht in die Berge gehen wollen?« Sie nimmt mir das Brett aus der Hand. »Zu kurz.«

»Frag das mal Menschen, die am Meer leben. Der Zauber nutzt sich irgendwann ab.«

Oder stürzt in eine Schlucht.

Ich schaue an ihr vorbei, auf die Fingerabdrücke, die sie auf der Scheibe hinterlassen hat. Die nächste halbe Stunde bleiben wir stumm. Ab und an gibt Aurora Anweisungen oder streckt ihre Hand. Jedes Mal spielt mir mein Hirn einen Streich und gaukelt mir vor, sie wolle meine Hand greifen. Dabei ist es nur der Hammer oder eine weitere Schraube, die sie ergreift.

»Ist das Resort eigentlich nach der Schlucht benannt?«

Ich halte inne. »Ja«, erwidere ich schlicht.

»Was ist so eure Klientel? Wer macht hier Urlaub? Ich hab nur wenige Leute hier gesehen bisher.«

Ich zucke mit den Achseln. »In den Neunzigern hatten meine Eltern einen Lauf. Der Felsenhimmel war *die* Adresse für Spitzensportler aus aller Welt, die sich erholen, aber auch entspannt trainieren wollten, während ihre Familien es sich hier gut gehen lassen konnten. Aber jetzt gibt es da andere Hotspots. Die Jahre, in denen Anna Kurnikowa und Erik Zabel hier Urlaub gemacht haben, liegen schon ein bisschen länger zurück.«

»Wer?«, fragt sie.

»Genau *das* ist das Problem.«

Sie antwortet nicht mehr, sondern konzentriert sich wieder auf die Arbeit.

Aber ich halte die Stille zwischen uns nicht lange aus. »Wo hast du das her?«, frage ich also und deute auf ihr Oberteil mit dem Band-Aufdruck.

»Was?«

»Das Shirt.«

»Äh, gekauft …«

»Und warum?«

»Weil ich mich gern anziehe? Weil ich nicht nackt herumlaufen möchte?«

»Schade eigentlich.«

»Wie bitte?« Ihre Pupillen werden rund wie kleine grüne Murmeln.

Schnell präzisiere ich: »Schade, dass du es nur gekauft hast, um es anzuziehen, und nicht der Band wegen.«

Sie streicht sich eine Strähne aus der Stirn, die sofort wieder nach vorn fällt. Diese Haare, das muss sie doch selbst nerven. »Ist das etwa eine Band? Ich dachte, es wäre nur ein netter Aufdruck.«

»Dein Ernst?«

»Ja.«

Ihre Augen sind groß und viel zu grün für Murmeln.

»Quatsch, ich liebe Punk, Grunge und so ein paar unbekanntere Post-Punk-Bands. Kennst du *The Chameleons*?«

»Nein, nie gehört«, behaupte ich in der Hoffnung, mein rasanter Herzschlag möge mich nicht verraten.

»Megaband, leider nicht besonders erfolgreich. Gute Texte, solltest du dir mal anhören.«

»Wenn du meinst. Ich stehe mehr auf House.«

Sie verzieht das Gesicht, und ich habe keine Ahnung, warum ich so einen Bullshit erzähle.

»Force of Habit ist ja auch bekannt für seine harten Synthesizer-Beats«, sagt sie in ernstem Ton. »Abschiedstour 20, was? Ich wette, das war ein geiler Rave.«

Shit, ich wusste, das mit dem blöden Bandshirt, das seit Monaten ungetragen in meinem Schrank liegt, war eine saublöde Idee.

»Das hab ich auch nur gekauft, damit ich nicht ständig nackt herumlaufen muss.«

»Dachte, das wäre genau dein Ding«, erwidert sie schlagfertig und grinst mich so herausfordernd wie umwerfend an.

Jetzt schnell ablenken. »Eine Reihe machen wir noch, oder? Dann brauche ich dringend eine Abkühlung.«

»In Ordnung, aber zuerst die hier. Bring mal die Wasserwaage rüber, das sieht irgendwie schief aus.«

Ich reiche ihr die Wasserwaage und kann mich dann doch nicht zurückhalten. »Woher kannst du das alles?«, frage ich neugierig.

»Ich hab den Van selbst ausgebaut, mithilfe von einem Freund. Dabei hab ich echt viel gelernt. Unter anderem, wie man Holz zuschneidet und es verlegt.«

War da gerade ein minimales Zögern vor »Freund«?

»Und was hast du vor?«, hake ich nach.

Wer ist der Freund? *Dein* Freund? *Ein* Freund?

»Wie?«

»Was du so vorhast – in den nächsten Monaten oder Jahren? Was ist dein Ziel?«

»Ich will überallhin, und ich habe nichts vor.«

»Wie soll das denn gehen?«

»Das geht genauso gut, wie sein Leben lang an einem Ort unglücklich zu sein.«

»Ich bin nicht unglücklich.«

Lüge.

»Hast du dich angesprochen gefühlt?«

»Natürlich nicht.«

Sie lässt die Wasserwaage sinken und sieht mich an. »Was ist dein Problem, Jakob?«

»Ich habe kein Problem.«

Ich habe so viele Probleme, dass ich sie alphabetisch ordnen sollte. Von A wie Absturz über M wie Magnus und V wie Verantwortung bis hin zu Z wie Ziel verfehlt.

»Ein Problem mit mir?« Sie stemmt die Hände in die Hüften, wodurch das Shirt ein wenig straffer über ihre Brüste gezogen wird.

Ich will da nicht schon wieder hinschauen müssen.

»Ich bin dir sehr dankbar für deine Hilfe heute«, schaffe ich es gerade so hervorzupressen. »Vielleicht sollten wir Schluss machen.«

Es klingt lahm und ziemlich undankbar.

»Aber?«

»Kein Aber.«

»Es gibt fast immer ein Aber.«

Das stimmt. Mein ganzes Leben fühlt sich an wie ein einziges »Aber«.

»Was hast *du* denn vor, und wo willst du hin?«, fragt sie.

»Ich muss hier mal raus«, sage ich statt: *Shanghai, ich will nach Shanghai.*

Ich will mich lebendig fühlen und nicht lebendig begraben. Ich will den Rausch der Höhe spüren, mich darin verlieren. Und es geht gar nicht so sehr um Olympia, nicht um Erfolge. Es geht um die Reibung, um den Moment, in dem man weiß, dass man sein Bestes gegeben hat, um der Schwerkraft zu trotzen.

Ich stehe auf, fühle mich dabei, als wäre mein Körper zum Inbegriff von Schwerkraft mutiert, und lasse sie da sitzen.

Vor dem abartig grünen Ausblick.

Und komme mir abartig scheiße dabei vor.

16

Aurora

;

Unverändert: 46 593 981 038 167 975, 11 147 36 346 192 578

Es ist eine Sache, nicht schlau aus Jakob zu werden. Eine ganz andere, dass mich Jakob davon ablenkt, schlau aus Ems Tod zu werden. Ich brauche einen klaren Kopf, aber es ist viel zu heiß. Allein die Möglichkeit einer Berührung versengt meine Haut und bringt meine Gedanken durcheinander.

Als ich aus der Sauna ins Freie trete, ist es dort allerdings leider auch so warm, dass sich die erwünschte Abkühlung nicht einstellt.

Dann fällt mein Blick auf den Schwimmteich. Ich schaue mich nach den wenigen Gästen um, die derzeit in den Chalets eingebucht sind, kann aber niemanden sehen. Kurz überlege ich, was ich unter meinem Shirt und den Shorts trage, und beschließe, dass ich es riskieren kann, in dem schwarzen Tanga und dem Bustier-BH schwimmen zu gehen. Ich streife die Sachen ab, lasse sie auf der Wiese liegen und gehe auf den See zu.

Das Wasser glitzert an der Oberfläche, schimmert grün, sieht aber klar aus. Der See macht einen Bogen, fügt sich in die Landschaft, als wäre er hier natürlich entstanden. Die nierenförmige Terrasse mit Steg ist von ihrer Fertigstellung weiter entfernt als die

Sauna, aber der Randbereich ist sauber mit kleinen und großen Steinchen aufgefüllt, und am schönsten ist, dass nichts den Blick auf die Berge dahinter stört. Hellgrüne Auen gehen in dunkle Baumreihen über, die sich schwindelerregend hoch bis zu den kargen Felsen ziehen. In einem abgetrennten Bereich des Teichs schwimmen blaue Seerosen und Wasserlinsen.

Ich tauche meinen Zeh ins kalte – sehr kalte – Nass und beschließe sofort, dass das so nichts wird. Wenn schon, dann gleich auf die harte Tour. Em hat nie lange gebraucht, um in kaltes Wasser zu springen. Em war ein Mensch, der, hatte er eine Entscheidung getroffen, sie durchzog, selbst wenn er merkte, dass sie offensichtlich falsch war.

Aber heute will ich nicht diejenige sein, die ums Wasser herumschleicht und sich Zeh für Zeh an die Kälte gewöhnt, wie früher, wenn wir zusammen im Millstätter See schwimmen waren. Heute will ich ein wenig mehr wie Em sein. Also hole ich tief Luft und mache aus dem Stand so etwas wie einen Mini-Köpper. Meine Brust wird eng, so eisig ist das Wasser, und hinter meiner Stirn pocht das Blut. Aber ich bleibe unter Wasser, stoße mich mit den Beinen ab und schwimme zwei, drei kräftige Züge, ehe ich den Schreck meines Lebens bekomme.

Etwas berührt mein Bein. Etwas, das sich nicht nach einer Schlingpflanze anfühlt, sondern fest ist und groß. Ich schlucke Wasser, rudere mit den Armen, paddle rückwärts. Plötzlich sind da Hände, links und rechts an meiner Hüfte. Definitiv Finger, die meine Haut am Bauch berühren, die tasten … nach oben, bis sie ganz plötzlich meine linke Brust berühren. Meine Nippel, aufgrund der Kälte ohnehin schon aufgestellt, reagieren unwillkürlich.

Ich öffne die Augen, obwohl mir das unter Wasser schwerfällt, und kann einen Männerkörper erkennen – dunkle Haare und geschlossene Augen, muskulöse Arme. Jakob zieht ruckartig die Finger zurück. Die Beine gen Boden gestreckt, stoße ich mich ab und komme an die Oberfläche.

Keine zwei Sekunden und einige Blubberblasen später taucht auch Jakob auf. Weil er um einiges größer ist als ich, ragt nicht nur sein Kopf, sondern auch der Großteil seines Oberkörpers aus dem Wasser. Meine Füße finden Halt auf einer Stufe. Nach Luft schnappend, wische ich mir mit der freien Hand die Haare aus dem Gesicht.

»O Gott!«, keucht er. »Scheiße.«

»Du darfst Aurora zu mir sagen.« Ich versuche mich an einem Grinsen.

Er schaut mich an, an mir hinunter und schnell wieder nach oben. Mein Piercing in meiner linken Brust zeichnet sich deutlich durch den dünnen Stoff des Bustiers ab.

»Hab ich dich gerade …« Er stockt.

»Angefasst?«, bringe ich seinen Satz mit einem angedeuteten Grinsen zu Ende.

Er blinzelt hektisch. Wasser läuft aus seinen Haaren, tropft ihm aufs Kinn. Statt einer Entschuldigung für die unfreiwillige Fummelei im Wasser bekomme ich den mürrischsten Blick, den die Dolomiten je gesehen haben. Gegen das Eis in seinen Augen kommt auch der blaueste Gletscher nicht an.

»Ich bin so was von erschrocken«, poltert er.

»Glaubst du, ich nicht?«, blaffe ich zurück. »Ich hatte keine Ahnung, dass noch jemand im Teich ist. Was hast du gemacht? Wie lange warst du bitte unter Wasser?«

»Ich hab trainiert«, gibt er knapp zurück.

»Wofür? Apnoetauchen im Naturteich bei vierzehn Grad? Ist das neuerdings olympisch?« Ich muss lachen. Weil es ja auch wirklich ein wenig absurd ist. Aber mein kleiner Witz, der die Situation eigentlich auflockern sollte, geht gewaltig nach hinten los.

»Wofür ich trainiere, kann dir scheißegal sein«, donnert er.

Und dann holt er doch tatsächlich Luft und taucht wieder ab. Mit langen Zügen schwimmt er in die entgegengesetzte Richtung an mir vorbei. Mir bleibt nichts übrig, als verblüfft dabei zuzusehen, wie er eine halbe Minute später in weißen, engen Boxershorts so weit wie möglich von mir entfernt aus dem Wasser steigt. O Gott. Ich habe das dringende Bedürfnis, meinen Kopf wieder unter Wasser zu stecken. Sein Hintern ist …

Unerwartet dreht er sich um, sieht in meine Richtung, und ich beeile mich, so zu tun, als hätte ich ihm nicht nachgeschaut.

Schnell den Mund wieder schließen, Aurora.

»Sorry, dass ich dich … angefasst habe. Tut mir leid, das war so was von keine Absicht. Ich kann unter Wasser die Augen nicht aufmachen«, ruft er mir zu, ehe er in Richtung Haupthaus verschwindet.

Es wäre zum Lachen, wenn es nicht so traurig wäre.

Ich komme nicht an Jakob heran. Und weiß nicht, warum ich das überhaupt will. Er ist der unfreundlichste, wortkargste, einsiedlerischste Typ unter dreißig, den ich je kennengelernt habe. Er ist das Gegenteil von Leichtigkeit, die Straßensperre auf einem Roadtrip, ein Ärgernis, gegen das auch das schluckaufigste Lachen nichts ausrichten kann.

Was zur Hölle hat der Typ für ein Problem?

Mit mir?

• • •

»Er hat kein Problem mit dir, er hat eines mit sich selbst«, erklärt mir Kit am Abend auf der Terrasse unter dem Pavillon.

Mika hat Schupfnudeln gekocht, und ihr Duft hat sich so köstlich bis runter zu meinem Van ausgebreitet, dass selbst Alabaster den Kopf gehoben und interessiert geschnuppert hat, obwohl sie den Tag bis dato im Schatten am Van verbracht und keine Anstalten gemacht hat, sich zu bewegen.

»Keine Sorge, das ist hier heute jakobfreie Zone, er hat irgendeinen Termin.« Kit lässt sich neben mich in einen Sitzsack fallen und platziert den Teller mit den dampfenden Nudeln in ihrem Schoß.

Ich schaffe es nicht, meine Neugier im Zaum zu halten, jetzt, da ich endlich Gelegenheit habe, Jakobs Schwester auszufragen. »Wofür trainiert er eigentlich? Er hat gesagt, es hat irgendwas mit Luftanhalten zu tun.«

Mika und Kit tauschen einen Blick.

»Für Olympia«, sagt Kit. »Also er *hat* trainiert. Leider wird es nichts. Er ist für die Qualis nicht zugelassen.«

»Fuck«, sage ich. Nicht unbedingt, weil mir das so sehr leidtut, sondern weil ich meinen dummen Witz bereue.

Olympia. Das erklärt auch das Shirt, das er in Wien getragen hat. *Warum nicht gleich die Weltherrschaft.*

Shit. Am liebsten würde ich wieder im See versinken.

Aber Kit scheint meine peinlich berührte Stimmung gar nicht zu bemerken, sondern plappert munter weiter. »Er ist Sportkletterer. Und die Teilnahme stand schon so gut wie fest, also die Qualis, die jetzt demnächst in Shanghai und Budapest stattfinden, auf die war er gut vorbereitet, aber dann …«

Kit verstummt so plötzlich, wie sie angefangen hat. Und weil meine Backen voll sind mit köstlichen Schupfnudeln, kann ich nicht sofort nachfragen. Dann aber sehe ich den Grund ihres Stockens. Von wegen jakobfreie Zone. Da steht er. In Jeans und einem schwarzen Hoodie. Ungewohnt angezogen.

»Wüsste nicht, dass ich dir die Rechte an meiner Lebensgeschichte verkauft habe«, faucht er seine Schwester an.

»Chill mal. Ist doch nur Aurora.«

Jakob sieht so aus, als wäre eben *das* das Problem. So viel zu: Er hat kein Problem mit dir, sondern mit sich selbst.

Ich bin dankbar, dass mein Handy in diesem Moment piepst und ich so tun kann, als hätte ich eine besonders wichtige Nachricht bekommen. Es ist eine kurze WhatsApp meines Vaters, aber ich schiebe die Benachrichtigung weg, um sie später zu lesen.

»Mein Bruder hat 40.000 Follower:innen auf Insta, denen er bis vor Kurzem noch sehr gern seine Lebensgeschichte erzählt hat.«

Ich schaue von meinem Handy zu Jakob.

»Du brauchst dir keine Mühe zu machen, ich hab den Account gelöscht.«

»Du glaubst also, ich hätte mir das ernsthaft angeschaut?«

Hätte ich natürlich, so schnell wie möglich. Mein Kopf projiziert unangebrachte Bilder. Von einem halb nackten Jakob, der cliffhangermäßig an einem Felsen baumelt. Einhändig oder so. Schweiß auf der Brust und …

Ich schüttle mich.

»Willst du wissen, wie Nena ihn manchmal nennt?«, ruft Kit.

»Wer ist Nena?«

»Unsere Schwester, seine Zwillingsschwester.«

»Dich gibt es also auch noch doppelt«, stelle ich fest. Eine weibliche Version von Jakob kann ich mir schwer vorstellen. So viel Grummeligkeit in einem weiteren Menschen?

Kit lacht kauend. »Mmh, aber Nena ist ganz anders als er. Sehr freundlich, nett, zuvorkommend, ein Sunshine-Girl.« Und dann zwinkert sie Jakob zu und ergänzt: »Außerdem ist sie hübsch, weißt du, anders als dieser unansehnliche Kerl hier.«

Jakobs Mund verzieht sich, und ich hoffe irgendwie auf ein Lächeln.

»Ja, und schlau ist sie auch noch«, brummt Adam. »Jakob ist leider leer ausgegangen bei der Genvergabe.«

»Penner«, kontert Jakob, und da ist das Lächeln endlich da und echt.

Warum mich das so ungemein erleichtert, kann ich mir selbst nicht erklären.

»Iss was, und tröste dich damit, dass Nena auch nicht handwerklich begabt ist«, gluckst Mika und reicht ihm feixend einen Teller Nudeln. »Glaub mir, man fühlt sich einfach besser, wenn man was Leckeres im Magen hat.«

Ein trauriger Zug, der mir bei ihr bislang gar nicht aufgefallen ist, spielt um ihre Lippen.

Jakob nimmt den Teller und setzt sich auf den Boden neben Alabaster. Einen Moment lang sieht es so aus, als wollte er meine Hündin streicheln, dann aber konzentriert er sich auf die Nudeln.

»Wie nennt Nena ihn denn nun?«, hake ich nach.

Jakobs Kopf schießt hoch, und er starrt mich an.

Kit wackelt mit den Augenbrauen. »Das willst du nun aber doch wissen, oder?«

Die Kleine hat mich durchschaut, aber so was von.

»Vielleicht«, sage ich vage und setze einen möglichst gleichgültigen Gesichtsausdruck auf.

»Sie nennt ihn unsere kleine *Attention Whore.*«

»So ein Quatsch«, kommt es aus Jakobs Ecke. »Ich relate damit null. Ich mache die Videos für den Content, klar, aber nur, weil das von mir erwartet wird.«

Es klingt wie auswendig gelernt.

Mika prustet. »Sei mal dankbar für den Content in deinem Leben, Jakob. Das ist wirklich sehr viel mehr, als manch einer von uns hat.«

Jakob ignoriert ihre Neckerei. »Hatte. Erwartet wurde. Jetzt ist ja eh alles egal.«

Daraufhin sagt niemand mehr etwas. Olympia, Weltherrschaft und so. Offenbar ist das Jakob Hofers wundester Punkt. Und ich kann's verstehen. Ein bisschen. Auch wenn es nie mein Traum war, irgendwelchen Rekorden hinterherzurennen. Wie schwierig, sein Leben lang auf eine Sache zu hoffen, die dann, keine Ahnung, wie lange so ein Kletterwettbewerb geht, vielleicht zehn Minuten dauert. Eine Weile essen wir schweigend. Hin und wieder flucht Adam wegen der Mücken, die sich auf unser Essen setzen wollen. Mika erkundigt sich, ob jemand selbst gemachte Limonade möchte. Eine leichte Brise kommt auf, und ich beobachte, wie sich der widerspenstige Wirbel an Jakobs Kopf aufrichtet. Er passt gut zu ihm.

Auch die Lichterkette über unseren Köpfen kommt in Bewegung, und zum zweiten Mal, seit ich hier bin, brennt eine der Glühbirnen durch und wird erst trüb, dann dunkel. Ich starre darauf, als wäre das ein Omen. Eine Birne pro Tag, ein Abrisskalender für meine Zeit hier. Der Gedanke macht mich unruhig. Ich bin nicht hier, um mir eine nette Zeit zu machen. Ich bin hier, um herauszufinden, warum und wie Ems Lebenslicht erloschen ist. Es passiert gerade wieder. In meinem Innern verlangt etwas nach Action. Das hungrige Monster, das sich nur mit Adrenalin füttern lässt.

»Sag mal, Kit? Hättest du Lust, mit mir eine Abendrunde zu drehen? Mir ein bisschen was von der Gegend zu zeigen?«, frage ich, dem plötzlichen Impuls folgend.

»Laufen?«, erwidert sie und sieht mich aus ihren dunklen Augen, die so völlig anders sind als die ihres Bruders, erstaunt an.

Ich lache. »Ich dachte mehr an deine KTM.«

Jetzt strahlt sie. »Klar! Voll gern.« Kit stellt ihren Teller klappernd auf das kleine Tischchen neben sich. »Jetzt gleich?«

»Ja, warum nicht.«

Jakob sitzt auf einmal kerzengerade. Er will etwas sagen, ich spüre es, warte darauf. Aber dann bleibt er doch stumm.

Während Kit ihr Moped holt, helfe ich mit dem Geschirr und werde ziemlich zappelig dabei. Wenn die Sehnsucht reinkickt, muss sie sofort befriedigt werden. Deshalb heißt es ja auch Sucht.

»Ich hatte einen Scheißtag, schlechte Nachrichten … bisschen Hirn freipusten könnte mir guttun. Soll ich eine Runde mit Alabaster drehen?«, schaltet sich Mika ein.

Ich stimme zu und erkläre Mika Alabasters Schwäche für Eichhörnchen und Co, und sie verspricht aufzupassen.

Auch Adam verabschiedet sich, er will versuchen, heute endlich seine Familie in Kiew zu erreichen.

Mein kurzzeitig aufflammendes schlechtes Gewissen Jakob gegenüber beruhigt sich sofort wieder, als er anfängt, mit finsterer Miene auf seinem Handy herumzutippen, und sich dann ohne ein weiteres Wort davonmacht. Kit und ich verabreden uns an der Auffahrt des Felsenhimmels. Zehn Minuten später warte ich gerade zwischen dem Eingang zur Rezeption und dem noch unfertigen Weg zur Sauna auf Jakobs kleine Schwester, als ich etwas Getigertes ins Gebüsch flitzen sehe. Stirnrunzelnd gehe ich hinter einem Holunderbusch in die Hocke, um nachzusehen, als ich von drinnen durch das geöffnete Fenster Stimmen höre. Eine davon gehört zu Marita Hofer, die dunklere ist Jakobs.

»Sie will dich nicht sehen, das musst du akzeptieren«, höre ich Marita sagen.

Ich weiß, ich sollte nicht lauschen, aber ich kann nicht widerstehen.

»Aber das kann ich doch nicht einfach so hinnehmen«, kommt es gewohnt gereizt von Jakob.

»Es ist der Schmerz, sie kann nicht damit umgehen. Lass sie in Ruhe, dann gibt sich das.«

»Aber …«

Ich höre die Rollen eines Stuhls über den Boden rutschen, dann das Klappern von Fingern auf einer Tastatur.

»Mein Angebot steht, Jakob. Vielleicht würde es dir guttun. Die Ablenkung. Lass das Mädchen die handwerklichen Sachen machen, und kümmere dich ums Geschäft.«

Das Mädchen bin dann wohl ich. Das getigerte Etwas dagegen war eine Katze, und gerade nutzt sie die Gelegenheit, um ihre spitzen Krallen an meiner Wade zu wetzen. Ich beiße die Zähne zusammen und schlucke den Schmerz runter, damit ich weiter lauschen kann.

»Wir reden in Ruhe darüber. Und vergiss nicht, was auf dem Spiel steht! Es hilft niemandem, wenn du jetzt glaubst, dein Gewissen erleichtern zu müssen.«

Als die Stimme leiser wird, mache ich hastig einen Satz aus meinem unfreiwilligen Versteck und lande wieder auf dem Weg. Ich begutachte gerade die blutigen Kratzwunden an meinem Bein, als Kit auf mich zukommt, in der linken und rechten Hand je einen Motorradhelm.

»Du solltest die nicht anfassen. Harry und Kane sind keine Schmusekatzen.«

Ich schaue sie an, aber es sind nicht ihre Worte, die in meinen Ohren widerhallen. Es sind Maritas: *Es hilft niemandem, wenn du jetzt glaubst, dein Gewissen erleichtern zu müssen.*

Was meint sie damit?

Kit wedelt mit der Hand vor meiner Nase herum. »Hey, was ist denn mit dir, hast du auf Stand-by geschaltet?«

Ich schüttle mich und atme tief durch. Zu meinen Füßen schnurrt es scheinheilig. Die Katzen. Ich sollte etwas zu den Katzen sagen. »Harry und Kane? Wie der Fußballer?«, kommt es leicht krächzend aus meiner Kehle.

»Ich war ja für Fernando und Alonso, aber Jakob hat sich durchgesetzt.«

Gerade klang es eher, als hätte seine Mutter sich durchgesetzt. Und ich weiß beim besten Willen nicht, was an diesem Gespräch mich so aufwühlt, dass mein Puls sich noch immer nicht beruhigt hat, als ich hinter Kit auf dem Moped Platz nehme. Erst als ich meine Arme um sie schlinge und wir die erste Anhöhe genommen haben, als sie beschleunigt und der Fahrtwind durch meine Haare bläst, kann ich das ungute Gefühl etwas abschütteln.

An einer Kreuzung bleibt sie stehen, dreht sich zu mir und schiebt das Visier des Helms hoch. »Willst du auch mal?«

»Klar!«, erwidere ich, ohne zu zögern.

Kit erklärt mir Kupplung, Gashebel und die Gänge, die ich mit dem linken Fuß schalten muss, und bedeutet mir dann nach einer kurzen Übungsrunde auf dem leeren Platz einer ehemaligen Tankstelle, nach links auf einen Feldweg abzubiegen. Und dann drehe ich das Gas auf und fühle sie, die Freiheit, wegen der ich alles hinter mir gelassen habe. Zum ersten Mal seit Ems Tod tränkt das Adrenalin wieder meine Seele. Wie viel besser sich das anfühlt als diese dumpfe Traurigkeit. Ich weiß, es wird nicht von langer Dauer sein. Aber während ich mit der begeistert glucksenden Kit hinter mir durch die langen Reihen der Apfelplantagen pflüge, sodass das Grün der Bäume zu einem Tunnel verschwimmt und mich einhüllt, halte ich daran fest. Fahrtwind ist und bleibt mein Kryptonit.

Mit Kits Hilfe meistere ich einen steilen Trail, der für Motocross-Räder freigegeben ist, und wir gelangen über einen Pfad zu einer Aussichtsanhöhe. Die Sonne hat sich tief über das Tal gesenkt, und Schatten liegen über den spitzen Bergen in der Ferne. Bei einer kleinen Kapelle steigen wir ab, Kit bockt die KTM auf die Stützen, und wir setzen uns ins Gras, um die Aussicht zu genießen.

»Das hier ist mein absoluter Lieblingsort«, sagt sie. »Man kann bei gutem Wetter kilometerweit sehen. Bis nach Bozen.« Sie deutet nach rechts. »Hier unten ist Lana, und siehst du die Häuser dort? Das ist Meran. Aber am schönsten ist der Wasserlauf der Gletscher, der vom Felsenhimmel herabfließt. Zur Schneeschmelze ist das ein Ort wie aus einem Fantasyfilm. Hat krasse GoT-Vibes.«

»Vom Felsenhimmel?«, frage ich. »Aber sind wir nicht von dort gekommen?« Ich deute hinter mich.

»Die Schlucht, nicht das Resort. Von hier startet die einfachere Route aus. Der steilere Weg führt über Kletterpassagen und beginnt weiter östlich.«

»Welchen Weg hat die Gruppe genommen, die dort verunglückt ist?« Die Frage platzt aus mir heraus, ehe ich darüber nachdenken kann, ob ich eine Sechzehnjährige wirklich damit belasten sollte.

Kits Kopf schießt ruckartig herum. »Die sind viel weiter nördlich gestartet, von der Alm aus.«

»Was ich dir sagen muss …«, setze ich an und will ehrlich sein zu Kit, die auch so ehrlich zu mir ist. Ihr sagen, dass es meine Schwester war, die hier gemeinsam mit einem Typen, von dem sie mir noch nie etwas erzählt hat, abgestürzt ist.

Aber Kit sieht mich mit einer seltsamen Mischung aus Flehen und Schmerz in den Augen an. »Aurora?«

»Ja?«

»Kannst du mir einen Gefallen tun?«

Ich nicke und spüre, wie der Kloß in meinem Hals langsam wieder dicker wird.

»Sprich Jakob bitte nicht auf den Absturz an. Ist ohnehin superschwer für ihn gerade. Die verpasste Teilnahme und das alles. Kannst dir ja vorstellen, dass das Chalet heftig leidet …«

Einen Moment stutze ich, dann wird mir klar, was sie meint. Natürlich, deshalb befinden sich auch so wenige Gäste am Felsenhimmel. Die Namensgleichheit mit einem Ort, der zu trauriger Berühmtheit gelangt ist, muss ziemlich schlecht fürs Geschäft sein. War es das, worüber Jakob mit seiner Mutter geredet hat?

»Ich werde ihn nicht darauf ansprechen«, sage ich.

»Jakob wollte das nie wirklich, hier arbeiten und Verantwortung tragen. Er ist eigentlich nicht so, wie er sich gerade zeigt.«

Ich nicke noch einmal, auch wenn ich mir Kits Bruder beim besten Willen nicht als Strahlemann vorstellen kann.

»Warum muss Jakob die Verantwortung übernehmen? Was ist mit eurem Vater? Könnte er nicht eure Mutter entlasten?«

»Ach, HaWe doch nicht«, sagt sie. »Hans-Werner, wir nennen ihn nur HaWe«, erklärt sie, als sie meinen verwirrten Blick auffängt. »So 'ne richtige Vaterfigur war der nie«, murmelt sie dann noch und richtet den Blick wieder auf die untergehende Sonne. »Es ist da mal was passiert, vor ein paar Jahren. Ich weiß nicht genau, was, wir reden alle nicht drüber. Hat ihn krass verändert. Hat sich komplett zurückgezogen. Ich meine, er war schon immer mehr der Träumer als unsere Mutter, aber nachdem das passiert ist, wollte er seinem Leben einen anderen Sinn geben. Meine Mutter hat sich in die Arbeit gestürzt, er hat Erfüllung in anderen Dingen gefunden. Paar Monate lang war er in Nepal und ist dort gewandert. Hat Yoga für sich entdeckt und dem Kapitalismus abgeschworen. Ganz zurücklassen wollte er uns nicht, ich glaube, sonst wäre er irgendwo in Indien gestrandet und hätte da eine Kommune gegründet oder so. Stattdessen hat er sich in der Almhütte eingenistet und macht einen auf Althippie.«

»Und eure Mutter?«, frage ich, spüre, dass ich besser nicht genauer nachhaken sollte, was passiert ist.

Kit zuckt mit den Achseln und spielt mit dem Verschluss des Helms. Löst die Schnalle, schließt sie klickend, löst sie wieder. »Mama versteht das nicht. Versucht seither krampfhaft, alles hier am Laufen zu halten, und checkt einfach nicht, dass das nicht unser Ding ist. Ehrlich, ey, wenn ich achtzehn bin, hau ich hier ab. Und Jakob, der wollte das auch alles anders. Nur Nena, die hat irgendeinen besonderen Draht zu diesem Ort.«

Seltsam, denke ich im Stillen, dass Nena die Einzige ist, die – obwohl sie einen Draht zu dem Ort haben soll – nicht hier ist. Kit und Jakob dagegen schon, obwohl sie sich nach etwas anderem sehnen.

»Aber Nena macht gerade eine harte Zeit durch.« Kit räuspert sich, und ein Lächeln stiehlt sich auf ihr Gesicht. »Tja, wie es aussieht, hast du deinen Van mitten in unserem Chaos abgestellt.«

Ich dachte, der Van und ich wären das Chaos.

»Scheint so«, murmle ich.

• • •

Erst zurück im Camper, als die Sonne längst untergegangen ist und ich schlaflos auf meinem Bett sitze, lese ich die Nachricht meines Vaters.

> Liebe Aurora, ich hoffe, es geht dir gut, schick doch mal ein paar Fotos rüber. Deiner Mutter geht es den Umständen entsprechend. Viele Grüße, Papa

Das ist kein verdammter Urlaub, will ich tippen, aber dann durchschießt mich ein Gedanke, der mich mit einem Herzen auf die Nachricht meines Dads antworten lässt. Natürlich! Warum bin ich darauf nicht schon viel früher gekommen!

Vielleicht hat Em noch vor ihrem Tod ein paar Bilder in den Ordner, der mit unseren beiden iPhones synchronisiert ist, geladen. In »What_The_Duck_Fotos« haben wir uns immer wieder Pics oder kurze Videosequenzen geschickt, wenn wir unterwegs waren. Eine Weile betrachte ich ängstlich den schwarzen Bildschirm des Handys, bis ich es endlich wage, den Color-Icon für die Fotos anzuklicken. Dort springt mir das Album entgegen, und ich sehe sofort, dass Em tatsächlich neue Bilder hochgeladen hat.

Die Spitzen meiner Finger fühlen sich taub an. Vorsichtig, als könnten sich die letzten Botschaften meiner Schwester durch zu festen Druck auflösen, tippe ich das Bild an, auf dem sie vor dunklem Hintergrund ein Glas hebt, in dem überbelichtet eine Orange schwimmt. Em hat die Augen geschlossen, entweder weil derjenige, der das Bild aufgenommen hat, im falschen Zeitpunkt abgedrückt hat, oder weil Em die Lider absichtlich geschlossen hat. Ihr Gesichtsausdruck ist irgendwie … emotionslos.

Ich zoome heran, sehe hinter ihr verschwommen die Konturen fremder Menschen. Es wirkt, als würden sie sich bewegen, tanzen womöglich. Ich vergrößere weiter, entdecke aber nur Umrisse, die mich nicht weiterbringen. Leider ist das Datum über dem Foto offenbar das, mit dem sie das Bild hochgeladen hat. Ich rechne nach. Ja, das muss so sein. Laut Hannah war Em zu dem Zeitpunkt bereits auf der Bergtour.

Eilig swipe ich nach rechts. Das nächste Bild gibt noch mehr Rätsel auf. Es ist die Aufnahme eines Spiegels, auf dem unzählige Aufkleber pappen. Em, die das Bild gemacht hat, ist im Spiegel kaum zu erkennen. Allerdings hat sie offenbar auf »Portrait« getippt, sodass einer der Aufkleber besonders ins Auge sticht. Ob absichtlich oder nicht, es ist einen Versuch wert, ihn sich genauer anzusehen. *The Wire* steht darauf und darunter in winzig kleiner Schrift die Auflistung mehrerer Städte. Ich lese Amsterdam, Berlin und … mein Atem stockt. Bozen. Da steht Bozen.

Das kann kein Zufall sein, oder? Ich öffne die Suchmaschine, tippe mit zittrigen Fingern »The Wire + Bozen« ein und habe sofort ein Ergebnis. *The Wire* ist ein Elektroschuppen keine dreißig Kilometer entfernt. Geratet mit 4,1 von fünf möglichen Sternen. Die Bildersuche ergibt hauptsächlich Laserpics, grinsende Menschen vor einer Bruchsteinwand. Grinsende Menschen …

Ich klicke auf das Bild und finde eine Seite mit Partybildern, von denen ich in den nächsten Stunden jedes einzelne der letzten Wochen unter die Lupe nehme. Bei einem stocke ich kurz, weil abgeschnitten neben einer zierlichen, sehr hübschen Blondine eine Frau zu sehen ist, die rein theoretisch Em sein könnte. Der Haarschnitt passt, ich glaube, ihre Schuhe erkennen zu können, aber beides ist viel zu beliebig, um sicher sein zu können, dass die Frau wirklich meine Schwester ist. Ein weiteres Bild, auf dem ihr auch nur jemand ähnlich sieht, finde ich nicht. Auch Hannah kann ich nirgends erkennen.

Irgendwann gebe ich auf und gehe zurück in das Album. Ich finde das Bild vom Sonnenuntergang hinter einer Hütte, das ich schon auf ihrem Insta-Account bemerkt habe. Und das eines Rucksacks, den sie auf einer Bank mit Ausblick auf ein Tal positioniert hat. Kein weiteres Selfie, nichts. Kein Bild von einer Felsschlucht, kein Schnappschuss der Gruppe, nichts. Ich bin ernüchtert und aufgeregt zugleich. Es ist immerhin etwas, wenngleich nicht das, worauf ich gehofft habe. Wobei? Was hab ich mir erwartet? Eine Liveaufnahme ihres Absturzes? Hier ist ein Hinweis auf die letzten Tage meiner Schwester, die ich rekonstruieren muss. Und ich bin am richtigen Ort dafür.

Dritte Sprachnachricht

Es hat in Wien angefangen, und es sollte dort auch enden. Aber das hat nicht funktioniert. Es gibt Menschen, die so abartig böse sind. Sie machen dich erst klein, treten dann auf dich ein und machen dich fertig. Bis nichts mehr übrig bleibt. Und deswegen musste ich es beenden.

Es ist alles aus dem Ruder gelaufen, keine Frage.

Aber dann haben sie am Abend vorher mit dem Schnaps angefangen, und mit dem Schnaps kamen die Vorwürfe. Und Verenas Gesicht …

(Luftschnappen)

… als wäre ich schuld an allem. Als wüsste sie nicht genau, was er immer wieder getan hat. Als hätte *sie* nicht darüber hinweggesehen.

17

Jakob

Kurz nach eins muss ich eingeschlafen sein. Mehr als eine Stunde am Stück zu schlafen bedeutet nur leider auch zu träumen. Und wenn ich träume, sehe ich rieselnde Steinchen, die lautlos in die Tiefe fallen. Lautlos, weil die Tiefe in meinem Unterbewusstsein noch unendlicher ist als in der Realität. Als ich aufwache, will ich schreien: *Ich war es nicht*. Nur dass das nicht ganz stimmt. Ein Blick auf meine iWatch verrät mir, es ist 4:13 Uhr.

Der bloße Gedanke, Aurora könnte auch wieder wach unten in ihrem Van sitzen, reicht aus, um mich von meiner Matratze loszueisen. In ihrer Gegenwart fühle ich mich, als würde ich ohne Seil klettern und könnte jeden Augenblick abrutschen. Noch vor ein paar Wochen wäre das kein Problem gewesen. Schließlich bin ich in den Bergen geboren, sie haben mich nie eingeschüchtert.

Ich starre aus dem Fenster, aber Auroras Van liegt im Dunkel, bis plötzlich ein Licht aufleuchtet. Sofort fühle ich mich hellwach.

»Da ist sie«, murmle ich.

Was soll ich jetzt machen? Zurückweichen? Weiterschauen? Ihr zuwinken?

Heute kann ich es nicht auf ein Gewitter schieben. Heute ist es purer Voyeurismus, ihr dabei zuzusehen, wie sie sich die Haare aus der Stirn schiebt, sich im Schneidersitz auf das Bett setzt und ein Buch hervorholt. Kurz hebt sie das Kinn, schaut nach oben, und ich wünschte wirklich sehr, ich könnte sie besser sehen. Ich möchte in ihrem Gesicht lesen. Ich will ihre Augen sehen, ich will wissen, was sie bewegt. Aber das ist unmöglich, ich muss mich mit dem begnügen, was ich bekomme.

Aurora legt die Hand an die Scheibe. Mit der anderen Hand hebt sie etwas an, und plötzlich sehe ich ein rundes Licht. Sie schwenkt die Taschenlampe, ganz leicht nur.

»Hi«, sage ich.

Und das Licht antwortet. »Hallo.«

Auch ich lege die Hand an meine Scheibe. Und für einen Augenblick, so lange, wie meine Finger am Glas ruhen und ihre es da unten den meinen gleichtun, verharrt die Welt in einem fragilen Gleichgewicht.

• • •

Aurora begegnet mir am nächsten Morgen, als ich mit meiner Mutter über den Werbeetat streite.

»Wenn man aufhört, Werbung zu machen, kann man gleich dichtmachen«, sagt Marita und funkelt mich über den Rezeptionstresen hinweg an.

»Niemand schaut sich mehr diese dicken Hefte an. Die Leute buchen online! Wenn, dann investiere in Marketing auf Social Media.«

In diesem Moment kommt Aurora mit Yogablöcken durch die Tür des Haupteingangs. Unsere Blicke treffen sich ganz kurz. Ich öffne den Mund, aber meine Mutter knallt die dicke Wellnessbroschüre auf die Ablage. Aurora zuckt zusammen und geht schnell weiter.

Ob sie etwas gesagt hätte? Zu gestern? Wenn wir allein gewesen wären?

Aber auch am Tag darauf und den Rest der Woche verliert sie kein Wort darüber. Wir arbeiten einige Stunden an der Sauna. Ich bin handwerklich begabt, manchmal aber etwas … schluderig.

Und da kommt dann jedes Mal Aurora ins Spiel, baut sich vor mir auf und sagt so etwas wie: »Mach es gescheit, sonst machst du es zweimal.«

Woraufhin ich etwas in die Richtung von »Handwerker pfuschen nicht, sie sind kreativ« antworte.

Damit sie dann sagen kann: »Das sieht man nicht, da hängen wir später ein Bild dran? Ist das dein Motto, Jakob Hofer?«

Und ich erwidere: »Ich weiß, dass es falsch ist, aber es geht halt schneller so.«

Dann müssen wir beide lachen. Meistens aber arbeiten wir schweigend und ergänzen uns weitaus besser, als wir es mit Worten können. Manchmal isst sie abends mit uns im Pavillon, aber wir sind dort nie allein. Immer wieder verwickelt Adam sie in ein Gespräch oder Mika, und sie scherzen. Deshalb weiß ich jetzt, dass ihre Eltern getrennt sind und sie eine Schwester hat. Dass sie kaum Fleisch isst und allergisch auf Tomaten reagiert. Sie sagt, sie sehe ein klein wenig schlecht, und diese Erkenntnis macht mir am meisten zu schaffen. Heißt das, dass sie mich da oben an meinem Fenster vielleicht gar nicht wahrgenommen hat? Nur mit Mühe verkneife ich mir die Frage, ob sie kurz- oder weitsichtig ist. Zu offensichtlich, was ich dadurch herauszufinden versuche.

Ihre Hündin, die sich jeden Abend geradezu aufdringlich an meine Seite presst, bis ich nach drei Tagen meinen Widerstand aufgebe und sie kurz kraule, hat sie wegen der Maserung des Küchentresens in ihrem Elternhaus Alabaster genannt. Alabasterweiß, so Aurora, sei die denkbar ungünstigste Farbe für eine Arbeitsplatte und einen Hund gleichermaßen. Und weil ich inzwischen beobachtet habe, wie gern sich der Mischling im Dreck wälzt, stimme ich ihr stumm zu.

Ich beteilige mich wenig an den Gesprächen, in denen Aurora inzwischen ein so fester Bestandteil ist, als würde sie wie Mika seit Jahren hier arbeiten. Die beiden teilen ihre Begeisterung für DC-Comics, sind sich aber hinsichtlich Aquaman uneins (Mika hat einen schlimmen Crush auf Jason Momoa, Aurora findet den Film schrecklich).

Wenn sie müde wird, kreist sie mit ihren Händen und ihre Gelenke geben besorgniserregende Geräusche von sich.

Beim Klettern ist Spotten der Fachbegriff für das Sichern. Und indem ich all die Eigenarten und Eigentümlichkeiten von Auroras Charakter spotte, fühlt es sich an, als sicherte ich ihr ungewollt und unbeabsichtigt einen Platz in meinem Herzen.

Vom Büro aus hat man einen recht guten Blick raus auf die Wiese, wo Aurora gerade Adam Yoga-Nachhilfe gibt. Und was dort passiert, interessiert mich viel mehr als das olle Buchungsprogramm, in das ich irgendwelche Infos hochladen soll.

»Träumst du?« Kit, die mir gegenübergesessen und bis vor ein paar Minuten noch lustlos Italienisch-Hausaufgaben gemacht hat, stupst mich in die Seite. »Mama hat übrigens vorhin angerufen, als du draußen warst, wir brauchen für die Hochzeit nächste Woche dringend noch Leinentischtücher. Kannst du die besorgen? Sie macht ein fettes Drama um diese Buchung.«

»Mmh«, murmle ich, während ich zuschaue, wie Aurora die Hände vor der Brust zusammenführt. Ihre Beine sind in einem perfekten Lotussitz verknotet, den Adam vergeblich versucht, mit seinen kurzen Beinen zu imitieren.

Kit schwingt sich neben meinem Bildschirm auf den Schreibtisch, was ich kaum registriere. »Jakob?«

»Mmh?«, mache ich noch einmal und warte darauf, dass Aurora die Augen wieder öffnet. Und dass mir ihr Blick verrät, ob da zwischen ihr und Adam mehr ist.

»Ist schon so, dass du Aurora ziemlich hot findest, oder?«

Ich nicke abwesend.

»Warum bist du ihr gegenüber dann so ein Arsch?«

»Was?« Mit Mühe reiße ich mich von Aurora los und starre meine Schwester an. Habe ich gerade zugegeben, dass mir Aurora gefällt?

»Hab gesagt: Du bist ein Arsch, warum benimmst du dich Aurora gegenüber so scheiße?«

»So bin ich halt.«

Frag bei Gelegenheit die beiden Menschen, die vor meinen Augen in den Tod gestürzt sind, füge ich im Stillen sarkastisch hinzu. Frag unsere Schwester, die meine Nachrichten nicht beantwortet und seit Tagen nicht an ihr Handy geht.

Kit schnauft laut. »Man kann nicht immer sagen: So bin ich halt, nimm mich, wie ich bin. Das ist kein reflektiertes, erwachsenes Verhalten.«

»Sagt die, die gerade mal sechzehn ist.«

»Fast siebzehn. Anyway, Frauen sind Männern generell einige Jahre voraus, genau genommen bin ich älter als du. Reifer sowieso.«

»Wer war noch mal die Person, die den Innenhof in einen Motocross-Court verwandelt hat und sich Rampen aus meinen Saunabrettern gebaut hat? Das war so … erwachsen. Warst du das, Katharina Hofer?«

»Nenn mich nicht Katharina.« Sie zieht eine Grimasse und verschränkt die Arme vor der Brust. »Weißt du, was ich wirklich seltsam finde?«

Ich versuche, an Kit vorbeizuschauen, aber sie hat sich so positioniert, dass sie die Sicht auf Aurora und Adam weitgehend versperrt. »Ich nehme an, du wirst es mir sagen, auch wenn ich es nicht wissen will.«

»Ich finde es sehr seltsam, dass du Aurora nie mit ihrem Namen ansprichst.«

Ich beobachte, wie Aurora die Matte zusammenrollt, halb verdeckt von Kit, die mir weiter auf die Pelle rückt. Ihr Hintern spannt unter der engen Yogahose.

»Ich kann nicht«, erwidere ich und strecke mich, um mitzubekommen, wie sich die beiden draußen voneinander verabschieden.

»Du kannst nicht Aurora sagen?«

»Verdammt, Kit, lass gut sein.«

»Sprich mir nach, Jakob. A – U – R – O …«

»Hör auf.«

»Aurora, Aurora, komm, versuch es mal. Tut gar nicht weh.«

Sie hat keine Ahnung, was das mit mir macht. Mit mir machen würde. Ich spüre, wie die Wut in meiner Kehle aufsteigt. Wut auf Kit. Wut auf Aurora. Wut auf mich selbst.

»Ha!«, ruft Kit. »Dich hat's erwischt. Du bist in love.«

»Bin ich nicht«, knurre ich.

»Bist du doch.« Sie hebt die Hände und zwinkert. »Keine Angst, dein Geheimnis ist bei mir sicher.«

• • •

Am Nachmittag trägt Aurora noch immer die engen Yogahosen. Ich bin grummeliger als je zuvor.

Warum bist du ihr gegenüber dann so ein Arsch, Jakob?

Kits Worte hängen genauso nach wie ihr Lachen, und jedes Mal, wenn ich daran denke, dass ich vor ihr zugegeben habe, welchen Effekt Aurora auf mich hat, möchte ich mit der blanken Hand einen Nagel in das Holz schlagen. Was leider diesen Urknall an Peinlichkeit nicht rückgängig machen kann. Wir haben uns schweigend bis zum letzten Brett in der ersten Sitzreihe vorgeschuftet, als ihr der Akkuschrauber aus der Hand fällt und mit voller Wucht gegen mein linkes Sprunggelenk knallt. Der Schmerz ist so intensiv, dass ich scharf die Luft einsauge.

»Ah, Punktlandung«, stöhne ich. »An der Stelle hab ich mich schon mal verletzt.«

»Was ist da passiert?«

»Es war kein Akkuschrauber beteiligt«, knirsche ich und genieße, wie der Schmerz nachlässt.

Sie lacht und dieses Mal ohne Schluckauf, wie mir sofort auffällt. Weil sie es nicht unterdrückt. Ihr Lachen presst sich gegen die Wände um uns herum, schwingt sich dort hinein, und es ist, als imprägnierte es das Holz. Sodass ich jedes Mal hier drin an dieses Lachen werde denken müssen. Toll.

Es ist eine Sauna für die Gäste, nicht für dich, Jakob. Du wirst dich praktisch nie hier drin aufhalten und demzufolge auch nie mehr an Aurora denken.

Beim Schweigen war es leichter, mich von Aurora abzulenken. Jetzt aber sieht sie mich direkt an, und egal, wie sehr ich es versuche, ich kann meinen Blick nicht von ihren Rundungen in den engen, quietschbunten Hosen mit den Papageien und Wassermelonen abwenden. Oder von ihrem schönen Gesicht, ihren vollen Wangen, ihren wilden Haaren.

»Erzähl, was ist passiert, damals, ohne Akkuschrauber?« Aurora lehnt sich mit dem Rücken gegen die unterste Sitzbank, Beine im Schneidersitz, und sieht mich erwartungsvoll an.

»Ich hab mit siebzehn ein halbes Jahr Schüleraustausch in den USA gemacht. Jamesville, eine Kleinstadt in Minnesota, an der nichts spektakulär ist außer der Tatsache, dass Avery Winter und Jake Vanderbeck von da kommen.«

Aurora greift nach einer der Dosen in einem Karton auf dem Boden und öffnet zischend eine Cola Zero. »Daher deine Affinität zu Technobeats.« Sie zwinkert.

»Ich hab mir beim Skifahren in den Lutsen Mountains das Sprunggelenk zerschossen. Knochen, Bänder, Sehnen, alles hin … ich hab sogar eine neue Peroneussehne bekommen, von einem Toten.«

»Cool. Und konntest du dich bei der Familie des Spenders bedanken?«

»Leider nicht.«

»Schon seltsam, oder? Was man mit einem toten Körper so alles machen kann.«

»Ja«, sage ich zögerlich.

»Und wie verschwenderisch der Tod mit manchem umgeht. Mit denen, die viel zu früh sterben müssen.«

Ich nicke und muss mich sehr anstrengen, um keine Steine rieseln zu hören.

Steine rieseln, Menschen fallen.

Ich kralle die Fingernägel in das Holz unter mir.

»Der Gedanke daran kann einen verrückt machen, oder?«, sagt sie nach einem kurzen Moment des Schweigens mit leiser Stimme. »Wie unfair das Leben ist, wie manchmal Sekunden ausschlaggebend sind oder eine einzige Entscheidung. Etwas zerbricht und wird nie wieder ganz.«

Ich will fragen, ob sie jemanden verloren hat, ob der Tod in ihrem Leben schon eine wesentliche Rolle gespielt hat. Aber meine Kehle ist wie zugeschnürt.

Etwas zerbricht und wird nie wieder ganz.

Ich sehe die beiden Teile der Tasse in meiner Hand. Zwei Felsen, zwei Menschen, zwei Leben. Und meines, das irgendwie seither auch zweigeteilt ist. Ich sehe Aurora auf der Straße in Wien vor mir. Sehe mich, wie ich Emilia einlade, auf die Tour mitzukommen, sehe die Steine und sehe auf einmal wie durch Nebel Emilia und Leo eng nebeneinander und mir gegenüber auf der Bank in der Almhütte sitzen. Sehe Verena, die das Zimmer betritt und deren Augen völlig verheult sind.

Ich will das Bild festhalten, aber in dem Moment, in dem sich der Erinnerungsfetzen manifestieren will, spricht Aurora weiter und reißt mich in die Gegenwart zurück.

» … was solls, man kann eben nicht alles im Leben zerklären.«

Ich habe den Anfang ihres Satzes verpasst.

»Zerklären?«, frage ich abwesend und versuche zwanghaft, die Erinnerung zurückzuholen. Sie in etwas aus Farbe mit Ton und Bedeutung zu verwandeln. Aber es bleibt ein Standbild. Emilia, Verena, Leo.

»Zerreden und erklären. Ist zerklären. Sagt meine Schwester immer.«

Ich nicke abwesend.

»Ist alles in Ordnung?« Sie mustert mich eingehend. »Du siehst auf einmal so blass aus.«

»Alles okay.«

Sie streicht sich die Haare aus dem Gesicht, und ich erhasche einen Blick auf ihre Tätowierung. Irgendetwas daran schafft es, das Bild von der Hütte wieder heraufzubeschwören. Emilia, Verena, Leo. Was habe ich übersehen? Woran will, aber kann ich mich nicht erinnern?

Weil Aurora mich abwartend ansieht, ihre grünen Augen dabei leicht verengt, deute ich in Richtung ihres Halses. »Warum ein Semikolon?«

Aurora legt die Finger auf das Tattoo. »Einen Punkt kann ich immer noch setzen. Noch ist doch alles offen.«

Ich runzle die Stirn. »Weil alles offen ist, lässt du dir ein Satzzeichen auf den Hals tätowieren?«

Wow, Jakob, jetzt klingst du schon wie ein spießiger Boomer. Gut gemacht.

Aber Aurora ist gar nicht beleidigt. »Ich trage Tattoos, du eine Menge Groll mit dir herum.«

Da hat sie offensichtlich recht. »Wenn du mir ein Satzzeichen tätowieren würdest, welches wäre das?«

Sie überlegt nicht lang. »Ein Fragezeichen.«

Na, vielen Dank auch.

»Weil ich dir ein Rätsel bin?«

Sie lacht laut auf, und ich bereue den Satz augenblicklich. Ich bereue heute so einiges, was ich von mir gelassen habe. Vielleicht wäre es Zeit, die Klappe zu halten.

»Nein, du selbst bist dir nicht geheuer. Du kannst keine Punkte oder Ausrufezeichen setzen, du stellst dich selbst infrage, Jakob.«

Mein Name aus ihrem Mund sendet kribbelige Signale durch meinen Körper. Verdammt, als ob es nicht reichen würde, dass *ihr* Name ein Problem ist.

»Weißt du, was noch besser passen würde als ein Fragezeichen?«

»Ein Doppelpunkt, nach dem nichts kommt?«, brumme ich.

Jetzt lacht sie wieder, aber ein paar Grad wärmer. »Nein. Eine Klammer. Hinten und vorn geschlossen. Und niemand kommt rein oder holt dich raus, um deinen Satz lebendiger zu machen.«

Noch nie hat jemand mit wenigen Worten so genau skizziert, wie es in mir aussieht. Klammer auf, Jakob, Klammer zu.

Und noch nie habe ich mir so sehr gewünscht, jemand könnte mit mir in dieser Klammer stecken, die mein Leben geworden ist.

Klammer auf, Jakob plus Aurora, Klammer zu. Nur dass das absolut unmöglich ist. Keine Gleichung, die aufgehen wird. Es ist schon kompliziert genug, allein in dieser Klammer aus Lügen und Halbwahrheiten festzustecken. Es wäre fatal, Aurora mit reinzuziehen.

• • •

Wie fatal tatsächlich, zeigt sich, als ich nach Einbruch der Dunkelheit aus dem Büro trete. Jedes Mal, wenn ich den Gang entlanglaufe, der von den Büros in Richtung Ausgang führt, muss ich an Mutters Superheldengalerie vorbei. Hier hängen gerahmte Schwarz-Weiß-Portraits früherer hochrangiger Gäste. Es hat aber auch wirklich etwas Irrwitziges, dass sie sich auf die Elite des Sports spezialisieren will und meine Ambitionen dagegen als lächerliche Spielereien abtut.

Wäre ich Zverev 2.0 oder der nächste Tadej Pogačar, dann sähe das anders aus. Wahrscheinlich würde sie sich auch mit einem Marco-Odermatt-Verschnitt zufriedengeben. Tennis, Radrennen, Skifahren, alles akzeptabel. Ein Sohn, der meint, Klettern sei ein ernst zu nehmender Sport, ist ihr allerdings ein Dorn im Auge.

Ein Lichtstreifen fällt durch die Eingangstür, und ich sehe, dass der Bewegungsmelder aktiviert wurde. Kurz darauf knarzen Reifen auf dem Kies, und ein Wagen kommt vor dem Haupthaus zum Stehen. Zwei Schritte später weiß ich, wer das ist. Magnus. Sein schwarzer, stets auf Hochglanz polierter Mercedes AMG G parkt direkt vor der Tür, sodass ich durch die Scheibe hindurch sein Gesicht erkennen kann. Er steigt aus und lässt die Tür knallend ins Schloss fallen. Dann marschiert er an mir vorbei ins Haus.

»Du hast noch genau einen Tag Zeit, ich dachte, ich komm mal vorbei und erkundige mich, wie es mit unserem Deal so steht.«

Magnus' Gesicht wirkt ausgezehrt und müde. Er läuft den Gang entlang und betrachtet die Bilder.

»Es gibt keinen Deal«, presse ich zwischen den Zähnen hervor, während ich ihm folge. Ich hasse es, dass er sich so aufführt, als wäre er hier der Hausherr.

»Shanghai hast du ja abgeschrieben, aber bist du auch bereit, deine Familie zu opfern, um ein paar Quadratmeter Gras zu retten?«

»Ich bin nicht käuflich.«

»*Jeder* ist käuflich, es ist nur eine Frage des Preises. Und wenn du nicht aufpasst, bezahlst du mehr, als dass du kassierst. Das wäre doch schade, jetzt, da sich deine Mutter im Millionenbereich verschuldet hat, Verena einen Knacks weghat und du unter Mordverdacht stehst.«

Magnus geht ein paar Schritte voran, betrachtet die Bilder der Sportler, die bei uns Gäste waren. Bastian Schweinsteiger, Magdalena Neuner, die Tennisstars Timothy Riggs, Sabine Herzog und ihre Tochter Louisa Herzog-Riggs. Er streicht mit dem Finger über den Rahmen, als müsste er testen, ob hier auch ordentlich Staub gewischt wird.

»Wie ist das für dich? Dass der Traum geplatzt ist und du hier bald Liam Krajic und Thomas Reisler an der Wand bewundern darfst?«

»Woher …?«

Die Namen der beiden Fußballer, die bei uns in wenigen Wochen geheim und unter Ausschluss der Presse ihre Hochzeit feiern werden, stehen nicht einmal in unserer Gästeliste. Dort sind sie unter Decknamen eingebucht. Auch weil in der Welt des Fußballs ein queeres Sportlerpaar leider noch immer keine Selbstverständlichkeit ist.

»Woher ich das weiß?« Magnus lacht. »Ich weiß alles. Und Tristan vielleicht noch ein bisschen mehr.«

»Misch dich da nicht ein. Das hat nichts mit mir und dir zu tun.«

Beim Gedanken daran, dass Magnus aus egoistischen Gründen die Hochzeit der beiden sympathischen Profifußballer in ein mediales Ereignis verwandeln und den beiden den schönsten Tag ihres Lebens versauen könnte, wird mir schlagartig übel.

»Alles hat mit dir und mir zu tun, solange du die Wiesen nicht an mich verkauft hast.« Magnus tritt ein wenig nach vorn und steht jetzt im Schein der großen Leselampe, die den Kaminzimmerbereich vom Treppenhaus abgrenzt. Unter seinen Augen liegen tiefe Schatten.

Und zum ersten Mal seit Wochen begreife ich, dass ich nicht der Einzige bin, der unter massivem Druck steht. »Das bist doch gar nicht du, Magnus!« Ich mache einen Schritt auf ihn zu. »Warum?«

Kurz verändert sich etwas in seinem Blick, und Magnus wird wieder der Junge, mit dem ich meine Jause geteilt habe, der kleine Kerl mit den etwas zu stämmigen Beinen, der sich ehrgeizig die Berge hinaufgekämpft hat, um der Erste zu sein, der das Gipfelkreuz berührt. Aber auch der Magnus, der zitternd in der Klasse saß, wenn die Mathearbeiten zurückgegeben wurden. Der später in Wien angefangen hat, exzessiv Kokain zu konsumieren, weil er angeblich nur so auf höchstem Niveau lernen konnte.

Seine Stimme klingt jetzt fast ein wenig weinerlich, als er sagt: »Es stecken Millionen in diesem Projekt, und ich habe die Verantwortung. Verdammt. Komm mir entgegen, Hofer. Das bist du mir schuldig.«

Ich stutze. »Wie können Millionen in einem Projekt stecken, wenn ihr noch nicht einmal das Grundstück habt?«

Magnus zuckt, und das Lächeln entgleitet ihm vollständig.

Emilia. Leo. Verena. Aber da ist auf einmal auch das Bild von Magnus und Tristan. Die die Köpfe zusammenstecken. Das Blatt Papier vor mir auf dem Tisch. Mein Kopf, der auf dem Tisch aufschlägt. Ein Kuli, der auf den Boden rollt. Ein Fluch und Tristans Worte: »Die Vertragsstrafe ist zu hoch, das hättest du nicht machen sollen.«

Ein weiteres Puzzleteil verschiebt sich.

»Fuck! Du hast den Baudeal unterschrieben, obwohl du die Wiesen noch gar nicht hast. Wie viel Vertragsstrafe steht drauf, Magnus? Eine Million, zwei, vier, fünf?«

Magnus stößt verächtlich die Luft aus, aber sein Blick hat es nicht geschafft, die übliche Selbstsicherheit zurückzugewinnen.

Mehr als fünf Millionen? In was hat er sich da hineingeritten?

»Ein Tag noch, Hofer. Dann wirst du sehen, was passiert, wenn du dich mit den Falschen anlegst.«

Er schafft es nicht, mich dabei anzusehen.

»Du bist also der Falsche? Wir sind Freunde, seit wir denken können, Magnus.«

»Du kennst den alten Spruch, oder? Bei Geld hört die Freundschaft auf«, erwidert er, wobei ich leichtes Bedauern in seinem Blick erkennen kann.

»Das ist keine Freundschaft, Magnus. Vielleicht ist es schon lange keine mehr.«

Er zuckt mit den Achseln, und dann verziehen sich seine Mundwinkel zu einem hässlichen Lächeln. »Vielleicht denkst du einfach an deine Schwester, wenn dir deine eigene Zukunft schon am Arsch vorbeigeht.«

18

Jakob

Verena. Ich muss endlich mit Verena sprechen. Kaum hat sich Magnus' Protzkarre in Richtung Tal vom Hof geschoben, haste ich in mein Apartment, setze mich auf die Matratze und ziehe den Laptop auf meinen Schoß. Ich muss mit Verena sprechen und sie dabei sehen. Vielleicht reagiert sie auf einen Videoanruf. Vielleicht denkt sie, etwas ist passiert, und geht, weil es schon so spät ist, endlich mal an ihr Handy. Es ist nicht ganz fair ihr gegenüber, aber in diesem Fall muss der Zweck die Mittel heiligen.

Ich drücke den Videobutton, und es tutet, mehrfach. Nie kam mir das Facetime-Geräusch nerviger und langsamer vor als heute.

Geh schon ran, bitte, geh schon ran.

Und ein paar Sekunden später sehe ich … nicht viel. Ein dunkles Zimmer, einen Schatten und dann Verenas erschrockenes Gesicht direkt vor ihrem Display.

»Scheiße, Jakob, was ist passiert?« Kurz verschwindet ihr Kopf, dann ist sie wieder da. In Farbe und besser beleuchtet, weil sie die Nachttischlampe angeknipst hat.

»Äh, nichts, also nicht direkt«, sage ich.

»Ist was mit Kit?«

»Nein, es ist … ich wollte nur endlich mit dir sprechen.«

Verena rutscht auf ihrem Bett nach hinten, steckt sich ein Kissen in den Nacken und seufzt laut. Ich deute das als gutes Zeichen, sie hätte jetzt auch direkt auflegen können.

»Sorry«, füge ich leise hinzu, falls sie mein schlechtes Gewissen nicht ohnehin hat raushören können. Sie trägt einen langärmeligen Jogginganzug, weil sie immer friert, und ich stocke bei dem Anblick. »Den hattest du auch in der Hütte an, oder?«

»Was?« Sie gähnt und streicht sich ein paar blonde Strähnen aus der Stirn.

»Den Jogginganzug, in der Hütte. Was ist da eigentlich passiert? Am Abend vorher.«

»Deshalb rufst du mich an? Mitten in der Nacht?«

»Nein ... auch ... keine Ahnung. Magnus war gerade hier. Hast du ihm gesagt, dass ich nicht ausreisen darf? Hat er dir irgendwie gedroht? Wie geht's dir?«

»Was davon soll ich zuerst beantworten?«

»Wie es dir geht.«

Pause.

»Sag du es mir, ich weiß es nämlich nicht so genau.« Sie wischt sich über die Augen.

»Träumst du davon?«

»Jede Nacht«, sagt sie leise. »Und du?«

Ich nicke in die Kamera.

»Alles daran war falsch, Jakob. So falsch.«

»Ich weiß«, flüstere ich. Und dann: »Es tut gut, dich zu sehen.«

Sie nickt langsam.

»Warum gehst du nie ran? Warum antwortest du nicht auf meine Nachrichten?«

»Ich musste allein damit klarkommen, irgendwie. Und ich weiß gerade nicht, ob ich dich noch kenne.«

Obwohl ich das verstehen müsste, krampft sich mein Herz zusammen. Wir sind bisher immer mit allem zusammen klargekommen. Und wenn mich jemand kennt, dann Nena.

»Vertraust du mir?«, frage ich.

Sie antwortet nicht.

Leg jetzt bitte nicht auf!

»Ich wollte, dass sie ruhig ist. Dass sie nicht mehr so über mich spricht, aber ich hab doch nicht … ich hab sie nicht gestoßen. Und du …«

Ich hole Luft und sage Verena das, was sie hören muss. »Weder du noch ich sind schuld. Es war ein Unfall, Nena.«

»Nein«, sagt sie zu meinem Erschrecken.

Ich umklammere den Laptop, als könnte ich damit verhindern, dass sie auflegt.

»Es war viel mehr als das«, haucht sie. Über ihre Wange rollt eine dicke Träne. »Ich hätte der Polizei die Wahrheit sagen müssen. Über Leo und mich und Emilia und vor allem, dass ich mit ihnen am Felsenhimmel war. Nicht am Gipfelkreuz.«

»Wir hätten gar nicht erst gehen dürfen. Niemals da hochsteigen …«

Verena schaut kurz zur Seite, dann fixiert sie mich wieder. »Sie wären auch ohne mich gegangen, an den Felsenhimmel. Weil sie es unbedingt wollten. Und ich musste mit, das verstehst du, oder? Ich durfte doch nicht zulassen, dass es noch mal passiert. Und dann …« Sie bricht ab und schluchzt. »Ist es doch passiert, nur noch viel schlimmer.«

Wir schauen uns in die Augen. So gut das virtuell geht.

»Leos Eltern haben mir geschrieben. Sie wollen alles, was ich von ihm habe, zurück. Und ich soll die Fotos löschen, auf meiner Insta-Seite und überhaupt alle Fotos, die ich habe.«

»Was? Warum?«

»Sie geben mir die Schuld.«

Sie sagt nicht »Und dir«, aber ich kann es zwischen ihren Worten heraushören.

»Ich hab Angst, Jakob.«

»Wovor?«

»Ich weiß nicht, das alles macht mir Angst. Es ist, als wäre es noch nicht … fertig. Nicht abgeschlossen.« Sie bewegt die Hand, und die Kamera macht einen Schwenk durch Verenas Zimmer. Das in Unordnung versinkt, wie immer. Dankbar für die Ablenkung greife ich das Erste auf, was mir einfällt.

»Das Einzige, worüber du dir Sorgen machen solltest, ist der Zustand deiner Bude«, witzele ich.

»Immerhin hab ich es nicht wie Kit gemacht und überall da, wo Putzen zu aufwendig ist, Sticker draufgeklebt.«

Wir lachen kurz, es ist aufgesetzt und hält nicht lange an.

»Was machen wir jetzt?«

Der gleiche Satz kommt gleichzeitig aus unseren beiden Mündern. Für einen winzigen Augenblick zieht sich noch einmal die Andeutung eines Lächelns über ihr Gesicht. Und ich weiß, dass sie das gleiche Lächeln in meinen Augen funkeln sehen kann.

»Sprechen wir jetzt wieder miteinander? Also nicht nur, wenn ich dich nachts rausklingele?«

»Könnte sein«, sagt sie ausweichend.

»Vertraust du mir, Nena?«, wiederhole ich.

»Ich versuche es. Und jetzt würde ich wirklich gern wieder schlafen, Jakob. Wir können weiterreden, wenn ich demnächst zu Hause bin. Ich habe noch eine Vorladung bekommen. Reine Routine. Sie wollen mir wahrscheinlich einfach die gleichen Fragen noch mal stellen.«

Verenas Handy gibt ein Piepsen von sich, wie immer, wenn die App ihren Blutzucker misst.

»Sag mir nur eins noch«, verlange ich. »Gab es irgendwas an dem Abend vor dem … Fall, was dir komisch vorgekommen ist?«

Verena überlegt. »HaWe hat Ukulele gespielt, und sie haben alle getanzt, als wären wir in der *Grellen Forelle* und nicht in einer Almhütte. Eigentlich war die Stimmung gut, bis du weg warst und Leo mir gesagt hat, dass er Emilia gefickt hat.«

19

Jakob

Der Fall

Früher haben wir den Felsenhimmel die Superheldenschlucht genannt. Verena und ich haben uns vorgestellt, todesmutig über den Abhang hinwegspringen zu können. Dabei ist das unmöglich, die Schlucht ist vierzig Meter lang, und an der breitesten Stelle misst sie sechs Meter, die sich täglich um mehrere Millimeter erweitern. Magnus und Tristan, das erkenne ich jetzt, haben Emilia den Rücken zugekehrt und schauen in die kleine Felshöhle neben der Schlucht.

Und dann geht alles rasend schnell. Als ob Tristans Handy das Time Management übernommen hätte und auf Zeitraffer gestellt die Ereignisse vor meinem Auge abspulen würde. Keine Chance, einzugreifen. Meine Beine wollen weitergehen. Mein Herz begreift ebenso wenig. Doch mein Verstand hat längst erfasst, dass es zu spät ist. Dass ich zu spät komme. Ich weiß, dass ich in dem Moment, in dem ich die Eisenleiter überwunden habe, kurze Zeit keine Sicht auf den Felsenhimmel und Emilia haben werde.

Fetzen von Worten und Rufen dringen zu mir durch, die ich nicht gut genug verstehe, um ihnen Sinn einzuhauchen. Der Gesteinsbrocken, in dem das Seil verankert ist und weiter nach oben führt, verdeckt alles, was dahinterliegt. Trotzdem bricht mir vor lauter Panik Schweiß auf meiner Stirn aus, als ich im letzten Moment sehe, dass Verena mit einem Satz vom Felsen springt und Leo hinter sich herzieht. Sie und Emilia rufen sich etwas zu, doch die Worte gehen im zischenden Wind unter. Verenas Hand krallt sich in Leos Jacke, und dann sind sie weg.

Hastig greife ich um, verliere kurz mit dem Fuß den Halt und hänge über der Schlucht, ehe ich mit meinem anderen Bein ausgleichen kann. Unter mir hallt der Klang von Stimmen wider wie ein gespenstisches Echo. Ich springe ab und versuche, schnellstmöglich den höchsten Punkt zu erreichen. Meine Hand ist rau und rissig, eine Stelle blutet, aber ich schenke dem keine Beachtung.

Wo ist Verena?

Meine nassen Schuhe rutschen auf einem kleinen See aus Schneeresten aus, und ich komme ins Schliddern. Endlich ist der Spalt des Felsenhimmels deutlich zu sehen. Im Augenwinkel registriere ich etwas Rotes und überlege fieberhaft, wer Rot trägt. Verena nicht, Hannah nicht … Emilia!

Endlich erhasche ich einen Blick auf meine Schwester. Sie steht viel zu nah an der Spalte. Viel zu nah an Emilia.

»Geh da weg, Nena, der Fels ist porös. Geh da weg«, brülle ich.

Sie streckt die Hand, ruft etwas. Noch ein Satz nach vorn, aber ich stürze, ehe mein Blick über den Spalt frei wird, und schlage mir das Knie auf. Es sind nur die Steinchen unter mir, zunächst. Sie knirschen, sie fallen. Wie Vorboten des Unglücks.

Und dann ist es, als hätte jemand eine Schere angesetzt und das Bild vor meinen Augen in zwei Teile zerschnitten. Auf der einen Seite steht meine Schwester, noch immer viel zu nah am Abgrund. Ihre Arme sind mit Emilias verschlungen, unmöglich zu sagen, wer wen festhält. Und auf der anderen Seite des Bildes, hinter den Frauen, noch dichter am Abgrund, rudert ein Mann mit den Armen.

Ich stürze voran und greife nach der roten Jacke, weil sie das Nächste ist, was ich erreichen kann. Aber das Material gibt nach, und mit einem Ratschen reißt der Stoff. Ich sehe, wie Verena die Hand ausstreckt und nach etwas greift, wie die Wucht dieser Bewegung sie zu Boden wirft und ihre Füße den Halt zu verlieren drohen.

Das Geräusch des tosenden Windes mischt sich mit einem Keuchen, dann mit einem gellenden Schrei, der schon fast nicht mehr menschlich klingt. Im Augenwinkel sehe ich, wie jemand nach Leo tritt. Und erkenne endlich, wer tatsächlich wen festhält.

Unter uns bröckelt der Stein.

Vier Menschen auf einem Grat, der so fragil ist wie das Leben selbst.

Leo keucht, steht nicht mehr aufrecht, sondern klammert sich mit seinen Fingern an die brüchige Kante. Er kreischt auf, und hinter ihm donnern kleine und größere Steine in die Schlucht. Ihr Fall hallt an den Wänden der Spalte wider.

Ich suche Verenas Hand, will sie festhalten, aber ehe ich sie erwische, haben beide Frauen den Halt unter den Füßen verloren. Ich muss mich entscheiden: Entweder Leo, der sich stöhnend mit letzter Kraft am Abhang festhält und vergeblich versucht, sich wieder nach oben zu ziehen, oder …

Doch dann entscheiden sowohl Instinkt als auch Verenas erstickter Ruf.

»Hilf mir, Jakob, hilf mir!«

Ich werfe mich nach vorn, stürze auf die Knie und bekomme ihre Wade zu fassen. Luft entweicht ihrer Lunge, sie ächzt, aber ehe ich meinen Griff festigen kann, entgleitet sie mir, wird von der

Kraft von Emilias Körper zentimeterweit in Richtung Abgrund gezogen.

Der auffrischende Wind bläht noch einmal Emilias rote Jacke auf wie das Segel eines untergehenden Schiffes, und erst jetzt erkenne ich, dass sie längst mit den Beinen über den Abgrund gerutscht ist. Dennoch gelingt es ihr, die Beine noch einmal nach oben zu schwingen. Dabei streift sie Leos Hand, die Finger lösen sich von der Kante, und im nächsten Moment zerreißt ein Schrei, so gellend, das er mir durch Mark und Bein fährt, die Luft.

In den nächsten Sekunden, in denen ich mich völlig auf Verena konzentriere, verschwimmt die Umgebung. Ich strample mit den Beinen, suche hinter mir eine Stelle, an die ich mich stemmen kann, und muss dabei hilflos zusehen, wie auch die Finger von Leos zweiter Hand kraftlos vom Fels rutschen. Alles in mir wird kalt. Ich sehe Leo nicht, sehe nicht, wie sein Körper einer Puppe gleich in die Tiefe sackt. Aber ich höre, wie sein Rumpf gegen den Felsen prallt und ein gespenstisches Echo erzeugt. Wie von unsichtbaren Kräften in die Tiefe gezogen, vereinnahmt ihn die Schwärze des Berges.

Dann ist es urplötzlich völlig still.

Der Wind verstummt, es ist, als hielte die Natur den Atem an.

»Ich kann nicht mehr«, schreit Verena.

Endlich kommt wieder Leben in mich. Binnen Sekunden treffe ich eine Entscheidung. Es ist wahr: Das Blut, das durch meine und Verenas Adern fließt, ist dicker als Wasser. Stärker als ein Gebirgsbach. Eine Naturgewalt, die so alt ist wie dieser Felsen.

»Lass los«, rufe ich, »lass sie los, Nena!«

Verenas Antwort ist ein Schrei, der sich aus Anstrengung und Verzweiflung speist. Immer näher an den Abgrund wird sie durch Emilias Gewicht gezogen.

Ich darf das nicht zulassen, ich kann nicht. Ich robbe nach

vorn, schlinge meine Beine um Verenas zappelnde Waden, bis ich mit der Hand ihre Schulter erreiche, die schon gefährlich nah auf die Schlucht zugerutscht ist.

»Nein«, schreit Verena.

Aber ich habe eine Entscheidung getroffen, der ich vertrauen muss. Ich zerre am Oberarm meiner Schwester, reiße sie weg von dem tödlichen Sog, sehe es noch einmal rot aufblitzen und dann …

… nichts mehr.

Die Anstrengung schwärzt meine Sicht, aber ich ziehe so lange, bis ich Verenas Oberkörper aus der Gefahrenzone gezerrt habe, packe sie bei den Schultern und werfe schließlich mich und sie zur Seite. Ich schlage mit der Hüfte auf, kann nicht verhindern, dass auch mein Hinterkopf hart gegen den Kies donnert, aber ich federe meine Schwester ab, ohne sie loszulassen.

Ich höre etwas klirren, dann das Rieseln von Steinchen. Aber keinen Schrei mehr.

Emilias Fall ist beinahe lautlos, bis auf das Klirren, das metallisch nachklingt und vermutlich einer Schnalle ihres Rucksacks oder Gürtels geschuldet ist.

Ich kralle meine Arme um meine Schwester, als könnte der Boden unter uns noch jederzeit nachgeben, als könnte sich das Maul des Berges öffnen und uns mit Haut und Haar schlucken.

Nicht viel, eine einzige Bewegung hat den Unterschied gemacht.

Nicht viel, und Verena wäre Opfer des Abgrunds geworden, der Licht schluckt wie Wasser und für Menschen keine Ausnahme macht.

20

Aurora

;

Unverändert: 46 593 981 038 167 975, 11 147 36 346 192 578

Es ist 4:28 Uhr, als ich aufwache. Seit zwei Tagen brauche ich keinen Wecker mehr. Mein Biorhythmus hat sich sehr schnell an Jakobs angepasst. Aber heute brennt dort oben hinter der Glasfront kein Licht. Irritiert schaue ich noch einmal auf die Uhr. Hebe die Taschenlampe, schwenke sie leicht. Aber nichts passiert.

Die Enttäuschung, die sich in mir breitmacht, ist viel zu groß für den Anlass. Und doch ist mir diese Zeit der Nacht die liebste überhaupt geworden. Mein Guilty Pleasure ist es, ihn dort oben stehen zu sehen. Ich fühle mich mit einem Mal schrecklich einsam, alleingelassen mit den wuchtigen Felsen hinter mir und dem Tal, das wie ein Krater unter uns liegt.

Immer wieder schiele ich nach oben, aber er taucht nicht auf. Ich kann mich nicht auf das Buch in meinen Händen konzentrieren, lese immer wieder die gleichen Sätze, ohne den Inhalt aufzunehmen. Erst gegen halb sechs falle ich in einen unruhigen zweiten Schlaf, der nicht lange anhält. Nicht zu vergleichen mit dem tiefen Schlummer der letzten Tage. Als hätte Jakob da oben seine

Hände nicht nur an die Scheibe gelegt, sondern direkt auf mein wummerndes Herz, um es zu beruhigen.

Wenn ich dann aufwache, mache ich meine üblichen Dehnübungen, die ich perfekt an den knappen Raum im Van angepasst habe. Ich wünschte, ich könnte Em ein Bild von mir schicken, die Beine in einer Kerze an der Tür zur Nasszelle hochgestreckt, die Arme links und rechts von meinem Kopf in Dehnung. Es ist das Vanasana. Und wenn ich mich sehr anstrenge, kann ich Em sogar lachen hören. Em, mit der ich mir eigene Yogaposen ausgedacht und ihnen Namen gegeben habe. Wir beide hatten unsere ganz eigene Sprache, in jeder Lebenslage.

Jetzt habe ich das Gefühl, als spräche ich eine Lingua morta. Wir beide existieren nicht mehr als Schwesterngefüge. Ems Schwesterntod ist auch mein Sprachtod.

Ich bin seit zehn Tagen hier und habe nichts weiter herausgefunden. Ich habe alle Partybilder von *The Wire* durchgeschaut und drei Mails mit dem Bild von Em an Info@thewire.net geschickt, in denen ich darum bitte, mir Bescheid zu geben, ob sich jemand vom Personal an meine Schwester erinnert. Nichts.

Ich habe das Internet nach Leo Weidl durchforstet, jenem Mann, der mit Em abgestürzt ist, aber bis auf einen Nachruf auf seiner Insta-Seite nichts gefunden. Leo ist ebenso ein Phantom wie Em. Zweimal bin ich zur Polizeidienststelle nach Lana gefahren, aber dort hat man mich freundlich, aber sehr bestimmt abgewiesen. Die laufenden Ermittlungen seien noch nicht ganz abgeschlossen, die Familie würde informiert. Bla, bla, bla.

Dreimal war ich noch im *Mock Orange*, in der vagen Hoffnung, Markus wiederzusehen und ihm noch einmal auf den Zahn fühlen zu können. Aber auch hier nichts. Die lokalen Medien sind die größte Überraschung: Der Tod von zwei Menschen ist nichts als eine Randnotiz. Auch auf den Seiten der Freiwilligen Feuerwehr, der Bergrettung, dem öffentlichen Report der Polizei: nichts. Es ist fast, als wäre das alles nicht passiert. Als säße Em weiterhin in ihrer Wandschrankwohnung in Wien und als bildete ich mir das alles nur ein.

Es ist kurz nach acht, als mein Handy klingelt.

»Sie läuft nachts durch den Garten«, sagt meine Mutter ohne Begrüßung.

Ich seufze. »Guten Morgen, Mama.«

Die Stimme meiner Mutter ist hart, ihre Worte schnell, sie feuern wie ein Maschinengewehr, und ich kann mich nicht schützen. »Und dann nimmt Emilia die Wäsche von der Leine, legt sie zusammen, nur die hellen Teile. Manchmal wirft sie die Unterhosen und Socken ins Gebüsch.«

Ich kann mir bestens vorstellen, wie meine Mutter genau in diesem Moment aus dem Küchenfenster starrt, sich immer wieder die Haare rauft und ihr Blick diesen ruhelosen, panischen Ausdruck innehat. Es ist der erste Anruf dieser Art seit Emilias Tod. Bisher hat sie einfach nur immer in den Hörer geweint.

»Mama …«

»Warum macht sie das? Aurora, warum tut sie mir das an?«

»Mama …«, versuche ich es erneut.

»Dein Vater ist schuld, er hat sie als Kind geschlagen, und deshalb ist sie abgehauen, und jetzt traut sie sich nicht nach Hause. Vielleicht hätten wir den Hund behalten sollen.«

»Welchen Hund? Wir hatten doch nie einen Hund.«

»Ah, daran kannst du dich nur nicht erinnern. Er hat mich gebissen, ich hatte Tollwut, deshalb ist er ins Tierheim gekommen.«

Diese Geschichte höre ich zum ersten Mal. Und sofort ist da der Wunsch, Em anzurufen und sie danach zu fragen. Hat sie deshalb so gereizt auf Alabaster reagiert? Was weiß ich alles nicht und werde es nie erfahren?

Ich schließe die Augen und kämpfe gegen die Tränen an. Im Hintergrund höre ich das verhasste Pur-Album laufen und weiß sofort, dass meine Mutter ihre Tabletten nicht mehr nimmt. Mein Vater hat Em und mich nie geschlagen. Alles, fast alles, existiert nur in der von Krankheit zerfressenen Vorstellung meiner Mutter.

»Emilia ist tot, Mama. Und du musst deine Medikamente nehmen.«

»Ich bin nicht verrückt«, schreit sie mich an. »Ihr habt mich alle verlassen.«

Es stimmt, und es stimmt auch wieder nicht. Ich bin erwachsen, will ich sagen. Ich darf wegziehen, ich muss nicht bleiben. Ich bin erwachsen. Em ist erwachsen, und unser Vater hat eine schwere Entscheidung getroffen. Aber das schlechte Gewissen hämmert trotzdem in mir und sorgt für frühmorgendliche Kopfschmerzen.

»Du musst sie holen, Aurora. Hol sie von diesem Berg, und sag ihr, sie soll die Wäsche mitnehmen. Ich weiß genau, dass sie mein rotes Top gestohlen hat.«

»Mama, ich rufe jetzt Dr. Laumann, ja? Und ich rufe Papa an.«

»Papa ist hier«, behauptet sie. »Er hat Emilia heute Morgen eine Ohrfeige gegeben, deswegen ist sie ja weg.«

»Gib ihn mir«, sage ich, weil ich das schon kenne. »Hol Papa ans Telefon.«

»Er kann gerade nicht.«

Meine Stimme zittert. Ich hasse das, aber ich schaffe es trotz aller Übung nicht, ruhig zu bleiben.

»Papa ist ausgezogen, Em ist tot, und ich bin in Italien«, versuche ich ihr klarzumachen, obwohl ich schon so lange weiß, dass das in diesem Zustand keinen Sinn hat.

»Emilia ist nicht tot!«, kreischt sie. »Sie hat mich doch angerufen. Und heute Nacht war sie im Garten.«

Ich höre, wie die Musik im Hintergrund lauter wird. Wie Mama sie aufdreht, um die Wahrheit nicht durch ihren krankheitsbedingt porösen Verstand sickern zu lassen. *Abenteuerland.* Ich hasse dieses Lied so sehr, dass ich im Stillen Abbitte bei Pur leiste, die nichts dafürkönnen, dass das der Soundtrack all der Schrecken meiner Kindheit ist.

Komm mit mir ins Abenteuerland, die Reise kostet den Verstand.

Es ist so treffend wie grausam.

»Such sie! Bring sie zurück«, sind die letzten Worte, die ich verstehe, ehe ich auflege.

Dann springe ich vom Bett, erwische aus Versehen einen Teil von Alabasters Schwanz, die jaulend zurückzuckt, reiße die Tür auf und lehne mich schwer atmend gegen den Rahmen. Zuerst versuche ich es bei Mamas Ärztin, aber weil ich dort nur den AB erreiche, rufe ich den psychologischen Notdienst an und bitte um einen Anruf bei Mama. Manchmal hilft das, manchmal dringen fremde, gut geschulte Menschen zu ihr durch.

Dann erst klingle ich meinen Vater an. All das habe ich von Em gelernt, wie andere das Fahrradfahren. Nicht weil Em wollte, dass ich ihre Aufgabe übernehme, einfach nur, weil ich es mir von ihr abgeguckt habe. Em war es, die die Musik leiser gedreht und mich in den Arm genommen hat. Em war es auch, die alles dafür tun wollte, dass Papa zurückkommt. Sie hat mir nie verziehen, dass ich nicht in der gleichen Härte fordern konnte, was sie für seine Pflicht gehalten hat. Em hat ihm das Messer auf die Brust gesetzt, und wenn ich ehrlich bin, wäre ich nicht gegangen, hätte sie es nicht getan.

Aber für Em war auch immer alles schwarz oder weiß, gut oder böse. Ich dagegen bin überzeugt davon, dass es mehr gibt. Dass man nur etwas Licht braucht, das in die Zwischenräume fällt und Farben möglich macht.

»Danke, Aurora«, sagt Papa in all diese Gedanken hinein. »Es tut mir leid, dass du dich darum kümmern musstest.«

Durch den Klang seiner Stimme und den von *Abenteuerland* höre ich auch Em. Höre, wie sie mich tröstet, höre, wie sie den psychologischen Notdienst ruft, höre, wie sie ein Lied singt. Ich habe meine Schwester nie mehr vermisst als in diesem Moment. Ihre Hände auf meinen Ohren, ihre Stimme in meinem Verstand, den Geruch ihres Conditioners in meiner Nase und ihren Herzschlag neben dem meinen. Ich muss ihr einfach nah sein, ich muss sie irgendwie fühlen können. Es ist nicht auszuhalten, einen Menschen so mit jedem Winkel meines Seins herbeizusehnen.

Ich drehe mich um, ziehe meine Sneakers an, ohne mir die Mühe zu machen, Socken aus dem Fach unter dem Bett herauszusuchen, und achte noch nicht einmal auf Alabaster, als ich den Weg am Haupthaus des Felsenhimmels vorbei entlangstolpere und mich rechts halte, statt links zur Sauna zu gehen. Ich höre jemanden rufen, aber in meinen Ohren dröhnt noch immer unerträglich laut *Kommt mit, kommt mit ins Abenteuerland.*

21

Jakob

Sie würdigt mich keines Blickes. Okay. Schätze, das hab ich verdient. Während ich auf dem Boden sitze und versuche, die Natursteine mit dem Gummihammer aneinander auszurichten, sehe ich Aurora an mir vorbei...rennen. Es sieht nicht nach einer morgendlichen Joggingrunde aus, allerdings habe ich Aurora ja noch nicht joggen sehen und kann das nicht wirklich beurteilen.

»Hey«, rufe ich.

Ihren Namen auf der Zunge und ... klar, auch noch anderswo. Ich will eine Erklärung hinzufügen, warum ich letzte Nacht nicht am Fenster stand, warum ich nie mehr am Fenster stehen und zu ihr runterschauen kann, aber all das will keinen Sinn ergeben. Stattdessen wird ein knurriges »Wo gehst du hin?« draus, auf das ich ehrlicherweise selbst auch nicht geantwortet hätte.

Resigniert senke ich den Kopf und mache mich wieder kniend an die Arbeit. Seit die Sonne aufgegangen ist, schufte ich an diesem verdammten Natursteinpflaster und rede mir ein, dass es geholfen hat, mich von dem Dauerkreisen meiner Gedanken abzulenken. Ehrlicherweise funktioniert es nicht, denn mit jedem Schlag des Gummihammers suche ich nach einer Lösung, die ohne Hammer auskommt. Und vor allem ohne einen Kaufvertrag für die Wiesen.

Blufft Magnus, oder nimmt er uns auseinander? Ich habe keine Angst vor der Polizei, aber nach dem Gespräch mit Verena habe ich Angst vor meinen eigenen Gedanken.

Bis du weg warst und Leo mir gesagt hat, dass er Emilia gefickt hat.

Immer wieder rufe ich mir das Bild am Felsenhimmel vor Augen. Meine Schwester und Emilia. Leo und Emilia. Nena und Leo. Aber meine Erinnerungen spielen mir Streiche, ich kann sie nicht ordnen, und vor allem vertraue ich ihnen nicht. *Fokussieren, Jakob, auf das Hier und Jetzt.*

Ich nehme mir Stein für Stein vor, bis ich auf einmal das Gefühl habe, beobachtet zu werden. Ich schaue hoch und sehe in zwei unterschiedlich farbige Augen. Seelenruhig, ohne einen Mucks zu machen, sitzt Alabaster auf ihren Hinterbeinen und starrt mich an. Ich wusste nicht, dass Tiere einen so krass anstarren können.

Ich strecke den Arm und tätschle ihren Kopf. »Was willst du denn?«

Sofort springt sie auf, wedelt mit dem Schwanz und dreht dann eine kleine Pirouette um sich selbst. All das, ohne mich aus den Augen zu lassen. Sie trippelt ein paar Schritte nach vorn, kommt zurück und legt ihren Kopf auf meinem Oberschenkel ab.

»Du willst, dass ich mitkomme?«

Könnte sie nicken, würde sie es tun. So offensichtlich habe ich den Nagel auf den Kopf getroffen. Jetzt entfernt sie sich ein paar Schritte weiter.

Der Groschen fällt schneller, als ich den Gummihammer zu Boden sinken lassen kann.

»Fuck!«, schreie ich.

Dann renne ich los. Einem Fellknäuel hinterher, das sich alle paar Meter vergewissert, dass ich noch da bin. Alabaster führt mich etwa eineinhalb Kilometer weit den Forstweg entlang, der an unserem Grundstück vorbeiführt und in Richtung Almhütte geht.

Es riecht intensiv nach feuchtem Moos, überall liegt der Tau auf den Blättern, und die Luft ist noch kühl, fast kalt. Plötzlich bleibt Alabaster ruckartig stehen, schnuppert und setzt ihren Weg an einer Gabelung fort, die über einen Trail und dichtes Wurzelwerk in den Wald hineinführt. Ich kenne die Strecke gut, zum Joggen ist sie nicht geeignet, es gibt nichts Besonderes zu entdecken, außer man klettert gern in der Natur …

Das zweite »Fuck« des Tages entfährt mir.

Durch einen dicht bewachsenen Weg, bei dem ich mich mehrfach bücken muss, um den tief hängenden Ästen auszuweichen, folge ich dem Hund, der immer schneller wird.

Und dann sehe ich sie. Die Felswand vor mir besteht aus nacktem Gestein, ist mehr ein Block denn eine Wand. Und daran hängt, buchstäblich am seidenen Faden, Aurora. Auf etwa fünf bis sechs Metern Höhe, ohne Sicherung und ohne einen blassen Schimmer, wie sie weiterkommen oder runterkommen soll, so viel ist auf den ersten Blick klar.

Der Schwierigkeitsgrad ist eine 6b, nicht das Härteste, was man hier finden kann, aber definitiv nichts für Anfänger. 6b wie die Tasse, die sie mir runtergeworfen hat.

»Was zur Hölle treibst du da?«, schreie ich.

Aurora dreht den Kopf nur minimal. »Ich spiele *Der Boden ist Lava*«, schreit sie zurück.

»Was ist das? Eine beschissene Mutprobe?!« Wütend betrachte ich die Ausgangslage und versuche, einzuschätzen, wie ich ihr da runterhelfen kann.

»Hätte ich sie denn bestanden?«

»Die Frage ist vielmehr, ob du sie *über*stehst.«

Ich kenne diese Wand gut, ich weiß, wie ich selbst einsteigen würde. Wie ich allerdings jemanden runterhole, der vom Klettern offenbar so viel Ahnung hat wie Pferde vom Kotzen, ist mir momentan noch ein Rätsel.

»Halt dich fest, ich komme hoch!«

»Aber nur, weil ich gerade nichts Besseres zu tun habe«, erwidert sie. Ihr Gesicht ist verzerrt, ihr linker Arm klammert sich an eine Spalte im Felsen, die Beine stehen zu dicht beieinander auf einer winzigen Krümmung der Wand. »Feel myself falling to the ground, solitary silence, there is no sound«, summt sie vor sich hin, offenbar um sich selbst zu beruhigen.

Während ich zwei Meter rechts von ihr meine Beine in die Wand setze und mich nach oben ziehe.

»Ich spüre, wie ich zu Boden falle, einsame Stille, kein Geräusch. Passend, oder?«, keucht sie.

»Das ist nicht von dir, das hast du von den *Chameleons* geklaut.«

»Dachte, du kennst die nicht.«

»Das ist nicht witzig.«

»Nein, du hast recht«, gibt sie kleinlaut zu. »Glaubst du, ich würde mir was brechen, wenn ich falle?«

»Das glaube ich nicht, das *weiß* ich.«

»Fuck.«

»Ja, fuck. Verdammte Scheißidee. So was macht man auch nicht allein.«

»Du kannst später mit mir schimpfen, würdest du mir erst runterhelfen? Bitte?«

»Es wäre gut, wenn du es bis da rüberschaffst.« Ich deute auf die breite Kerbe im Felsen, etwa einen halben Meter nördlich ihrer Position. »Hast du *Free Solo* gesehen?«

»Natürlich.«

»Karatemove am Boulderproblem. Du musst dein linkes Bein strecken, in einem Neunzig-Grad-Winkel, und dich gegen die

Wand stemmen. Wenn du dort Halt findest, kannst du dich auf den Absatz ziehen.«

»Ich trau mich nicht.«

»Du musst«, sage ich, während ich meine Finger in eine winzige Erhebung im Stein kralle und mich ihr nähere.

»Ich hab Höhenangst, okay.« Ihre Stimme wird zittrig, und ich sehe, dass ihr Körper an Spannung verliert, dass ihr die Kraft ausgeht.

»Warum verdammt noch mal *kletterst* du dann?«, frage ich, auch um sie davon abzuhalten, in Panik zu verfallen. Sie muss weitersprechen, um nicht nach unten zu sehen und den Mut völlig zu verlieren.

»Wegen des Adrenalins.«

Noch während sie das ausspricht, bin ich hinter ihr und drücke ihren Körper mit meinem gegen die Wand. Sie zuckt kurz zusammen.

»Nicht bewegen«, sage ich. »Ich bin dein Crashpad.«

»Ich habe keine Ahnung, was das ist, aber es klingt nicht gut.«

»Wenn du fällst, fällst du auf mich. Ich bin die Matte, die dich vor Verletzungen schützt.«

»Super Aussichten.«

»Aber wir fallen nicht, okay? Das lasse ich nicht zu.«

Ich platziere meine Hände links und rechts von ihren Schultern, schiebe mich ein wenig höher, indem ich die Beine strecke und mich gegen sie presse.

»Tut mir leid, dass ich …«, stammle ich und hoffe inständig, keinen Ständer zu kriegen, während sie hilflos an einer Wand hängt. Was mehr als unangebracht wäre. Doch Aurora fühlt sich fest und weich zugleich an, und ich kann spüren, wie das Blut in meinen Schwanz schießt. Meinen Schwanz, der nur durch wenige Millimeter Stoff …

Stopp, Jakob, stopp.

»Ist schon gut«, murmelt sie.

»Versuch, dich ein wenig zu entspannen, lehne dich gegen mich und sammle etwas Kraft.«

»Ich bin zu schwer«, protestiert sie.

»Du bist nicht zu schwer, ich halte dich. Ich lass nicht los, keine Angst.«

»Die Finger …«, keucht sie. »Ich kann nicht mehr …«

Auf die furchtbarste Art erinnert mich dieser Satz an meine Schwester.

Ich kann nicht mehr.

Und dann …

Nein, ich muss mich konzentrieren. Es ist nichts mehr übrig von der schlagfertigen Aurora. Und das ist es, was mir Angst macht, mich aber gleichzeitig alles andere vergessen lässt. Da sind nur noch wir beide an dieser Wand, und wenn ich verhindern will, dass wir uns alle Knochen brechen, dann muss ich zuerst sie beruhigen.

»Lass los«, sage ich in ihr Ohr.

Lass los, wie zu Verena.

Ich bin ihr so nah, so verdammt nah, dass ihre Haare meine Nase kitzeln und ich nicht nur ihr Shampoo riechen kann, sondern ihre Angst im leichten Zittern ihres Körpers spüre. Unten am Felsen bellt Alabaster, der das Ganze offenbar auch nicht mehr geheuer ist.

»Angst ist etwas Gesundes«, murmle ich. »Du darfst sie annehmen, aber sie nicht über dich bestimmen lassen.«

Ich greife in die Felsspalte, aus der Aurora eben ihre Hand gelöst hat, und bin dankbar für das Training am Hangboard in den letzten Nächten. Ihre Unterarme berühren jetzt meine. Ihre Haut ist butterzart, und ich möchte nichts lieber, als darüberzustreicheln. Was völlig wahnwitzig ist in der Position, in der wir uns befinden.

»Wisch deine Hände an meiner Hose ab, du brauchst ein bisschen Grip.«

Statt meinen Worten zu folgen, versucht sie, ihre schwitzigen Finger an ihrem nackten, schweißnassen Oberschenkel zu trocknen.

»Du kannst mir, sobald wir wieder festen Boden unter den Füßen haben, in allem widersprechen, wenn es dir Spaß macht. Aber jetzt, jetzt musst du mir vertrauen und genau das machen, was ich dir sage.«

Sie nickt langsam, und dann streckt sie ihre Hand und legt ihre Handfläche zögerlich auf meine Hose, sie wischt sich nur die Hand ab, dennoch hat es viel zu viel Wirkung auf mich. Jetzt nur nicht auf ihren Hals sehen, auf das Semikolon und die zarten Härchen drum herum. Nicht daran denken, wie es sich anfühlen könnte, wenn kein Stoff zwischen uns wäre.

Nicht daran denken, Jakob! Nicht!

Noch einmal atme ich tief durch, bis ich meine Lendenregion wieder einigermaßen unter Kontrolle habe.

»Okay, und jetzt …« Ich teste kurz, ob ich ausreichend Halt finde, aber der Vorsprung, auf dem mein rechter Fuß steht, ist breit genug, sodass ich es wagen kann, mich leicht nach hinten zu lehnen. »Jetzt trittst du mit deinem linken Fuß auf meinen Oberschenkel, und mit der linken Hand greifst du wieder in die Spalte, ich gebe dir von hinten Halt und schiebe dich hoch, bis du auf dem Absatz stehst.«

»Ich kann nicht … das ist viel zu hoch.«

»Du kannst das, ich weiß es. Du hast Mut, und du hast Kraft, du wirst das schaffen. Auf drei.«

»Eins.«

Sie zittert, hebt aber das Bein.

»Zwei.«

Ein kurzes Stöhnen.

»Drei.«

Aurora hat es geschafft, sie hat ihren Fuß auf meinem Oberschenkel abgestellt und genug Kraft, um mit dem rechten nachzuziehen. Ihr Gewicht drückt gegen meine Muskeln, es schmerzt ein wenig. Auf die bestmögliche Art.

»Ich muss dir jetzt an den Hintern fassen«, sage ich. »Sorry.«

»Schon gut«, presst sie hervor.

Und dann greife ich mit meiner Hand unter ihren Po und schiebe sie nach oben.

»Okay«, sage ich erleichtert, jetzt, da sie sicher auf der Anhöhe ist. Dann greife ich um, lockere kurz die Finger der Linken und lächle ihr aufmunternd zu.

Sie schaut über ihre Schulter und lächelt vorsichtig zurück. »Karatemove, ha!«

Über ihre Stirn tropfen Schweißperlen, die Haare kringeln sich. Magnus hat keine Ahnung von Schönheit. Ich jedenfalls habe nie eine schönere Frau gesehen.

»Und jetzt?«, will sie wissen. »Wie komme ich da runter?«

»Das wird dir nicht gefallen.« Ich lache, auch wenn es ein wenig glückstrunken gerät. »Du machst jetzt genau das, was ich mache. Ich klettere unter dir, ich sichere dich und sage dir, wo deine Füße und Hände sein müssen.«

»Ich vertraue dir«, sagt sie.

Und das ist fast genauso sexy wie ihr Hintern unter meiner Hand, wie ihr Körper vor meinem, ihr Hals direkt vor meinen Lippen.

• • •

Aurora sitzt neben mir auf dem Boden und hat den Kopf auf die Knie gestützt. Sie atmet schwer, und ich fühle, was sie fühlt: enorme Erleichterung und eine Art erschöpfende Leere, die einen immer dann überkommt, wenn das Adrenalin aus dem Körper weicht und noch Platz machen muss fürs Dopamin.

»Wie hast du das gemacht, du warst so schnell hinter mir wie ein … wie ein Eichhörnchen. Lernt man das beim Luftanhalten im Schwimmteich?«

»Nein, das lernt man, indem man nur solche Routen klettert, die man auch beherrschen kann.«

»Es tut mir leid. Und danke«, murmelt sie.

»Du raubst mir den letzten Nerv.« Nichts davon stimmt wirklich. Eigentlich treibt sie mich nur mit ihrer unverstellten, unspektakulären Sinnlichkeit in den Wahnsinn. »Mach das nie wieder«, sage ich, ohne sie anzusehen. Und dann kraule ich Alabaster ausgiebig die Ohren. Es ist ja jetzt auch schon alles egal.

Eine Weile schweigen wir, dann zieht Aurora die Beine mit den Armen noch enger an ihren Körper und fängt leise an zu erzählen. »Ich bin ein bisschen wie Kit. Ich kompensiere mit Adrenalin. Ich substituiere unangenehme Gefühle mit Geschwindigkeit und Gefahr.«

»Daher die Fahrt durch die Plantagen«, werfe ich ein.

»Ja.«

»Als ich klein war«, fährt sie fort, »hab ich verrückte Sachen gemacht, wenn mir zu Hause alles zu viel geworden ist. Gefährliche Sachen. Es hat halbwegs harmlos angefangen, ich bin freihändig auf meinem Fahrrad Berge hinuntergefahren und um Kurven gezischt, ohne auf den Verkehr zu achten. Mit vierzehn bin ich mit einer gefakten Einverständniserklärung meiner Eltern zum Bungee-Jumpen. Mit fünfzehn habe ich das Trampen angefangen. Nicht, weil ich irgendwohin wollte, sondern einfach nur wegen der Gefahr. Ich bin nachts zu Männern in Lkw gestiegen, nur um sinnlos irgendwohin und wieder zurückzufahren. Es ist ehrlich gesagt ein ziemliches Wunder, dass mir nie ein einziges Haar gekrümmt wurde. Ich hab so ziemlich alles an verbotenen Substanzen ausprobiert, was man mir in Clubs angeboten hat. Und vermutlich wäre das nicht lange gut gegangen, wenn meine Oma nicht gestorben wäre und mir das Versprechen abgenommen hätte, mit meiner vermeintlichen Abenteuerlust etwas Vernünftiges anzufangen.«

»Aber ganz ablegen kannst du sie noch nicht?«

»Nein«, gibt sie zu. »Wenn ich in einen emotionalen Ausnahmezustand gerate, dann passiert es noch. Wie du siehst.«

»Was kann so früh am Morgen den Ausnahmezustand ausrufen?«, frage ich, und ein winziges bisschen hoffe ich tatsächlich darauf, dass sie sagt, es sei meinetwegen gewesen. Weil ich nicht am Fenster stand. Es ist dumm, lächerlich und obendrein dämlich. Ich will absolut nicht, dass sie sich meinetwegen in Gefahr begibt. Ich will nur ein bisschen zu sehr, dass ihr diese nächtlichen Begegnungen von Scheibe zu Scheibe genauso wichtig sind wie mir.

»Du hast ja keine Ahnung«, sagt sie.

»Dann erzähl es mir.« Jetzt schaue ich ihr direkt in die Augen.

Kurz hält sie dem Blick stand. »Vielleicht irgendwann. Aber nicht heute.«

Sie löst einen Arm von ihren Beinen und streckt ihn zu mir. Berührt meine Fingerspitzen, nur für ein paar Sekunden, hauchdünn.

»Wahrscheinlich müssen wir alle unsere Gefühle irgendwie substituieren. Bei dir ist es Gefahr, bei mir ist es …« Ich zögere kurz. »Die Hingabe an den Felsen.«

Sie schaut hoch. »Ich dachte, es geht auch um Adrenalin?«

Ich schüttle den Kopf. »Nicht nur. Wenn du zu viel Adrenalin im Körper hast, kannst du nicht mehr klettern. Ich mache es für das Gefühl. Wenn ich mich darauf konzentriere, ist alles intensiver, jeder Sinn aktiviert und wie der Fokus einer Kamera scharf gestellt.«

»Wenn du in der Halle kletterst?«

»Auch, aber draußen ist es noch mal etwas völlig anderes. Ich sehe mehr, ich höre besser, ich rieche Feinheiten, die in einem Raum untergehen würden. Und das Wichtigste: Ich spüre. Es ist, als öffnete sich ein Tor, indem ich meine Hände an einen Felsen lege. Dir wird bewusst, dass das alles hier vor dir da war und noch immer da sein wird, wenn es keine Erinnerung mehr an dich gibt.«

Auroras Augen werden groß und rund, als sie mich betrachtet, aber es wirkt, als würde sie durch mich hindurchsehen. Sie macht diese Geräusche mit ihren Lippen, wenn sie nachdenkt. Presst sie aufeinander, schmatzt laut.

Ich glaube, sie merkt es gar nicht. Ich werde es ihr nie sagen, damit sie nicht aus Versehen damit aufhört.

22

Aurora

;

46 593 981 038 167 975, 11 147 36 346 192 578 =

Vieran, Gemeinde Lana – Italien

Als ich hoch zum Pavillon komme, sitzt Jakob als Einziger am Tisch und hat den Blick auf die Berge gerichtet. Dabei wirft er Alabaster immer wieder einen Ball zu, den sie ihm kurz darauf zurückbringt und ihn dann eifrig schwanzwedelnd dazu auffordert, das Spiel zu wiederholen. Erstaunlich, dass er seine Pseudoabneigung gegen meinen Hund abgelegt hat.

Er hat so eine Angewohnheit, immer etwas in den Händen haben zu müssen. Kulis, an denen er dreht, Schlüsselanhänger, die er auf dem Tisch hin und her schiebt. Neulich hat er geistesabwesend einen Haargummi von Kit um sein Handgelenk geschlungen und ihn andauernd schnalzen lassen. Es könnte einen wahnsinnig machen, aber ich mag's.

»Hallo, Sonnen*untergang*«, sage ich fröhlich in die Runde.

»Hi, Aurora«, kommt es von Kit, die eine Lederjacke mit Aufnähern trägt und vor einem Bildschirm kniet, ohne aufzusehen. Das

Tablet, auf dem ein YouTube-Video läuft, klemmt zwischen zwei Wasserflaschen.

»Sonnen*untergang*, witzig!« Mika liegt auf dem Boden und hat eine Decke um ihren schmalen Körper gewickelt, schaut aber ebenfalls nicht auf. »Sag mal einer, Klettern sei nicht sexy!«

»Hab nie was Sexieres gesehen«, stöhnt Jakobs Schwester.

»Ja, nicht wahr.« Mika rückt noch ein wenig näher an den Bildschirm.

»Wer ist das?«, will Adam wissen und schaut über Mikas Schulter.

»Das ist Sam ›Hangman‹ Sullivan, australischer Klettergott und Extremsportler«, sagt Kit.

»Iih, dir läuft ja gleich der Sabber aus dem Mundwinkel«, lacht Adam.

Kit schaut auf. »Das ist der verrückteste Typ unter der Sonne. Der kann *alles* erreichen. Hangman ist der ultimative Adrenalinjunkie. Dem ist alles egal.«

»Muss das sein?«, frage ich und senke die Stimme. »Ich meine, vielleicht will Jakob das nicht unbedingt mit anschauen.«

Kit sieht mich aus ihren Rehaugen an. »Hä? Warum denn?«

Ich drehe mich zu Jakob um, formuliere eine Frage aus Blicken, aber er zuckt nur mit den Achseln.

»Wegen Olympia …«

Kit gluckst, und Mika verdreht die Augen über meine Unwissenheit. »Hangman würde sich eher die Finger abschneiden, als bei einer Spießerveranstaltung wie Olympia mitzumachen. Der Typ macht Crosstouren durch die Rockies, letztes Jahr ist er die Via Attraverso il Pesce ohne Seil und Sicherung geklettert. Das Video über seinen Sprung mit dem Motorrad über diese griechische Schlucht hat zwanzig Millionen Klicks.«

Sie duckt sich und gibt die Sicht auf den Bildschirm frei.

Mir stockt der Atem. »Ist das … echt?«

»Klar ist das echt.«

Hangman macht seinem Namen offenbar alle Ehre, er hängt an einer Hand über einer Schlucht, in der ein Wasserfall tobt, und es sieht so aus, als wollte er wirklich abspringen. Mir wird schwindelig.

Ich keuche laut auf. »Das überlebt der doch nicht!« Sofort muss ich an meine eigene Felserfahrung von heute Morgen denken, die dagegen wie ein Ausflug auf ein Kinderklettergerüst wirkt. Und an Em, daran, dass ich keine Ahnung habe, wie es dort, wo sie abgestürzt ist, aussieht. Es ist Zeit, den Felsenhimmel zu sehen. Irgendwie weiterzukommen. Oder weiterzuziehen …

»O doch, Hangman ist einfach der Allercoolste. Der Typ ist nur drei Jahre älter als ich und liefert so was von ab.«

»Kurz: Er ist Kits Traummann.« Es ist Jakobs erster Satz, seit ich hier bin. Er schaut dabei nicht Kit an, sondern mich, und er lächelt. Breit und offen und so anders als sonst, dass der Anblick fast noch spektakulärer ist als das, was sich auf dem Bildschirm in den Rocky Mountains abspielt. Vielleicht doch noch nicht weiterziehen … Vielleicht bringt Jakob mich an den Felsenhimmel.

• • •

Ich setze mir das Vorhaben für den nächsten Tag auf die Agenda und warte eine Gelegenheit ab, zu der Jakob gut gelaunt sein sollte. Die Lieferung für die neuen Deckenlampen der Chalets ist für den Nachmittag angesetzt, und da Jakob darauf schon seit Tagen wartet, halte ich das für den richtigen Zeitpunkt, um ihn zu fragen, ob wir nicht mal gemeinsam auf den Felsenhimmel wandern können. Ich hab mir nicht nur den Zeitpunkt, sondern auch die Worte zurechtgelegt und versuche, so unaufgeregt wie möglich zu wirken, als ich auf ihn zulaufe. Der Lkw ist vom Hof gefahren, und zwei Paletten voll mit Kartons unterschiedlicher Größen stehen vor der Lobby. Jakob dreht sich kurz zu mir und wendet sich dann stirnrunzelnd wieder dem ersten Karton zu, den er eben mit einem Cuttermesser öffnet.

»Die Lampen! Endlich. Du, wir können ja gleich anfangen, sie zu montieren, und ich dachte, vielleicht …«

Jetzt sollte der Teil mit dem Schwenk zum Felsenhimmelaufstieg kommen, aber Jakob starrt mich entgeistert an.

»Das sind keine Lampen! Das sind …« Er hält etwas an zwei Fingern hoch, was Alabaster an Flauschigkeit Konkurrenz machen könnte. Wenngleich deutlich weniger lebendig.

»Tiere!«, ergänze ich seinen Satz.

Jakob zieht etwas Fellartiges aus einer Plastikhülle, erleichtert lese ich auf dem anhängenden Zettel aus Pappe »Kunstfell«.

»Das ist bestimmt nur ein Fehler, nimm mal den nächsten Karton.«

Hastig schlitzt Jakob den nächsten Karton am Klebeband auf. Und erstarrt. Ich trete neben ihn, versuche, ihm über die Schulter zu schauen, kann aber nichts erkennen.

Weil in ebenjenem Moment eine kleine Windböe aufkommt und das Papier, das auf den Kartons liegt, zu verwehen droht, mache ich einen Satz nach vorn und greife im letzten Moment nach dem Lieferschein.

»Zehntausendzweihundertvierundfünfzig Euro exklusive Steuer«, lese ich vor. »Skonto zwei Prozent. Von Alpenfrische. Hast du da die Lampen bestellt?«

Aber Jakob reagiert nicht, er zieht an etwas und fördert ein Geweih zutage. Ich mache einen Satz rückwärts.

»Ist nicht echt«, sagt er beruhigend. »Ich frage mich nur, was in den anderen Kartons ist.«

Ich fixiere wieder den Zettel in meiner Hand und lese vor. »Acht gerahmte Schwarz-Weiß-Bilder mit dem Motiv *Gratwanderung*, drei mit dem Motiv *Almhütte mit Blumenwiese*, sieben Kunstgeweihe Größe M, zehn Kunstfellteppiche Marke *TäuschendEcht*, zusammengeschrieben, wie witzig, dann noch dreißig Kerzenhalter …«

»Stopp!« Jakob fährt sich durch die Haare und sieht einigermaßen verzweifelt aus. »Ich muss da anrufen. Sofort. Wir brauchen die Lampen, nicht den komischen Nippes.«

»Es ist … hübscher Nippes«, erwidere ich. »Und es ist kein Tier zu Schaden gekommen.«

Jakob zieht sein Handy aus der Tasche, und während er sich entfernt, untersuche ich die weiteren Kartons. Wer auch immer das bestellt hat, hat Geschmack bewiesen. Ich kann mir die Sachen wirklich gut in den Chalets vorstellen.

»Meine Mutter?«, höre ich Jakob sagen. »Ja … gut … okay. Aber wir brauchen diese Lampen. Können Sie … ach so … Vorauskasse … aha … ja, klar … verstehe. Danke. Ja, ja, ich kläre das. Mmmh … nicht? Oh, gut … nicht gut, ja. Danke.«

»Was ist passiert?«

Jakob hält das Handy noch in den Händen. Auf seinem Gesicht spielt sich ein Film ab, den ich nicht genau einem Genre zuordnen kann. Könnte ein Drama sein oder eine Tragikomödie, etwas in seinen Augen schwankt zwischen Lachen und Weinen.

»Meine Mutter hat das bestellt. Und jetzt können sich unsere Gäste zwar auf butterweiches Fake-Fur-Schaf unter Kunstgeweihen betten, aber das Ganze bitte nur im Dunkeln. Mit der Bestellung ist unser Kreditrahmen bei Alpenfrische aufgebraucht, und wir müssten Vorkasse leisten. Und das, so viel kann ich dir sagen, geben die Finanzen nicht her.«

»Wir haben immer noch die Lichterkette vom Pavillon, ein paar Glühbirnen glühen noch«, scherze ich.

Aber Jakob starrt an mir vorbei. »Das ist doch alles ein verdammter …« Er spricht den Satz nicht zu Ende, dafür knallt er die flache Hand auf den Karton mit den Fellen. »Was denkt sie sich denn dabei?«

Ich betrachte das Geweih, das aus der Verpackung herausguckt, und dann geht mir im wahrsten Sinne des Wortes ein Licht auf. »Ich hab eine Idee. Wenn du mit mir auf den Felsenhimmel steigst, dann löse ich das Lampenproblem«, sage ich.

Das ist zwar nicht der Text, den ich geübt habe, aber einen Versuch wert.

Jakob fährt herum, und wenn er mich neulich mit vierhunderttausend Ampere angesehen hat, dann ist das hier next level. Auf keine gute Art. Seine gletscherblauen Augen schießen Eispfeile, die Disneyköniginnen neidisch machen würden. »Ich wusste nicht, dass du hier neuerdings auch schon Bedingungen stellst«, sagt er mit eiskalter Stimme. »Ich glaube, es war klar, dass du nicht klettern kannst. Und du hast Höhenangst!«

»Nicht so richtig … ich … ich … ich wollte nur sagen, dass ich eine Idee für die Lampen habe, aber die Leiter besteigst du. Felsenhimmel, Chaletdecke … es war rein metaphorisch gemeint.« Ich rede mich um Kopf und Kragen. Aber alles ist besser, als weiter dieser kalten Wut in seinem Gesicht ausgesetzt zu sein, die ich mir überhaupt nicht erklären kann.

Die Falte an Jakobs Stirn glättet sich ein wenig, er mustert mich. »Was für eine Idee?«, knurrt er.

»Gibt es hier in der Nähe ein schwedisches Möbelhaus?«

»Gut, dass du schwindelfrei bist«, sage ich.

Jakob reagiert nicht. Wie er auch auf die zwanzig Sätze, die ich seit unserer Rückkehr von Ikea ohne ein direktes Fragezeichen dahinter gesprochen habe, schon nicht reagiert hat. Wir befinden uns in Chalet 1, und ich bin mehr als zufrieden mit meiner Idee, die Kunstgeweihe zu Lampen umzufunktionieren. Die Lindbys machen sich zusammen mit *TäuschendEcht* wirklich gut. Was Jakob dazu meint, ist unklar. Ein brummiges »Mmmmh« ist die einzige Antwort auf die Frage, ob er die Lampenlösung ebenfalls so gut findet wie ich.

»Hör mal, ich stelle meine Bedingungen immer selbst. Und ich muss das hier nicht machen, okay!«

Jakob steht auf der Leiter, und trotzdem muss er sich strecken, um an die Decke zu kommen und die Lampenhalter zu montieren. Zwischen seinen Zähnen klemmt eine rote Isolierzange. Er schaut zu mir, die Finger noch an den Kabeln, die aus den Holzpaneelen herausschauen. Eine Weile mustern wir uns, und ich muss wieder an das Spiel denken, das Em mir beigebracht hat. Wer zuerst blinzelt oder lacht, verliert.

Ich denke gar nicht daran, zu blinzeln oder zu lachen.

»Okay«, sagt Jakob schließlich.

Ich nicke. »Brauchst du Hilfe da oben?«

»Du hmmmfst Höhnnnangffffst.«

»Das hab ich heute schon mal gehört, aber ich würde dir gern bedingungslos das Gegenteil beweisen. Das bisschen hier macht mir nichts aus.« Dass es mir vor allem nichts ausmacht, weil ich weiß, dass Jakob mit mir zusammen auf der Leiter stehen wird, lasse ich aus.

Jakob schwingt das Bein auf die andere Seite, und ich steige mit dem Kunstgeweih und einem Akkuschrauber bewaffnet zu ihm nach oben. Gemeinsam befestigen wir das Geweih an der zuvor gebauten Halterung. Jakob hält, ich schraube. Danach wickle ich die langen Kabelschlingen um die Geweihspitzen, und Jakob befestigt sie vorsichtig mit Klammern. Unsere Bewegungen gehen so flüssig ineinander über, dass es fast keiner Worte bedarf.

»So unbegabt bist du ja gar nicht«, stelle ich fest.

»Du auch nicht«, erwidert er.

Wir grinsen uns an. Mir wird schwindelig. Auf so eine seltsame, gar nicht mal megaunangenehme Art. Wie nach einem Glas Sekt, bevor man das zweite, das definitiv zu viel wäre, getrunken hat. Das schummrige Gefühl kommt nicht von der Höhe. Sondern weil einem ja wirklich nur schwindelig werden kann, wenn man direkt in Gletscheraugen schaut, die einen auch noch anlächeln. Das war so nicht gedacht. Mein Oberkörper schaukelt leicht, ich drohe das Gleichgewicht zu verlieren, will nach der Leiter greifen, greife aber daneben und erwische stattdessen Jakobs Oberschenkel.

»Sorry.« Ich ziehe die Hand zurück, als hätte ich mich verbrannt. Dabei würde ich es sofort wiederholen.

»Schon gut. Damit sind wir quitt.«

Vermutlich meint er damit seine Schwimmteichfummelei. Sicher sein kann ich mir aber nicht. Grumpy-Jakob ist ja wieder mal mehr als wortkarg.

Dafür streckt er jetzt den Arm und legt ihn an meinen Rücken, um mich zu stabilisieren. »Besser so?«

»Mmmh«, mache ich, auch ohne Isolierzange im Mund. Mehr kann ich gerade nicht sprechen. Denn besser macht es das Schwindelgefühl nicht, vielmehr kribbelt es jetzt durch meinen ganzen Körper. Seine Hand an meinem Rücken bewegt sich, die Finger strecken sich, als müsste er sie dehnen. Hand Flex backside sozusagen. Ich bin ihm so nah, dass ich ihn riechen kann. Kein Parfüm, kein Aftershave, vielleicht ein Hauch Deo und ziemlich viel von dem, was ich schon als seinen eigenen Duft identifiziert habe. Ich atme zittrig und hoffe, dass seine Finger das nicht spüren.

»Ach, hier seid ihr!«, ertönt Kits Stimme laut.

Jakob zieht die Hand weg, und ich greife nach der Leiter. Unten stehen Kit und Mika und schauen zu uns hoch.

Mika räuspert sich. »Marita fragt, ob die Lieferung mit der Deko angekommen ist.«

Jakob und ich wechseln einen Blick, und dann passiert es einfach. Wir prusten los.

»Ich will auch so eine Lampe«, sagt Mika. »Die sieht ja so was von schön aus.«

»Ich auch«, verkündet Kit.

»Die muss man abstauben, da kannst du keinen Atalanta-Bergamo-Aufkleber draufpappen«, sagt Jakob mit einer kratzig rauen Stimme, als hätte Kit uns eben beim Sex auf der Leiter erwischt.

Kits Blick fliegt von mir zu Jakob und wieder zurück.

»Was grinst du so?«, frage ich sie.

»Mika hatte recht.«

»Womit?«

»Mit euch beiden. Mit Jakob und dir. Wusstest du, dass wir euch schon shippen?«

Mikas blonder Schopf nickt begeistert. »War Kits Idee«, sagt sie schnell, als sie meinen Blick auffängt. »Ich wusste bis vor drei Tagen nicht, was shippen ist.«

»Wie bitte?« Ich wage es nicht, ein zweites Mal meinen Kopf zu Jakob zu drehen.

Sie lacht laut auf und klatscht in die Hände wie ein Kleinkind, das es geschafft hat, die Kerzen auf dem Geburtstagskuchen auszupusten. »Was magst du lieber: Jaurora oder Aurakob?«

»Hast du ein bisschen zu viel Benzin geschnüffelt?«, frage ich vorsichtig.

»Mein persönlicher Favorit ist Jakora.«

Jakob räuspert sich lautstark. »Ich geh mal … Marita sagen, dass die Deko da ist.«

Ich brauche Mika und Kit nicht anzusehen, um mir ihre Gesichter lebhaft vorstellen zu können. Jakob steigt die Leiter so hastig hinunter, dass ich mich auch mit der zweiten Hand festklammern muss, um nicht zu fallen. Seine Schritte hallen durch das noch spärlich möblierte Chalet.

Als er außer Hörweite ist, steige ich mit wackeligen Butterbeinen hinunter, hole Luft und merke erst da, dass ich nur stoßweise geatmet habe. »Kit, dein Bruder kann mich nicht ausstehen. Du solltest also deine Kreativität anders ausleben. Gib doch Adam und Mika einen Shipnamen. Mikadam oder so.«

Mika lacht leise. »Ich kann mir keinen Typen leisten, nicht mal einen guten wie Adam. Zu viele andere Probleme«, sagt sie.

Doch Kit lässt nicht von mir ab. »So hat Jakob nicht mal die Gletscherforscherin angesehen«, widerspricht sie, während sie an einem schlecht versäumten Aufnäher an ihrer Jacke herumzupft. »Du weißt es vielleicht noch nicht, aber wir, wir wissen es schon. Bei dir und Jakob liegen krasse Vibes in der Luft. Fühl die Tension, mir machst du nichts vor.«

• • •

»Brauchst du mich wirklich, oder hattest du Mitleid mit mir?«, frage ich und bemühe mich, mit Jakobs Schritten mithalten zu können, der am nächsten Tag brummig angekündigt hat, zum Baumarkt zu fahren, und noch brummiger gefragt hat, ob ich mitkommen möchte.

»Weder noch.« Er streckt seine überlangen Beine so übertrieben, dass ich keine Chance habe mitzukommen.

Ich jogge ein kleines Stück und habe ihn dann endlich wieder eingeholt. »Du hast Angst, ohne mich die falsche Sorte Silikon zu kaufen. Oder, nein, warte, gib es zu, du hast keine Ahnung, welche Schrauben wir noch brauchen.«

»Ich weiß, wer hier oben eine Schraube locker hat.«

»Du?«, rate ich.

»Alle außer mir wahrscheinlich.« Endlich hat er einen Gang zurückgeschaltet, trotzdem keuche ich schon ein klein wenig.

»Ich hätte mir dich gut mit dem Schweißband vorstellen können«, sage ich. »Das hätte den Wirbel vielleicht im Zaum gehalten.«

Er knurrt. Und ich grinse in mich hinein.

Der Tod meiner Schwester liegt über meiner Seele wie die Nebelschwaden über den gigantischen Bergen hinter mir, aber wenn ich mich mit Jakob battle, dann ist es, als lichteten sie sich kurz und ließen mich weiter sehen als nur bis zum nächsten trüben Gedanken.

Wenig später steige ich in den Wagen, ziehe mir die Sonnenbrille vom Kopf, um sie aufzusetzen, und nehme dabei gleich ein paar Strähnen Haar mit. Es ziept, und ich rupfe an der Brille.

Jakob mustert mich. Skeptisch-amüsiert ist wohl die treffendste Beschreibung für den Blick, den er mir schenkt. »Du machst dich über meinen Lamborghini lustig und trägst eine Gucci-Sonnenbrille?«

Shit, er hat es gemerkt. Das Teil ist das einzige Markending, das ich besitze. Ich liebe diese Sonnenbrille. »Die ist mein Best Invest. Setz ich seit vier Jahren jeden Tag auf.«

Nicht ganz, aber fast.

»Auch im Winter?«

War ja klar, dass er es nicht einfach so dabei belassen kann.

»Na, da erst recht. Hab sie einem Strandverkäufer für zwanzig Euro abgekauft. Aber ich befürchte, sie ist echt.«

»Hast du ihn runtergehandelt?«

Ich lache. »Nein, hoch. Er wollte zehn, und ich hatte nur zwanzig und er kein Wechselgeld.«

»Dann ist es okay, finde ich.«

»Ja, oder?« Er lächelt und startet den Motor. Ich betrachte ihn, und dann rutscht es mir heraus. »Das machst du viel zu selten.«

»Dich aus brenzligen Situationen befreien? Würde ich nicht so sagen …«

»Lächeln«, sage ich leise. »Du lächelst viel zu selten.«

Er brummt, und seien wir ehrlich, etwas anderes habe ich auch gar nicht erwartet. Immerhin scheint er das Brummen für sich erfunden und patentiert zu haben. Mr Ich-bin-schlecht-gelaunt-und-auch-noch-stolz-drauf.

»Hast du auch so ein Best Invest?« Ich erwarte ein einsilbiges Schnauben, aber er lässt sich tatsächlich zu einer richtigen Antwort herab.

»Seit ich wieder hier bin, denke ich den ganzen Tag über Geld nach. Invest ist mein Unwort.« Sein Blick ist auf die Straße gerichtet.

»Mmh, wolltest du nicht schon immer, oder? Den Laden schmeißen.« Ich frage vorsichtig, obwohl ich die Antwort kenne.

Und er weicht etwas aus. Natürlich weicht er aus. Jakob geht mit seinen Gefühlen um, als bräuchten sie einen Spurhalteassistenten. Und ich gehe ständig fälschlicherweise davon aus, er hätte Allrad. Gerade will ich sagen, dass er mir nicht antworten muss, dass ich mit meinen Fragen oft übers Ziel hinausschieße, weil sie schneller aus meinem Mund kommen, als mein Kopf das Bremspedal drücken kann. Aber dann überrascht mich Jakob ein weiteres Mal.

»Ich wollte Olympia und Freiheit und Annamaria.«

Annamaria. Aha.

Der Name fällt zum ersten Mal.

Annamaria. Soso.

»Wer ist Annamaria?«, frage ich. Zu schnell. Zu neugierig.

»Meine Ex-Freundin.«

»Die Gletscherforscherin?«, rate ich, als ich mich wieder an Kits Worte erinnere.

»Ja.«

»Und jetzt? Was willst du jetzt?«

Mein Herz klopft eifrig gegen die Möglichkeit an, er könnte seine Worte wiederholen. Vor allem den Teil mit Annamaria. Als ob das etwas ausmachen würde. Als ob es etwas … ändern würde.

»Jetzt will ich einfach nur noch Freiheit.«

Es fällt mir ganz schön schwer, mir meine Erleichterung nicht anmerken zu lassen. »Das kann ich gut verstehen. Freiheit ist mein Kryptonit. Fahrtwind ist mein Kryptonit.«

»Na, dann lass uns mal losfahren.« Er lässt die Scheiben herunter. »Fahrtwind für dich.«

Ich schenke ihm ein Lächeln, das er komplett ignoriert. Dann eben nicht. Den Fahrtwind genieße ich trotzdem, halte den Kopf aus dem Fenster und lasse mir den Rest ordentlicher Frisur auch noch vom Wind zerzausen. Ist ja jetzt auch schon egal.

»Man kann übrigens nur eine Sache als Kryptonit haben«, sagt er, als wir die erste steile Anhöhe hinter uns gebracht haben und parallel zu den Apfelplantagen runter in Richtung Tal fahren.

»Sagt wer? Aquaman?«

»Das ist so. Es gibt nur ein Kryptonit pro Person.«

Steile These. Die ich nicht einfach so stehen lassen kann.

»Wenn es nur eins gibt, was war deins? Olympia, Freiheit oder …« Ich schlucke mir etwas Mut an und haue es dann raus. »Annamaria?«

Jakob schnaubt. »Nichts davon.«

Ich gebe zu, dass ich einen kleinen Triumph verspüre, der mich augenblicklich mit schlechtem Gewissen erfüllt. Schlechte Gefühle gegen andere Frauen sind scheiße. Ich will die Gletscherfrau nicht nicht-mögen.

Eine Weile schweigen wir, bis Jakob sich räuspert und fragt: »Brauchst du sonst irgendwas aus Lana? Sollen wir irgendwo halten? Brauchst du was aus einer …«

Er bricht ab, und ich würde meine Blechtassensammlung darauf verwetten, dass er Werkstatt sagen wollte.

»Ein neues Buch vielleicht«, sage ich. Nicht, weil das stimmt, sondern vielmehr weil ich unbedingt vermeiden will, dass er meine ablaufende Zeit am Felsenhimmel näher beleuchtet.

»Du hast das andere noch nicht ausgelesen.«

Woher …? Ich weiß natürlich, woher er es weiß, und spüre, wie mir ein klein wenig Hitze in die Wangen steigt. Trotz Fahrtwind. Es ist das allererste Mal, dass er *unsere* Nächte … anspricht.

Ich halte den Kopf noch einmal aus dem Fenster. »Warum sollte ich ein Buch fertig lesen?«, frage ich dann, eigentlich nur, um das Gespräch nicht abreißen zu lassen, »wenn es mir schon auf den ersten hundert Seiten nicht gefällt?«

»Weil das nicht ausschließt, dass du es dann doch magst.«

»Nehme ich in Kauf.«

Ich will es darauf beruhen lassen, aber Jakob offenbar nicht. »Aber dann nimmst du auch in Kauf, etwas zu verpassen.«

Ich seufze. »Warum sollte ich eine Ausbildung fertig machen, wenn ich weiß, dass ich nie in diesem Beruf arbeiten möchte?«

»Weil du das dann hast, fürs Leben.«

»Wie alt bist du? Fünfundfünfzig?«, sage ich biestig, weil wir uns hier gefährlich einem meiner wunden Punkte nähern.

»Wie alt bist du? Dreizehn?«, kontert Jakob.

Da ist er wieder, der Moment, an dem wir offenbar immer wieder ankommen. Und von dem ich dachte, wir hätten ihn überwunden.

»Du denkst also, alles, was einem nicht sofort gelingt oder gefällt, sollte man hinschmeißen?«

»Nein, das denke ich nicht«, widerspreche ich.

»Aber du sagst es …«

»Ich sage, dass man nicht alles auf Teufel komm raus fertig machen muss, people-pleasing-mäßig, sondern auch einfach mal auf das hören soll, was man selbst möchte.«

»Das ist eine ziemlich gute Definition von Egoismus. So funktionieren Gesellschaften nicht.«

»Ach, und das weißt du, weil …?« Ich lasse den Rest in der Luft hängen und hebe die Hände.

Er antwortet nicht, er setzt nur diesen Blick auf, der so eisig ist wie das Blau seiner Augen.

Wie sie mich ankotzt, seine Selbstgefälligkeit.

Bis Lana schweigen wir uns an. Er lenkt den Wagen zum Baumarkt, und weil dort gerade ein Flohmarkt aufgebaut ist, braucht es drei Runden, bis wir einen freien Parkplatz finden. Dann piepst sein Handy. Als er es herauszieht und offenbar eine Nachricht liest, wird er plötzlich kreidebleich.

Er stöhnt auf. »Fuck.«

»Ist was passiert?«

»Nein … ja … Ich … kannst du bitte die Sachen allein besorgen? Ich hole dich wieder ab, ich muss schnell was Wichtiges erledigen.«

»Okay«, sage ich gedehnt.

Jakobs Finger krallen sich um das Lenkrad. Er sieht mich kurz an, nur lang genug, um mir zu verstehen zu geben, dass ich verschwinden soll. Kaum habe ich die Tür hinter mir zugezogen, tritt er aufs Gaspedal. Dann stehe ich etwas ratlos vor dem Baumarkt.

23

Jakob

Aurora ist mein Kryptonit, aber das werde ich ihr niemals sagen. Dann geht es mir wie Superman, und ich verliere meine letzten Kräfte. Dabei brauche ich nach der Nachricht jede Faser meines Verstandes und vor allem jeden Muskel meines Körpers. Ich rase vom Parkplatz, in dem Wissen, dass Aurora mein geringstes Problem ist. Trotzdem schaue ich ihr im Rückspiegel nach, denke darüber nach, was sie jetzt wieder über mich denken muss.

Bis zur Polizeistation in Meran sind es etwas mehr als zehn Kilometer; wenn ich mich beeile, bin ich in fünfzehn Minuten da. All die Autos vor mir sind zu langsam, ich drängle, ich hupe, ich fluche und schwitze. Schon wieder muss ich dringend die Distanz zwischen Nena und mir verringern. Wie beim Aufstieg auf den Felsenhimmel.

Als ich atemlos vom Parkplatz zum Revier sprinte, kann ich sie zunächst nirgendwo ausmachen. Erst als ich schon befürchten muss, dass sie reingegangen ist, ohne vorher mit mir zu sprechen, sehe ich sie vor dem Brunnen kauern. Ich stoße einen erleichterten Seufzer aus. Nena hat die Beine an den Körper gezogen. Als sie mich sieht, hebt sie wortlos ihr Handy. Ich setze mich neben sie auf den grauen, überraschend kalten Stein. Dann lege ich meinen

Arm um sie. Ihre schmalen Schultern beben, aber anders als sonst versteift sich Nena in der Umarmung, sodass ich sie schnell wieder loslasse.

»Sag deinem Bruder, wir lassen dich hochgehen, wenn er nicht kooperiert«, liest sie von ihrem Display ab. »Dann wird das nicht deine letzte Vorladung bleiben heute.«

»Magnus?«, rate ich und grabe die Finger in die Handflächen.

Meine Schwester schüttelt den Kopf, und ihr blonder Long-Bob wackelt. »Tristan«, sagt sie tonlos. »Aber das macht auch keinen Unterschied.«

»Das ist alles nur heiße Luft, Nena.«

Nicht, dass ich das wirklich glauben würde.

»Woher wissen sie, dass ich heute noch mal aussagen soll?«

»Sie haben ihre Finger überall.«

»Die Tadigo«, sagt Verena leise.

Ich nicke. »Lass nicht zu, dass sie dich mit so was einschüchtern. Sie haben nichts gegen uns in der Hand. Magnus blufft. Tristan blufft.«

Verena schüttelt den Kopf. »Das war nicht alles.«

Noch einmal hebt sie ihr Handy, und mir entgeht nicht, wie ihre Finger zittern. Sie tippt auf ein kleines schwarzes Kästchen mit Playbutton, und mir wird augenblicklich schwindelig. Tristan hat Verena ein Video geschickt. Zunächst ist kaum etwas zu erkennen. Es dauert etwas, bis das verwackelte Bild klar wird, ehe sich die Linse der Kamera fokussiert. Und dann besteht kein Zweifel mehr. Es ist eine Aufnahme vom Felsenhimmel. Die Handykamera hat meine Schwester verschwommen im Zoom eingefangen. Dennoch kann man sie problemlos erkennen. Nicht nur sie. Auch mich, Leo und Emilia. Tristan und Magnus müssen die Szene beobachtet haben. Dort, wo Verena jetzt auf dem Bildschirm zu sehen ist und ihre Hand in Emilias Arm krallt, während diese mit der freien Hand nach ihrem Rucksack auf dem Rücken tastet. Ich sehe mich und Nena auf dem Boden liegen, sehe meinen Versuch, meine Schwester zu retten. Sehe Leo. Ich drehe die Lautstärke höher und höre, wie ich »Lass los!« rufe. Meine Stimme klingt nicht nach mir, sie klingt nicht einmal mehr richtig menschlich. Die Kamera wackelt, richtet sich auf den Himmel, wieder zurück, verpasst den Moment, in dem Leo stürzt. Und dann … kurz vor der Szene, die ich klar und in HD vor meinem inneren Auge sehen kann, lässt Verena das Handy sinken.

Unbemerkt habe ich die Luft angehalten, meine Lungenflügel brennen. Ich huste.

Erst jetzt fällt mir auf, dass dunkle Schatten unter Verenas rot geränderten Augen liegen, dass ihre Wangenknochen stärker hervortreten als noch vor ein paar Wochen.

Ich schlucke die aufkommende Übelkeit hinunter. Damit habe ich nicht gerechnet. Das ist kein Bluff. Magnus und Tristan haben uns tatsächlich in der Hand. Das Video beweist, dass ich eine Falschaussage gemacht habe. Dass Verena die Polizei angelogen hat, und je nachdem, wie man es bewertet, beweist es noch viel mehr.

»Ich muss da rein und meine Aussage rückgängig machen, und du auch.« Verena streicht ihren getigerten Rock glatt und macht Anstalten aufzustehen. »Ehe Magnus und Tristan der Polizei das Video zuspielen.«

»Nein«, sage ich, widerstehe mit Mühe, sie an den Schultern festzuhalten. »Ich kümmere mich darum, okay?«

»Aber was willst du denn machen? Was meint er überhaupt mit kooperieren?«

Ich hasse diesen Ausdruck in ihrem Gesicht. Das Zucken in ihrem Blick, das wie ein Riss durch unser geschwisterliches Band geht. Nie gab es so etwas wie Misstrauen zwischen uns beiden.

Nie *zuvor* zumindest.

»Lass das meine Sorge sein, ich kümmere mich darum. Tristan hat der Polizei das Video bis dato unterschlagen, obwohl auch er befragt wurde. Er wird es ihnen nicht einfach zuspielen.«

Aber er wird es für sich zu nutzen wissen, das ist mir klar. Es auf irgendeine Art veröffentlichen und uns vernichten.

Wenn dein Bruder nicht kooperiert. Dann wirst du sehen, was passiert, wenn du dich mit den Falschen anlegst.

»Jakob, ich bin schuld an dem, was passiert ist. Ich stehe dafür jetzt gerade.«

»Nein!« Ich schreie jetzt fast.

Verena zuckt zusammen und sieht sich um. Aber der Platz ist leer.

»Wir haben uns gegenseitig gedeckt, wenn wir jetzt auspacken, dann wandern wir beide in den Knast. Dann kann Mama den Felsenhimmel gleich Magnus und Tristan überschreiben, dann war alles umsonst.«

»Ich wollte nicht, dass jemand stirbt.«

»Natürlich nicht«, sage ich jetzt sanfter. »Ich auch nicht.«

Sie starrt mir einen Moment tief in die Augen. Öffnet den Mund, schließt ihn wieder. Sie glaubt mir doch, oder? Nena glaubt mir, dass ich nicht wollte, dass Leo stirbt. Der Speichel in meinem Mund schmeckt sauer.

»Ich bin nicht traurig, um Emilia natürlich, aber nicht um … ihn.« Sie sagt es so leise, dass ich ihre Worte kaum verstehe. »Ich bin ein schrecklicher Mensch, aber ich bin nicht richtig traurig.«

»Das ist der Schock«, versuche ich es lahm. Innerlich noch immer wie paralysiert von diesem Blick. Ich schlucke die Säure in meinem Mund runter.

Nena schüttelt leicht den Kopf. »Wir hatten einen schrecklichen Streit da oben. Du kannst dir nicht vorstellen … er hat … ich bin so blöd. Ich falle auf diese Arschlöcher rein und lasse Dinge mit mir machen, ich … Was ist nur mit mir los, Jakob? Was stimmt nicht mit mir?«

»Mit dir stimmt alles«, sage ich bestimmt, und jetzt lässt sie zu, dass ich sie kurz an mich ziehe.

Als wir noch klein waren und uns ein Zimmer geteilt haben, standen unsere Betten Fuß an Fuß, und Verena und ich konnten nur schlafen, wenn unsere Zehen sich berührt haben. Als wäre da etwas übrig geblieben aus der Zeit, in der wir uns den Mutterleib geteilt haben. Wenn es ihr schlecht geht, spüre ich diesen Schmerz, als könnten sich unsere Seelen berühren.

Verena schluchzt. »Ich sehe Emilia fallen, jede Nacht. Aber das ist nicht das Schlimmste. Ich träume dann, dass Leo es geschafft hat, wieder nach oben zu klettern. An Emilias Bein zieht er sich hoch, Nacht für Nacht, und er kommt raus und stürzt sich auf mich, und Emilia fällt ein zweites Mal.«

Ich spüre Verenas Tränen an meinem Hals, ihre Verzweiflung unter meinen Händen.

»Wann hört das auf?«, fragt sie. »Ich will, dass das aufhört.«

»Ich kümmere mich darum«, sage ich. Als wüsste ich nicht genau, dass es gar nicht um Tristans Drohung geht. Dass ich nichts tun kann, um ihre Albträume zu beenden.

»Du fährst nach Hause, an den Felsenhimmel, ruhst dich aus. Wir finden für alles eine Lösung.«

Sie schüttelt hastig den Kopf. »Ich kann nicht. Ich hab zugesagt, für das Shooting von Vienna Inside. Ich muss übermorgen zurück sein.«

Ich drücke sie ein kleines bisschen von mir weg und mustere sie. »Du wolltest doch nicht mehr modeln.«

Sie zuckt mit den Achseln, dann tippt sie sich an die Stirn. »Das hier ist nicht so gefragt wie das hier.« Sie macht einen Schwenk über ihren Körper und lächelt gequält. »Ist gut bezahlt, und bis ich eine neue Wohnung gefunden habe, brauche ich das Geld.«

»Darum kann ich mich doch kümmern.«

Sie winkt ab. Aber in meinem Kopf hat sich ein Plan geformt, der mir zwar zutiefst missfällt, aber womöglich tatsächlich die einzige Chance ist, Nena, den Felsenhimmel und mich aus der Scheiße zu ziehen. Ich habe keinen Traum mehr zu verlieren, meiner ist längst zerbröselt wie brüchiger Fels. Ich kann nur noch meine Schwester retten und sie weiterhin aus der Sache raushalten.

»Ich muss jetzt rein«, murmelt sie.

»Okay.«

»Was sage ich denen, Jakob?«

»Exakt das Gleiche wie beim letzten Mal. Oder einfach gar nichts. Besteh auf einem Anwalt.«

Nena nickt langsam. Dann erheben wir uns beide. Ich schließe sie in meine Arme. Sie kommt mir seit dieser Sache so zerbrechlich vor, und ich umarme sie so vorsichtig, als müsste ich ihre Knochen an Ort und Stelle halten. Als müsste ich meine Schwester im Ganzen zusammenhalten. Viel zu schnell löst sie sich von mir, wischt sich übers Gesicht und strafft die Schultern.

Als sie im Innern des Gebäudes verschwunden ist, ziehe ich mein Handy heraus. Das Telefonat dauert kaum fünf Minuten, und ich gönne mir danach nicht die Zeit, meine Worte zu bereuen, sondern wähle als Nächstes Kits Handy an. »Kit, hast du … ihre Nummer?«

»Hä? Welche Nummer?«

»Die von … die unseres Campinggasts?«

»Alter!« Sie lacht. »Du meinst Aurora?«

»Hast du sie oder nicht?«

»Ja, hab ich.«

»Ruf sie an und sag ihr, dass sie ein Taxi hoch zum Felsenhimmel nehmen soll, sie ist in Lana im Baumarkt, ich hab noch zu tun. Ich komme erst heute Nacht zurück.«

Kits Stimme verändert sich. »Jakob, ist alles okay?«

»Ja«, stoße ich die erste, aber nicht letzte Lüge dieses Tages hervor. »Alles okay.«

Vierte Sprachnachricht

Ich hab gelesen, dass das Gehirn eines Menschen noch mal besonders aktiv ist, bevor er stirbt.

Und seit ich das weiß, lässt mich der Gedanke nicht mehr los. Was hat er gedacht, was hat er gesehen, als er mich angeschaut hat?

Nicht, dass ich es bereue. (Flüstern) Ich *wollte* es. Und ich habe Angst, dass du mich deswegen hassen könntest. Ich kann nicht ertragen, dass du mich hasst.

(Seufzen)

Ehrlich gesagt habe ich auch ein bisschen Angst, dass ich nicht aufhören kann. Dass die Liste in meinem Kopf noch weitere Namen ausspucken wird, die es verdient haben.

Ich dachte, ich könnte ihm vertrauen. Und dann hab ich gemerkt, dass er noch schlimmer ist als die anderen. Dass er das perfideste Spiel überhaupt mit mir gespielt hat.

Weißt du, was ich gelernt habe in den letzten Wochen? Es geht nicht so sehr um das, was man glaubt. Sondern um das, was man glauben *will*. Das zu unterscheiden, ist manchmal fast unmöglich. Schätze, damit kennst du dich inzwischen auch aus.

Aber keine Sorge: Ich bin da, und ich passe auf dich auf, Schwester. Wenn du mich nur lässt.

24

Aurora

;

46 593 981 038 167 975, 11 147 36 346 192 578
Aktualisieren: 46 593 981 038 167 975, 11 147 36 346 192 578
Aktualisieren: 46 593 981 038 167 975, 11 147 36 346 192 578

Ich wache von einem Klopfen an der Tür auf. Alabaster hebt nur träge den Kopf. »Ja? Wer ist da?«

»Ich bin's. Jakob. Kannst du … rauskommen?«

In Leggins und einem weiten Sweatshirt tapse ich zur Tür und schiebe sie auf. Jakob steht direkt davor. Seine Haare hängen ihm quer über die Stirn, er sieht müde aus. Seit heute Mittag auf dem Parkplatz vor dem Baumarkt habe ich ihn nicht mehr gesehen.

»Jetzt?«, frage ich. »Es ist mitten in der Nacht.«

»Es ist unsere Zeit der Nacht, oder?«, sagt er leise.

Mein Herz beschleunigt bei seinen Worten maximal.

»Also fast«, korrigiert er sich.

»Was hast du vor?«

»Ich hatte einen richtigen Scheißtag, und ich könnte einen guten Abschluss brauchen.«

»Okay«, erwidere ich vorsichtig. Das kommt überraschend.

Vor allem der Teil mit dem guten Abschluss, den er ausgerechnet mit mir verbringen will.

»Ich muss dir was zeigen. Etwas, was du vermutlich noch nie gesehen hast und auch nie wieder sehen wirst.«

»Spannung kannst du.«

Ein unsicheres Lächeln zuckt um seine Mundwinkel, und dann … dann greift Jakob Hofer, der grummeligste Mensch seit dem Almöhi, nach meiner Hand, verschränkt meine Finger mit seinen. Es fühlt sich an, als gehörten meine Hände genau dorthin, als wäre die Kuhle seiner Innenflächen das Gegenstück zu meiner. Sein Daumen liegt über den Knöchelchen meines kleinen Fingers.

Nie habe ich bewusster die Hand eines anderen Menschen gehalten.

Er lässt mich nicht los, während er mich weiterführt. Um meinen Van herum, am Haupthaus entlang, vorbei und hoch in Richtung des Pavillons. Der Weg ist beleuchtet, ich bräuchte seine Hand nicht und will sie trotzdem nicht loslassen. Um keinen Preis.

»Vom Pavillon aus sieht man es am besten.« Jakobs Stimme hat einen Klang angenommen, der mir völlig neu ist.

»Willst du mir nicht endlich verraten …?«

»Manche Dinge lassen sich nicht erklären, die muss man sehen, um sie zu fühlen.« Als wir den Pavillon erreicht haben, sieht zunächst alles aus wie immer, aber dann, am höchsten Punkt, von dem aus man das Tal überblickt, stockt mir einen Augenblick der Atem. Jakob bleibt am äußersten Punkt der Terrasse stehen.

»Jakob, das ist …«

»Sag ich doch.«

Dort, unterhalb der Apfelplantagen, funkeln Tausende von Lichtern. Wie ein Ring aus gelblich schimmernden, tanzenden Punkten schlängeln sie sich um den Berg. Nicht einheitlich hell und auch nicht ruhig. Ihr Schein flackert, manche sind groß, andere nur winzige Punkte. Und ich begreife, dass sie keine künstlich erzeugten Lichter sein können. Was ich sehe, sind Tausende und Abertausende von Kerzen, inmitten der Weinberge unterhalb der Apfelreihen.

»Was ist das? Sind das alles Lichter? Warum …?«

Ich höre das Lächeln in seiner Stimme, das sie so ungewohnt warm färbt. »Das sind die Schutzschilde der Weinberge. Es ist zu kalt für diese Jahreszeit, die Winzer schützen die Triebe, indem sie zwischen den Zeilen Frostkerzen aufstellen.«

»Es sieht magisch aus«, sage ich und blicke auf das Schauspiel am Hang. »Sie funkeln wie Edelsteine.«

Jakob nickt und drückt meine Hand. Für diesen Moment hier mit ihm ist alles gut. Zum allerersten Mal fühle ich eine Art Frieden in mir aufsteigen. Als ich vor etwas mehr als einer Woche hier hochgekommen bin, wollte ich Em eine Kerze anzünden, und hier sind nun Tausende. Unterhalb des Ortes, an dem sie so einen schrecklichen Tod gefunden hat. »Em, die sind für dich«, flüstere ich, zu leise, als dass Jakob es hören könnte. Ich wage kaum zu blinzeln, aus Angst, das Schauspiel könnte dann einfach wieder verschwinden, aus Angst, ich könnte nur träumen und in Wirklichkeit im Van liegen, ohne Jakobs Hand. Aber da sind seine Finger, und es ist real. Um uns herum Perlenketten aus Lichtern und wir beide hier oben, Hand in Hand.

»Die Apfelplantagen werden mit Wasser besprüht, damit der Frost sie in eine schützende Eisschicht hüllt.«

»Feuer und Wasser«, sage ich und schaue dann hoch zu Jakob. In seine Augen. Gletschereis und Auengrün. Nie hat etwas besser gepasst.

»Ja, genau, die Gegensätze der Natur.«

Ich fröstle, und als er es sieht, löst er seine Hand von meiner – wobei er so aussieht, als könnte er nicht glauben, dass er sie überhaupt erst in die seine genommen hat –, zieht seinen Pullover aus und legt ihn mir über die Schulter.

»Schau«, sagt er und deutet jetzt in den Himmel. Die Nacht ist so klar, dass auch dort oben die Sterne in unzähligen glitzernden Punkten über der Landschaft schweben. Ein scheinbares Chaos, das jetzt aussieht, als würde es sich in den Weinbergen spiegeln.

»Warum zeigst du mir das?«

»Ich zeige es auch mir selbst. Damit ich begreife, was für ein Glück ich habe, hier leben zu dürfen.« Er stockt, als wäre das noch nicht alles, was er sagen wollte. »Und ich wollte es mit dir teilen.«

»Danke«, hauche ich. Und dann taste ich nach seiner Hand. Drücke sie fest. »Was war heute los?«, frage ich vorsichtig.

Er atmet hörbar aus. »Sagen wir so: Mein Lebensplan hat sich radikal geändert, und ich hab etwas getan, was ich nie tun wollte. Aber jetzt musste.«

»Ich habe keinen Lebensplan, ich hab nur Landkarten.«

»Das ist schön für dich«, sagt er und will die Hand wegziehen.

Aber dieses Mal nicht, dieses Mal will ich ihn nicht entkommen lassen.

»Was auch bedeutet, dass ich noch keine Markierung an einem Punkt gesetzt habe, an dem ich gern bleiben würde. Egal, für was du dich entscheidest. Lebensplan oder Landkarte, offenbar fehlt immer etwas.«

»Ich werde dich nicht bitten zu bleiben«, sagt er leise, aber so bestimmt, dass ich eine Gänsehaut bekomme.

»Und ich werde nicht bleiben«, erwidere ich.

Der Druck seiner Finger um meine Hand verfestigt sich. Dann zieht er mich zu sich. Ich taste mich mit meinem Blick über seine Brust, die meiner jetzt so nah ist, hoch in sein Gesicht. Der Ausdruck in seinen Augen ist ernst, aber da ist noch etwas anderes. Feuer und Eis.

Ich schnappe nach Luft, spüre, wie sich ein heftiges Ziehen zwischen meinen Beinen breitmacht, wie Wärme in meine Wangen kriecht und ich gleichzeitig fröstle, weil sein Blick so hart ist. So fordernd. So voller Lust. Ich recke das Kinn, er öffnet die Lippen. Ich stelle mich auf die Zehenspitzen, er greift mit der freien Hand in meinen Nacken, zieht mich zu sich. Meine Brüste berühren seinen Oberkörper, die Härte der Muskeln darunter kollidiert mit meiner Weichheit. Es ist wie der Tanz der Lichter unter und über uns. Kaum sichtbar folgen wir einem Rhythmus, einer Reihenfolge, einer uralten Choreografie. Ich atme noch einmal zittrig ein, dann schließe ich die Augen und strecke mich Jakob entgegen. Unsere Lippen stoßen zusammen, prallen aufeinander. Nicht sanft, sondern fest. Nicht weich, sondern voller Wucht. Gierig trifft es am besten. Jakob saugt an meiner Unterlippe, er beißt fast. Und ich stöhne gegen seinen Mund. Seine Arme halten mich, als hinge ich noch immer an dem Felsvorsprung und er müsste mich vor dem Absturz bewahren. Ich versinke in diesem Kuss, lasse mich gegen seine kühlen Lippen fallen. Lasse mich auffangen von seiner Zunge, die meine umkreist. Er schmeckt wie ein klarer Bergsee, er küsst wie ein Vulkanausbruch. Ich atme keuchend, fühle, wie er mich an sich presst und ich es ihm gleichtue. Mein Gott, die Welt dreht sich um uns herum, aber es könnte genauso gut sein, dass sie sich auf den Kopf gestellt hat.

Es ist Jakob, der den Kuss löst. Plötzlich, fast schon abrupt. Als wäre ihm ein Gedanke gekommen, der das hier völlig unmöglich macht.

Ich habe etwas getan, was ich nie tun wollte.

Seine Worte klingen in meinen Ohren. Vielleicht gilt der Satz auch für das hier. Für mich. Für diesen Kuss. Ich blinzle mich zurück in die Umgebung aus Sternen und Lichtern. Es soll nicht aufhören. Ich will, dass es weitergeht. Wie sehr ich mir gerade wünsche, er würde meinen Namen sagen. Noch halten wir uns, aber ich habe erneut das Gefühl zu fallen. Und dieses Mal fängt er mich nicht. Seine Hand gleitet aus der meinen, die rechte rutscht an meinem Nacken hinab und verliert sich. Es kommt mir vor, als müsste er sich anstrengen, es langsam vonstattengehen zu lassen.

Ich werde dich nicht bitten zu bleiben.

Noch vor diesem Kuss, vor Minuten oder Sekunden, hat mich dieser Satz angestachelt. Jetzt plötzlich lässt er mich taumeln.

»Ich …«, fange ich an und weiß gar nicht, was ich sagen soll.

Seine Augen sind so leer wie kalt. Das Feuer ist erloschen. Viel zu schnell. Er sieht an mir vorbei, zu einem Punkt irgendwo dort oben hinter den Bergen.

»Was …?«

Er hebt die Hand, sie verharrt unmittelbar vor meinem Hals, vor der Tätowierung. Ich warte auf die Berührung, möchte mich in sie legen. Aber nichts passiert. Er zuckt zurück.

»Das … ich weiß auch nicht, wie das passieren konnte«, sagt er, Gletschereis in der Stimme.

»Oh«, mache ich und komme mir wahnsinnig dämlich vor.

Jakob hebt die Hände, als müsste er mich abwehren.

Keine Sorge, ich schmeiß mich dir schon nicht an den Hals.

»Verstehe«, sage ich, auch wenn das Gegenteil der Fall ist. »Ich geh dann wieder.« Wie dumm, darauf zu warten, dass er meinen Namen sagt. Wie absolut bescheuert, auf ein »Aurora, bleib!« zu warten, obwohl seine Körpersprache eindeutig mit mir kommuniziert.

Wie betrunken gehe ich die ersten Schritte, zwinge mich, mich nicht umzudrehen. Und weiß doch instinktiv, dass er mir nachsieht. Auch wenn ich keine Ahnung habe, was hier gerade los ist.

25

Jakob

Aurora richtet in der Sauna den Akkuschrauber auf mich wie eine Pistole. »Jetzt bin ich fertig«, sagt sie.

Es ist elf Uhr vormittags, und ich habe mich, sagen wir, absichtlich verspätet.

»Gut geschlafen?«, frage ich. Schon geraume Zeit kaue ich nun auf der richtigen Einleitung eines Gesprächs herum, was der eigentliche Grund für meine Verspätung ist. Auf etwas Eloquenteres als »Gut geschlafen?« bin ich trotzdem nicht gekommen.

Sie antwortet nicht, sondern starrt mich einfach weiter an.

»Es tut mir leid«, versuche ich es mit dem zweiten Satz. Der leider auch danebengeht.

»Was? Dass du mich geküsst hast oder dass du es so offensichtlich bereut hast?«

»Es war ein bisschen wie ein Unfall«, muss ich zugeben und beeile mich, ein »Auf eine gute Art« nachzuschieben, als sich ihre Miene weiter verdunkelt.

»Du sagst nie meinen Namen.«

Fuck. Fuck. Fuck. Kit hat es ihr gesagt. Wenn ich das kleine Monster in die Finger kriege, dann …

»Ich schätze, es gibt einfach keinen Grund dazu. Ich sage auch nicht ständig Mika oder Adam oder Kit oder …«

»Küsst du Mika, Adam oder Kit?«

Okay. Gut. Es war zu erwarten, dass ich nicht mit einer flüchtigen Ausrede davonkomme. Besser, mir fällt jetzt schnell etwas ein.

»Nein, aber …«

»Würdest du mit Mika, Adam oder Kit in die Sauna gehen?«

»Ja … sicher.« Worauf will sie hinaus?

»Und mit mir?«

Allein ihre Worte lassen mein Blut in tiefere Regionen schießen, stacheln die Fantasie an.

»Wie meinst du das?«

»Ich hab doch gesagt, ich bin fertig. Und es ist eine Sauna, oder?«

»Ja.«

»Möchtest du, dass deine Gäste sich nachher am Kachelofen wärmen müssen, oder sollen sie schwitzen?«

»Schwitzen natürlich.«

Das hat sie nicht wirklich vor, oder? *Ich* schwitze schon beim Gedanken an sie, ganz ohne Ofen. Aber Aurora geht an mir vorbei und öffnet das kleine Türchen mit der Steuerung, das sie so geschickt in die Wand eingebaut hat, dass man es kaum mit bloßem Auge erkennen kann. Dann drückt sie irgendwelche Knöpfe, vermutlich den Life-Guard-Assistenten, und stellt die Temperatur ein.

Ich schlucke. »Jetzt? Du willst die Sauna *jetzt* testen?«

Sie dreht sich nicht um, als sie sagt: »Also, Adam meinte, er sei dabei.«

»Adam!« Ich brülle den Namen fast. »Adam muss *arbeiten*. Deinen Van fertig machen. In Chalet 7 das Wespennest beseitigen. Die Gäste heute Morgen waren außer sich.«

Jetzt funkelt sie mich über die Schulter hinweg an.

»Ich mach das, also ich teste die Sauna«, platze ich heraus.

»Mit mir?«

»Wenn es sein muss, auch mit dir.«

»Ich kann es auch alleine, Jakob.«

Kann sie bitte aufhören, meinen Namen zu sagen?

»Allein ist zu gefährlich«, behaupte ich. Klar, so ein Saunaaufguss kann schon Leben kosten. »Stell dir vor, die Temperatur gerät zu heiß und du erleidest einen Kreislaufkollaps.« Es gelingt mir, das erstaunlich neutral und ehrlich besorgt auszusprechen.

Um Auroras Mund spielt ein Grinsen. »Ich verspreche dir, ich falle nicht über dich her. Du kannst natürlich auch gern in einem deiner Olympia-T-Shirts saunieren. Ist mir egal.«

»Ach ja?«, rutscht es mir zusammen mit einem Lächeln, das sich schief anfühlt, heraus.

»Ich interessiere mich rein wissenschaftlich für deinen Körper, Jakob. Im Sinne von: Funktioniert das, was ich die letzten zwei Stunden gemacht habe, oder funktioniert es nicht.«

Ich weiß natürlich, dass sie den Saunaofen meint, aber dennoch klingt es doppeldeutig. Keine Ahnung, ob der Ofen jetzt endlich mehr als vierzig Grad schafft. Es ist mir auch herzlich egal. Mein eigenes Thermostat ist am Durchdrehen, und ich habe größte Schwierigkeiten, das vor ihr geheim zu halten.

Es gelingt mir, semiselbstbewusst zu nicken. Klar, nichts dabei. Ich war schon mit Hunderten, ach was sage ich, mit *Tausenden* von Frauen in der Sauna. Aber vermutlich nie mit einer, die mich schon mit Klamotten so erhitzt wie Aurora.

»Ich gehe mich dann mal umziehen…«, sage ich.

Wenn mich nicht alles täuscht, lacht sie leise, als ich mich davonmache. Bei meiner Rückkehr ist Aurora nackt. Zumindest unter dem Handtuch. Oder ich gehe davon aus, dass sie nackt ist, vielleicht trägt sie auch noch einen Bikini. Allein darüber nachzudenken ist fast zu viel. Mein Handtuch ist um die Hüfte gewickelt, außerdem habe ich ein größeres dabei, auf das ich mich setzen kann. An der Wickeltechnik habe ich ein paar Minuten gefeilt. Sodass der Knoten gewisse Schwellkörper verdeckt, die mit Sicherheit reagieren werden, sobald wir da drinsitzen. Sollte Auroras Handtuch nur ein paar Zentimeter weit verrutschen, kann ich für nichts mehr garantieren.

Aurora setzt sich auf die Bank mir gegenüber.

Sie leckt sich über die Lippen, zupft ein wenig an dem Handtuch herum. Ihre Beine stehen nebeneinander, leicht geöffnet. Und das Handtuch ist nicht lang.

Die ersten Tropfen Schweiß bilden sich auf meiner Stirn. Aber nicht, weil es schon so heiß wäre. Ich denke an den Kuss, denke an ihre Lippen. Ihre Haare kringeln sich um ihren Kopf. Diese verdammten Haare. So widerspenstig wie ihr Wesen. Sie greift in ihren Nacken und löst den Zopf, schüttelt die dunkle Mähne ein wenig.

»Aufguss?«, fragt sie.

Danke, mir ist schon heiß.

»Ja klar.«

Als sie aufsteht, rutscht das Handtuch am Hintern nach oben. Ich sehe den Ansatz ihres Pos, die Rundungen, die ich am Felsen unter meinen Fingern gespürt habe. Aurora nimmt die Kelle aus dem Topf mit Wasser, den sie angeschleppt haben muss, während ich mit meinen Handtuchknoten beschäftigt war. Sie schöpft und gießt das Wasser über die heißen Steine. Dann greift sie nach einem kleinen Handtuch auf der Bank und verwedelt den entstandenen Dampf. Der Duft von Kiefernholz und Tannennadeln steigt auf. Ich schaue auf das dünne Kettchen an ihrem Fuß, um nicht auf interessantere Stellen ihres Körpers fixiert zu sein. Aber selbst ihre Fesseln sind sexier, als erlaubt sein sollte. Ich habe keine Ahnung, wie ich das durchhalten soll. Statt sich wieder auf ihren Platz zu setzen, steuert sie direkt auf mich zu, bleibt dicht neben mir stehen und beugt sich über mich. Auf den Zehenspitzen wippend greift sie an mir vorbei an die Wand. Dort hängt die kleine Sanduhr, die sie umdreht.

Fünfzehn Minuten. Völlig unmöglich. Ich sehe, wie sich ihr Busen unter dem Handtuch spannt, nur wenige Zentimeter von meinem Kopf entfernt, rieche ihr Deo, rieche Aurora. Und habe sofort den Geschmack ihrer Lippen im Kopf.

»Wie lange hältst du durch?«, will sie wissen und wippt wieder zurück auf die Fersen.

»Nicht lange, es ist zu heiß«, sage ich.

Ihre Hand streift meinen Arm, sie lacht ganz leise und es ist jetzt wirklich endgültig um mich geschehen. Aurora. Ihr Name liegt ganz vorn auf meiner Zungenspitze. Vorsichtig greife ich nach ihrer Hand, halte sie fest, ehe sie sich wieder entfernen kann. Ehe das hier vorbei ist. Mein Schwanz ist hart, er drückt gegen das Handtuch, und ich kann absolut nichts dagegen tun. Ich will auch nichts mehr dagegen tun. Das hier ist der Moment, in dem mir alles völlig egal ist. Ich will sie. Und ich verstehe selbst nicht mehr, was mich letzte Nacht geritten hat, diesen Kuss zu unterbrechen. Sie gehen zu lassen. Das Gefühl von gestern, etwas Falsches zu tun, etwas Wichtiges übersehen zu haben, lässt sich nicht mehr greifen. Dafür ist sie jetzt zum Greifen nah.

Aurora sieht mich an. Ihre Augen wirken dunkler, als hätte sich ein Schleier über das Grün gelegt. Sie lächelt ganz leicht, mit geöffneten Lippen.

»Hi«, sage ich.

»Hi«, erwidert sie. Ganz dicht vor meinem Gesicht.

Ich ziehe sie noch näher. »Keinen Schweiß aufs Holz, immer auf dem Handtuch sitzen«, murmle ich.

Sie versteht, lässt sich langsam seitlich auf meinem Schoß nieder. Sie streift meine Erektion, aber mein Hirn ist wie deaktiviert. Scheiß auf all die Konsequenzen, die ich mir so gut erklärt habe. Ich *will* einfach nur noch. Ich will Aurora.

Sie lässt mich nicht aus den Augen, kommt näher und presst ihre wunderbaren Lippen auf meine. Schließt die Augen nicht, sieht mich an. Ich verschwimme in ihren Augen. Ich öffne den Mund für sie, taste nach ihrer Zunge, umkreise sie. Völlig anders als gestern. Nicht weniger gut. Einen Hauch aufregender vielleicht noch.

Sie steht kurz auf, und einen schrecklichen Moment lang fürchte ich, sie könnte es sich anders überlegen. So wie ich gestern die Notbremse ziehen. Stattdessen aber zupft sie das Handtuch etwas höher, bis zum Ansatz ihrer braun gebrannten Schenkel. Dann spreizt sie die Beine, und ich kann nicht anders. Ich stöhne laut, als sie sich kurz darauf rittlings auf mich setzt. Mein Schwanz pocht unter dem Handtuch. Sie schiebt das Becken vor und reibt sich an mir. Ich kann nur noch stoßweise atmen. Auroras Schultern sind von einer feinen Schweißschicht bedeckt, auf meiner Haut perlen Tropfen. Unsere Körper glitschen an den Stellen, an denen sie nicht vom Handtuch bedeckt sind, aneinander. Vorsichtig greife ich an die Stelle, an der das weiße Frottee vor ihrer Brust eingesteckt ist, und sehe sie fragend an. Sie nickt langsam.

Gerade will ich den Zipfel des Handtuchs herausziehen, sie davon befreien, als sie plötzlich zusammenzuckt. »Fuck, da ist jemand.«

Ich schaue an ihr vorbei, durch die Glasfront und sehe Adam

»Hast du ihm nicht gesagt, dass …?«

Weiter komme ich nicht. Da klopft es an der Tür.

»Jakob? Bist du da drin?« Aurora rutscht gerade noch von meinem Schoß, da öffnet sich bereits die Saunatür, und Adam streckt verstohlen den Kopf herein.

Auroras Wangen glühen. Eilig verschränke ich die Hände über dem sich nach oben wölbenden Handtuch in meinem Schoß.

»Störe ich?«, fragt Adam.

»Ja«, knurre ich, während Aurora ein »Nein« herauspresst. Sie hat sich neben mir auf die Bank fallen lassen und die Beine übereinandergeschlagen.

»Ihr seht aus, als würdet ihr nicht viel Hitze vertragen. Du bist ja schon ganz rot, Aurora.«

»Das täuscht«, sagt sie ungewohnt piepsig.

»Egal. Warum ich hier bin, Boss … Marita sucht dich.«

»Ich komm gleich raus, geh schon mal vor«, sage ich zu Adam, der sich das nicht zweimal sagen lässt und schnell verschwindet.

Wenig später, draußen in der kühleren Luft, stehen Aurora und ich uns gegenüber. Ich hebe die Hand, um ihr eine wilde Strähne aus der Stirn zu streichen, halte dann aber inne.

Sie blinzelt und lächelt schief. »Das war knapp.« Aurora befestigt das Handtuch an ihrer Brust, steckt den Zipfel fest.

»Ja«, erwidere ich, bekomme aber nicht mehr heraus.

»Vielleicht sollten wir …« Sie macht eine vage Bewegung in Richtung Haupthaus.

»Ja …«

»Also, dann gehe ich jetzt«, murmelt sie.

»Äh, ja.« Ein drittes Mal. Mir ist, als könnte ich Kit leise lachen hören.

26

Aurora

;

Wo ist? Location sent via Satellite 46 593 981 038 167 975, 11 147 36 346 192 578 – Satellite Location, 4 Minutes ago

»Shit, sag mir nicht, dass du für all das hier den richtigen Platz hast. Ich meine, ein Fach für deinen Reisepass und Impfausweis? Ich hab nicht mal einen Kleiderschrank.« Kit schnalzt mit der Zunge, während sie sich von Schublade zu Schublade arbeitet und eine nach der anderen aufzieht. Sie hat sich diese Besichtigungstour des Vans gewünscht, und ich weiß wieder ganz genau, warum ich mein Zuhause niemals auf irgendeiner Freizeitmesse ausstellen lassen würde.

»Du wohnst ja auch nicht auf sechs Quadratmetern«, sage ich und will kurz protestieren, als sie auch noch das Fach mit meinen gefalteten Unterhosen öffnet und fassungslos den Kopf schüttelt.

»Wie macht man das? Lernt man das irgendwo? Ich frage für eine Freundin.«

Ich zucke mit den Achseln. Und fühle mich nackt. Das hier ist alles, was ich besitze. Das hier bin ich. Mein Leben auf vier Rädern. Ich bin stolz darauf, aber ich habe auch starke Beschützerinstinkte meinen wenigen Habseligkeiten gegenüber. »Es bleibt mir nichts anderes übrig, schätze ich. Wenn du nicht ständig über was stolpern willst oder wenn ich nicht will, dass Alabaster meine Socken frisst …«

»Hätt trotzdem nicht gedacht, dass du so ordentlich bist.«

Ich bin ordentlich, war ich schon immer. Und es ist etwas, für das ich mich hin und wieder schäme. Was total bescheuert ist. Aber was die Anordnung meines Bestecks in einer Schublade betrifft, bin ich wie eine Hausfrau aus einem 60er-Jahre-Werbespot. Ich verstehe da auch keinen Spaß. Mein Camper ist meine Burg. Meine Marie-Kondo-Attitude kein Widerspruch zu meinem Adventure Lifestyle. Und ich will nicht, dass irgendjemand meinen Spagat aus gutbürgerlicher Spießigkeit und Free Vanlife beurteilt. Oder gar verurteilt.

Kit patscht weiterhin wie ein Kind, das die Welt mit den Händen entdecken muss, in meinen Sachen herum. Es macht mich dezent nervös. Und ich warte auf den Moment, in dem sie mich auslacht. Aber der kommt nicht.

Stattdessen schaut sie mich an, wirkt auf einmal so viel jünger als sechzehn. »Wenn bei mir etwas dreckig ist, dann mach ich einfach 'nen Aufkleber drauf.«

Für Aussagen wie diese muss man sie dann wiederum lieben, so viel ist klar.

»Gute Taktik«, sage ich und lache.

Ich stelle mir Jakob hier vor. Wie er meine handlackierten Schränke betrachtet, ich ihm erkläre, welche Luke man verschieben kann, damit sich dahinter noch etwas mehr Stauraum offenbart. Wie ich ihm sage, dass da auch Platz …

Gott, warum? Warum zur Hölle sollte ich wollen, dass Jakobs prüfende Gletscheraugen seine eisige Stimmung auf meinen gemütlichen Skandinavia-Style-Van übertragen? Wobei es zuletzt ja eher heiß statt eisig war, auch wenn wir seit Saunagate vor zwei Tagen umeinander herumschleichen und nicht so richtig wissen, wie wir uns verhalten sollen. Was natürlich auch daran liegen könnte, dass seither alles schiefgegangen ist. Der Laster mit dem Kies für den Weg zur Sauna hat das gesamte Material im benachbarten Hof abgeladen, und wir mussten alles aufschaufeln und mit der Schubkarre herüberfahren. Und dann gab es noch den Kurzschluss in Chalet 6, nachdem Jakob beim Anbringen der Geweihlampe ein Kabel angebohrt hatte. Ganz zu schweigen von dem neuen Waschbecken für den Duschraum des Fitnessraums, das Adam mal eben aus der Hand geflutscht ist.

Trotzdem: Jedes Mal, wenn sich zwischen uns … etwas erwärmt hat, ist er danach sofort wieder zur Frostbeule geworden. Das hat ja auch gar keine Zukunft. Unterbrochene Küsse, unterbrochener Fast-Sex in einer Sauna. Das Blut steigt mir ins Gesicht, und ich spüre, wie mir die Gedanken an unsere schweißnassen Körper direkt in die Wangen schießen.

»Lass den Löffel liegen!« Es klingt ein bisschen kratziger als beabsichtigt. Kit zuckt sofort mit den Händen über dem Besteck zusammen. »Sorry, aber ich hab nur einen Löffel, eine Gabel und ein Messer.«

Sie hebt die Hände, als hätte ich ihr gedroht, sie beim Versuch des Löffeldiebstahls hinterrücks zu erschießen. »Soll ich dir was sagen? Wenn ich groß bin, will ich genauso einen Van haben. Nur mit einer Halterung für die Motocross hintendrauf.«

Ich lache. »Soll ich *dir* was sagen? Wenn es so weit ist, sag Bescheid. Ich würde meinen Van sehr gerne neben deinem abstellen.«

»Ah, du willst bloß mit mir Moped fahren«, sagt Kit strahlend.

»Das auch«, gebe ich zu. »Das auch.«

Am Freitagnachmittag schleift Mika mich durch die Arkaden von Meran. Entlang der üblichen Touriläden mit der immer gleichen Auswahl an Kühlschrankmagneten und kitschigen Urlaubsmitbringseln *Made in China* bahnen wir uns den Weg durch die Touriströme. Manchmal ist es, als wollte mein Hirn mich austricksen, mir einen Streich spielen und so tun, als wäre Em noch da. Dann, wenn ich an einem der vielen Postkartenständer vorbeikomme und für den Bruchteil einer Sekunde der Gedanke aufkeimt, ihr eine Karte zu schicken. Mika führt mich an den Klapptischen mit bunten Tischdecken einer Pizzeria vorbei, unter orangen Regenschirmen hindurch, die in der engen Gasse über unseren Köpfen im leichten Wind wippen, hinein in einen für Meraner Verhältnisse erstaunlich leeren Hinterhof.

Vor mir befindet sich ein Laden, der sich im Untergeschoss über mehrere dicht aneinandergebaute Häuser zieht. Hinter und vor den Glasscheiben sehe ich unzählige Kleiderständer mit Vintage-Mode. Häkeltops neben bunten Sommerhängerchen, endlose Reihen mit einfarbigen Oberteilen und gefaltete Jeans neben Sweatshirts in Batik und Regenbogenfarben. Es überfordert mich jetzt schon.

Ich stöhne auf. »Ich hasse shoppen.« Dann lasse ich mich auf die Bank vor dem Laden fallen.

»Nicht kneifen«, sagt Mika und zieht mich wieder hoch.

Ich bereue schon jetzt, mich von ihr zu dieser Shoppingtour überredet haben zu lassen.

Allerdings, wenn ich an die wenigen Klamotten denke, die ich in dem Fach unter meinem Bett verstaue, muss ich da jetzt wohl durch. Bis auf meine geliebten Bandshirts, Karohemden, eine Jeansjacke, Shorts und ein weißes Top mit Spitze und Fleck auf der Brust habe ich genau genommen nichts anzuziehen. Ems gelbes Kleid zählt nicht wirklich als Kleidungsstück, sondern fällt in die Kategorie »Erinnerungssouvenir«. Ich schlucke an dem Gedanken herum. Klamotten sind mir nicht wichtig. Wie eine Vogelscheuche möchte ich dann aber doch nicht heute Abend ins *Mock Orange* gehen. Vielleicht sollte ich ihr Kleid anziehen und mir einfach noch ein paar Schuhe in irgendeinem Secondhandladen besorgen. Was würde Em zu dem Kleid tragen? Keine Flip-Flops oder Combat Boots, so viel ist klar. Damit erschöpft sich meine Auswahl auch schon. High Heels? Wie ich Em kenne, würde sie dazu auch diese Cowboystiefel kombinieren, die wir auf unserem Weihnachtstrip nach New York gekauft haben.

Die Eingangstür gibt ein schrilles Klingeln von sich, als wir eintreten. Im Vergleich zu der dampfigen Luft draußen, die nach dem Regen die Feuchtigkeit auf ein tropisches Level gehievt hat, ist es hier drinnen angenehm kühl. Klamottentechnisch geht es im wahrsten Sinne des Wortes bunt weiter. Über langen Reihen mit Bügeln stehen auf schmalen Brettern Handtaschen neben Körbchen mit Accessoires, Schals und Hüten. Gürtel in allen Farben und Längen hängen an einer Holzleiste.

Mika quietscht vor Begeisterung. »Ich liebe es hier!«

Wenn man so wie Mika ist und sich gerne schräg, bunt, wild und auffällig anzieht, wenn man etwas übrighat für Mode abseits des Mainstreams, die bezahlbar ist, dann ist das hier wohl »the place to be«. Allerdings ist es für mich eher ein »place to leave«, weil ich schon nach zehn Minuten anstrengend finde, was Mika alles anschleppt. Ich verlasse die Umkleidekabine eine halbe Stunde lang gar nicht, bis sie zufrieden ist und ich meinen Protest gegen das enge schwarze Top, den Jeansrock und die Lederriemensandalen aufgegeben habe.

»Jakob wird es lieben«, sagt Mika zwinkernd.

Ich werde ein kleines bisschen rot. Es ist sehr fraglich, was Jakob liebt und nicht liebt. Kaum mehr fraglich ist allerdings, dass er jede körperliche Begegnung zwischen uns offenbar sofort wieder bereut. Ich denke an den ersten Kuss, denke an die Sauna, und mir wird heiß-kalt.

»Ist doch völlig egal, was Jakob mag. *Ich* muss es lieben, und ich liebe Oversize«, sage ich. »Der hier muss also mit.«

Wie zum Trotz stecke ich die Hände in die Taschen des grünen Oversize-Blazers, der so gut zu meinen Augen passt und der in Mikas Augen zu sehr vom »spektakulären Rest« ablenkt.

Nachdem Mika verstanden hat, dass meine Shoppinglust damit vollends befriedigt ist, macht das Ganze auch mehr Spaß. Wir probieren Hüte, testen die künstlerisch bemalten Skateboards, die der Laden auch verkauft, und trinken selbst gemachte Limonade, die die Chefin des Ladens uns freundlich anbietet. Es fühlt sich an wie ein ganz normaler Nachmittag unter Freundinnen. Nur dass ich nie enge Freundinnen hatte. Ich hatte nur Em, die Klamotten viel lieber online bestellt als im Laden, und Chris, der für Klamotten nur dann etwas übrighat, wenn man sie in Fetzen reißen und als ölige Lumpen benutzen kann. Meine Frauenfreundschaften waren bisher eher Bekanntschaften, die oft an unterschiedlichen Interessen gescheitert sind oder daran, dass ich nie jemanden mit nach Hause nehmen wollte. Aus Angst, es könnte eine von ihnen merken, was mit meiner Mutter los war. Später sind Em und ich an den Wochenenden weggefahren und gereist. Dann kam der Van.

Und jetzt ist Em tot.

Sie wird nie wiederkommen. Keine Reise mehr, kein Gespräch, keine Umarmung.

Das Atmen fällt mir schwer.

Mika dreht sich gerade in einem dunkelblauen Plisseerock vor mir, als sie mitten in der Bewegung innehält. »Weinst du?«

»Nein.« Ich drehe mich weg, suche nach etwas, das sich hier nicht finden lässt. Nach einem Ausweg, nach Adrenalin. Aber da ist nichts. Nur diese Leere in meinem Herzen.

»Ist alles okay?«

»Ja.« So unauffällig wie möglich wische ich mir übers Gesicht. »Sieht toll aus, zieh doch noch mal das gelbe Top dazu an.«

Mika schüttelt den Kopf. »Ich hab eine bessere Idee.«

• • •

Sie fragt nicht, was los war, und ich bin ihr dankbar dafür. Aber ihre Blicke sehe ich und den Versuch, mich aufzuheitern, als wir eine Stunde später hintereinander auf den roten Einsitzern der Seilbahn sitzen und über die Weinberge vom Bergdorf aus wieder nach Meran hinunterschweben. Über meine Einkaufstüte gebeugt schlecke ich veganes Eis und versuche, mich daran zu erfreuen, dass es wirklich gut schmeckt.

Mika, die in der Gondel vor mir sitzt, deutet auf die Stadt. »Schau mal, das Hotel Aurora«, ruft sie und winkt mit der Eiswaffel nach links. Ich erkenne das Schild eines ziemlich heruntergekommenen Hotels mit meinem Namen.

»Also, falls du mal sesshaft werden möchtest, das steht bestimmt zum Verkauf.« Sie wirft mir einen Blick über die Schulter zu und lacht.

»Ich möchte nicht sesshaft werden«, rufe ich zurück, »und ein Hotel zu übernehmen wäre ein Albtraum.«

Ich spüre ihren Blick auf mir, sie beugt sich noch immer nach hinten über die rote Rückenlehne.

Die Seilbahn hält ruckelnd an, und plötzlich bewegen wir uns keinen Zentimeter weiter.

Jetzt muss Mika auch nicht mehr so schreien. »Das hat Jakob auch gesagt, und jetzt wird er trotzdem in ein paar Tagen offiziell Maritas Partner und übernimmt dann fünfzig Prozent des Felsenhimmels.«

»Was?«

»Ich hab mich auch gewundert, ich meine, dass er das als eine Art Buße tut, um wiedergutzumachen, was er seiner Ansicht nach verschuldet hat, geschenkt, aber dass er gleich Nägel mit Köpfen macht …« Mika fährt sich durch die kurzen Haare, deren Ansatz inzwischen nachgedunkelt sind. Wie ein Maßstab für die Zeit, die ich schon hier bin, denke ich. Wie schnell wächst so ein Haar? Einen Zentimeter im Monat? Zwei?

Kein einziges Mal, seit ich Em in Wien hinter mir gelassen habe, war ich so lange an einem Ort wie hier.

»Ich glaube, für den Felsenhimmel ist es gut«, plappert Mika weiter. »Aber ich versteh es trotzdem nicht.«

»Hat ihn seine Mutter dazu gezwungen?«

»Marita? Quatsch, die zwingt niemanden zu etwas. Wie jede Mutter will sie einfach nur, dass ihr Kind glücklich ist.«

Wie jede Mutter. Die letzten Worte hören sich in meinen Ohren ziemlich altklug an. »Du redest ja gerade so, als hättest du selbst drei Kinder. Ich hab schon den Eindruck …«

»Ich hab eins«, sagt sie ruhig.

»Du hast …?«

»Ein Kind. Eine Tochter. Alessia. Sie ist acht.«

»Acht?«

Ich fange an zu rechnen. Bis jetzt habe ich geglaubt, Mika wäre vielleicht ein paar Jahre älter als ich. Ich mustere sie, suche in ihrem Gesicht nach einem Hinweis darauf, dass sie mich auf den Arm nimmt.

»Ich war fünfzehn. Sie lebt nicht bei mir.«

»Mika, ich hatte keine Ahnung.«

»Du hast von so einigem keine Ahnung, Aurora«, erwidert sie.

Natürlich. Da hat sie recht, auch wenn es alles andere als vorwurfsvoll klingt.

»Es ist nicht immer alles, wie es von oben betrachtet aussieht.

Wenn du von einem Berg aus in ein Tal schaust, dann sieht das alles so einfach aus. Das Chaos steckt dahinter. Hinter Türen und Fenstern, in den Menschen.«

»Was meinst du damit?«

Sie zuckt die Achseln. »Adam kann kein Yoga und ist extrem unsportlich. Aber er ist bei uns als Fitnesscoach angestellt. Was denkst du, warum?«

Jetzt ist es an mir, die Schultern zu heben.

»Weil er einen Arbeitsvertrag gebraucht hat, um bleiben zu dürfen und seiner Familie ins Kriegsgebiet Geld schicken zu können. Weil Marita ihn für das Resort schlecht als Kfz-Mechaniker anstellen konnte. Das rechtfertigt der kleine Fuhrpark nicht.«

»Aber wie …?«

»Er stand eines Tages vor der Tür, wie du auch. Und sie hat ihm einen Job angeboten.«

»Und du …«

»Ich bin von zu Hause rausgeflogen, als meine Mutter das mit der Schwangerschaft spitzgekriegt hat, hab die Schule abgebrochen, meine Alessia in eine Pflegefamilie gegeben und bin auf der Straße gelandet. In der Obdachlosenunterkunft hab ich dann einen Flyer gesehen. So ein Programm für Jugendliche, eine Ausbildung zu machen, auch ohne Schulabschluss. Die Schirmherrin ist Marita, und sie hat mich angestellt.« Mika lacht bei der Erinnerung. »Ich konnte einfach gar nichts. Aber sie hat mir alles beigebracht, hat mich quasi in die Familie aufgenommen.«

»Aber Jakob hat mir erzählt, dass seine Mutter ihm ein Ultimatum gesetzt hat. Klettern oder Arbeit im Hotel.«

Mika seufzt laut. »Schätze, mit den eigenen Kindern läuft das ein bisschen anders. Oder sie hatte einfach Angst, er würde sich vergaloppieren, und dachte, sie gibt ihm hier eine Chance.«

»Aber Jakob ist nicht ihr Charityprojekt.«

»Nein, ist er nicht.«

»Ich verstehe nicht, warum er nicht weiter an seinem Traum arbeitet.« Ich sehe sie fragend an.

Aber da ruckelt die Bahn wieder los, und ich höre nur noch, wie Mika sagt: »Schätze, das musst du ihn direkt fragen.«

Unten in der Talstation höre ich Sirenen und sehe einen Einsatzwagen des Weißen Kreuzes mit Blaulicht an dem kleinen Kassenhäuschens unter uns vorbeirasen. Dem Rettungswagen folgt ein Auto der Carabinieri.

»Scheint was Größeres zu sein«, meint Mika, als wir aussteigen und auch noch zwei Feuerwehrlaster an uns vorbeibrausen.

Wie groß, können wir zu diesem Zeitpunkt noch nicht ahnen.

27

Jakob

Es heißt ja, man wachse an seinen Aufgaben. Ich habe eher das Gefühl, daran zu schrumpfen. Je länger ich auf diese verklausulierten Textbausteine vor mir starre, je mehr Telefonate ich führe, Gästeanfragen beantworte und Stornierungen bearbeite, desto stärker wird der Eindruck, dass meine Aufgaben an *mir* wachsen. Sie überwuchern mich geradezu. Leider ist Verwaltung kein Muskel, den man trainieren kann, auch wenn sich Buchhaltung anfühlt wie ein riesiges Boulderproblem. 8b, mindestens.

Meine Mutter klopft gegen den Türrahmen, leise, wie früher, wenn sie uns morgens geweckt hat, weil sie es sich nicht nehmen lassen wollte, uns zu sehen, bevor sie ihre Gäste begrüßt hat. »Wie geht es dir?«

»Gut«, sage ich, ohne aufzusehen.

»Möchtest du nicht langsam Schluss machen? Ist heute nicht das Konzert im *Mock Orange?*«

»Hab zu tun«, murmle ich.

»Du hasst das alles hier, nicht wahr?«

Ich schaue hoch. »Nein.«

Sie verengt die Augen kaum wahrnehmbar. »Du hasst es abgrundtief.«

»Nein«, lüge ich wieder und vertiefe mich in die vierzigseitige Veranstaltungsvereinbarung vor mir.

»Ich hab dir nie gesagt, dass ich sehr stolz auf dich bin.«

Jetzt schaue ich doch wieder hoch. »Lag vielleicht daran, dass du es nicht warst. Bis jetzt, da ich mache, was du wolltest.«

»So ist das nicht, Jakob.«

»Wie ist es denn dann? Und sag jetzt bitte nicht, dass du immer nur mein Bestes wolltest.«

Ihr Blick verrät mir, dass es exakt das ist, was sie sagen wollte.

»Ich hänge nicht mal in deiner Galerie, Mama.«

»Natürlich nicht«, erwidert sie überrascht.

»Weil Klettern nicht zählt.«

»Weil du kein Gast dieses Resorts bist, Jakob.« Sie tritt ein, zieht den Besucherstuhl heran und setzt sich auf die Lehne. »Du denkst, ich nehme deinen Sport nicht ernst. Dabei nehme ich ihn vielleicht *zu* ernst. Ich liebe die Berge nicht so sehr wie du, Jakob. Ich bete sie nicht an wie dein Vater. Ich trotze ihnen nicht wie Kit, und ich verstehe sie nicht wie Verena. Ich *fürchte* sie. Jedes Mal, wenn du da raus bist und dich ohne Sicherung an einen Berg gehängt hast, hatte ich Angst.«

Das zählt nicht, denke ich. Damit braucht sie mir nicht kommen. »Die Wettbewerbe finden in der Halle statt«, blaffe ich.

»Das ist es nicht, Jakob. Es sind nicht die Wettbewerbe, es ist dein Herz, das an dem Adrenalin hängt. Und ich wollte dir eine Alternative schaffen, für das, was jetzt passiert ist.«

Ich will etwas sagen, aber sie stoppt mich mit einer Handbewegung. »Aber dabei habe ich etwas übersehen, was mir erst klar geworden ist, als Aurora mit ihrem Van hier aufgetaucht ist. Ich kann dich nicht hier einsperren, wenn es dich unglücklich macht.«

Auroras Worte klingen in meinen Ohren.

Ich will überallhin, und ich habe nichts vor. Das geht genauso gut, wie sein Leben lang an einem Ort unglücklich zu sein.

Aber so einfach ist es eben leider nicht.

»Du sperrst mich nicht ein. Das mache ich schon selbst. Noch ein Kreis. Ein Kreis über einen Kreis in blauer Tinte. Kümmere dich zur Abwechslung mal doch um ein anderes Kind, um Verena, um Kit …«

»Aber Verena weiß, wohin sie will und was sie will.«

»Ach, und ich nicht? Ich denke, ich habe klargemacht, dass ich den Felsenhimmel übernehmen werde.«

Ich glaube es mir nicht einmal selbst. *Du bist ein hundsmiserabler Lügner, Jakob.*

»Wenn es so wäre … ich würde dir das wirklich gern glauben. Aber ich kann nicht, Jakob. Warum jetzt? Warum möchtest du Partner werden? Worum geht es hier wirklich?«

Du hast ja keine Ahnung, denke ich. *Wie gut, dass du keine Ahnung hast, was deine Kinder wirklich sind. Wozu sie fähig sind.*

»Ich hab mich entschieden, passt dir das jetzt auch wieder nicht?«, frage ich scharf.

Ihr Gesicht verzieht sich schmerzerfüllt, und ich spüre einen Stich in der Magengegend. »Ich bin stolz auf dich, Jakob, ganz egal, was du machst. Ich möchte nur nicht …«

»Ich verdiene deinen Stolz nicht, Mama«, unterbreche ich sie.

»Jakob …«

»Kannst du bitte gehen? Ich muss noch mit der Sicherheitsfirma telefonieren, und uns fehlt noch immer Servicepersonal für die Hochzeit. Ich möchte das Portal der Zeitarbeitsfirma checken.«

»Ich kann auch …«, beginnt sie, bricht ab und erhebt sich dann langsam und ein wenig schwerfällig. Ehe sie das Büro verlässt, dreht sie sich noch einmal um. »Vielleicht hab ich euch Kinder das nicht oft genug spüren lassen, aber alles, was ich je wollte, war, dass ihr glücklich seid.«

Als sie weg ist, sacke ich im Stuhl zusammen und reibe mir die schmerzenden Schläfen. Mein Handy vor mir auf dem Tisch vibriert, und eine WhatsApp von Mika erscheint auf dem Display.

Wo bleibst du? Wollen mit dem Boss feiern.

Darunter hängt ein Foto, das viel zu langsam lädt. Es ist ein Selfie von Mika, Kit und … Aurora. Vielleicht sollte ich doch im *Mock Orange* vorbeischauen.

Fünfte Sprachnachricht

Diese Hubschrauber am Himmel haben mich an die Libellen erinnert, vor denen wir früher so Angst hatten. Weißt du noch, am See? Wir haben gedacht, wir würden tot umfallen, wenn sie uns stechen. Du bist wie wild im Kreis gerannt und wolltest dich nicht beruhigen.

Jetzt bin ich es, die sich nicht beruhigen kann.

Ich frage mich, wie genau sie seinen Todeszeitpunkt ermitteln können und ob sie die Wunde an seinem Hinterkopf finden. An so etwas stirbt man ja nicht.

Wie gut, dass wir sein ekelhaftes Grinsen nie wieder sehen müssen.

Ich stelle mir gerade dein Gesicht vor und glaube, du wirst irgendwann alles verstehen. Das wirst du doch, oder?

28

Aurora

;

46 593 981 038 167 975, 11 147 36 346 192 578

»Wir sind overdressed.« Ich löse meinen Arm aus Mikas und blicke mich um.

Das *Mock Orange* ist kaum wiederzuerkennen. Sowohl der Innen- als auch der Außenbereich sind bis auf den letzten Quadratzentimeter gefüllt. Mit Menschen, die hauptsächlich Jeans und einfache Shirts tragen. Mika in dem blauen Cropped Top, das so einen hübschen Kontrast zu ihren Haaren bildet, und ich in dem Jeans-Mini und dem schwarzen Spaghettiträger-Top sehen aus, als wären wir auf der falschen Veranstaltung gelandet. Die Beleuchtung ist gedimmt, draußen funkeln Lichterketten, die Band macht gerade eine erste kurze Pause.

»Von wegen overdressed, wir sehen *toll* aus«, korrigiert Mika mich.

Kit springt mich von hinten an. »Kann ich mir den mal ausleihen?«, sagt sie und deutet auf meinen Rock. »Und das Top dazu, Mika?«

Mika mustert mich triumphierend. »Hab dir doch gesagt, wir sehen toll aus.«

»Kommt Jakob nicht?«, erkundige ich mich vorsichtig.

Kit zwinkert Mika zu.

»Schreib ihm doch.«

»Dazu bräuchte ich seine Nummer.«

»Du hast seine Nummer nicht, aber ihr macht schon heftig in der Sauna rum?«

Ich starre Mika an und bin froh, dass Kit sie nicht gehört haben kann, weil sie sich ihren Weg durch die Menge bahnt, um eine Freundin zu begrüßen, die ihr vom Tresen aus zuwinkt.

»Woher …?«, zische ich Mika zu. »Fuck, Adam hat getratscht!«

»Also stimmt es?«, will Mika wissen.

»Ich hab seine Nummer nicht, ich glaube, er kennt nicht mal meinen Nachnamen. Aber, Mika, Gott, kann der küssen!«

Mika gluckst. »Darauf trinken wir.«

»Ich hole uns was, ich lade dich ein.«

Wenig später drücke ich Mika einen Tumbler mit einer hellen Flüssigkeit in die Hand.

»Was ist das?«

»Irgendeine Eigenkreation, was mit Bergamotte.«

Sie nickt. »Alessia liebt diese Zitrone-Bergamotte-Bionade. Muss ich ihr jedes Mal mitbringen.«

»Ich würde deine Tochter voll gern kennenlernen, falls du das auch willst, ich meine … darfst du sie sehen?« Ich beiße mir auf die Unterlippe, unsicher, ob ich mich womöglich kopfüber in einen Fettnapf gestürzt habe. Ich weiß ja nicht einmal, ob Mika Kontakt zu ihrer Tochter hat.

»Ja.« Mikas Augen leuchten auf. »Alle zwei Wochen. Und klar, wir könnten mal was zusammen unternehmen.«

Sie sieht mich an, und das »Wenn du dann noch da bist« hängt in der Luft wie der feine Geruch von Marihuana, der sich mit dem Duft der Jasminbüsche mischt.

»Nicht shoppen«, beeile ich mich zu sagen.

»Nicht shoppen.« Sie lacht. »Hey, falls es dir noch niemand gesagt hat: Es ist schön, dass du am Felsenhimmel bist.«

Ich nicke und schlucke. Es *ist* schön. »Du wirst mir fehlen«, sage ich leise.

»Du könntest bleiben.«

Ich schüttle den Kopf. »Nein, das ist keine Option.«

»Fernweh?«

»Ja, Fernweh nach Fahrtwind. Nach Freiheit.«

»So weit der Motor dich trägt.«

»Wenn er denn wieder läuft.«

»Adam wird es schon richten.«

Ein klein wenig schäme ich mich dafür, ihr nicht gesagt zu haben, dass ich selbst meinen Aufenthalt hier künstlich verlängere. Und in Adams Schrauberwerkstatt längst ein neuer Tank bereitliegt, der nur noch eingebaut werden muss.

»Aber, Mika?«

»Ja?«

»Wenn ich sesshaft werden wollte, dann hier.«

Ich bin selbst erstaunt über meine Worte. Aber es stimmt. Wenn, dann hier. Nur dass »wenn« gar keine Option ist.

»Wo sonst?«, fragt sie.

Und dann umarme ich sie. Ich sollte ihr von Em erzählen, denke ich. Mit Mika über Em reden, könnte gut sein. Heilsam, irgendwie.

»Gib mal dein Handy«, sagt sie.

Ich reiche ihr mein Smartphone, und sie blinzelt kurz, als sie das Bild auf dem Display sieht. Es zeigt Em und mich auf der Tower Bridge in London.

»Meine Schwester«, erkläre ich und will zu mehr ansetzen, beschreiben, wer Em war, warum ich hier bin, aber die Worte hängen seit Tagen und Wochen in meinem Rachen fest und haben dort Widerhaken gebildet.

Mika merkt nichts von alldem, lächelt nur und tippt etwas in mein Handy. »So, jetzt hast du seine Nummer. Schick ihm keine Sprachnachrichten. Er hasst das. Zitat: ›Wenn ich einen Podcast hören will, höre ich mir einen Podcast an.‹«

Ich nicke. Okay. Jakobs Nummer also.

Dann legt die Band wieder los, und um uns herum drängen die Leute auf die Tanzfläche. Ich rufe Mika ins Ohr, dass ich kurz auf Toilette gehe, und mache mich dann auf die Suche nach Markus.

Ich finde ihn draußen an einem der Stehtische.

»Hi.«

»Aurora!«

Markus sieht sich um, sein Lächeln hängt ein wenig schief auf seinen Lippen.

»Wartest du auf jemanden?«

Er lächelt. »Auf dich.«

Es klingt weder überzeugend noch flirty. Eher wie ein Reflex, der aus seinem Mund purzelt, wenn er mit Frauen spricht.

»Das stimmt nicht.«

»Nein, aber es könnte wahr sein, oder? Ich warte auf einen Kumpel.«

»Ich …« Ich schließe die Finger fester um mein Glas. »Wollte noch mal mit dir reden. Wegen der Andeutungen neulich.«

»Andeutungen?« Er hebt eine Augenbraue.

»Du meintest …«, setze ich an, breche wieder ab, weil ich merke, dass er mich gar nicht richtig beachtet. »Warst du mal im *The Wire*?«

Kurz huscht sein Blick zu mir, zu kurz, um ihn zu interpretieren, aber lang genug, um zu wissen, dass da etwas geklingelt hat.

»Hör mal, ich hab für so was gerade keine Zeit.«

Er klingt maximal genervt. Aber ich will noch nicht aufgeben. »Ich geb dir meine Nummer, okay? Und wenn dir irgendwas einfällt, dann melde dich bitte bei mir.«

Er nickt und sieht sich weiter um.

»Du hast ein iPhone?«, frage ich.

Er sieht über meinen Kopf hinweg in die Menge.

»Ich airdroppe dir meinen Kontakt …« Ich ziehe mein Handy heraus, tippe.

Markus' Blick bleibt kurz auf dem Bild von mir und Em auf dem Display hängen.

»Hast du sie schon mal gesehen?«

Er schüttelt den Kopf. Heute also nur nonverbale Kommunikation. Er wirkt völlig verändert im Vergleich zu unserem ersten Treffen. Seltsam angespannt, abgelenkt und desinteressiert. In Schlabbershirt scheine ich ihm besser gefallen zu haben.

»iPhone von Magnus?«, frage ich und bin kurz irritiert. Hat er nicht gesagt, er hieße Markus?

»Nein, das bin ich nicht. Ich hab kein iPhone, sag mir deine Nummer, ich tipp sie ein.«

Hastig gibt er die Zahlenfolge ein, verschwendet keinen weiteren Blick an mich und schiebt sich dann wortlos an mir vorbei.

»Was war *das* denn?«, will Mika wissen. »Die Toilette ist aber auf der anderen Seite.«

Ich spüre, wie die Feierlaune endgültig von mir abfällt und der dumpfen Traurigkeit weicht, die mich immer wieder aus dem Hinterhalt überfällt. Ich bin hier keinen Schritt weitergekommen. Vielleicht ist es Zeit, zu akzeptieren, dass Em verunglückt ist und ich nie etwas über die Umstände ihres Todes herausfinden werde. Ich höre Mikas Stimme, aber sie ist so gedämpft, als wäre sie sehr weit weg. Eine Welle tiefer Verzweiflung droht mich mitzureißen und ich weiß, ich muss dringend dagegen angehen.

• • •

Mikas Angebot, mit nach Hause zum Felsenhimmel zu kommen, habe ich fast schon brüsk abgelehnt. Und ihre Warnung, nicht allein durch die Plantage zu laufen, nur zum Schein ernst genommen. Ich sehne mich danach, meine Traurigkeit in Stresshormonen zu ersticken. Einzig das ferne, leise Klimpern einzelner Kuhglocken und der dumpfe Bass aus dem *Mock Orange* begleiten mich auf meinem Weg durch die dichten Reihen aus Golden-Delicious-Äpfeln. Wenn ich die Arme ausstrecke, kann ich die Blätter der Bäume links und rechts berühren.

Ich fröstle ein wenig in der Nachtluft und wickle den Oversize-Blazer enger um mich. Der Hauptgrund für meine Gänsehaut ist allerdings nicht die Kälte. Jederzeit könnte jemand aus dem Dickicht springen, und ich wäre hier völlig ausgeliefert. Mein Herzschlag beschleunigt sich, ich fühle, wie das Adrenalin meine Venen flutet und mich von der Schwere meiner Traurigkeit erlöst. Ich hätte auch den Weg über die Straße nehmen können, aber hier, eingehüllt von Dunkelheit und dem Rascheln des Windes durch die Blätter, fühle ich mich ein bisschen lebendiger.

Ich bilde mir ein, Schritte hinter mir zu hören, beschleunige meine eigenen und merke, dass da tatsächlich etwas ist. Etwas oder jemand, der sich meinem Tempo anpasst. Werde ich schneller, verändert sich auch der Rhythmus dessen, was mir folgt. Ich verlangsame, drehe mich um, kann aber niemanden erkennen.

Mit der Taschenlampe meines Handys beleuchte ich die Reihen, das Blut rauscht wie eine Achterbahn in meinen Ohren. Ich sehe in ein paar Augen und schreie kurz auf.

Aber es ist kein Fremder im Kapuzenpullover, es ist nur eine getigerte Katze auf einem dünnen Ast, die mich anfaucht.

»Harry? Kane?«, krächze ich. Die Katze springt herunter und

verschwindet miauend. Erstaunlich und schrecklich, dass die instinktive weibliche Angst, nachts allein durch die Dunkelheit zu laufen, fast genauso gut wirkt wie eine halsbrecherische Motorradfahrt oder das Klettern an einer Gebirgswand. Als ich den Felsenhimmel unbehelligt erreiche, fühle ich mich erschöpft, aber deutlich besser.

Vor dem Camper liegt etwas Weißes. Ich bücke mich, beleuchte es mit der Taschenlampenapp meines Handys, hebe es hoch. Es ist ein Buch. Eingeschlagen in weißes Papier, wie Klamotten eines teuren Labels. Der Aufkleber einer Buchhandlung in Meran hält den dünnen Schutzumschlag zusammen. Vorsichtig löse ich das runde Siegel und betrachte den Einband. Der Name des Autors, ein oder eine gewisse Jethro, prangt in Großbuchstaben auf hellem Hintergrund, umrahmt von dunkelgrünen Illustrationen, die zum Titel passen. *Rock, Paper (…)*. Ich schlage das Büchlein auf und bin überrascht, eine nach rechts geneigte Handschrift auf der ersten Seite zu erkennen.

Das ist ein Gedichtband, den kann man fertig lesen, muss man aber nicht. Jakob.

Ich muss lachen und spüre gleichzeitig, wie sich eine Gänsehaut auf meinem Unterarm ausbreitet. Gänsehaut, die sich nicht einmal ansatzweise unangenehm anfühlt. Eine, die Jakob verursacht, ohne dass er hier ist.

Mit leicht schwitzigen Händen blättere ich ein paar Seiten weiter und finde ein winzig kleines, kaum wahrnehmbares Eselsohr oben auf Seite vierzehn.

Der grelle Lärm meines Schweigens erstickt die Worte, die zu sagen ich nicht imstande bin.

Jetzt hat er es geschafft. Jethro oder Jakob. Oder beide. Die

Gänsehaut ist überall. Meine Hand fliegt zu meiner Brust, als könnte sie das heftige Wummern darin dämpfen. Ich lese die Worte, die vielleicht nur zufällig die ersten sind, die ich von dem Poeten lese, vielleicht aber auch absichtlich von Jakob markiert wurden, ein zweites Mal. Ein drittes, dieses Mal laut.

Und dann weiß ich, was ich zu tun habe.

29

Jakob

Ich hasse es, dass Magnus mit ihr spricht. Ich hasse es, dass er sie anguckt. Ich hasse es, dass Magnus im selben Raum wie sie ist. So sehr, dass ich Angst habe, ihm eine in die Fresse zu schlagen, wenn ich nicht verschwinde.

Dreh dich zu mir, Aurora, beschwöre ich sie innerlich, aber ich sehe nur ihren Hinterkopf, erhasche einen Blick auf einen Rock und ihr Gesicht im Profil, als sie die Haare nach hinten wirft. Dann sehe ich, wie er ihre Nummer in sein Handy tippt, und das ist zu viel. Keine Sekunde länger halte ich das aus.

Verdammt.

Hastig stürze ich zum Ausgang.

In meinem leeren Apartment ist zwar die Wut verraucht, aber sie hat Platz gemacht für eine innere Unruhe, die mich zu zerreißen droht. Ich zwinge mich, nicht zu ihrem Van hinunterzustarren. Stattdessen lege ich mich auf den Boden und mache Push-ups. Zehn, zwanzig, dreißig Stück. Und noch einmal von vorn. Aber mein Kopf gibt keine Ruhe. Er fragt sich, was Magnus Aurora erzählt hat. Ob die beiden Nummern ausgetauscht haben. Was das Ganze mit mir zu tun hat. Ob es Magnus noch nicht reicht. Ob Magnus *es* noch nicht weiß, ob er mir nicht glaubt. Push-ups,

Planks, Squats. Zehn, zwanzig, dreißig. Meine Muskeln schmerzen, aber mein Kopf ist viel zu aktiv. Nichts hilft.

Also hänge ich mich ans Board. Wähle einen Griff. Eins, zwei, drei, vier … Zehn Sekunden halten, loslassen.

Pause. Und noch mal. Vier Sets, vier Griffarten, zehn Sekunden, loslassen. Die Stupidität des Ganzen macht mich endlich ein wenig ruhiger.

Zumindest bis mein Blick dann doch unweigerlich nach draußen fällt. Da unten ist der Van. Im Dunkeln. Ohne Aurora. Wenn sie nach Hause kommt, werde ich das Licht sehen, und sie wird …

Fuck, das Buch. Was hab ich mir dabei nur gedacht?

Ich springe vom Board, komme hart mit den Füßen auf, wie ein Anfänger, und renne zur Tür. Ich muss das Buch holen, ehe sie es sieht. Ein Gedichtband. Was bin ich nur für ein Idiot.

Aber als ich die Tür öffne, steht sie vor mir. Und fuck, sie hat das Buch in der Hand.

»Hi.« Aurora lehnt sich gegen meinen Türrahmen.

»Hi.« Es ist, als hätte sich zwischen uns ein Elektrizitätsfeld aufgebaut, gegen das ich eben mit voller Wucht geprallt bin. Sie hier vor meiner Tür, Strom fließt durch jede Faser meines Körpers.

»Danke für das Buch.« Mit diesen Worten dreht sie die Wattzahl ihres Lächelns noch ein wenig nach oben.

»Gern«, erwidere ich mit belegter Stimme. »Was willst du hier?« Es kommt so schrecklich unfreundlich aus mir heraus, dass ich mir selbst die Zunge abbeißen möchte. Und ich bin nur froh, nicht noch ein *Wieso bist du nicht bei Magnus?* hinterhergeschoben habe.

»Ich weiß es nicht so genau, vielleicht bin ich ein klitzekleines bisschen betrunken.« Sie schmatzt leise mit ihren Lippen.

Es macht mich verrückt. So verrückt, dass ich sie sofort an mich ziehen und küssen will.

»Du warst nicht im *Mock Orange*.«

Ich seufze leise. »Ich war da, bin aber früher gegangen. Es waren paar Leute dort, die ich nicht sehen wollte.«

Sie weicht einen Schritt zurück und schaut mich aus großen Augen an.

»Damit meine ich nicht dich.« Ich überschlage mich fast mit meinen Worten. Sehr uncool. »Ausnahmsweise.«

Ich grinse. Gott, ich grinse sie an wie ein Schuljunge.

Aber da ist dieses kurze Shirt unter dem Blazer, das so anders ist als ihre Oversize-Teile. Und ich liebe ihre Oversize-Bandshirts. Ich liebe sie natürlich *nicht*. Aber das hier, dieses Ding, das so viel von ihrem Körper verrät und noch zu viel geheim hält … das macht mich fertig.

Ich will nicht der Typ sein, der ihr ständig auf die Nippel schaut. Aber was, wenn sie die schönsten hat, die ich je erahnen konnte? Schon neulich im Teich dachte ich, sie könnte ein Piercing haben.

»Warum schaust du mich so an?«, fragt sie. »Soll ich wieder gehen?«

»Ich kann nicht anders«, gebe ich zu. »Nein, bitte nicht.«

»Kann ich dann vielleicht reinkommen?«

Nein, will ich sagen. Bitte schnell, will ich auch sagen. Es gerät zu einem seltsamen Knurren, aber immerhin ist die Geste, mit der ich ihr die Tür aufhalte, eindeutig einladend.

Sie lächelt vorsichtig, tritt ein, geht mit langen Schritten an mir vorbei und sieht sich um. »Das hat Potenzial.«

»Kannst du …?« In einem Moment allumfassender Panik fällt mir ein, dass meine Dreckwäsche im Bad auf dem Boden liegt. Es gibt wahrscheinlich keinen Grund, dass sie das Bad betritt. Aber ich muss verhindern, dass sie die Socke findet, die über der improvisierten Lampe neben der Tür hängt. »Könntest du bitte für etwa sechzig Sekunden die Augen schließen?«

»Ich hab die Socke schon gesehen«, sagt sie.

»Verdammt«, erwidere ich und muss lachen. »Aber könntest du es trotzdem tun, damit ich vielleicht die andere Socke noch finde?« Mit einem leichten Lächeln auf den Lippen folgt sie meiner Anweisung, und ich sehe mich hastig um. Und gebe direkt wieder auf. »Mach die Augen wieder auf. Es hat keinen Sinn. Es dauert eher sechzig *Minuten*, das Chaos zu beseitigen.«

»Okay.« Sie dreht sich um, geht auf die breite Scheibe zu und sieht nach unten. »Du sollst dich nicht für mich verstellen.« Sie hebt die Hand ans Glas. »Vielleicht wollte ich auch einfach nur mal von deiner Perspektive aus auf mich herabschauen.«

»Ich schaue nicht auf dich herab, wenn, dann sehe ich zu dir auf.« Ich flüstere es fast.

Sie dreht sich zu mir. Ihre Augen werden groß. »Verrätst du mir heute, warum du nie meinen Namen sagst?«

»Hab ich das nicht?«

»Nein.«

»Ich hab ihn sicher schon mal gesagt, das ist …«

»Nein, hast du nicht. Und ich dachte, es hängt damit zusammen, dass du mich nicht leiden kannst. Dass ich dir lästig bin. Dass dich meine Anwesenheit hier nervt. Aber …« Sie stockt.

»Aber?«

»Aber dann fühlt es sich manchmal so an, als wäre das nicht alles. Als gäbe es etwas, das über zerbrochene Tassen und meinen blöden Spruch mit Olympia und deine Situation hinausgeht. Etwas, das nichts damit zu tun hat, dass ich in einem Van einen Traum lebe und du deinen begraben musstest. Wenn du mich küsst unter und über Sternen. Wenn du wie in der Sauna … Ich hab manchmal das Gefühl, da ist mehr. Und ich will es wissen. Ich *muss* es wissen.«

»Da ist mehr«, bestätige ich.

»Sag mir, was. Sag mir, warum du mich nie beim Namen nennst. Verrate mir, warum du mich nie lange anschaust, wieso verflucht noch mal du diesen Mr-Darcy-Hand-Flex machst.«

»Ich kann deinen Namen nicht aussprechen, weil es mich heißmacht. Fuck, schon allein, wenn ich ihn *denke,* reagiert alles an mir.«

Sie öffnet den Mund, schließt ihn wieder.

»Willst du den Beweis dafür?«

Sie nickt ganz langsam. »Sag ihn, sag meinen Namen.«

Ich schlucke schwer. Komme noch ein wenig näher. »Und ich kann dich nicht ansehen, weil es zu viel mit mir macht. Weil ich wissen will, was sich unter diesen Oversize-Shirts unbekannter Punkbands befindet. Weil ich davon fantasiere, weil ich darüber nachdenke, den ganzen verdammten Tag lang.«

»Sag meinen Namen«, wiederholt sie heiser.

Ich lecke mir über die Lippen. Koste den Moment aus.

»Bitte«, sagt sie.

Uns trennen nur noch zwei kleine Schritte. Ich könnte ihre Hand nehmen, ich könnte über ihre Brüste streichen. Absichtlich, nicht aus Versehen wie im See. Ohne dass uns jemand stört wie in der Sauna. Ich könnte das alles tun. Ich will das. Und ich sehe in ihrem Gesicht, in dem Schimmern ihrer Augen, dass es ihr genauso geht.

Ich atme ein, atme langsam aus. Zittere.

Und dann, dann liegt ihr Name auf meiner Zunge, und er schmeckt wie ein Kuss, er schmeckt nach Verheißung, er schmeckt nach Lust. »Aurora«, sage ich. »Aurora«, ein zweites Mal.

Ich strecke meine Hand nach ihr aus, fasse vorsichtig das Gelenk mit den vielen Bändchen und ziehe sie in einem ungeduldigen Ruck an mich. Ihr weicher, warmer Körper presst sich gegen meinen. Drückt gegen den Beweis, den sie gefordert hat. Wir stolpern rückwärts, bis sie mit dem Rücken an der Glasscheibe ankommt. Jene Scheibe, von der aus ich sie in den letzten beiden Wochen jede Nacht sehen konnte.

Jetzt ist sie hier. Hier oben, und alles ist möglich.

Aurora. Aurora. Aurora. Aurora.

Sie sieht zu mir auf, ihr Kinn berührt meine Brust. »Kannst du mich jetzt ansehen?«, haucht sie.

»Wenn du mit den Konsequenzen leben kannst«, raune ich zurück.

Mit meiner linken Hand streichel ich über ihren Rücken, runter bis zu ihrem Po. Und als ich die Rundung erreiche, glaube ich, verrückt zu werden vor Verlangen. Wenn wir in dem Tempo weitermachen, wenn ich nur noch einmal ihren Namen sage und sie seufzt, garantiere ich für nichts.

»Wirst du es auch nicht wieder bereuen?«

»Wie könnte ich!« Ich sage es laut, sage es entschlossen.

Aurora streckt sich ein wenig, sucht meine Lippen mit ihrem halb geöffneten Mund, neckt mich mit ihrer Zunge, bis ich schließlich meine Lippen öffne und sie einlasse. Ihr Unterleib presst sich köstlich an mich, ihre Brust drückt gegen meinen Bauch, während unsere Münder eins werden.

Sie schmeckt nach Minze, als hätte sie die Blätter der Pflanze gekaut. Es ist nicht nur dieser Geschmack, ihre fordernde Zunge und ihr ganzer wunderbarer Körper so nah an meinem, es sind die kleinen Seufzer, die sie von sich gibt, die mich schier wahnsinnig machen. Der Kuss gerät völlig anders als die letzten Male. Er ist fordernder, und da er weniger überrumpelt passiert, weil sich diese Spannung hier langsamer aufgebaut hat und wahrscheinlich auch, weil ich keine Ablenkung brauche, sondern mich ganz und gar auf sie einlassen kann, übertrifft er unsere bisherigen Küsse an Sinnlichkeit. Er ist … fast zu viel.

Das Blut schießt mir in den Schwanz. Ich fürchte, nein, ich *weiß*: So hart war ich nie zuvor. Dabei ist nicht viel passiert bisher. Nur Aurora ist passiert. Die Stöße unserer Zungen sind wie ein Vorgeschmack auf all das, was ich mit ihr machen will. Spätestens seit ich sie im See gesehen habe. Eigentlich schon vorher.

Aurora saugt an meiner Lippe. »Sag meinen Namen noch einmal.«

»Sooft du willst«, erwidere ich und sage, nein, keuche: »Aurora.«

Sie streift den Blazer ab und schiebt sich das Shirt nach oben, macht Anstalten, es über ihren Kopf zu ziehen, hält dann inne, als bräuchte sie meine Bestätigung. Ich sehe den Ansatz ihrer vollen Brüste, die Rundung, die verführerisch aus dem Oberteil ragt. Sie trägt keinen BH, und ich schiebe meine Hand unter den gerippten Stoff, küsse sie weiter, knabbere an ihren Lippen und presse mich an sie, so gut das geht mit meiner Hand an ihrer Brust.

Ich helfe ihr aus dem Oberteil und finde meine Vermutung vom See bestätigt. Ihre linke Brust ist gepierct, ein kleiner Stab mit Kugeln links und rechts geht durch den Nippel, der sich unter meinen Fingern aufstellt. Ich sehe in ihr Gesicht, das fragend aufblickt, als bräuchte es die Bestätigung, dass mich alles an ihr, ganz gleich was, unglaublich antörnt.

»Darf ich?«, frage ich, ehe ich meinen Kopf in Richtung ihrer Brust senke.

»Du musst«, flüstert sie und stöhnt auf.

Sachte sauge ich an ihrem Nippel, spiele mit der Zunge, dann vorsichtig mit den Zähnen und werde mutiger, als sie mit einem tiefen, lauten Ausatmen ihre Begierde bestätigt.

Aurora tastet nach meiner Hose, und fast ist es mir ein wenig peinlich, wie verdammt hart ich bin. Sie schiebt meine Sporthose ein wenig nach unten, befreit meinen Schwanz, berührt die schon feuchte Spitze und verteilt die Feuchtigkeit auf meiner Eichel.

»Stopp«, sage ich. »Das geht so nicht.«

»Nicht?« Sie sieht mich mit großen Augen an. Ihre Wangen sind gerötet. Sie gibt einen erstickten Laut von sich, der so unfassbar sexy ist, dass ich mit einem Stöhnen antworte.

»Zu schnell«, erkläre ich und lasse mich dann vor ihr auf den Boden sinken. »Außerdem habe ich gesagt, dass ich zu *dir* aufschaue. Lass mich das auch beweisen.«

Ich knie jetzt vor ihr und versuche, mich ein wenig zu beruhigen. Mit beiden Händen streiche ich langsam und bedächtig an ihren Waden entlang nach oben. Dann beuge ich meinen Kopf nach vorn und hoffe, dass ich nicht zu forsch bin, dass das, was ich vorhabe, um mir selbst ein wenig Zeit zu geben, für sie in Ordnung ist. Meine Finger tasten fragend.

»Mehr«, stöhnt sie. »Ja, bitte mehr.«

Und mehr braucht es nicht, ich senke meine Lippen auf ihre Haut, auch wenn alles in mir danach schreit, sie sofort besitzen zu wollen, in sie zu stoßen und diese qualvolle Lust, das heftige Pochen in meinem Schwanz zu beenden. Wenn sie nur halb so feucht ist wie ich hart, wird es zu schnell gehen. Aber ich will nicht, dass es schnell geht. Ich will, dass sie unter meinen Fingern, unter meiner Zunge, unter mir bebt und mehr fordert als eben.

Meine Hand schiebt sich unter den Rock, ich finde ein elastisches Höschen, lasse meine Finger daruntergleiten.

»Ich bin schon ziemlich …«, keucht sie.

Sie ist nass. *Ich* habe diese Wirkung auf sie.

»Mehr«, wiederholt sie.

Ich lasse einen Finger, dann zwei ganz langsam in sie gleiten und reibe mit dem Daumen über ihre Klit. Alles in mir schreit danach, mir die Hose herunterzureißen und in dieses köstliche Nass einzutauchen. Aber dann ertönt Auroras keuchendes »Mehr!«, und ich will es auskosten.

Ich schaue ein letztes Mal nach oben, sehe, wie sie sich auf die Unterlippe beißt, und verschwinde dann mit dem Kopf unter ihrem Rock, schiebe den Stoff so weit es geht nach oben und senke meine Lippen auf ihre Haut. Ich lecke langsam, genüsslich über die Innenseiten ihrer Schenkel, Millimeter für Millimeter.

»Mehr, näher!«, ruft sie, schreit es fast.

Ich schiebe das Höschen nach unten, bis es auf Höhe ihrer Kniekehlen hängt. Sie lässt sich nun vollends gegen das Glas sinken und spreizt ihre Beine. Mit der Zunge teile ich ihre Schamlippen, koste sie und merke, wie sie mir bestätigend ihr Becken entgegenreckt. Ich rutsche ein wenig nach, tauche tief in sie, stoße.

Sie schnappt hörbar nach Luft, und ich verstärke den Druck, lasse meine Zunge aus ihr gleiten und lecke über ihren empfindsamsten Punkt. Einen Augenblick lang werde ich unsicher. Es ist so intim und so vertraut, aber ist es ihr womöglich zu viel? Wie viel hat sie getrunken, ist sie sich sicher mit dem, was wir hier tun?

Aber dann spüre ich ihre Hand auf meinem Kopf, die mich entschlossen näher drückt. »Nicht aufhören!«, keucht sie. »Nicht.«

Ihre Stimme hallt ein wenig wider, weil der Raum so hoch und leer ist. Nie war ich glücklicher darüber, keine Möbel zu besitzen. Das Echo ihrer Lust stachelt mich so sehr an, dass mir ein wenig schwindlig wird. Ich keuche gegen ihren Schenkel.

Mit der freien Hand umgreife ich ihren Po, presse ihr Becken noch näher an mein Gesicht. Höre sie meinen Namen stöhnen, höre, wie sie keucht, und als ich meinen Finger in sie tauche, zuckt ihre Vulva, bebt ihr Körper, drängt sie sich mir noch einmal entgegen. Und es ist mir völlig egal, dass wir an einer Glasfront stehen, dass man uns womöglich von unten aus dem Dunkel sehen kann. Alles, was ich denken kann, ist, dass ich in ihr sein möchte.

30

Aurora

;

Mobile Daten aktivieren oder WLAN für Datenzugriff verwenden

Ich habe keinen einzigen Schluck Alkohol getrunken, und vielleicht hätte ich Jakob das sagen müssen, damit er sich sicher sein kann, dass alles, jede einzelne Berührung, jeder Stoß seiner Finger, seiner Zunge, das ist, was ich will. Aber ich zerfließe so sehr unter seinen Händen, dass ich keine Worte finde, die erklären, warum ich diese Behauptung überhaupt erst aufgestellt habe. Ich bin noch nie so berührt worden. Noch nie so … geleckt. Ich muss völlig von Sinnen sein, dass ich mich einem Mann, den ich erst vor Kurzem kennengelernt habe, auf diese Weise an dieser Glasfront hingebe. Nie war ich schamloser, nie bereiter, mich auf alles einzulassen, was zwischen uns passieren könnte. Und als ich unter seiner Zunge komme, mich sekundenlang in seinen Berührungen auflöse, weiß ich, dass es nicht reicht. Noch nicht.

»Mehr«, stöhne ich, als Jakob sich erhebt.

Ich sehe mir selbst erstaunt dabei zu, wie ich ihm kurzerhand die Hose herunterreiße. Ich habe auch noch nie jemanden so sehr gewollt. Sein Schwanz ist nicht nur hart und an der Spitze mehr als feucht, er ist auch groß, und ich schlucke beim Anblick.

»Ich will dich so sehr«, sage ich. »Und ich bin nicht betrunken, ich bin nur beschwipst von dir.«

Ich fühle, dass es noch nicht genug ist. Spüre, dass es ihm ebenso geht. Dass etwas uns so völlig überwältigt hat, dass Nähe nicht mehr reicht. Dass wir eins werden müssen.

»Hier?«

»Ganz egal wo.«

»Ich hole nur schnell Kondome. Beweg dich nicht von der Stelle. Ich will dich so, wie du hier stehst.«

Ich nicke. Nicht fähig, auch nur ein Wort zu sprechen.

Jakob ist in Windeseile zurück. Er hat die Kondompackung in der Hand und sieht mich fragend an. Ich nehme sie ihm aus der Hand, öffne sie mit erstaunlich ruhigen Fingern und lasse ihn dabei nicht aus den Augen. Seine Iriden haben sich verdunkelt, das Gletscherblau wirkt in dem fahlen Licht wie schwarzes Wasser. Ich betrachte ihn, während ich mich ein wenig nach vorn beuge und das Kondom langsam über seinen Schwanz rolle. Mit der anderen Hand halte ich seinen Schaft fest umklammert. Die Berührung allein verdoppelt meinen Herzschlag, und ich sehe, wie sich Jakobs Adamsapfel bewegt, sehe das Pochen einer Ader an seinem Hals.

»Hier?«, fragt er noch einmal.

»Hier und jetzt«, antworte ich. »Außer du willst, dass ich an dir wiederhole, was du bei mir gemacht hast.«

»Will ich«, sagt er. »Später. Ich glaube nicht, dass ich noch länger warten kann.«

Ich lächle, er lächelt zurück. Aber nicht auf diese Art, auf die er sonst seinen Mund verzieht. Als wüssten seine Gesichtsmuskeln nicht, wie Lächeln geht. Jetzt ist es echt, ein klein wenig verschämt vielleicht. Es ist ein Lächeln, hinter dessen Fassade man blicken kann, weil er die Wände heruntergerissen hat. Er steht nicht nur körperlich nackt vor mir, sondern gibt auch einen anderen Teil von sich preis.

Das hier ist der echte Jakob, denke ich, ehe ich mein ganzes Sein der Naturgewalt unserer beiden Körper unterwerfe.

Zunächst stupst er mich nur sanft an, als testete er, wie bereit ich bin. Ich könnte nicht bereiter sein, nicht wilder darauf, ihn endlich in mir aufzunehmen, und strecke meine Hände über den Kopf. Nicht, weil ich mir das vorgenommen hätte oder es je so getan hätte. Nichts bisher war *so* wie das hier zwischen uns. Ich fühle mich, als würde ich ihm die Kontrolle überlassen, sie völlig abgeben.

»Halt mich fest«, hauche ich ihm zu und presse meinen Handrücken flach gegen die Scheibe.

Jakob hält meine Handgelenke mit der einen Hand vorsichtig fest. Ich schiebe ihm mein Becken entgegen, und er beugt sich leicht in die Knie. Seine Eichel streift meine Klitoris, reibt darüber, bis ich laut stöhne.

Dann dringt er Zentimeter für Zentimeter quälend langsam in mich ein, während er mich noch fester an die Glasscheibe pinnt. Dann, als Jakob und ich vollständig vereint sind, als er kurz innehält und sich mit seinem Blick noch einmal vergewissert, dass das, was hier passiert, auch das ist, was ich so sehr will wie er, zerfasern auch die letzten Gedanken. Sie schmelzen unter seinen tiefen Stößen wie Zuckerwatte auf der Zunge. Jakobs Finger rutschen von meinen Handgelenken nach unten, streichen über die Innenflächen meiner Arme, bis sie an meinem Brustansatz angekommen sind. Er streichelt mit kräftigen, gierigen Bewegungen darüber, bis er seine Hände ruckartig unter meinen Po schiebt und mich hochhebt.

»Aurora«, keucht er.

Er hält mich, zieht sich leicht zurück, ehe er kraftvoll erneut zustößt. Ich presse meinen Rücken gegen das Glas und schlinge meine Hände um seinen Hals, um es ihm leichter zu machen, mich zu halten, aber er scheint gar keine Mühe zu haben. Die Muskeln an seinen Oberarmen und Schultern spannen sich an, treten deutlich hervor, aber in seiner Miene ist nichts von Anstrengung zu sehen. Er sieht mich die ganze Zeit an, während er leise lustvoll keucht. Ich fühle mich, als würde ich zerfließen, so sehr hat mich die Lust feucht und warm und weich gemacht. Ich schaue hinab, sehe den Ansatz seines Schafts, der in mich hinein- und aus mir herausgleitet. Der Anblick lässt mich laut aufstöhnen.

»Ja«, keuche ich. Immer und immer wieder, bis ein lang gezogenes »Jaaakob« daraus wird.

Meine inneren Muskeln ziehen sich zusammen, und ich bin bereit zu kommen. Jakob beugt sich etwas nach unten, lässt seine Zunge über meine Lippen gleiten, knabbert an meinem Mund. Und dann, als es so gut ist, dass ich es fast nicht mehr aushalte, hält er inne, zieht sich fast vollständig aus mir zurück, um dann mit einem letzten Stoß so tief wie möglich in mich einzudringen.

Für den Bruchteil einer Sekunde verspüre ich einen Schmerz, der sich sofort ins Gegenteil verkehrt. Jakob berührt einen Punkt so tief in mir, dass sich die Spannung explosionsartig entlädt. Stärker noch als Minuten zuvor brandet ein heißes Gefühl in Wellen durch mich, intensiver als alles zuvor. Zum ersten Mal schließt Jakob die Augen, und ich fühle in mich hinein. Spüre nicht nur mich, spüre ihn. Meine Muskeln, die um seinen Schwanz kontrahieren, seinen Schwanz, der gegen meine Muskeln pocht. Meine Lust, seine Hingabe, meine Begierde, seine Befriedigung. Alle Geräusche vereinen sich in einem Schrei, von dem ich nicht sagen kann, wer ihn ausstößt. Wir sind eins in diesen wenigen Sekunden, die ich festhalten möchte mit jeder Faser. Und die ich dennoch verliere.

Aber als er die Augen öffnet und das schwarze Wasser wieder heller wird, beschleunigt sich mein Herzschlag noch einmal. Das hier muss nicht zu Ende sein, begreife ich. Es kann auch einfach ein Anfang werden. Wenn ich will. Wenn er will.

Er lächelt mich an und beugt sich nach vorn. »Aurora!«, wispert er in mein Ohr und hinterlässt einen Kuss auf dem Semikolon, das sich noch nie zuvor so sehr wie ein Ausrufezeichen angefühlt hat.

Langsam lässt er mich an der Scheibe herunter. Noch immer sind wir an unseren intimsten Stellen miteinander vereint. Jakob hält das Kondom fest, und mit einem Ausdruck des Bedauerns gleitet er aus mir heraus.

Er streicht über meinen Oberkörper, über die Brust, nimmt sie in seine Hand, ehe er weiterfährt und meinen Bauchnabel umkreist. »Entschuldige, ich hab mir viel zu wenig Zeit gelassen für all die wunderbaren Stellen an deinem Körper.«

»Du hast ja noch den Rest der Nacht Zeit«, flüstere ich.

»Heißt das, du bleibst?«, fragt er vorsichtig. Etwas in mir wappnet sich, aber ehe ich mir eine Antwort überlegen kann, fügt er schnell hinzu. »Für heute Nacht.«

Ich nicke.

»Damit ich dich davon überzeugen kann, dass ich die wichtigste Eigenschaft eines Sportlers noch immer besitze?«

»Ehrgeiz?«, rate ich und fahre mit meinen Fingern die markanten Linien an seinem Schlüsselbein entlang.

Er hat recht, es gibt so viel zu entdecken.

»Ausdauer«, korrigiert Jakob mit einem breiten Grinsen.

»Richtig«, erwidere ich glucksend. »Und bis du mir deine beeindruckende Ausdauer bewiesen hast, meinst du, man kann auf diesem Ding einigermaßen bequem liegen?«

»Probier es aus. Fühl dich wie zu Hause, zwischen meinen Socken und …«

Er macht eine Handbewegung, und auf einmal ist die Schüchternheit zurück. Ich kann spüren, wie sie Raum einnimmt und das Vertraute, das ich mir, weil wir einander körperlich so nah waren, eingebildet habe, schluckt. Hier stehen wir, zwei einigermaßen erwachsene Menschen, die gerade ziemlich hemmungslosen Sex gehabt haben, und müssen noch so viel übereinander lernen.

Wir lächeln uns an.

»Ich würde kurz ins Bad gehen, oder magst du zuerst?«

Ich schüttle den Kopf.

Ehe er die Tür zum Badezimmer schließt, dreht er sich noch einmal um. »Aurora?«

»Ja«, sage ich piepsig und räuspere mich dann. »Ich hab mich noch nicht daran gewöhnt, dass du meinen Namen sagst.«

»Ich auch nicht«, gibt er zu. Dann legt er den Kopf ein klein wenig schief. »Es war berauschend.«

»Das war es«, sage ich.

Als Jakob die Tür hinter sich geschlossen hat, setze ich mich auf seine Matratze und schlinge seine Bettdecke um meinen Körper. In seinem Zimmer stehen überall nicht ausgepackte Kisten. Vermutlich die Kisten, die er in Wien in den Transporter geladen hat. Kurz bevor ich mich von Em verabschiedet habe, ohne zu wissen, dass es für immer sein würde.

Ich hab Jakob nie gefragt, ob er meine Schwester vielleicht kannte. Immerhin haben sie eine Zeit lang in der gleichen Straße in Wien gewohnt, wenn auch in unterschiedlichen Häusern. Aber als er aus dem Bad kommt, in Boxershorts und mit leicht geröteten Wangen, verschiebe ich die Frage, habe zu sehr Angst, die Gefühle wieder hochzuholen, die mich dazu getrieben haben, allein durch eine Apfelplantage zu laufen.

Er setzt sich neben mich. Wenn seine langen Beine angewinkelt sind, so wie jetzt, sieht er viel jünger aus als sonst.

»Meine Haare sehen bestimmt so aus, als hätten sie ohne mich im *Mock Orange* weitergefeiert.«

»Sie sehen zauberhaft aus, wie du.«

»Du lügst, aber danke.«

»Es ist die reine Wahrheit.«

Ich berühre seinen Arm und bemerke eine rote Stelle an seinem Handgelenk, streiche darüber. Es sieht aus, als wäre die Haut etwas geschwollen. »Was ist das? War ich das?«

»Nein.« Er lacht. »Das ist ein Stich. Ich reagiere etwas heftig auf Wespengift. Magst du was trinken? Oder hast du Hunger, ich könnte runter in die Küche gehen und … Oder willst du vielleicht noch ein wenig fernsehen, wenn du aber lieber …«

Ich schüttle leicht den Kopf.

»Bist du müde?«

»Ja, schon etwas.«

»Ich hätte noch etwas zu bieten, neben der Ausdauer, die ich dir ja noch unter Beweis stellen muss.«

»Ach?«

»Starke Arme, gut gegen schlaflose Nächte.«

»Du willst also nicht um halb fünf aufstehen und aus dem Fenster schauen?«, sage ich und lehne mich vorsichtig an ihn.

»Ich habe anderes geplant für halb fünf heute Nacht.«

31

Jakob

Sie liegt neben mir, auf der Seite, ein klein wenig eingerollt wie ein Welpe, oder ein Baby. Ihre Haare hängen halb über ihrem Gesicht, und sie macht beim Schlafen einen Schmollmund. Manchmal schmatzt sie ein kleines bisschen. Es ist hinreißend. Sie trägt eines meiner Punkrockshirts – mein liebstes von den *Donots.* Sie hat es verkehrt herum angezogen, und es ist nach oben gerutscht, weshalb sich die Faust mit den Musiknoten auf den Fingerknöcheln über ihrer Brust spannt. Ich liege ihr seitlich zugewandt und habe den Kopf auf die Ellbogen gestützt.

Bis halb fünf haben wir es nicht ausgehalten, um ein zweites Mal miteinander zu schlafen. Es war eher so halb zwei. Und dieses Mal haben wir es langsamer angehen lassen. Und ruhiger. Ich hatte ausreichend Gelegenheit, Auroras Brüsten die Aufmerksamkeit zukommen zu lassen, die ihnen zusteht. Und sie hat sich um das »Später« gekümmert, das meine Erregung beim ersten Mal nicht zugelassen hat.

Es gibt noch immer viel zu erkunden, aber ich weiß jetzt, wie es sich anfühlt, wenn sie auf mir sitzt, und ich kenne jede Rundung an ihr, habe jeden Zentimeter ihrer Haut berührt und bewundert.

Hier auf der Matratze und nicht an der Glasscheibe, aber nicht weniger intensiv.

Jetzt bin ich müde, aber eben nicht müde, sie anzuschauen.

»Aurora«, teste ich noch einmal ihren Namen auf meinen Lippen.

Es geht ganz gut, jetzt, da ich weiß, wie sie sich anfühlt. Vorsichtshalber werde ich dennoch sehr sparsam mit ihrem Namen umgehen müssen. Ich grinse in mich hinein. Fühlt sich Glück so an? Und was, wenn ich jetzt einschlafe und beim Aufwachen ist alles … anders. Sie könnte weg sein und ich nie wieder die Gelegenheit bekommen, sie anzuschauen.

»Du hast mir Arme zum Schlafen versprochen«, murmelt sie.

»Du bist noch wach?«

»Du schaust mich an«, sagt sie und blinzelt.

»Aber nur, weil du so schön bist.«

»Bin ich morgen auch noch«, brummt sie.

Ich muss lachen.

»Und ich geh auch morgen noch nicht weg.«

»Gut, ich auch nicht«, erwidere ich und lasse den Kopf sinken.

Es ist kein *Bleib,* denn das hab ich noch nie gesagt. Das werde ich auch nicht sagen. Es ist nur ein *Okay, dass jetzt jetzt ist.* Dann schiebe ich meinen Arm unter ihr hindurch und ziehe sie zu mir. Schmiege mich an sie und schließe die Augen. In dem Vertrauen, dass beim Aufwachen noch alles so ist wie jetzt.

• • •

Es ist sogar noch besser.

»Hi«, sagt sie.

»Hi«, flüstere ich zurück.

»Hast du überhaupt geschlafen?«

Ein wenig.

»Besser als je zuvor«, übertreibe ich ein bisschen.

»Was ist das?« Sie hebt schläfrig die Hand und tippt gegen meine Brust.

»Ein T-Shirt.«

»Warum trägst du das?«

»Weil ich nicht so gern nackt herumlaufe.« Ich leihe mir ihre Worte und setze mein eigenes Grinsen darunter.

»Du bist ganz schön frech, mein Freund.«

»Was machen wir heute?«

Sie hebt die Bettdecke an und grinst breit.

Und ich lasse mir das nicht zweimal sagen, sondern schlüpfe darunter. Küsse ihren Hals, küsse das Semikolon, küsse all die unsichtbaren Ausrufezeichen der letzten Nacht.

»Ich würde gerne mit dir wandern«, murmelt sie nach einer Weile.

»Ist das im übertragenen Sinne gemeint?«

Unter der Decke lasse ich meine Finger auf Wanderschaft gehen und vergrabe meinen Kopf an ihrer Brust.

»Nein, ganz wörtlich«, sagt sie und kichert. »Zeig mir die Berge, deine Heimat, die Umgebung. Zeig mir den Felsenhimmel.«

Kurz erstarre ich. Aber nichts an ihrem Gesicht hat sich verändert, als ich hochschaue. Da ist noch immer das warme Lächeln unter den grünen Augen. Sie meint nicht *den* Felsenhimmel. Sie hat ja Umgebung gesagt. Dennoch versteifen sich meine Finger ein wenig. Mein Mund schmeckt auf einmal seltsam metallisch.

»Nicht?«, hakt sie vorsichtig nach.

Reiß dich zusammen, Jakob!

»Wandern mit ein bisschen Klettern, aber auf deinem … Niveau?« Das schließt den Felsenhimmel ganz automatisch aus.

Aurora schlägt spielerisch nach mir. »In Ordnung, aber zuerst möchte ich gerne wissen, ob du unter dem Shirt noch genauso aussiehst wie gestern.«

»Stimmt, weil du ja betrunken warst.« Ich bin so dämlich erleichtert, den Felsenhimmel umschifft zu haben, dass ich meine Finger in ihre Seiten stupse und sie kitzle.

»War ich nicht. Kein bisschen.« Aurora windet sich glucksend.

»Du würdest es also wieder tun?«

Sie wiegt den Kopf hin und her. Dann schlägt sie die Bettdecke zurück. »Würde ich, aber erst gehen wir wandern. Bekomme ich heute frei von dir?«

»Klar.«

»Super, dann geh ich uns mal Proviant besorgen.«

»Nicht nötig.« Ich stütze mich auf die Ellbogen und sehe ihr dabei zu, wie sie in ihr Höschen steigt.

Man merkt, dass ihr Zuhause die letzten Monate ein enger Van war, sie muss zum Anziehen noch nicht einmal einen Schritt zur Seite machen. Alles ist perfekt ausbalanciert. Und dann habe ich eine Idee. Ihr Zuhause, mein Zuhause. Eine sichere Route und trotzdem ein bisschen Bergabenteuer.

»Ich zeig dir unsere Almhütte. Ich rufe Kit an, damit sie dafür sorgt, dass unser Vater gekämmt ist und uns eine Jause macht.«

Aurora schließt den Reißverschluss ihres Rocks und sieht mich mit einem Strahlen im Gesicht an. Der Gedanke, ihr einen so großen Teil meines Lebens zu zeigen, jene Hütte, in der ich so viele Sommer verbracht habe, triggert ein euphorisches Gluckern in meinem Bauch.

»Eine Jause, so richtig auf einem Holzbrett? Mit hartem Käse und Gurken und würzigem Brot?«

»So richtig«, sage ich und meine tausend andere Dinge, die nichts mit der Jause zu tun haben. Aber alles mit ihr.

32

Aurora

;

Verbindung fehlgeschlagen

»Steht dir«, sage ich und mustere Jakob in den schmalen dunkelgrünen Shorts, dem weißen Shirt und dem Rucksack mit dem zusammengerollten Seil, das durch einen Karabinerhaken an der Seitentasche gehalten wird. Er hat meine Hündin an der Leine, als wäre es das Selbstverständlichste der Welt. Der Anblick macht so viel mit mir. So viel Wärme und so viel Gutes. »Alabaster steht dir«, präzisiere ich eilig.

»Ach so«, tut er beleidigt. »Ich dachte schon …« Er zieht eine Schnute, und ich muss lachen.

Es ist noch früh, aber warm. Die Wolken ziehen behäbig und durchsichtig wie zerrupfte Wattebäusche über uns hinweg, darunter blitzt die Sonne durch die verästelten Baumkronen. Immer wieder müssen wir über kleine Rinnsale treten, über steinige Passagen klettern, aus deren Steinkanten winzige lila Blumen wachsen. Alabaster hat ihre Freude an dem weichen Moos, in das sie immer wieder prüfend ihre Schnauze steckt.

»Als Kinder haben meine Schwester und ich wandern gehasst. Em hasst es immer noch.«

Erst als die Worte meinen Mund verlassen haben, merke ich, was ich da gesagt habe. Zu spät, um es zu korrigieren.

»Hast du eine enge Bindung zu deiner Schwester?«

Ich will nicht über Em reden. Und das dünne Pflaster von der nässenden Wunde ziehen.

»Ja … Nein. Ich weiß nicht. Ich will gerade nicht über sie reden.«

»Okay«, sagt er einfach. »Wir kommen gleich an eine Stelle, die fast noch schöner ist als der Felsenhimmel. Ich bin gespannt, was du sagst.«

Ich kann nur nicken. Obwohl ich eigentlich protestieren will. Der Felsenhimmel ist mein Ziel, und das hat nichts mit der Schönheit der Natur zu tun.

Eine halbe Stunde später erklimmen wir eine kleine Anhöhe, durch dichtes Blattwerk hindurch, das dem Tag Dunkelheit einhaucht, ehe eine Lichtung vor uns auftaucht und den Blick auf ein schmales Tal zwischen hoch aufragenden Felsen freigibt. In der Ferne kann ich flache Hütten ausmachen, die sich ebenso in die Landschaft fügen wie die Herde Schafe, die rechts unter uns friedlich grast. Alabaster wittert die Tiere sofort und reckt ihre Nase in die Luft.

»Es ist so unglaublich still hier«, sage ich zu Jakob.

»Das ändert sich, je näher wir dem hier kommen.« Er deutet auf einen Wasserfall, der am Talschluss zu erkennen ist.

»Das macht was mit einem, oder? Ich meine, wie kann das hier nicht etwas mit einem machen.«

Jakob nickt. »Ich hatte das vergessen in den letzten Jahren. Oder verlernt. Wie gut die Berge darin sind, Sorgen zu schlucken.«

»Hast du denn Sorgen, die du schlucken lassen musst?«, frage ich vorsichtig.

Jakob sieht mich nicht an, sein Blick richtet sich in die Weite der Landschaft und scheint über die saftigen Hänge hinwegzufliegen. »Die Schluchten sind tief genug, hier versickern meine Ängste. Sie kondensieren ganz einfach.«

»Und dann?«

»Wie und dann?« Er dreht sich halb, aber sein Blick ist noch immer auf etwas gerichtet, das ich nicht sehen kann. Etwas, das ich nicht greifen kann.

»Spucken sie das Leid an anderer Stelle wieder aus?«

Er nickt langsam. »Du meinst, wenn Wasser sich in einem ewigen Kreislauf befindet, dann auch Leid?«

»Ja.«

In Jakobs Gesicht tritt ein winziges, zaghaftes Lächeln.

»Vielleicht muss man gar nicht ohne Leid leben. Ich meine, wer will schon immer Sonnenschein? Es muss auch mal dunkel werden, oder? Damit man das Helle besser schätzen kann.«

Jakob greift nach meiner Hand und drückt sie. »Das Schönste kommt noch.«

Und er hat recht, nachdem wir unten im Tal angekommen sind, ist es nicht nur vorbei mit der Stille, der Gebirgsbach, der aus einer Felsspalte stürzt, teilt auch die Landschaft pittoresk in zwei Teile. Jetzt, Ende Mai, so erklärt mir Jakob, ist die Schneeschmelze fast abgeschlossen und der Bach nur ein Rinnsal im Vergleich zu dem reißenden Fluss, zu dem er sich jedes Jahr ab März verwandelt. Ich gehe links, er rechts, und wir halten unsere Hände ineinander verschränkt, die Arme über den Resten des Schnees, der zwischen uns die kleinen Steine glatt schleift, gestreckt.

Das Wasser ist so klar, dass man hineingreifen und daraus trinken möchte. Wir sind eins mit der Natur, und ich fühle mich allem hier auf eine unerklärliche Art und Weise verbunden. Dem kargen Felsen, aus dem wie durch ein Wunder Lärchen wachsen, dem fernen Geläut von weidenden Kühen, dem groben Gestein unter meinen Füßen, der klaren Luft und Jakob an meiner Seite.

Auch das ist Freiheit, denke ich.

»Das hier wäre auch eine Lösung für den Ausnahmezustand«, sage ich, weil ich plötzlich das Bedürfnis verspüre, mich Jakob zu erklären. Ich will, dass er sich mir so verbunden fühlt wie ich mich ihm. Dass er spüren kann, was mir das hier bedeutet. »Das letzte Mal, als ich klettern war …«

»Du musst es nicht erzählen.«

»Aber ich will«, erwidere ich und drücke seine Hand. »Ich will wirklich.«

Er erwidert den Druck, und wir gehen langsam weiter, während ich erzähle.

»Meine Mutter hat angerufen. Und es ist schwierig mit ihr. Sie ist krank, sie hat Wahnvorstellungen. Sie … sie leidet seit meiner Geburt unter paranoider Schizophrenie, und ihre Welt ist so brüchig wie das hier …« Ich deute auf den Hang links von uns, den Alabaster zu erklimmen versucht und von dem kleine Steinchen herabrieseln wie Puderzucker. »Als meine Schwester von zu Hause ausgezogen ist, hab ich mich verantwortlich gefühlt für sie. Und schuldig, weil ich diese Verantwortung nicht tragen konnte. Und auch nicht wollte.« Den Zusatz spreche ich mit einiger Verzögerung, aber zum ersten Mal laut aus. Jakob hört mir schweigend zu. »Meine Eltern sind noch nicht sehr lange getrennt, und meine Schwester hat das meinem Vater nicht verziehen. Das Verhältnis zwischen den beiden war schon immer komplex. Sie hat ihm vorgeworfen, er würde dazu beitragen, dass meine Mutter so krank wäre. Ich war immer auf seiner Seite, weil ich wusste, wie schwierig es mit ihr ist. Aber dann …«

Ich schlucke und denke an den Nachmittag zurück, an dem ich zu früh nach Hause gekommen bin, denke an die Gespräche, die ich belauscht habe, denke an den Knall einer Hand auf Haut und verspüre erneut den Drang, mir selbst die Augen zuzuhalten, weil Em es nicht mehr kann.

»Meine Schwester hat meinem Vater immer vorgeworfen, er würde unsere Mutter schlecht behandeln. Sie hat unserer Mutter ihre abstrusen Storys geglaubt. Ich nicht …« Ich muss kurz die Augen schließen, weil die Kulisse vor mir in ihrer Schönheit nicht zu den hässlichen Bildern in meinem Kopf passen will. »Bis ich mit eigenen Augen gesehen habe, wie mein Vater meine Mutter geschlagen hat, und ich plötzlich nicht mehr wusste, ob meine Einteilung in Gut und Böse noch stimmte.«

»Ich glaube nicht an Gut und Böse. Ich schätze, in uns allen steckt beides«, sagt Jakob leise.

»Ja … mein Vater ist kein gewalttätiger Mann. Dachte ich. Er hat behauptet, es sei nur das eine Mal passiert. Ich war immer ein Papakind. Ich wollte hauptsächlich ihm gefallen.«

»Hast du mit ihm darüber geredet?«

Ich schüttle den Kopf. »Nein, zu der Zeit hatte ich gerade die Ausbildung begonnen in der Firma, in der er so eine Art Chefposten innehat. Ich wollte mit ihm reden, aber ich konnte nicht … Ein paar Wochen lang habe ich es durchgezogen, bis ich dann auf der Firmentoilette die Leute über mich habe reden hören. *Die Kleine ist so verrückt wie die Mutter, kein Wunder, dass Enzo es nicht mehr ausgehalten hat … Sie sollte Rollkragenpullover tragen, wenn sie ihren Hals schon so hässlich zutätowiert. Generation Z sollte Generation N heißen, N wie nutzlos.* Solche Dinge.«

»Das tut mir so leid.«

»Muss es nicht«, wiegle ich ab, gebe mich tapferer, als ich mich fühle. »Nachdem ich selbst gesehen hatte, was meine Schwester ihm immer wieder vorgeworfen hat, waren diese Worte das Letzte, was ich noch gebraucht habe, um endlich alles hinzuwerfen. Mein

Dad war mein Vorbild, ich wollte es ihm recht machen, nur deshalb hab ich diese Ausbildung angefangen. Das war bezahlte Langeweile. Ich meine, kannst du dir mich in der Buchhaltung vorstellen?«

Jakob zieht eine Grimasse und schüttelt den Kopf.

»Ich musste weg, ich hab das Geld, das meine Oma mir hinterlassen hat, abgehoben und den Van gekauft, ihn umgebaut und mit Em eine Lösung für unsere Mutter gefunden, die auch unseren Vater mehr in die Verantwortung nimmt. Er hat allem zugestimmt, und seitdem versucht er, sich mir zu erklären. Ich bin mir nur nicht sicher, ob ich die Erklärung auch hören will.«

»Was hindert dich daran?«

Ich zucke mit den Achseln. »Wahrscheinlich die Tatsache, dass ich ihn selbst nicht für den Bösewicht dieser Geschichte halte, aber trotzdem weiß, dass Gewalt nie gerechtfertigt ist. Ich habe Hunderte Male gesehen, wie meine Mutter in ihrem Wahn auf ihn eingeprügelt hat. Weil sie sich eingebildet hat, er hätte das Haus abgefackelt, weil er sie betrogen haben soll …« Ich winke ab. Es gibt zu viele Beispiele für all die Dramen, die sich in meinem Elternhaus abgespielt haben. »Aber *er* ist nicht krank, verstehst du?«

Ich stocke, in meinen Worten und Schritten. Starre auf den Boden, auf das Wasser, das sich durch das Tal zieht, und denke an Jakobs Worte. *Die Schluchten sind tief genug, hier versickern meine Ängste. Sie kondensieren ganz einfach.*

»Du weißt nicht, ob du ihm verzeihen *darfst?*«, fragt Jakob.

Und das trifft es so sehr auf den Punkt, dass ich einen Augenblick den Atem anhalte und ihn verwirrt anblinzle.

»Ja«, sage ich leise und dann noch einmal lauter: »Ja.«

»Ich kenne das Gefühl.«

Woher, will ich fragen, aber Jakobs Kiefer mahlen aufeinander, sein Blick hat wieder diesen entfernten, fast schon entrückten Ausdruck angenommen.

»Das Wetter verschlechtert sich«, meint er plötzlich, als wir den Talschluss fast erreicht haben. Er muss die Stimme heben, weil das Wasser hier lautstark in die Tiefe stürzt. Die Wolken über uns ziehen schneller und in dichteren Reihen über uns hinweg, und die warmen Strahlen der Sonne werden seltener.

Keine zehn Sekunden später klatscht mir ein erster fetter Tropfen mitten auf den Haarscheitel.

»So schnell?«

»Berge, da schlägt das Wetter ganz plötzlich um.«

Auch Jakobs Stimmung scheint sehr bergorientiert zu sein. In einem Moment sonnig und offen, im nächsten düster und verschlossen. Aber da ist immer noch seine Hand in meiner. Er malt kleine Kreise mit seinen Fingern in meiner Handfläche, und es kitzelt.

Ich gluckse los, sodass es schnell zu einem dieser sehr lauten, *unangenehm* lauten Lacher wird, den es zu schlucken gilt.

»Nicht«, sagt Jakob.

»Was?«

»Nicht schlucken, das Lachen. Es ist wunderschön, ich liebe es.«

Er liebt es? Hat er eben gesagt, er würde mein Lachen *lieben*?

Ich öffne den Mund, schaue ihn an, sehne mich danach, seine Worte auch in seinem Blick zu finden. Aber Jakobs Augen wenden sich suchend ab.

»Schneller«, sagt er dann und zieht an meiner Hand. Fast schon grob. Hell und düster. Da ist es wieder.

Jakob setzt mit seinen langen Beinen zu einem Sprint an, bei dem ich nicht lange werde mithalten können. Ich löse meine Hand aus seiner, widerwillig fast, und renne ihm hinterher, bis wir einen

Pfad erreichen, der sich schmal und steil den Berg hinaufwindet. Die Luft ist voll vom Geruch erdiger Feuchtigkeit, und dort, wo der Regen auf Felsen geprallt ist, breitet sich der unverwechselbare Duft aus, den ich mit Gewittern nach heißen Sommertagen verbinde. Ems und mein absoluter Lieblingsduft.

»Hier hoch, wir nehmen die Abkürzung, dann ist es nicht mehr weit.«

Endlich drosselt Jakob das Tempo etwas. Ich ringe um Atem, und mir ist heiß, Wasser und Schweiß rinnen nahtlos ineinander und vermischen sich. Bis wir beide die Regencapes aus den Rucksäcken gezerrt haben, ist es bereits zu spät, und unsere Klamotten sind durchweicht. Trotz des Starkregens, der jetzt unerbittlich auf uns niederprasselt, ist der Untergrund glücklicherweise noch fest, sodass wir auf dem ausgetretenen Pfad gut vorankommen. Als ich hinter mich blicke, sehe ich noch das schmale Tal, das jetzt plötzlich unter dem Gewitterhimmel nichts Freundliches mehr an sich hat. Fast schon bedrohlich wirkt der Bachlauf jetzt. Die durch das Wasser geteilte Landschaft steht sich feindlich gegenüber. Zwei Lager, über denen Schatten liegen und Berge wachen. Eine Gänsehaut huscht über meine Arme.

Meine Schwester hasst wandern …

Hab ich das nicht vorhin erst zu Jakob gesagt? Warum … Warum habe ich mich nie gefragt … Warum ist sie dann auf diese Tour gegangen?

Plötzlich habe ich das Gefühl, nie wieder warm werden zu können. Warum hat Em diese verdammte Tour mitgemacht? Werde ich darauf jemals eine Antwort erhalten?

»Kommt man von hier aus auch zum Felsenhimmel?«, rufe ich Jakob nach und frage mich, wie jedes Mal, seit Em tot ist, ob meine Schritte die meiner Schwester womöglich versehentlich überlagern.

Aber Jakob scheint mich nicht gehört zu haben, er hat vor mir den Absatz erreicht und streckt mir seine Hand entgegen, um mich hochzuziehen. Er presst mich gegen seinen nassen Körper und fasst mit seinen Händen mein Gesicht. Ein paar Sekunden lang sieht er mir fest in die Augen, ehe er seine Lippen auf meine drückt. Sein Kuss ist warm, aber die Gänsehaut verschwindet dennoch nicht ganz. Das ungute Gefühl des Tals unter mir, der Anblick des groben Felsens hier oben unter einem Schleier aus Wolken lassen sich nicht wegküssen. Sosehr ich es auch will.

Ich löse mich vorsichtig aus Jakobs Armen. »Es ist nicht mehr weit«, sagt er. Und auch in seiner Stimme vermisse ich die Ruhe. Vielleicht zeigt sich die Gewalt und Erhabenheit der Natur auch erst, wenn man sie von ihrer dunklen Seite betrachtet. Das Gefühl bestätigt sich, als sich wenig später unser Ziel zeigt. In der Ferne, hinter einem kaum sichtbaren Weg durch grobes Geröll und einem winzigen türkisblauen Bergsee, in dem sich die Wolkenschwaden spiegeln, steht die Hütte. Mir stockt der Atem. Denn es sieht aus, als balancierte das Haus aus Stein und Holz direkt am Rand der Welt.

Nein, nicht nur am Rand. An dessen Ende.

33

Jakob

Zehn Stunden und fünfundvierzig Minuten vor dem Fall

Auf dem Tisch stehen Schnapsgläser und die Flasche mit dem Johannisbeerlikör. Normalerweise würde mich das schrecklich aufregen, so aber gibt es mir die Gewissheit, dass wir morgen nicht auf den Felsenhimmel steigen werden.

»Bruder, gut, dass du da bist.«

Wenn Magnus *Bruder* sagt, ist er hackedicht. Und wenn er hackedicht ist, wird er seltsam weich und sentimental. Nicht unangenehm, mehr so wie der Magnus, der vor vielen Jahren mein Freund geworden ist. Alkohol legt den guten Kern seiner Seele frei, wie er bei anderen die schlechten Seiten zutage fördert.

Irgendwann in der Zeit, in der ich mich oben gewälzt habe, müssen sie Bierpong gespielt haben, blaue Plastikbecher stehen gestapelt am Rand des Tisches, und auf dem Boden rollt ein verblichen orangefarbiger Pingpongball. Nena sitzt mit dem Rücken zu mir, neben ihr Emilia, ihnen gegenüber Tristan, Leo und HaWe.

»Wärst du halt geblieben«, zischt Emilia gerade Nena zu. Meine Schwester zuckt zurück, ihr Gesicht kann ich leider nicht sehen. Emilia rückt nach.

Ich runzle die Stirn. Dass es zwischen den beiden irgendwelche seltsamen Vibes gibt, war mir bislang gar nicht bewusst.

»Willst du damit sagen, dass ich daran schuld bin, dass mein Freund …«, faucht Nena.

Ich stehe jetzt direkt hinter ihr. Sie bemerkt es und verstummt augenblicklich.

Magnus zieht mich am Arm in Richtung des einzigen freien Stuhls und drückt mich darauf.

Tristan hat einen Würfelbecher in der Hand, schüttelt ihn erst, knallt ihn dann auf den Tisch, hebt ihn an und schaut darunter. »Dreierpasch«, sagt er und schiebt den Becher grinsend weiter an Leo.

Leo macht ein abfälliges Geräusch und hebt den Becher an. Nur um ihn ärgerlich wieder fallen zu lassen. Er grummelt etwas Unverständliches.

Nena stellt Colaflaschen auf den Tisch. Ich nehme mir eine davon, will sie öffnen, sehe, dass der Kronkorken bereits abgenommen wurde, die Flasche aber voll ist.

»Vielleicht musst du ab und an mal deinen hübschen Kopf vom Spiegel wegdrehen, damit du siehst, was um dich herum passiert!« Emilia sagt es laut und deutlich.

In Nenas Gesicht zuckt es. Meine Schwester wirkt so unterkühlt schön, dass niemand ahnt, dass sie alles andere als glatt ist. Dass ihr jede noch so subtile Kritik wie ein Pfeil ins Herz schießt.

Aber anders als erwartet, verändert sich ihre Miene, und beinah erschrecke ich über die biestigen Worte, die sie Emilia jetzt entgegenzischt. »Du legst es doch darauf an, immerzu.«

Emilia hebt die Hand, und einen Augenblick lang fürchte ich, sie könnte Verena ins Gesicht schlagen. Doch sie zieht sich zurück, als ich dazwischengehen will. »Sag das noch mal!«

»Du legst es drauf an«, wiederholt Nena langsam.

Mein Blick wandert von meiner Schwester zu Emilia, bis ich schließlich Leos Gesicht einfange und einen Ausdruck darin finde, den ich noch nicht kenne. Interessant. Er hat Angst.

»Frieden, Liebe, von mir aus freie Liebe, aber bitte, ich brauche Frieden«, zwitschert Magnus. »Mein Leben ist geprägt vom Hass meines Vaters.«

»Dann solltest du etwas daran ändern«, erwidert Verena. »Ganz ehrlich, wie lange jammerst du uns schon vor, unter dem Pantoffel deines Vaters zu stehen? Mach dich unabhängig, Magnus, mach dich endlich frei.«

»Und wie stellst du dir das vor?«, erwidert Magnus, aber so, als würde er wirklich wissen wollen, wie Verenas Meinung zu seinem Leben ist.

»Mach dein eigenes Ding«, sagt sie.

»Dann enterbt er mich.«

»Ja, irgendeinen Tod wirst du wohl sterben müssen«, erklärt Verena.

»Danke, nein«, sagt Magnus und schenkt sich noch einmal Likör nach. »Da latsche ich doch lieber ausgetretene Pfade.«

»Sei mal ein bisschen ehrgeizig, Magnus!«

Magnus funkelt sie an. »Und was ist mit *deinem* Ehrgeiz? Willst du weiterhin dein Gesicht in die Kamera halten oder auch mal wieder was machen, was ein Risiko erfordert?«

Ich muss daran denken, wie wir früher hier saßen, als Kinder, und uns unsere Träume geschildert haben. Ich wollte Klettern zu meinem Beruf machen, ohne dass ich je an einen Wettbewerb oder eine Halle gedacht hätte. Verena hätte mich lauthals ausgelacht, wenn ich ihr erzählt hätte, dass sie ihr Geld mit Modeln statt mit Design verdienen würde, und Magnus ist eigentlich immer nur mit auf den Berg gekommen, um seinem dominanten Vater zu entfliehen.

Jetzt sitzen wir hier, Magnus kriecht seinem Alten in den Hintern, statt vor ihm zu fliehen, Verena muss sich ständig auf ihr Äußeres reduzieren lassen, und ich bin einem Traum nah, von dem ich nicht mehr weiß, seit wann ich ihn hege. Paris 2024 ist meine letzte Chance auf Olympia. In vier Jahren werde ich zu alt sein, in vier Jahren ist der Traum geträumt oder gelebt. Das hängt von mir ab. Von mir ganz allein. Ich nehme einen kräftigen Schluck Cola. Dann hebe ich den Blick und fühle mich ein klein wenig beobachtet. Und durchschaut.

Grüne Augen mustern mich, ehe sie abschweifen. Emilia lächelt und hebt ihr Glas. »Auf Frieden, auf Freiheit, auf Freundschaft und die Zukunft!«

Alle trinken. Nur Verena und ich nicht.

34

Aurora

;

Verbindung fehlgeschlagen

In der Hütte ist es warm. Nicht nur die Temperatur, auch die Umgebung lässt mich sofort vergessen, was draußen unheilvoll in der Luft lag. Die Decken sind niedrig, es ist nicht perfekt sauber, aber wahnsinnig gemütlich. Ein wenig seltsam ist die Schiebetür, die noch aus Zeiten stammt, in denen an der Hütte eine Skipiste vorbeiging, wie Jakob mir verrät. Sein Vater begrüßt uns barfuß und mit einer dichten Duftwolke aus Räucherstäbchen, die ihn fast so sehr umhüllt wie uns draußen die Nebelschwaden.

Es ist, als träte ich in eine andere Welt, nachdem ich die schweren Schuhe und Socken abgestreift habe. Im Flur hängen kleine Bilderrahmen von Ikea mit typischen Südtiroler Ausdrücken. Ich lese »antrisch«, das für gruselig steht, »Lamdille«, das Wort für einen Flur im Obergeschoss, und »Sauschpa«, das ich sicherlich nicht mit Johannisbeere in Verbindung gebracht hätte.

»Sie hat die Bilder da aufgehängt, weil die Wand einen neuen Anstrich bräuchte«, sagt Jakob.

»Schlau«, erwidere ich, ohne zu fragen, wer »sie« ist. Denn das kann ja nur Kit sein.

Jakob muss den Kopf einziehen, um den Gastraum betreten zu können. Der Kachelofen brennt natürlich nicht, aber ich kann mir wunderbar vorstellen, wie hier ein kuscheliges Feuer knistert, wenn die Landschaft draußen unter einer dicken Schneedecke liegt. Auf einem Regal stehen leicht eingestaubte Pokale mit goldenen und silbernen Plaketten. Ich möchte wetten, dass es Jakob war, der sie alle gewonnen hat. Die Holzbänke schmücken bestickte Kissen, auf die fahles Licht aus kleinen, tiefen Fenstern scheint.

Aus einem angrenzenden Raum dröhnt laute Musik. Ich erkenne »Fortnight« und Kits Stimme, die schief »I love you, it's ruining my life« grölt.

• • •

»Hier werden wir übernachten?« Ich mustere von der letzten Stufe der Leiter aus ungläubig das kleine Zimmer mit der Dachluke.

»Nicht?«, fragt Jakob. »Du kannst auch in den Frauen-Schlafsaal, wenn du …«

»Bist du verrückt? Davon träume ich schon mein ganzes Leben.«

»Von einer Dachkammer?«

»Von einem *Heubett*! Wie das alleine riecht! Himmlisch.«

Jakob steht auf der Leiter hinter mir. Ganz dicht, aber ohne mich zu berühren. »Ist dir kalt?«, haucht er mir in den Nacken. Sein Atem kribbelt warm über meine Haut.

»Ein bisschen«, sage ich, aber sofort weicht die Kälte-Gänsehaut einer, die ganz und gar nichts mit Temperatur zu tun hat.

»Vielleicht kann ich helfen? Du musst ganz dringend, ganz schnell raus aus den nassen Klamotten.«

Jakob schiebt seine Finger von hinten unter mein nasses Oberteil, öffnet meinen BH und legt seine Hände anstelle des Stoffes wie Körbchen um meine Brüste. Er streichelt über meine Brustwarzen, die sich sofort aufstellen.

»Sollen wir vielleicht erst mal hoch?«, frage ich.

»Wozu?«, wiegelt er mit dunkler, fast schon rauchiger Stimme ab.

Ein Keuchen entweicht meiner Kehle, als er mir das Shirt über den Kopf streift und es mitsamt BH einfach fallen lässt. Ich halte mich mit beiden Händen an der Leiter fest, mir ist auf die allerbeste Art schwindlig, weil er mir heiße Küsse auf die kalte, nackte Haut an meinem Hals haucht.

Dann fasst er um mich herum, öffnet mühelos den Knopf meiner Hose. Dann den Reißverschluss, und noch bevor er meine empfindlichsten Stellen berührt, spüre ich, wie sehr er mich erregt. Ich muss nur meine Beine heben, erst das linke, dann das rechte. Um meine Klamotten kümmert sich Jakob, als wäre es ein Leichtes, jemanden auf einer Leiter auszuziehen und dabei die Balance zu halten. Ich denke an unsere letzte Begegnung auf einer Leiter, an die viel zaghafteren Berührungen. Wenige Sekunden später stehe ich völlig nackt mit dem Rücken zu Jakob gewandt und schaudere wohlig.

»Sind das besondere *Benefits*, die man bekommt, wenn man mit einem Sportkletterer … wenn man … O Gott …«

Ich habe keine Ahnung, wie er das gemacht hat, aber Jakob ist bereits nackt, und ich spüre seine Erektion, die hart gegen meinen Po drückt. Die Leiter sorgt dafür, dass unser Größenunterschied auf die beste Art ausgeglichen wird.

»Das will ich machen, seit ich mit dir an dieser Wand war. Seit wir gemeinsam die Lampen montiert haben, seit …«

Er bricht ab. Stattdessen sprechen seine Finger, die ganz sachte auf Wanderschaft gehen, links und rechts über meine Hüftknochen und weiter meine Leisten hinab. Er stöhnt leise, und ein zufriedenes Lächeln kriecht über mein Gesicht, weil ich weiß, wie feucht und erwartungsvoll seine Finger mich vorfinden. Er schiebt seinen Mittelfinger zwischen meine Schamlippen, reibt meine Klit und lässt dann unfassbar langsam zwei Finger seiner anderen Hand in mich gleiten. All das, während ich an meinem Hintern spüre, wie sein Glied zuckt.

Ich stöhne und umklammere das Holz der Leiter links und rechts so fest, dass meine Knöchel weiß hervortreten.

»Wenn uns jemand sieht … deine Schwester, dein Vater …«

»Kit hat eine Heuallergie, HaWe kommt nie hier hoch. Willst du, dass ich aufhöre?« Wieder sagt er es ganz dicht an meinem Ohr. Seine Worte kitzeln, sein Atem kribbelt, seine Lippen streifen hauchzart meinen Hals.

»Auf keinen Fall«, murmle ich.

Und er hört nicht auf. Er penetriert mich langsam, aber umso intensiver mit seinen Fingern. Wenn er innehält, dann nur, um sich gegen mich zu drücken und mit Lippen und Zähnen über mein Schlüsselbein, den Hals hinauf zu meinem Ohr zu knabbern.

Ich kann ein lautes, kehliges Stöhnen bald nicht mehr unterdrücken. »Kannst du …?«, stottere ich. »Ich will zusammen … mit dir …«

Ich drehe mich zu ihm, und sein Anblick lässt meinen Atem kurz stocken. Sein Mund ist leicht geöffnet, die Muskeln an seinen Wangen treten hervor, und seine Brust mit den definierten Sehnen glänzt nass. Wahrscheinlich noch vom Regen. Die Haare, die sich über seinen Bauchnabel nach unten ziehen, sind feucht.

Ich schlucke schwer und kann meine Lust kaum noch im Zaum halten, als ich seinen harten Schwanz sehe. Aber all das ist es nicht, was mich so umhaut. So völlig fertig- und gleichzeitig glücklich macht, so verwirrt und schwindliger als jede Berührung. Es ist etwas anderes, etwas Neues. So hat mich noch nie jemand angesehen, und dennoch finde ich das richtige Wort dafür sofort. Zärtlichkeit schimmert in seinen Augen, die mir urplötzlich das Gefühl geben, wichtig zu sein. Für ihn.

Ich will es halten und aushalten, aber es gelingt mir nicht lange. Zu ungewohnt, zu verwirrend ist das, was sein Blick in mir auslöst.

Ich schaue weg, und dabei streifen meine Augen die Hose, die sich eine Leiterstufe weiter unten verfangen hat. »In meiner Hose.«

Jakob versteht, angelt nach dem Kleidungsstück, ohne aufzuhören, mit der anderen Hand jenen Weg, über den er sich in meine Mitte gestreichelt hat, wieder zurückzufahren. Dann wendet er sich kurz ab und bückt sich.

»Linke Tasche.«

Als Jakob den Kopf wieder hebt, treffen sich unsere Blicke. Ich lecke über meine Lippen. Er stoppt kurz, blickt ein wenig verloren auf die kleine schwarze Packung in seiner Hand, dann zu mir. »Du bist … das ist für mich nicht nur …«

»Ich weiß«, sage ich leise. Zweimal blinzeln wir beide, ehe ich um den Kloß in meinem Hals herum sage: »Für mich auch nicht.«

Jakob beugt sich nach vorn, hält sich links und rechts von mir an der Leiter fest, auch wenn ich weiß, dass er das nicht muss, um das Gleichgewicht halten zu können. Und dann küsst er mich. Sehr innig und vertraut. *Wholesome* irgendwie. Sein Mund ist nicht gierig, er küsst mich liebevoll, und etwas daran macht mich schrecklich melancholisch.

I loved you for only a fortnight.

»Lass uns hochgehen«, sage ich schnell.

Und oben, auf dem erstaunlich weichen, wunderbar duftenden Heu vergesse und verdränge ich all das, was mein Verstand mir mitteilen will, und überlasse dem Fühlen das Feld.

35

Jakob

Fast hätte ich es gesagt. Ein Wort, keine drei. Aber trotzdem eins zu viel. Was ist nur los? Ich hatte vor Annamaria auch ein, zwei One-Night-Stands, die sich auch mal auf mehrere Nächte ausgedehnt haben. Warum fühlt es sich dieses Mal so anders an? Wenn ich wie jetzt die Linien ihres Körpers nachfahre, will ich nicht nur in ihr sein. Ich will auch wissen, woher die kleine Narbe oberhalb ihres Bauchnabels kommt, ich möchte sie fragen, ob jemand schon einmal bemerkt hat, dass die drei übereinanderstehenden Muttermale an ihrem rechten Oberschenkel aussehen wie ein Sternbild, dessen Name mir nicht einfallen will.

Ich sehe ihr in die Augen, versinke in Grün und möchte einen Namen, ein neues Wort für die besondere Farbe ihrer Iriden. Aurora reckt sich mir ungeduldig entgegen, und ich will mir Zeit lassen und gleichzeitig nicht. Etwas in mir gerät aus der Bahn. Es ist, als wüsste ich nicht mehr, was ich tun soll.

Ich senke meinen Oberkörper, halte nur Millimeter vor ihrem Mund inne und bin schon wieder kurz davor, etwas völlig Unangebrachtes zu sagen. Es braucht Ablenkung, um mich von Übersprungsätzen abzuhalten. Also lasse ich auch meinen Oberkörper sinken, greife mit der Hand nach meinem Schwanz und dirigiere ihn zu ihrer Mitte. Als ich sie ganz vorsichtig berühre, stöhnt sie laut, und mein innerer Taumel beruhigt sich ein bisschen. Das hier ist nur Sex. Ich weiß doch, wie *nur Sex* geht.

Langsam, Zentimeter für Zentimeter dringe ich in sie ein. Dabei wäre es besser, schnell zu sein, um die Gedanken im Zaum zu halten. Aber ich genieße das Gefühl zu sehr, um es zu überstürzen. Mein Körper beginnt, leicht zu zittern. Auch das ist neu. Aurora drückt sich mir entgegen. Als ob auch sie es eilig hätte. Wir krallen uns mit Blicken aneinander fest, und ich vermute, der Ausdruck in meinen Augen ähnelt dem in ihren. »Warum so unsicher auf einmal?«, frage ich. Fragt sie. Fragen wir uns beide.

»Du bist so tief in mir«, sagt sie.

Ist das gut oder zu viel?

Sie keucht meinen Namen und drückt ihre Hände auf meine Pobacken.

Gut also?

Es fühlt sich an, als füllte ich sie vollständig aus, als gingen die Grenzen ihres Körpers in meine über. Ich muss kurz innehalten, so sehr nimmt mich die Vorstellung und die Enge, die sich um mich schließt, gefangen. Sie bewegt sich mit mir, und es ist unglaublich. Aber ich frage mich auch, was ich machen kann, damit es noch besser ist für sie.

Nur auf eine Hand gestützt, streiche ich mit der anderen über ihre linke Brust, fahre Kreise um ihre Brustwarze und spiele ein wenig mit dem Piercing. Ich stöhne, während gleichzeitig Fragen durch meinen Kopf schießen. Ich möchte wissen, wann sie sich das Piercing hat stechen lassen, und ich möchte absurderweise derjenige sein, der Veränderungen an ihr als Erster bemerkt. Der, der ihr sagt, wie sehr er sich an diese kleine Bauchwölbung gewöhnen könnte, und derjenige, der sie morgens wach küsst.

Kann ich das sagen? Jetzt?

Auf keinen Fall. Es ist verrückt.

Aurora hat die Augen geschlossen und streckt ihren Rücken durch, biegt sich mir entgegen, und ich streiche mit der ganzen Hand über ihre Brüste hinunter zu ihrem Bauch. Über ebenjene Narbe, an der ich etwas länger verharre. So lange, dass sie kurz den Kopf hebt und ich mich beeile, meine Hände weiterstreifen zu lassen. Es pocht ein Gedanke durch meinen Kopf, vorbei an meiner Erregung, in meine Fingerspitzen, die plötzlich unsicher werden.

Fake it, till you feel it, hab ich beim Klettern gelernt. Wenn du den Berg noch nicht spüren kannst, tu so, als würdest du die Route in- und auswendig kennen, dann kommt das Gefühl. Ich muss nichts faken, das Problem hier ist, dass ich *zu viel* fühle. Überall. Auroras Haut unter meiner ist nicht länger kalt vom Regen, sie glüht unter meinen Fingern. Ich spüre, wie mein Schwanz pocht, schaue in ihre Augen und weiß, dass sie es auch gespürt hat. Dass es sie anmacht. Nichts muss ich faken. Alles muss ich fühlen. Plötzlich ist dieses Neue auch in meinen Fingern, die nicht mehr nur von Lust beherrscht werden. Ich weiß zu wenig über sie, es ist zu wenig, sie zu streicheln, ich will mehr und weiß nicht, wo ich anfangen soll und wie ich ab hier weitermachen kann.

Aurora keucht auf. »Ich … ich glaube, ich komme schon.«

Einen Moment lang bin ich fassungslos darüber, dass sie das sagt. Wo ich mich doch gerade so hilflos fühle. Meine Lenden reagieren. Dopamin, Serotonin und das ganze Zeugs, was für so absurdes Glück verantwortlich ist, das auch jetzt ungehindert durch mein Innerstes schießt, rasen in meinen Venen um die Wette. Ich stoße noch einmal in sie, spüre ihre Nässe, die Wärme ihres Körpers und scheine meinen zu verlassen. Nie zuvor bin ich so heftig gekommen. Wie aus einer Trance heraus ergibt sich mein Körper dem ihren.

Ich glaube, ich schreie kurz. Ich glaube, ich bin zu fest …

»Es tut mir leid, war ich …?«

Sie schüttelt den Kopf. »Es war unglaublich gut.« Sie mustert mich, hebt die Hand und streicht über meine Stirn. »Es ist alles okay.«

»Wirklich?« Ich senke meinen Kopf und küsse sie auf den Mund, zupfe an ihrer Unterlippe, die so köstlich weich und einladend ist. Ich will nicht nur ihren Körper, ich will auch seine Geschichte kennen. *Auroras* Geschichte. Ich löse den Kuss, stupse mit meiner Nasenspitze an die ihre.

Sie lächelt. Ihre Haare sind ein einziges Durcheinander aus Locken und Heuhalmen. Zum Verlieben.

Scheiße. Scheiße. Scheiße.

»Ist bei dir alles okay?«

Langsam, mit der Hand das Kondom festhaltend, ziehe ich mich aus ihr zurück. Bedauernd, weil mir diese absolute Nähe jetzt schon wieder fehlt.

»Ja, es ist … mehr als okay«, sage ich. Und haue dann noch etwas Abgedroschenes raus, damit sie auf keinen Fall merkt, wie wenig okay das gerade ist, was in mir brodelt. »Du bist so schön.«

Es stimmt natürlich, aber es ist nicht das, was ich sagen oder fragen will. Ich kenne nicht mal ihren Nachnamen, ich weiß nicht, auf welche Schule sie gegangen ist, wie sie es findet, dass *The Chameleons* nach zwanzig Jahren noch mal eine neue EP rausgebracht haben. Ich will alles zurückdrehen zu dem Moment in Wien und ihre Hand festhalten statt der bescheuerten Tasse. Ich will mit dem Wissen von heute der Mr Darcy von morgen sein. Der im Nebel.

»Hab ich Heu im Haar? Oder warum schaust du mich so an?«

»Wann … wann hast du Geburtstag?«, höre ich mich sagen.

»Was?« Aurora blinzelt und stützt sich auf die Ellbogen.

Und nach der ersten Erleichterung, immerhin eine harmlose Frage gestellt zu haben, suche ich verzweifelt nach einer Erklärung für mein bescheuertes Verhalten. Und habe dann auch noch Magnus' Stimme im Kopf. Der mich auslacht und sagt: »Bruder, du hast sie geknallt. Wo ist jetzt das Problem?«

Die Antwort ist: Ich bin dabei, mich Hals über Kopf in sie zu verlieben.

Fokus, Jakob, Fokus.

Ich hüstele kurz. Und leider ist da noch sehr viel Blut zwischen meinen Lenden, das meinen Gehirnwindungen fehlt. »Es tut mir leid … ich … Kit hat übermorgen Geburtstag, und das ist mir gerade eingefallen, und dass sie da unten …«

Aurora lächelt. »Du meinst, du hast im Kopf, dass deine Schwester und dein Vater da unten sitzen und wir hier …«

Sie macht eine bezaubernde kleine Handbewegung.

»Ja«, behaupte ich.

»Wir sollten runtergehen, oder?«, schlägt sie vor.

Nein.

»Ja. Vielleicht …«

»Und später einfach noch mal …«

»Unbedingt.«

Sie setzt sich auf und zieht mich an sich. In eine Umarmung wie ein Zuhause. Fast möchte ich laut schnauben bei dem Gedanken.

Klar, Jakob, good job, sich in eine Frau zu verknallen, die in einem Camper zu Hause ist. Während du dich selbst gerade für die Ewigkeit an einen Ort gefesselt hast.

Ich küsse sie, damit sie mir nicht ansieht, was ich denke. Damit sie nicht auf noch schlimmere Ideen kommt als die, ich könnte das hier nicht fortsetzen wollen.

Tatsache ist: Ich will das hier für länger, als ein »Bitte bleib« reichen kann.

36

Aurora

;

Kein Signal

»Hat er deinen Namen gesagt?«, will Kit wissen. Sie stellt den Korb mit Brotscheiben vor mir auf den Tisch und wackelt mit den Augenbrauen. »Weil, weißt du, wenn er deinen Namen sagt …«

Jakob betritt den Gastraum erst gute zehn Minuten später als ich. Was mir Zeit gegeben hat, ein wenig mit dem abrupten Ende unserer Zärtlichkeiten klarzukommen. Und ihm offenbar … auch. Ich weiß es nicht. Er wirkt nicht abweisend. Aber trotzdem irgendwie verändert. Ich kann mir keinen richtigen Reim darauf machen.

Aber ehe er etwas auf Kits frechen Blick erwidert, fliegt ein rotgrünes Etwas durch den Raum und knallt hinter einer kreischenden Kit gegen den Bauernschrank.

»Wenn du weitersprichst, muss ich dich leider töten!«, brummt Jakob.

Kit lacht, fischt den Apfel vom Sideboard und beißt rein. »Mit einem Apfel? Junge, Junge, ich geb ein sauschlechtes Schneewittchen ab.«

HaWe schaut von dem Brot auf, das er mit Butter beschmiert,

und lacht. Ich höre sein raues, kratziges Lachen das erste Mal. Er schaut mich mit freundlichen Augen an. »Außer der Haarfarbe hast du mit einer Märchenprinzessin nichts gemein.«

»Sag ich doch. Ich bin Feministin. Brauche keinen Mann, der mich rettet. Und wenn die Hexe kommt, dann erschlage ich sie mit dem Brot. Hart genug dafür ist es ja.«

»Nimm das Chutney. Mit Chutney kann man niemanden erschlagen und auch nicht dran ersticken.«

Alle lachen, auch Jakob.

Über dem Gekabbel seiner Familie scheint er sich zu entspannen. Wir teilen Holzbretter aus, und es ist genau so eine Jause, wie ich sie mir gewünscht habe. Mit kleinen Radieschen, Käse, eingelegten Gurken und roter Beete, mit einem scharfen Aufstrich aus Ricotta, Apfel und Knoblauch. Es ist herrlich. Einzig der Gedanke, wie es wäre, mit meiner Schwester hier zu sitzen, macht diesen frühen Abend, der so sehr strahlt, ein klein wenig dunkler. Weil draußen weiter der Regen aufs Dach prasselt und das Wetter sich an uns austobt, wirkt das Licht hier drinnen umso wärmer und gemütlicher. Ich genieße die Gesellschaft, die kleinen Witze, die Tatsache, dass ich so selbstverständlich aufgenommen werde, und Jakobs Hand, die auf meinem Oberschenkel ruht. Wir essen, trinken selbst gemachte Limonade, und ich beantworte HaWes und Kits Fragen nach meinen Reisen, während Alabaster unter dem Tisch den Staubsauger spielt.

»Du wolltest mir jetzt nicht gerade die letzte Schnitte klauen?« HaWe funkelt seine Tochter an, als die Vesperbretter fast leer gegessen sind.

»Niemals.«

»Der Gedanke geht der Tat voraus wie der Blitz dem Donner«, erwidert er.

Ich nicke nachdenklich.

»Ist nicht von mir, ist vom Heinrich«, sagt HaWe.

»Heine«, fügt Jakob erklärend hinzu. Mit einem Blick, der auch ohne Worte sagen soll: »Nimm meinen Vater bitte nicht für voll.«

Später holt Kit eine Kiste mit Spielen heraus. Es sind Klassiker wie *Halma* und *Mensch ärgere Dich nicht* dabei, aber ich sehe auch Bierpongbecher, Würfel und Pokerkarten. Ich weiß nicht mehr, ob ich je mit meinen Eltern Brettspiele gespielt habe. Es fühlt sich aber so an, als würden Jakob, HaWe und Kit mir gerade einen Teil Kindheit schenken, von dem ich nicht wusste, dass er mir gefehlt hat.

Nachdem wir alle keine Lust mehr haben und HaWe der Erste ist, der lautstark gähnt, verabschieden sich die beiden.

»Du kommst zu meinem Geburtstag, oder? Übermorgen um drei. Es wird … kindisch.«

»Okay«, erwidere ich lächelnd.

Als HaWe und Kit weg sind, bricht auch der Regen ab. So plötzlich, wie er angefangen hat. Die Stille, die den Raum jetzt einfängt, ist beinah schmerzhaft intensiv. Als würde etwas fehlen.

»Vermisst du die Freiheit, jeden Tag an einem anderen Ort zu sein? Das Herumfahren?«, will Jakob wissen. Die Hand, mit der er die meine nicht streichelt, dreht den dicken Holzuntersetzer mit den vielen kleinen Jahresringen wie einen widerspenstigen Schraubverschluss.

»Ja«, sage ich. Es ist eine Fangfrage, eine, die ich auf keinen Fall richtig beantworten kann. »Ein bisschen«, schiebe ich nach.

Mein Herz schlägt auf einmal furchtbar schnell. Ich habe HaWes Satz im Ohr – *Der Gedanke geht der Tat voraus wie der Blitz dem Donner* – und fühle Jakobs Finger, die über meinen Handrücken streicheln.

»Hat Freiheit für dich ein bestimmtes Ziel?«

Ich spüre in der Anspannung, die sich durch die Ruhe im

Raum fast schon greifen lässt, dass er sich sehr bemüht, die Frage locker klingen zu lassen. Ihr nicht zu viel Gewicht zu geben.

»Freiheit ist der Weg, kein Ziel«, antworte ich mit belegter Stimme. Ich deute auf das Regal über dem Kamin. »Sind die alle von dir?«

»Meine Pokale, ja.«

»Warum hast du nur den einen in deiner Wohnung stehen?«

»Keine Ahnung.« Er zuckt mit den Schultern. »Vielleicht weil es der einzige ist, der mir wirklich was bedeutet hat.«

»Wofür hast du ihn gewonnen?«

Ich glaube, ein leises Seufzen zu hören, als er sagt: »Coppa Italia. Vor zwei Jahren.«

»Das Klettern, das war dein Traum, und er ist geplatzt. Bist … warst du deshalb so biestig zu mir, weil ich … keinen Traum habe? Sondern in den Tag reinlebe?«

Er zuckt leicht zusammen. »Anfangs vielleicht. Ich dachte, dass man, wenn man schon alles hinter sich lässt, doch zumindest ein Ziel haben müsste.«

»Ein Ziel wie Olympia?«

»*Irgendein* Ziel.«

»Ich *habe* Ziele«, sage ich, bemüht, es nicht trotzig klingen zu lassen.

»Erzähl mir davon.«

»Ich habe das Ziel, so viel wie möglich von der Welt zu sehen. Und das Ziel, so glücklich wie möglich zu werden.«

»Das sind gute Ziele.«

»Wie geht es für dich weiter? Wirst du weiter auf große Wettbewerbe hin trainieren? Es 2028 noch mal versuchen?«

Jakobs Kiefer malmen aufeinander. »Nein«, erwidert er knapp.

»Aber das Klettern ist doch dein Ding. Oder?«

»Ja, aber neulich am Felsen habe ich etwas verstanden.«

»Dass ich nicht klettern kann?«, scherze ich, auch um die Stimmung nicht abdriften zu lassen.

»Auch.« Er grinst und wird dann sofort wieder ernst. »Der Fels unter meinen Fingern, diese raue Hingabe an die Natur, das macht mich glücklich. Glücklicher, als in einer Halle zu klettern.«

»Und was ziehst du daraus?«

»Ich hab keine Ahnung … aber auch irgendwie keine Wahl.«

»Keine Wahl?«, wiederhole ich seine Worte, die meinen Puls viel mehr des Tons als der Aussage wegen auf eine sehr unangenehme Art beschleunigen.

Aber Jakobs Blick hat sich im Raum verloren, und als er mich wieder ansieht, habe ich das Gefühl, dass er die inneren Mauern wieder hochgezogen hat.

»Vielleicht geht es uns beiden um das Gleiche«, werfe ich ein, weil ich nicht will, dass er sich zurückzieht. »Freiheit. Letzten Endes wollen wir beide dasselbe. Dann brauchst du kein Olympia. Dann brauchst du einen Berg. Und einen Weg den Berg hinauf.«

»Vielleicht brauche ich …« Er schaut auf den Tisch.

Mein Puls rauscht in meinen Ohren, sehr viel lauter als der Wasserfall heute Mittag.

»Vielleicht brauche ich …«, setzt er noch einmal an. »Das. Ja.«

Wollte er »dich« sagen? Oder doch etwas anderes?

»Erinnerst du dich daran, als du mir gesagt hast, dass sich beim Klettern ein Tor für dich öffnet? Weil der Berg vor dir da war und noch immer da sein wird, wenn es keine Erinnerung mehr an dich gibt?«

Er nickt.

»Dann hast du das nicht verloren. Das findest du überall.«

Ich will »mit mir« sagen, aber ich wage es nicht. Weil er nicht »dich« gesagt hat.

»Das ist ein Gefühl, kein Ort und kein Wettbewerb.«

• • •

Später in der Dachkammer finden sich unsere Hände automatisch, schmiegen sich unsere Körper aneinander wie zwei Bergkuppen, die Halt suchen. Wir schlafen nicht noch einmal miteinander, wir schlafen nebeneinander. Es ist etwas passiert, das größer ist als wir beide. Etwas, das die Richtung geändert hat. Und ich weiß nicht, ob es gut ist oder zu groß und mir deshalb über den Kopf wachsen wird. Ich weiß nur, dass Jakobs Hand in meiner, der Blick durch die Dachluke rauf in den Himmel und das leichte Kitzeln des Heus unter mir gut sind. Das hier, ich fühle es, ist eine Gratwanderung. Wir können das schaffen, aber wir können auch abstürzen.

Ich kämpfe gegen den Ohrwurm in meinem Kopf an, der ebenso bittersüß ist wie dieser ganze Tag. Diese eine Textzeile, die mir mein Kopf in Endlosschleife vorspielt, hat etwas sehr Endgültiges. Eine weitere Timeline, die am Ablaufen ist.

I loved you for only a fortnight

Glühbirnen, die erlöschen, Mikas dunkler Haaransatz, der immer weiter herauswächst, Taylor. A fortnight. Vierzehn Tage. Und über der Weigerung, mir auszurechnen, wie viel Zeit mir und Jakob bleibt, wie viel Endgültigkeit es jetzt schon hat, dass er nicht fragen wird, ob ich bleibe, und ich nicht bleiben werde, falle ich in einen unruhigen Schlaf.

• • •

Etwas blendet mich. In einer Scherbe spiegelt sich für einen winzigen Moment Ems Gesicht. Ich strecke die Hände nach ihr aus, will ihre Wange streicheln, aber dann ist sie weg. Einfach weg. Eine Tür schließt sich leise. Ich schrecke hoch, schwer atmend, und schaue mich um. Über meine Stirn rinnt kalter Schweiß. Die Sonne ist echt, die Scherbe ist das Fenster der Dachluke, auf dem sich die Sonne bricht. Em ist nur ein Produkt meiner Fantasie.

Das Morgengrauen schickt sein fiebriges Licht durch den Raum. Die Matratze liegt noch im Halbdunkel, obwohl die Nacht sich längst verabschiedet hat, aber das ist es nicht. Es ist ruhig, bis auf die ersten Vögel, die ihren Gesang über die Wiesen schicken, aber das ist es nicht. Jakob ist noch da, eine Hand über den Augen, die andere unter meinem Rücken, aber auch das ist es nicht. Da ist etwas, das mich selbst in jenem halb wachen Dämmerzustand beim Aufwachen zutiefst beunruhigt. Blinzelnd sehe ich mich im Zimmer um. Als hätte ich beim Einschlafen etwas übersehen.

Jakob schläft noch. Ich stupse ihn sanft an. »Können wir bitte gehen?«

Ich muss weg hier, etwas in mir schreit danach, diesen Ort zu verlassen.

»Mmh?«, fragt er schläfrig. »Wie viel Uhr ist es?«

»Halb acht.«

»Mist … Dann haben wir den Sonnenaufgang verpasst, der ist hier oben unwahrscheinlich schön.«

37

Jakob

Die schwierigste Passage in einer Route nennt man Schlüsselstelle. Ich habe das Gefühl, dass Aurora und ich an eben so einer feststecken. Auch wenn die Stimmung gut ist, wir lachen, wir reden, und wir berühren uns. Und als sie auf dem Rückweg zum Felsenhimmel auf einem rutschigen Stein ausrutscht, versinken wir über meinem Versuch, ihren Hintern von Dreck zu befreien, in einem sehr heißen, innigen Kuss.

Der Abstieg ist leicht, die Sonne scheint uns warm in den Rücken, sie summt vor sich hin. Wir legen uns flach auf die Wiese und trinken klares Bergwasser, springen über kleine, matschige Flecken, die der Regen hinterlassen hat, und Aurora fragt nach wirklich jeder einzelnen Blume, deren Namen sie wissen möchte. Ich gebe zu, dass ich ein paar vielleicht erfinde, weil ich sie nicht erkenne, aber sie merkt das ohnehin ziemlich schnell. Es ist ein goldener Morgen, und wir sind fast ganz allein. Bis auf zwei Männer, die sehr verliebt wirken und uns nach dem Weg zur Almhütte fragen, begegnet uns niemand. Die Blätter rauschen sanft, alles ist so unfassbar friedlich, dass man es kaum für möglich halten kann.

Bis wir ihn finden. Hinter der letzten Kehre, bevor man die Alpenchalets sehen kann. In dieser Kurve, die sich um ein felsiges

Stück herumschlingt, ragt sein erschlaffter, ausgemergelter Körper hervor. Aurora sieht ihn zuerst und schreit kurz auf, ehe sie sich die Hand auf den Mund presst. Ein Bein steckt in einer Scharte zwischen zwei mannshohen Steinen fest, die restlichen Gliedmaßen sind seltsam verdreht, die Augen schauen leer in den Himmel. Er ist tot.

»Können wir ihn befreien?«, fragt Aurora mit erstickter Stimme.

Um das Maul schwirren Fliegen, es geht ein strenger Geruch von dem Tier aus. Die imposanten Hörner des Alpensteinbockmännchens wirken furchtbar traurig, jetzt, da sie nicht mehr stolz in die Höhe gereckt werden.

Ich schüttle den Kopf. »Ich glaube nicht, und selbst wenn, müssten wir ihn ja liegen lassen. So ein Steinbock wiegt über hundert Kilo.«

»Das heißt, er bleibt hier gefangen, für immer?«

»Die Natur wird sich holen …« Auroras Blick ist so voller Schmerz, dass es kaum auszuhalten ist und ich meinen Satz vorzeitig abbreche.

»Das passiert. Oder? Dass jemand nicht geborgen werden kann.«

»Na ja, Steinböcke verunglücken sehr selten. Sie sind Meister im Klettern. Dass er hier reingeraten und nicht mehr rausgekommen ist, ist … Pech. Selten. Ich denke, der hier war schon recht alt. Vielleicht war er auch nur zu schwach, um das Bein herauszuziehen, und ist mehr oder weniger eines natürlichen Todes gestorben.«

»Aber ist es nicht, ich meine … wenn so ein Körper … da liegt und nicht, nicht …« Sie stolpert über ihre eigenen Worte, und das macht etwas Seltsames mit meinem Innern. »Wie ist das mit Menschen? Wenn jemand in den Bergen verunglückt?«

»Darum kümmert sich die Bergrettung«, sage ich und will meinen Arm beruhigend um sie legen, aber sie schüttelt mich ab.

»Aber das geht auch nicht immer, ich meine … wenn die Bergrettung zu spät kommt oder jemand in unwegsamem Gelände stürzt. Am Mount Everest liegen tote Menschen seit Jahren im Permafrost.«

»Das kann hier nicht passieren, solche Stellen gibt es hier nicht«, sage ich. Lüge ich. Es gibt den Felsenhimmel. Und dort liegen zwei Tote. Für immer. Aber wozu Aurora weiter beunruhigen, wozu ihr das sagen, wenn ein toter Steinbock sie schon so aus der Fassung bringt? »Lass uns weitergehen«, sage ich sanft.

Aber Aurora rührt sich nicht von der Stelle. Sie starrt den Steinbock an, als könnte sie ihm das Geheimnis seines Todes entlocken. »Vielleicht bleibe ich ein bisschen länger, auch wenn der Van fertig ist«, sagt sie leise.

Mein Herz wummert unruhig. Vor Freude. Aber auch, weil sie mich dabei nicht ansieht. Weil wir die Schlüsselstelle noch nicht hinter uns haben.

»Wäre das okay?«, hakt sie nach, und jetzt endlich schaut sie mich an. »Wenn ich noch bleibe?«

Sind ihre Augen etwas glasig, oder bilde ich mir das ein?

»Das wäre sehr okay«, erwidere ich und versuche, möglichst gelassen zu klingen.

Sie greift nach meiner Hand und drückt sie so fest, dass sich ihre Fingernägel in mein Fleisch graben.

»Ich sag dem Förster Bescheid, okay? Vielleicht holt er ihn.«

Sie nickt und dreht sich zur Seite. Wischt sich einmal übers Gesicht. »Sorry, ich weiß auch nicht, was mit mir los ist.«

»Vielleicht hast du ein bisschen Bergfieber. Das hier, dieses Alleinsein mit der Natur, setzt bei mir auch immer alle möglichen Emotionen frei.«

Sie schüttelt leicht den Kopf. »Das ist es nicht. Ich dachte die ganze Zeit, der Weg wäre das Ziel. Und jetzt … hier ist das alles auf den Kopf gestellt.«

»Du hast nur dein Beta noch nicht gefunden«, sage ich und halte ihre Hand fest, die sie aus meiner befreien will.

»Mein Beta?«

»Die Erfolgsroute. Beim Klettern ist das Beta die Information zu einer Route, die zum Erfolg führt. Zum richtigen Weg.«

»Hast du deines denn gefunden?«

»Vielleicht«, erwidere ich und lächle.

»Vielleicht«, wiederholt sie und erwidert das Lächeln.

Ihre Hand in meiner krallt jetzt nicht mehr, sie hält mich nur noch fest.

Wir lassen den toten Steinbock hinter uns, ich öffne gerade den Mund, um ihr zu erzählen, dass die winzigen kleinen Blumen am Wegrand … als mein Blick hinunterfällt. Auf das Chalet, auf den glitzernden Schwimmteich, auf etwas anderes, das blinkt und blitzt, aber kalte Angst durch mein Inneres jagt. Und ohne in diesem Moment zu wissen, was als Nächstes geschehen wird, ist ihre Hand mein Halt. Genug für den Augenblick, in dem ich realisiere, was sich da unten abspielt. Genug, um meinen Herzschlag zu beruhigen. Genug, um mich davon abzuhalten, kehrtzumachen und zurück zur Hütte zu rennen. Ich hätte sie nie verlassen dürfen. Nicht an jenem fatalen Morgen vor fünf Wochen und nicht heute.

»Was ist das?«, fragt Aurora keine zwei Sekunden später. »Wollen die zu mir?«

»Nein«, erwidere ich tonlos und schaue über meine Schulter, als wäre der tote Steinbock ein böses Omen, auch wenn wir ihn schon lange hinter uns gelassen haben. »Die wollen zu mir.«

Unten auf dem Platz neben Auroras Van steht ein Wagen der

Carabinieri – mit Blaulicht. Und ich kenne sowohl den Mann als auch die Frau, dic aussteigen. Good Cop und Bad Cop.

»Was wollen die hier?« Eine kleine Falte bildet sich zwischen ihren Augen. »Von dir?«

»Sicherheitsvorkehrungen«, lügt mein Mund, während sich in meinem Kopf alle möglichen Szenarien überschlagen. »Wegen der Promi-Hochzeit. Kannst du meiner Mutter Bescheid geben, dass wir zurück sind?«

»Ja, natürlich, aber …«

Ohne ein weiteres Wort lasse ich Aurora hinter mir. Als ich mit langen Schritten auf das Blaulicht zugehe und wenig später ohne Widerstand in den schwarzen Wagen steige, frage ich mich, ob ich den Felsenhimmel je wiedersehen werde.

38

Aurora

;

Verbindung fehlgeschlagen

In der Hotellobby ist es kühl, die Klimaanlage pustet eisige Luft in den Raum. Am Rezeptionstresen sitzt niemand, auch im Büro finde ich Marita nicht. Ein Gast bittet mich um eine Wanderkarte, und ich suche etwas in der Auslage auf dem Infotisch heraus und reiche sie ihm.

Ich will mich gerade wegdrehen und im Essensbereich nach Jakobs Mutter suchen, als Adam die Tür aufreißt.

»Da bist du! Ich suche dich schon überall.«

»Ich war mit Jakob wandern, und wir haben …«

Adam winkt gehetzt ab. »Ich muss dir was zeigen.«

»Jetzt?«

»Wenn es geht, schon.«

»Okay«, sage ich gedehnt.

»Ich hab da was gefunden, als ich die Wanne an deinem Bus ausgebaut hab.«

»Den verlorenen Diesel?«, scherze ich.

Aber Adam sieht sich noch einmal um und streckt dann die Hand aus. Er hält mir einen runden Gegenstand hin, der auf den ersten Blick aussieht wie ein harmloser Kühlschrankmagnet. Dabei ist nichts an diesem Ding harmlos.

Das ist ein AirTag. Eine Apple-Wanze, ein moderner Peilsender.

Adam wollte meine Aufmerksamkeit, jetzt hat er sie. Aber so was von.

»Das war an meinem Auto?«

Gänsehaut breitet sich in Sekundenschnelle auf meiner Haut aus, ich fröstle angesichts der kalten Luft aus der Klimaanlage.

»Sag es Jakob erst mal nicht«, murmle ich. Warum nicht, kann ich selbst nicht sagen, aber auf keinen Fall möchte ich, dass Jakob sich Sorgen um mich macht.

Adam nickt langsam. »Wie du willst.«

»Kannst du mir zeigen, wo du das Ding gefunden hast?«

»Ja, sicher.«

Auf wackligen Beinen folge ich Adam aus der Lobby hinaus und Richtung Van. Die Carabinieri sind weg. Jakob ist nirgends zu sehen. In meiner Hosentasche vibriert mein Handy in Dauerschleife. Schlagartig wird mir schrecklich übel. Es ist das gleiche Szenario wie auf der Fahrt durch die Serpentinen. Eine Nachricht nach der anderen ploppt auf, als ich im Gehen auf das Display linse. Jetzt, da ich wieder Empfang habe und mein Handy sich automatisch ins WLAN des Resorts eingeloggt hat, kommen all die verhinderten Nachrichten der letzten vierundzwanzig Stunden durch.

Meine Hände zittern. Und ich muss tief einatmen, sauge den Geruch von Waschmittel ein, der aus dem Kellerschacht aus der Wäscherei nach oben dringt, und würge erneut. Es ist nicht das Gleiche, rede ich mir selbst zu. Niemand schickt neue Hiobsbotschaften. Es sind nur Nachrichten und Anrufe, die nicht durchgegangen sind. Eine davon lese ich kurz und bin seltsam erleichtert, Hannahs Namen zu lesen.

Vor 6 Std.

Hi, Aurora, ich glaube, ich muss …

Ich wische die Vorschau weg.

Vor dem Van angekommen, atme ich zittrig ein, während sich Adams Aufregung weiter steigert. Am Heck des Vans öffnet er die Klappe der Anhängersteckdose.

»Hier drin war er.«

Ich bücke mich, obwohl es natürlich nichts zu sehen gibt. Keine versteckte Nachricht. Nichts.

»Wie bist du da draufgekommen?«, frage ich.

Er zieht die Schultern hoch. »Reiner Zufall. Ich hab die Karre …« Er macht eine Grimasse und korrigiert sich. »… den *Camper* noch mal auf Herz und Nieren gecheckt, nachdem ich den Tank eingebaut hab, und unter anderem den AirTag gefunden.«

»Unter anderem?«

»Ja.« Er winkt ab. »Da war noch so ein Aufkleber. Ärgerlich, aber den konnte ich entfernen.«

»Was für ein Aufkleber?«

Ich schlucke, der Geschmack in meinem Mund ist bitter.

»Hab ihn weggeworfen.«

»Was stand drauf? Wie sah der aus? War der von *The Wire?*«

»Hä? Nein«, sagt Adam verwirrt.

Warum auch. Beruhig dich, du dummes Herz.

»War irgendein Zitat von Hemingway, weiß nicht mehr genau.«

»Okay«, sage ich, fast schon enttäuscht.

Was hab ich erwartet? Dass Em mir aus dem Jenseits geheime Botschaften auf Aufklebern schickt?

Ich werde verrückt, wie meine Mutter.

Adam starrt mich an. »Vielleicht weiß der Typ, der mit dir den Van ausgebaut hat, irgendwas.«

»Chris?«

»Wenn der so heißt.«

»Gute Idee, danke.«

Adam nickt, und dann tut er so, als hätte er etwas Superwichtiges vergessen, um sich unter leisem Gebrabbel davonzumachen. Guter Kerl.

Noch einmal taucht auf meinem Handy eine Nachricht von Hannah auf, die ich wieder wegdrücke. Stattdessen wähle ich Chris' Nummer. Vielleicht hat er mir das Teil als Sicherheitsaccessoire an den Bus geklemmt. Es passt gar nicht zu Chris, aber ich muss ihn dennoch fragen.

»Hi«, sagt er gut gelaunt in den Hörer. »Wie geht's dir?«

»Ganz gut«, sage ich und weiß nicht, ob das noch stimmt. »Und dir?« Ich habe keine Ahnung, wie ich das Gespräch auf den AirTag bringen soll, ohne Chris zu verärgern.

»Alles fein. Hast du dir das mit der Freizeitmesse überlegt? Wäre vielleicht eine gute Ablenkung, also ich meine …«

Chris versucht ständig, mich davon zu überzeugen, den Camper auf einer dieser Messen auszustellen und von Besucherscharen begaffen zu lassen.

»Was soll der Van da?«

»Sich bewundern lassen«, erwidert mein bester Freund.

»Geht es vielleicht eher darum, dass du dich für dein Werk bewundern lassen möchtest?«

»Könnte sein«, gibt er zu. »Aber es gibt ordentlich Kohle dafür.«

»Wie lange kennen wir uns schon?«

»Okay, hab verstanden.«

»Aber Chris, sag mal … wenn wir schon dabei sind, gnadenlos ehrlich zu sein …«

»Ja?« Er horcht auf.

»Ich hab da was am Bus gefunden … und ich frage mich … also, es ist etwas komisch, weil … ich denke auch nicht …«

Er lacht leise. »Was immer du fragen willst: Hau schon raus.«

Ich atme tief durch. »Hast du mir eine Wanze eingebaut?«

»*Was?*«

»Es war ein AirTag befestigt. Du weißt schon, so ein Teil, was Standortdaten auslesen kann.«

»Soll ich *dich* jetzt mal fragen, wie lange wir uns kennen?« Chris klingt jetzt tatsächlich leicht angefressen. Genau das, was ich vermeiden wollte.

»Kannst du mir einfach eine Antwort geben, bitte.«

»Natürlich nicht, Aurora. Was denkst du von mir?«

»Tut mir leid.«

»Schon gut. Sag Bescheid, wenn ich mal vorbeikommen soll. Wenn du mich brauchst, okay?«

»Okay, danke.«

Wir wechseln noch ein paar Worte, ehe wir das Gespräch beenden, ich mich noch einmal entschuldige und Chris sagt: »Kein Ding, ich hätte auch gefragt. Pass auf dich auf, Kleine, ja?«

Es sind dieselben Worte, die Em in dem Wiener Café zu mir gesagt hat. Und ich weiß noch, dass ich dachte: Em brauche ich das nicht zu sagen. Em kann verdammt gut auf sich aufpassen.

Ganz offensichtlich konnte sie es nicht. Ich schaue mich um und fühle mich plötzlich so unendlich leer und allein. In mir macht sich etwas breit, das ich lange nicht gefühlt habe. Vielleicht noch nie so wirklich. Eine lähmende Stille, die durch mein Inneres kriecht und von der ich instinktiv weiß, dass Adrenalin kein Gegenmittel ist. Ich glaube, ich habe Angst.

Ich ziehe mein Shirt hoch, schnüffle am Ausschnitt und am Ärmel, suche nach Jakobs Geruch, aber da ist nichts. Und zum ersten Mal, seit ich hier bin, trotz oder vielleicht sogar wegen des toten Steinbocks, sehne ich mich danach, einfach weiterzufahren. Den verdammten Felsenhimmel, Em und all das, was seit Mamas Anruf in Portugal passiert ist, zurückzulassen. Ich muss Adam nicht einmal mehr sagen, dass er den Van startklar machen soll. Ich bin frei. Wenn ich will, kann ich jederzeit »Pfüati, Felsenhimmel« in den Wind schreien und so lange fahren, bis mein Tank wieder leer ist. Seltsam nur, dass der Gedanke an Freiheit mich nicht glücklich stimmt. Erst das Piepsen meines Handys reißt mich aus der Lethargie.

Da sind Anrufversuche meiner Mutter, aber auch zwei Nachrichten von Hannah.

Ist Em ihr noch irgendetwas schuldig? Ich denke an das kurze Aufeinandertreffen mit Hannah in Wien. An ihre fahrige Art, ihre abwehrenden Antworten. Kann es sein, dass sie mir doch weiterhelfen will und mir mehr Infos über die Bergtour geben möchte? Die Vorstellung lässt mich schaudern, und gleichzeitig fühle ich eine Aufregung in mir aufsteigen, die den AirTag in den Hintergrund meiner Gedanken schiebt. Ich hole tief Luft und wähle dann Hannahs Nummer.

Es klingelt nur ein einziges Mal, dann geht sie ran.

»Hallo, Hannah.«

»Hi, ich …« Hannah bricht ab, schnäuzt sich geräuschvoll und sagt dann: »Jetzt ist er auch tot.«

Sechste Sprachnachricht

Ich muss immer daran denken, wie du mir das erste Mal beim Bouldern zugesehen hast.

Wie du aufgeschaut hast zu mir. Die Sorge um mich in deinen Augen. Und ich hab zu dir runtergeguckt und gesagt: Angst muss nicht unterdrückt werden, man kann sie trainieren. Und ausschalten, wenn es nötig ist.

Weißt du noch? Du hast den Kopf geschüttelt und meintest: Angst sei etwas Lebensnotwendiges. (Seufzen)

Jetzt weiß ich: Du hattest recht. Wenn ich keine Angst gehabt hätte, wäre ich seit Monaten tot.

Die Angst hat mich gerettet.

Weißt du, was ich noch gesagt habe? Dass ich auf dich aufpasse. Wo du bist, bin auch ich. Es macht mich wahnsinnig, dass das gerade nicht stimmt.

39

Jakob

Good Cop und Bad Cop haben offenbar die Rollen getauscht. Oder vergessen, welchen Part jeder von ihnen im ersten Akt des Dramas vom Felsenhimmel gespielt hat.

Die Polizistin ist scheiße wütend, er ist fast schon lethargisch ruhig. Niemand bietet mir ein Getränk an. Aber Bad Cop hat diesen Blick, als wollte sie mir sagen: Vertrau mir, Junge. So schlimm ist das alles nicht.

Es ist schlimm. Es ist schlimmer als schlimm. Und genau das will mein Hirn nicht begreifen.

Die Polizistin baut sich vor mir auf. »Haben Sie eine Ahnung, warum Sie heute hier sitzen?«, brüllt sie.

Hab ich nicht. Vermutlich habe ich es Magnus zu verdanken. Wahrscheinlich wird sie mir als Nächstes das Video vorspielen. Ob sich auch jemand bei Verena gemeldet hat? Ich wünschte, ich hätte Zeit gehabt, mit meiner Schwester zu sprechen.

Hättet ihr mich nach Shanghai fliegen lassen, säße ich jetzt nicht hier. Und genau das würde ich ihnen jetzt gern lautstark entgegenbrüllen. Aber ich weiß schon, dass das nicht unbedingt angebracht ist.

Die Fensterscheibe ist so dreckig, als hätte jemand Kaffee dagegengespuckt. Gibt es hier keine Reinigungskräfte? Am Handgelenk der Polizistin sitzt die Smartwatch zu locker, und ich frage mich, ob so ihre Schrittanzahl auch richtig gezählt wird. Was eine Polizistin wohl so an Schritten pro Tag zusammenbekommt?

Schweigen breitet sich im Raum aus, so lange, dass Good Cop sich und seiner Kollegin einen Kaffee holen kann. Ich gehe leer aus. Und denke an die Tasse mit dem Bouldergriff, denke an Aurora.

Meine Hände werden unruhig. Ob ich wohl nach dem Kuli auf dem Tisch vor mir greifen und klicken darf? Vor allem um die Stille zu durchbrechen? Dann seufzt der Carabinieri und holt aus einer Schublade einen Packen Fotos heraus. Es wirkt so oldschool, dass ich mich nach einer versteckten Kamera umschauen will. Hat er einzelne Szenen aus dem Video ausgedruckt? Ist das eine Art Showeffekt? Gibt es diese Schublade für genau solche Fälle? Er schiebt mir die Fotos zu, umgedreht, um die Spannung etwas zu steigern.

»Sie waren in Meran, gestern?«

Die Frage ist seltsam formuliert, mehr eine Feststellung. Ein Test.

»Auch, ja.«

»Haben Sie den Polizeieinsatz mitbekommen?«

»Ja … ich war gerade mit meiner …«

»Nur auf die Frage antworten«, blafft die Beamtin.

»Ja, ich war in Meran«, erwidere ich.

Sie hebt das oberste Foto des Stapels an, und mein Mund wird seltsam trocken. Das hier ist alles nicht gut.

Ich sehe etwas Blaues, dann etwas Schwarzes. Dann dreht sie das Foto um, und mir stülpt sich der Magen auf links. Es ist, als hätten sich die Farben auf dem Foto in einer Spirale gedreht. Alles, was ich sehe, ist das Gesicht. Es ist farblos. Es ist leer. Es besteht kein Zweifel daran, dass der Mensch tot ist. Ich blinzle heftig.

»Hören Sie damit auf.« Die Polizistin spricht ruhiger, aber sie nimmt mir den Kuli aus der Hand.

Ich will mich wehren, ich brauche den Kuli, ich muss klicken. Muss dieses Bild wegklicken, diese schreckliche Wahrheit, die mir aus einem schwarzen Leichensack entgegenschaut. Sie schiebt das Foto weg, aber was folgt, ist nicht besser. Da ist zwar kein Gesicht mehr, aber ein Körper.

»Das ist der Mann, mit dem Sie in den letzten Tagen mehrfach telefoniert haben, bevor Sie Ihr Telefon für über vierundzwanzig Stunden abgeschaltet haben.«

»Ich habe nicht, ich war …« Aber ich bekomme den Satz nicht zu Ende. Allein schon weil ich Auroras Namen nicht nennen möchte, während ich auf das Bild meines toten Freundes schaue. »Tristan«, sage ich leise und erstickt. »Ist tot?«

»Nein, wir haben ihn so präpariert, er sitzt nebenan und möchte gern wissen, warum Sie ihn ermordet haben.« Die Beamtin der Polizia di Strato fährt mit der Hand über den Tisch und wischt die Fotos weg. »Ja, Tristan Grasser ist tot. Wildwasserrafter haben ihn in der Gilfschlucht aufgefunden.«

Sie lässt mir keine Zeit, das zu verdauen.

»Und Sie haben als Letzter mit ihm telefoniert.«

Betont langsam schiebt sie ihren Laptop über den Tisch und dreht ihn, sodass ich auf das Display schauen kann.

Aber ich sehe nichts, die Zahlen und Buchstaben auf dem Screen haben ein Eigenleben entwickelt. Und darüber legt sich immer wieder das Bild meines leblosen Freundes. Die Stimme der Polizistin dringt nicht zu mir durch. Stattdessen höre ich Tristans leicht nasale Stimme. Beides mischt sich wie schlechter Radioempfang, der aus zwei Sendern einen macht. Mein Atem geht schneller, Bad Cop geht zum Fenster, öffnet es, aber der Luftzug hält nur kurz an. Sofort drängt sich die Hitze der Geschehnisse so heftig in mein Inneres, dass ich innerlich zu kollabieren glaube.

»Worum ging es in dem Gespräch? Mit Tristan Grasser?«

»Um die Almwiesen«, antworte ich wie mechanisch, und meine Stimme klingt fremd in meinen Ohren. »Er und sein Cousin Magnus Grasser wollen Almwiesen von mir kaufen, und ich habe ihm das Geschäft zugesagt.«

»Es gab also Streit?«

»Nein. Eben nicht, wir waren uns einig.«

Sie legt den Kopf schief. »Waren Sie sich in den letzten Telefonaten, immerhin fünf in einer Woche, auch so einig?«

»Nein«, sage ich.

Wenn man sich die kleine, verkrustete Wunde am Kopf wegdenkt, sieht Tristan auf dem Foto geradezu friedlich aus.

»Wurde er … ermordet?«, frage ich und sehe der Polizistin jetzt direkt in die Augen.

»Wir können zum jetzigen Zeitpunkt ein Gewaltverbrechen nicht ausschließen.«

Ihre Antwort ist standardisiert, ihr Gesichtsausdruck wird einen Augenblick lang ein wenig weicher.

»Ich kann das alles nicht glauben. Warum passiert das?«, frage ich.

»Sagen *Sie* es mir!« Sie steht auf und stützt die Hände auf die Knöchel.

Hat sie das das letzte Mal auch schon getan, oder war das ihr Kollege, der heute so still ist?

Plötzlich greift sie nach meinem Arm. Und die kurze Freundlichkeit ist wie weggewischt. »Sind das Druckstellen?«

Ich schaue auf meine Hand. Und habe Auroras Worte im Kopf.

»Das ist ein Stich.«

»Sieht nicht aus wie ein Stich.«

»Es ist eine leicht allergische lokale Entzündungsreaktion auf einen verfickten Wespenstich«, sage ich.

»Sind Sie zu einer kriminaltechnischen Erfassung bereit?«

Ich starre sie an. »Sie können Haare von mir haben, Fußnägel, was auch immer Sie wollen. Ich habe nichts zu verbergen.«

Und zum Glück, schießt es durch den Nebel in meinem Kopf, zum Glück ist Verena in Wien. Und ich muss nicht lügen, um sie zu beschützen.

Die beiden Polizisten wechseln einen Blick, und für einen furchtbaren, irrationalen Moment fürchte ich, meine Worte laut ausgesprochen zu haben. Fürchte, dass sie das Video doch haben. Dass das hier eine Farce ist. Tristan ist natürlich nicht tot. Wie könnte er? Vor wenigen Tagen noch haben wir die Details des Verkaufs besprochen. Es ist völlig unmöglich, dass das sein Körper, sein echter Körper ist, der auf diesen Fotos abgebildet ist. Es ist leicht, so etwas zu faken, oder? Wahnsinnig leicht. Man kann ganze Videos künstlich herstellen. Wie einfach ist es also, so ein Foto zu fälschen?

Der Carabinieri hat den Raum verlassen, und ich merke es erst, als er zurückkommt und einen länglichen Gegenstand in einer Plastiktüte auf den Tisch legt. »Asservat B265«, sagt er knapp.

Ich starre darauf und versuche, irgendeinen Sinn aus dieser Info und dem Gegenstand zu ziehen. Natürlich weiß ich, was das ist, natürlich weiß ich es.

»Sie scheinen ja sehr ordentlich mit Ihren Sachen zu sein.«

Sie zeigt mir den Aufkleber an der Drehvorrichtung.

»Ja, mir sind die Dinger schon sehr oft aus der Almhütte geklaut worden«, sage ich und merke, wie ich die Zähne zu fest aufeinanderpresse, wie mein Kiefer sich schon steif anfühlt und die Kopfschmerzen nicht lang auf sich warten lassen werden.

»Was meinen Sie, werden wir darauf Ihre Fingerabdrücke finden?«

»Ja«, sage ich knapp. »Das könnte mein Kletterhaken sein. Wo haben Sie den her?«

»Den haben wir an der Stelle gefunden, an der Tristan Grasser sehr wahrscheinlich, den Berechnungen der Fließgeschwindigkeit, den Abdrücken und dem Todeszeitpunkt nach, ins Wasser gestürzt ist.«

»Oder gestoßen wurde«, ergänzt die Frau.

»Er muss ihn sich mitgenommen haben, als wir auf der Almhütte waren. Vor ein paar Wochen, als …«

»Als schon einmal jemand aus Ihrer Freundesgruppe ums Leben gekommen ist? Und eine Frau, die Sie angeblich kaum gekannt haben?«

Ich will Ja sagen, aber das wäre falsch, Nein wäre aber auch falsch.

Die Kopfschmerzen kommen schneller als befürchtet. Ich reibe mir meine Schläfen, doch das Donnern ist stärker.

»Was hat Tristans … Tod …« – das Wort kommt mir unheimlich schwer über die Lippen – »überhaupt mit diesem Kletterhaken zu tun?«

»Es klebt Blut daran«, sagt sie knapp.

Sein Blut? Das hat sie nicht gesagt.

»Sie meinen …« Ich schaue erst zu dem Polizisten, dann zu ihr. »Sie meinen, jemand hat ihn mit *meinem* Kletterhaken erschlagen?«

»Aus ermittlungstaktischen Gründen können wir dazu noch nichts sagen.«

Also wissen sie es selbst nicht. Sonst … ja, sonst würde das hier anders ablaufen. Sollte ich mir einen Anwalt nehmen? Muss ich sogar?

»Ich begleite Sie jetzt zur kriminaltechnischen Erfassung, Herr Hofer. Und dann können Sie gehen.«

»Aber Sie halten sich zu unserer Verfügung.«

»Ich wüsste nicht, wohin ich sollte«, sage ich, und das stimmt so sehr wie nie zuvor.

40

Aurora

;

Vorgang wiederholen

Hannahs Stimme ist längst verklungen, aber ich halte das Handy noch dicht am Kopf. Dieser Tristan bedeutet mir nichts, ich weiß nichts von ihm außer seinem Namen. Hat sein Tod etwas mit Em zu tun? Eine Bergtour und jetzt drei Tote. Oder ist es lediglich ein makabrer Zufall? Hannahs Panik in meinem Ohr ist laut und lässt sich sehr schwer dämpfen.

Ich würde gern mit Jakob darüber sprechen, aber er ist den Rest des Tages verschwunden. Pünktlich um 4:30 Uhr sitze ich wach im Van und schaue nach oben. Ich bin mir so sicher, dass er da sein wird, um diesen Moment der Nacht zu teilen, aber er taucht nicht auf.

Erst am nächsten Morgen, Kits Geburtstag, sehe ich ihn wieder. Er hat dunkle Ringe unter den Augen und wirkt fahrig, aber er lächelt mich an, wenn wir uns während der Arbeit über den Weg laufen. Ich will mit ihm sprechen, aber es ergibt sich keine Gelegenheit, also warte ich ungeduldig auf den Abend.

Im laufenden Gästebetrieb können wir Kits »Kindergeburtstag« nicht feiern, also wird aus drei schließlich sieben Uhr. Als ich ein paar Minuten zu spät hinter dem Felsenhimmel bei den Sportanlagen ankomme, schallt gedämpft Partymusik aus einem großen Lautsprecher. Es sind etwa zwanzig Gäste da, von denen die meisten Freunde von Kit sind, die ich nicht kenne. Moskitos schwirren im Licht der heruntergedimmten Flutlichtlampen über dem Schwimmbecken. Bei genauerer Betrachtung ist das Trainingsbecken in die Jahre gekommen. Ein paar Fliesen am Rand sind aufgeplatzt, die rot-gelben Kugeln, die die Bahnen voneinander trennen, von der Sonne etwas ausgebleicht. Kit trägt einen Badeanzug in Regenbogenfarben und hat ein kleines Krönchen auf dem Kopf, als sie mit einem pinken Plastikbecher auf mich zurennt.

»Was ist das?« Ich deute mit der freien Hand aufs Schwimmbecken, bin kaum in der Lage, mein lautes Lachen zurückzuhalten.

»Ich hab doch gesagt, es ist ein Kindergeburtstag, der letzte, den ich feiern werde.«

Kit hat Glitzer im Gesicht, sehr viel Glitzer. Ich strecke ihr den kleinen Kanister entgegen und frage mich, ob ich statt zwanzig Liter Zweitaktgemisch für die KTM doch besser ein paar Luftballons und eine Barbie hätte besorgen sollen.

»Danke«, sagt sie. »Kann ich gut brauchen.« Sie stellt den Kanister neben einem Tisch ab, auf dem Geschenktüten und eine angeschnittene Torte mit einem Kindergesicht (vermutlich Kit im Alter von sechs oder sieben) stehen.

»Du hast nicht übertrieben.«

Im Wasser schwimmen gigantische Aufblastiere. Ich sehe Einhörner in Überlebensgröße, Ringe, die aussehen wie angeknabberte Donuts, und ein Krokodil, auf dessen Rücken Adam chillt und aus einem überdimensionierten Strohhalm eine bunte Flüssigkeit saugt.

Schaut man genauer hin, erkennt man auch silbrige Quallen aus Stoff, die unter Wasser treiben.

»Ich kann mich an nichts vor meinem achten Geburtstag erinnern«, erklärt Kit.

»An gar nichts?«

»Nope«, sagt sie fröhlich. »Und genau deswegen möchte ich noch mal so richtig kindisch feiern.«

»Krieg ich einen Papphut und eine Tröte?«, frage ich.

»Klar! Warte, wie konnte ich das vergessen?«

Es war als Scherz gedacht, aber keine zwanzig Sekunden später habe ich tatsächlich einen Papphut mit dem Aufdruck eines Cartoonmännchens auf dem Kopf. Ich schaue mich um, kann Jakob aber nirgends sehen.

»Aurora!«

Ich hätte Mika in dem glänzenden Minikleid fast nicht erkannt, was auch daran liegen könnte, dass sie ein Mädchen an der Hand hat. Das Kind hat den gleichen Mund wie Mika, das gleiche Lächeln, helles Haar, das ihr fransig ins Gesicht hängt, und unglaublich lange blonde Wimpern.

»Das ist Alessia, meine Tochter«, sagt Mika.

»Hi, ich bin Aurora. Hast du die alle selbst gemacht?« Ich deute auf die bunten Armbänder aus Perlen und Buchstabenreihen an ihrem Arm.

Sie nickt.

Ich strecke ihr meinen Arm entgegen. »Wollen wir ein paar tauschen? Auch wenn meine nicht so hübsch sind wie deine?«

Sie nickt noch einmal, aber dieses Mal sieht sie mich an. »Echt?«

»Klar.«

Kit versorgt mich mit einem knalligen Becher, auf dem mein Name steht, aber das A am Ende fehlt. »Sorry«, sagt sie, »Auror. Klingt geheimnisvoll, oder?«

HaWe liegt bäuchlings auf einer der Luftmatratzen mit Guckloch, als hätte der Pool wirklich eine sehenswerte Unterwasserwelt, und nachdem ich mich eine Weile mit einem Mädchen namens Zola (bei der das A auf dem Becher nicht vergessen wurde) unterhalten habe, umrunde ich das Schwimmbecken auf der Suche nach Jakob.

»Er kommt später«, höre ich Marita aus dem Schatten sagen. Sie sitzt etwas abseits des Beckens auf einem Plastikstuhl unter einem weiß-blauen Schirm mit dem Logo einer Eismarke, Sonnenbrille im Gesicht, die Beine übereinandergeschlagen.

»Okay, danke.« Ich will gerade weitergehen, als sie meinen Namen ruft.

»Kann ich dich etwas fragen, Aurora?«

»Ja, sicher …«

Sie zieht einen weiteren weißen Stuhl hervor, den sie mir mit einer Geste anbietet. Ich beiße mir auf die Unterlippe und setze mich.

»Du und Jakob …«, fängt sie an, und mir schwant Schlimmes. »Du tust ihm gut, er lacht wieder, seit du hier bist.«

Ich nicke. Worauf läuft das hinaus? Ich höre das Aber schon, ehe sie es ausgesprochen hat.

»Glaubst du, er ist glücklich?«

»Wie meinst du das?«

»Mit seiner Entscheidung, den Felsenhimmel zu übernehmen.«

Ich schlucke. Möchte sagen, dass mich das nichts angeht, spüre aber, wie etwas in mir kribbelt. Wie ich mich einmischen möchte, obwohl ich überhaupt kein Recht dazu habe.

»Wir haben nicht wirklich viel darüber geredet.«

»Aber was ist dein Eindruck?«, drängt sie, zieht die Sonnenbrille etwas herunter, sodass ich ihre Augen sehen kann. Das gleiche Gletscherblau wie Jakobs. Ob Verena auch solche Augen hat?

Ich hole tief Luft, sage aber nichts.

»Sei ehrlich«, fordert sie mich auf. Sie hat die gleiche knappe, aber bestimmte Art, einem Dinge zu entlocken. Weil man sowohl bei Jakob als auch bei seiner Mutter das Gefühl hat, ehrlich sein zu dürfen. Es sogar zu müssen.

»Ich glaube, er macht es aus Verantwortungsgefühl. Nicht, weil er den Felsenhimmel wirklich weiterführen möchte. Es tut mir leid, aber ich … habe den Eindruck, dass er sich dazu gezwungen fühlt, aus welchem Grund auch immer.«

»Es ist nicht das, was er will.«

»Nein«, sage ich bestimmt. »Er will frei sein.«

Noch ehe ich das gesagt habe, bereue ich es. Das war zu viel Information, und es steht mir nicht zu, sie an seine Mutter weiterzugeben. Ich will ansetzen, will relativieren, aber ich weiß nicht, wie.

Marita lehnt sich ein wenig zurück, schiebt die Brille wieder über die Augen. »Ich wollte immer nur das Beste für meine Kinder. Jakob ist früher im Chaletbetrieb richtig aufgegangen, konnte gut mit den Gästen, wollte immer mithelfen. Dann kam das Klettern und das Studium, das ihn nicht wirklich glücklich gemacht hat. Ich dachte, er verrennt sich in etwas. Er hat schon als kleiner Kerl gerne handwerkliche Sachen gemacht, geschraubt, Holzboote gebaut … Das hat ihm Spaß gemacht, und ich dachte, ich gebe ihm mit den Aufgaben hier etwas Sinnstiftendes an die Hand.« Sie seufzt. »Aber womöglich war ich es, die sich verrannt hat.«

Ich ziehe unsicher die Achseln hoch.

»Von all meinen Kindern habe ich das Gefühl, Jakob am wenigsten zu kennen. Kit, die ist …« Sie lacht. »Kit eben. Ein Sonnenschein. Und Nena, Jakobs Zwillingsschwester, ist sehr geradlinig immer ihren Weg gegangen, hat uns nie Anlass dazu gegeben, uns Sorgen um sie zu machen. Auch wenn sie gerade eine schwere Zeit durchmacht, ist sie sehr viel gefestigter als Jakob mit allem umgegangen. Jakob war schon immer der Ernsthafte, der Sensible, derjenige, der sich Dinge wahnsinnig zu Herzen genommen hat. Und sie ausgeschwiegen hat.«

Zum ersten Mal fällt mir auf, dass Jakob offenbar der einzige unter den Geschwistern ist, der keinen Spitznamen hat. Und irgendwie passt das zu ihm, zu meinem Bild von ihm und dem, das seine Mutter zeichnet. Ich hatte auch nie einen Spitznamen. Ich bin Aurora, für alle. Nicht wie Em, die so viele Gesichter hatte wie Launen.

Marita stützt sich auf die Armlehne und rappelt sich hoch. »Lass uns mal nachsehen, ob Nena schon da ist. Du hast meine Tochter noch gar nicht kennengelernt, oder?«

Aber Nena kommt nicht.

Und Jakob auch nicht.

Adam verrenkt sich auf der Luftmatratze, und Marita flüstert mir zu: »Er kann gar kein Yoga.«

Alessia verrät mir, dass sie P!nk lieber mag als Taylor Swift und dass ich das auf keinen Fall Kit weitersagen darf. Offenbar ist heute Tag der Geständnisse. Ich bin mir noch nicht sicher, was ich davon halten soll. Meine eigenen Worte an Marita kleben mir noch auf der Zunge und schmecken gar nicht gut. Ich hätte nichts sagen sollen, es geht mich nichts an.

Kit zuliebe mache ich dennoch jeden Quatsch mit, die Wasserschlacht, die Poololympiade, das Kuchenwettessen und Bierpong. Ich denke an die Becher auf der Hütte, denke an Jakob, an Em, aber ich lächle. Es ist ja schließlich ein Kindergeburtstag. Ich fühle Maritas Blicke auf mir, habe ein Dutzend Plastikbändchen um den Arm und die Hälfte meiner Armbänder von all den Orten meiner Reise an Alessia verschenkt. Und denke, dass es nicht schade ist um diese Erinnerungen an vergangene Zeiten. Weil ich Em für immer in meinem Herzen tragen werde, nicht an meinem Handgelenk.

Und dann, als sich die letzten Gäste verabschiedet haben und nur noch Kit, Mika, Alessia und Adam auf dem Boden vor dem Pool sitzen und den Rest der Torte untereinander aufteilen, taucht Jakob auf. An einer Schnur über seinem Kopf schwebt der hässlichste Riesenluftballon, den die Welt je gesehen hat. Ein Motorrad in Grün-Orange, auf dem eingesunken ein Cowboy sitzt.

»Sorry für den Schrumpfkopf«, sagt Jakob und deutet auf das Haupt des Cowboys, für den das Gas offenbar nicht gereicht hat. »Happy Birthday, Kleine!«

Er drückt ihr den Luftballon in die Hand, schaut sich um, und ich fange seinen Blick nur ganz kurz ein. Einen Wimpernschlag lang nur schauen wir uns in die Augen. Und eine Gänsehaut breitet sich auf meinen Unterarmen aus. Das da in Jakobs Augen kenne ich nicht. Das ist neu, und es macht seltsame Dinge mit mir. Und auch die Tatsache, dass er laut und scheinbar fröhlich »Wer ist am schnellsten im Pool?« schreit, Anlauf nimmt und mit dem Hintern voran so kraftvoll in einem der schwimmenden Donutringe landet, dass der platzt und zischend in sich zusammensackt wie der Kopf des Cowboys, kann diesen Eindruck nicht abschwächen.

»Du schuldest mir einen Donut!«, schreit Kit.

Jakob lacht, aber es ist ein anderes Lachen als das, das ich kennengelernt habe.

»Komm mit rein, Auror!«, kreischt Kit, die jetzt auch Kurs auf das Schwimmbecken nimmt und einen der Donuts anpeilt, aber knapp verpasst.

Ich bin kein Spielverderber, ich will, dass Kit den besten aller Kindergeburtstage hat, aber ich zögere dennoch. Das Bild vor mir gehört mir nicht. Ich spüre überdeutlich, dass zwischen Jakob und mir etwas Unausgesprochenes steht … oder schwimmt, denn das mit dem Überlegen, ob ich jetzt nicht einfach gehen sollte, erledigt sich von selbst. Adam kann kein Yoga, aber offenbar hat er Taekwondo-Kicks drauf, denn mit einem ebensolchen befördert er mich ins Wasser. Mitsamt meiner Shorts und dem Top, auf das Kit vorhin so eifrig Glitzer gestreut hat. Ich schlucke ein bisschen Wasser und bleibe ein klein wenig länger unter der Oberfläche, als notwendig wäre. Instinktiv suche ich Jakob, aber nicht nur ihn, sondern auch den Moment im Schwimmteich. Fast schon erleichtert sehe ich seine Beine, die auf mich zusteuern, sein Körper steckt noch in dem zerplatzten Donut.

Ich tauche auf und schaue in sein Gesicht. »Hi.«

Er lächelt vorsichtig. »Hi.«

Was ist los mit dir? Wie kann ich dir helfen? Was ist das, was ich fühle, aber nicht benennen kann?

Die Fragen blubbern in mir wie Sprudelwasser, aber ich stelle sie nicht.

41

Jakob

»Wie war Kittys Geburtstag?« Verena versucht, fröhlich zu klingen, aber heute gelingt ihr das nicht. Sie hat den Videoanruf abgelehnt, angeblich weil ihr Empfang zu schlecht ist. Ich vermute eher, dass es ihr zu schlecht geht und sie nicht will, dass ich das sehe.

»Es war … nichts Besonderes. Du hast echt nichts verpasst. Wir waren ein wenig im Pool und … ich glaube, es ist besser so, dass du nicht gekommen bist, auch wenn du gefehlt hast. In Wien bist du sicherer.«

Während ich das sage, drehe ich am Radio herum. Sinnfrei, da es natürlich lautlos gestellt ist und mein Handy über das Auto-Bluetooth mit Nena in Wien verbunden ist. Aber meine Hände brauchen eine Beschäftigung, irgendetwas, das sie davon abhält, frustriert auf das Lenkrad zu schlagen.

»Sicherer vor *was?*«, fragt sie.

Ich stelle mir vor, wie sie im Schneidersitz auf der Küchenanrichte sitzt, weil man von dort aus so schön auf die Baumkronen im Hinterhof hinabschauen kann. Ich dagegen blicke seit einer Viertelstunde auf das schnörkellose Gebäude der Anwaltskanzlei, die ich mit meiner Vertretung beauftragt habe.

»Es … ist einfach besser, wenn du … keine Ahnung.«

»Jakob, du musst hier nicht einen auf souveränen großen Bruder machen. Wenn du selbst Angst hast, dann sag das doch einfach.«

»Ich hab keine Angst. Nicht um mich.«

»Aber um mich?«

»Ja. Denkst du, das ist Zufall? Eine Bergtour und drei Leute, die innerhalb kurzer Zeit viel zu jung und auf mysteriöse Weise sterben?«

»Willst du darüber reden?«, fragt sie sanft. »Über die Tour?«

»Ich will, dass du auf dich aufpasst«, weiche ich aus.

Verena schweigt. Viel zu lange ist es still zwischen uns. Und vermutlich hat sie dabei den gleichen Film vor Augen wie ich.

»Hast du mal mit Magnus geredet?«, fragt sie.

Ich schieße nach oben und stoße mir den Ellbogen an der Autotür. »Wieso?«

Verenas Stimme nimmt sofort diesen Ton an, drei Stufen süßlicher, beschwichtigend. »Ich hab ein paar komische Nachrichten von ihm bekommen.«

Ich würde jetzt wirklich gern ihr Gesicht sehen. »Hat er dir gedroht?«

Wenn dieser Arsch …

»Schrei nicht so. Nein, er war seltsam drauf, das schon. Aber eher … besorgt. Er wollte wissen, ob ich in Wien bin. Ich musste ihm ein Selfie aus der Wohnung schicken. Aber dann … hat er mir Links zu Kampfhundezüchtern geschickt, und heute Morgen kam hier ein Expresspaket mit einem Sicherheitsset an. Bewegungsmelder, Pfefferspray, Warnsticker, Alarmfenster- und Türgriffe, so 'n Kram. Auf der bezahlten Rechnung stand sein Name. Ich glaube, er dreht langsam durch.«

»Hast du sie montiert?«

»Was?«

»Na, die Fenster- und Türgriffe.«

Sie seufzt.

»Roll nicht mit den Augen.«

»Hab ich nicht. Also mit den Augen gerollt und diese Fenstergriffe ... komm schon, das ist lächerlich. Niemand wird mich umbringen, Jakob. Ich bin ein nettes Mädchen.«

Das ist sie.

»Nett zu sein schützt jetzt nicht unbedingt davor, Opfer eines Verbrechens zu werden.«

»Nein, aber wenn es dich beruhigt, montiere ich die Alarmgriffe. Und du, siehst du mal nach Magnus? Er geht nicht an sein Handy. Und er hat immer wieder nach dir gefragt.«

• • •

Die ganze Fahrt über kann ich den Drang, jedes Auto neben mir an der Ampel, vor mir im Kreisverkehr oder hinter mir im Rückspiegel abzuchecken, nicht unterdrücken. Ich fühle mich verfolgt, ohne dass es irgendein Anzeichen dafür gibt, dass dieses Gefühl begründet ist. Außer meiner inneren Unruhe. Mit nass geschwitztem Shirt biege ich in die Straße ein, die zu einer der Topadressen Norditaliens gehört. Niemand ist hinter mir, niemand wartet hier auf mich. Das schlechte Gefühl hab ich trotzdem im Gepäck, seit ich weiß, dass Tristan tot ist.

Magnus' Protz-AMG steht vor der Apartmentanlage, die zum Immobilienportfolio der Tadigo Group gehört. Magnus bewohnt das Penthouse, seit er zurück aus Wien ist und die Geschäfte übernehmen soll.

Ich parke direkt neben dem Jeep und runzle die Stirn. Etwas ist anders. Es dauert einen Augenblick, bis ich begreife, dass die Karre dreckig ist. Man sollte meinen, das wäre bei einem Jeep nichts Ungewöhnliches, aber Magnus wäscht sein Auto häufiger als seinen Körper. Das Motorrad, das er sich letztes Jahr gekauft hat, steht vor der geschlossenen Garage.

Im großzügigen Eingangsbereich des Hauses, der mit puristischer Sichtbetonoptik glänzt, gebe ich Magnus' Geburtsdatum in das Kästchen neben dem Aufzug ein, der direkt in Magnus' Penthouse im sechsten Stock fährt. Unmittelbar nachdem sich die Aufzugtür öffnet, ziehe ich meine Schuhe aus, Magnus ist der ordentlichste Mensch, den ich kenne. Geradezu peinlich penibel. Allerdings stinkt es hier heute, als wäre seit Tagen nicht gelüftet worden. Ich blicke mich um und erwarte das Schlimmste. Leo ist tot, Emilia ist tot, Tristan ist tot. Was, wenn ich Magnus hier in seiner Wohnung tot finde?

»Bruder, mach das Licht aus«, krächzt es aus einer Ecke.

Ich blinzle, schnappe nach Luft und drehe mich nach der Stimme um. Magnus hustet, und dann rumpelt es.

»Alter, du hast mich echt erschreckt!«, sage ich. Und verspüre einen Moment lang den Wunsch, Magnus zu umarmen. Auch wenn er ein Riesenarschloch ist. »Warum gehst du nicht an dein Handy?«

»Hab keins mehr, ist mir geklaut worden«, stößt er hervor. Er liegt auf dem Teppich neben seiner Bar. »Bist du allein?«, will er wissen.

»Ja …«, sage ich. »Wieso?«

Das ganze Apartment riecht und atmet und klingt nach Absturz. Aber immerhin nicht nach Tod.

Magnus stöhnt erneut. In der Hand hält er eine Flasche, die er offenbar nicht vollends getrunken hat, der Rest hat den halben Teppich getränkt. Das Rot ist kein Muster, wie ich zunächst dachte. Aber immerhin auch kein Blut, so wie es aussieht.

Jetzt richtet er die Flasche auf mich. »Bist du bewaffnet?«

»Was? Nein.« Instinktiv weiche ich zurück.

Magnus' Bewegungen sind unkontrolliert, aber er sieht aus, als wollte er die Flasche nach mir werfen. »Tristan ist tot, und ich schwöre dir, Hofer, wenn du ihn umgebracht hast …«

»Ich habe *niemanden* umgebracht«, sage ich ruhig. »Leg die Flasche weg.«

Magnus sieht mies aus. Die Augen eingefallen, die Haare fettig. Wie lange liegt er hier schon und säuft sich zu? Tristans Leiche wurde vor wenigen Tagen erst gefunden. Magnus' Bude dagegen ist in einem so katastrophalen Zustand, dass ich eher auf wochenlange Verwahrlosung tippe.

»Du hättest ein Motiv!«

»Drehst du jetzt komplett durch?«

Immerhin legt er die Flasche auf den Boden.

»Ich hab keine Ahnung, was da passiert ist. Aber ich hab nichts mit Tristans Tod zu tun.«

»Verena auch nicht«, sagt er, und es klingt wie eine Frage.

»Natürlich nicht.«

Magnus atmet schwer. »Ich hab es geahnt, ich hab den Tod gerochen …«

»Was redest du da?«

»Er hat mich versetzt, zwei Tage bevor sie ihn gefunden haben. Das macht er nie …«

»Hast du das der Polizei gesagt? Das könnte wichtig sein.«

Aber Magnus antwortet nicht, er wimmert und schnieft und braucht eine Weile, bis er wieder einen Satz herausbekommt. »Und jetzt kommen sie und holen mich.« Wie um sich zu schützen, packt er den Teppichrand und versucht, ihn sich über den Kopf zu ziehen.

»Wer sind sie?« Ich lasse mich neben ihn auf den Boden fallen. Mein Herz hat sich immer noch nicht ganz beruhigt.

»Du hast keine Ahnung, was die alles machen. Die töten Menschen wegen Geld.«

»Die Mafia? Glaubst du, die Mafia ist hinter uns her?«

Ich weiß, wie bescheuert das klingt, kann aber nicht verhindern, dass ich über die Schulter hinweg zum Fenster schiele und mir wünsche, es nicht aufgemacht zu haben. Gute Luft hin oder her.

Magnus rappelt sich mitsamt dem Teppich ein wenig hoch. In seinen Mundwinkeln klebt getrockneter Speichel. »Sprich leiser, falls wir abgehört werden. Was glaubst du, wie einfach es ist, jemandem einen AirTag unterzuschieben.«

In den letzten Wochen habe ich Magnus so oft zum Teufel gewünscht, ihn fast schon gehasst. Jetzt aber ist er einfach nur ein alter Freund, der ziemlich verzweifelt ist. Und das Schlimmste daran ist: Ich versteh es sogar. Die Angst, die er spürt, ist irgendwie auch meine. Nur die Methode, damit umzugehen, unterscheidet sich.

»Scheiße, Magnus.«

Er rülpst, und ich schaue mich nach einem Eimer um, finde eine Salatschüssel mit Wasser und stelle sie neben seinen Kopf.

»Waren mal Eiswürfel«, brummt Magnus, taucht seinen Finger in das Wasser, betupft sich die Stirn und lässt sich kraftlos wieder auf den Boden sinken.

Das weiße Boxspringbett am anderen Ende des riesigen Raums ist zerwühlt, und unter der Decke zeichnet sich eine Beule ab.

»Ist etwa noch jemand hier?«

»Hä?«

»In deinem Bett?«

»Nein.«

»Ah.«

»Bruder?«, krächzt er schwach.

»Ja?«

»Es tut mir leid.«

»Was genau?«

»Alles, dass ich ein geldgeiles …« Er hickst und schluckt. »Ein geldgeiles, notgeiles, machtgeiles Arschloch bin, das seine Freunde verkaufen würde.«

»Lass uns ein andermal darüber reden, okay? Jetzt stecken wir dich erst mal in die Dusche, und ich räume hier auf.«

Magnus' Aussagen sind, getränkt in Restalkohol, ohnehin fragwürdig. Morgen weiß er nichts mehr von seinen reumütigen Worten, da bin ich mir sicher.

»Hofer, ich hab Angst!«

»Ich auch«, gebe ich zu. »Ich hab auch Angst.«

»Irgendjemand hat Tristan einfach gekillt! Was, wenn wir die Nächsten sind?«

»Das darfst du nicht denken!«, sage ich lahm. »Es kann auch alles nur ein Zufall gewesen sein, ein Unfall, der nichts mit der Sache am Berg zu tun hat.«

Als ob ich in den letzten Stunden und Tagen etwas anderes hätte denken können. Als ob ich den Shit, den ich hier von mir gebe, wirklich glauben würde.

»Verena ist safe, oder? Sorg dafür, dass Verena safe ist. Sie war auch dabei.«

»Ja«, erwidere ich und denke kurz an Hannah. Die zwar nicht auf dem Berg, aber mit uns unterwegs war. Ich sollte ihr eine Nachricht schicken.

»Hab Hannah und Verena gesagt, sie soll sich einen Hund kaufen. Einen Rottweiler. Ich bezahl ihn auch«, erklärt Magnus, als könnte er Gedanken lesen. »Ich würde mir auch einen kaufen, aber ich niese ja schon, wenn ich einen Hund auf zehn Meter Entfernung sehe. Oder glaubst du, so ein Allergikerpudel verteidigt mich im Zweifelsfall auch?«

Ich muss an Aurora denken, an Alabaster und dann wieder an Nena. Allein in Wien.

Magnus bekommt einen Hustenanfall, dann starrt er mich aus blutunterlaufenen Augen an. »Du hast damit wirklich nichts zu tun, oder? Sag mir, dass du kein Killer bist, Hofer!«

»Nein, bin ich nicht«, bestätige ich und lasse zu, dass er meine Hand drückt.

»Ich auch nicht«, erklärt Magnus. »Scheiß auf die Wiesen, ich will leben, Bruder!«

42

Jakob

Zehn Minuten nach dem Fall

Ich halte Nena in meinem Arm. Und ich weiß: Sie kann ab jetzt unmöglich der gleiche Mensch sein wie bisher. Nie wieder diejenige, die unbeschwert wie ein Kind neben mir über Wiesen gerannt ist und versucht hat, ein Rad zu schlagen. Nicht das Mädchen, mit dem ich unter der Bettdecke gekichert habe.

Wir haben die Augen geschlossen, keine Ahnung, wie lange.

»Es ist meine Schuld«, schluchzt sie. »Gott, Jakob, das ist alles meine Schuld.«

Ich will Nein sagen, aber ihr Blick lässt mich verstummen.

»Ich *wollte* das«, flüstert sie und klammert sich an mir fest. Ihre Tränen tropfen auf meinen Arm.

Die Verbindung zwischen uns ist nicht symbiotisch. Wir sind keine Einheit, wir sind eine Verbindung. Wie Kalk und Fels, wie Stein und Eis. Sie ist das Gletscherwasser, das bis in jede meiner Fugen dringt, bis zum Grund meines Innern. Und genauso fühle ich ihren Schmerz jetzt, spüre ihre Angst, die mich vollständig durchdringt. Ich darf das nicht zulassen. Wir haben nicht gelernt, aufeinander aufzupassen, niemand hat uns je dazu aufgefordert.

Die Fähigkeit, einander zu beschützen, auch wenn wir uns dabei selbst in Gefahr bringen, ist uns angeboren. Es ist ein Instinkt, so alt wie die Menschheit selbst, und ich gebe ihm nach.

43

Aurora

;

Lädt …

Aus dem warmen Mai wird ein heißer Juni, und ich bin noch immer da. Ohne dass mich jemand gebeten hätte zu bleiben. Ohne dass jemand gesagt hätte: Geh!

Die Lichter um den Pavillon haben sich weiter dezimiert, es glühen von zwanzig nur noch dreizehn. Mikas Ansatz ist weitere Millimeter oder vielleicht sogar Zentimeter nachgewachsen. Beides ist wie ein Countdown, den man herunterzählt, nur dass ich nicht weiß, was am Ende dieses Countdowns lauert.

Harry und Kane haben sich mit Alabaster angefreundet, und wann immer sich meine Hündin irgendwo niederlässt, ist einer ihrer Fellfreunde nicht weit und springt auf ihren Rücken, um es sich dort gemütlich zu machen.

Em fehlt mir, aber ich spüre, wie der tiefe, verzweifelte Schmerz ein kleines bisschen weniger wird. Ich schrecke nicht mehr morgens hoch und muss weinen. Nur manchmal, wie auf dem Wochenmarkt in Vieran, als vor mir jemand mit einer ausgeblichenen grünen Cap von Rapid Wien in der Menge verschwunden ist, schnürt sich mir noch der Hals zu. Weil mein Herz das nicht fassen kann, dass meine große Schwester tot ist. Und jemand, der mir nichts bedeutet, eine Baseballkappe trägt, die der, die ich ihr mal geschenkt habe, so ähnlich ist. Genauso geht es mir, als eine junge Frau mit dem Vornamen »Emilia« in einem der Chalets eincheckt. Als hätte nur meine Schwester das Vorrecht auf diesen Namen. Ein Vorrecht auf Leben.

Die Zeitschrift *Alto Sera* titelt »Red Summer in Meran – Nach Unglück am Felsenhimmel nun auch noch ein Toter in der Passer«. Ich lese den Artikel nicht, ich drücke ihn von mir, wie alles, was den Heilprozess in meinem Innern behindern könnte. Ich stecke den Kopf in den Sand und weiß insgeheim, dass ich ihn wieder herausziehen muss. Aber noch nicht. Noch nicht jetzt.

Ich finde am Rezeptionstresen einen Zeitungsausschnitt mit einer farbigen Traueranzeige für Tristan Grasser. Die Beisetzung findet im engsten Kreis statt, steht dort. Ich mache ein Foto und schicke es Hannah. Frage sie, ob sie auch kommt. Ob sie sich vielleicht mit mir treffen möchte. Aber ich bekomme keine Antwort. Niemand vom Felsenhimmel besucht die Beerdigung, alle gehen am Tag des Begräbnisses ihren gewohnten Tätigkeiten nach.

Die Sauna ist fertig, und ich habe andere Aufgaben. Morgens übernehme ich die Yogastunde, die stetig mehr Teilnehmer bekommt. Noch immer ist der Felsenhimmel nicht ausgebucht und von einem Ansturm prominenter Gäste weit entfernt. Aber immerhin ist eine Fitness-Influencerin mit ihren drei Stiefsöhnen in Chalet 2 abgestiegen und postet täglich ziemlich coole Fotos mit ziemlich heftigen Filtern. Alles, was am Felsenhimmel noch renoviert werden muss, sieht jetzt vintage aus, und alle feiern das. Außer Marita, die Filtern und Vintage absolut nichts abgewinnen kann.

Die Hochzeit des Fußballpaares Krajic/Reisler steht unmittelbar bevor, weshalb Jakob seit Tagen immer wieder mit der Polizei sprechen muss. Die Fahrigkeit nach unserer Bergtour an die Almhütte ist nicht mehr ganz aus ihm gewichen. Nur wenn wir in meinem Van liegen oder oben in seinem Apartment in den Nachthimmel schauen, wenn er Sternenbilder auf meine Haut malt oder mir ins Ohr flüstert, dass ich ihn geflasht habe, und zwar so richtig, dann verschwinden die Fragen gänzlich aus meinem Kopf. Ich weiß, dass das eine Art Vermeidungsstrategie ist, dass ich den Kopf in eine Felsspalte stecke, um nicht zu sehen, was es womöglich außen rum zu sehen gibt.

Er bringt mir an meinem Körper Klettermoves bei, und es ist sehr viel sexier, eine Quergang-Traverse mit Händen über nackter Haut vorgeführt zu bekommen, als man sich vorstellen kann. Das zwischen uns ist Free Solo – wir haben es aufgegeben, uns abzusichern. Wir klettern unsere gemeinsame Route, ohne nach unten oder oben zu schauen. Ohne Timeline.

Jakob fragt nicht mehr, wann der Van fertig ist. Und ich sage nicht mehr, dass der Van bald fertig sein wird.

Jakob und ich entdecken einen Musik-Podcast für uns, den wir rauf und runter hören. Jude erzählt in *On the Flipside* von der Entstehungsgeschichte bestimmter Bands, führt Interviews und bespricht Alben. Jakob und ich batteln uns, wer die Bands besser kennt. Ich habe ihn im Verdacht, die Shownotes längst alle gelesen und Details gegoogelt zu haben. Wer bitte weiß sonst, dass Avery Winter von Force of Habit in Baden-Baden geboren wurde oder dass Trace Bradley Flugangst und einen Hund namens Brody hat?

An meinem ersten good hair day seit Langem überrede ich Jakob, mit mir ins Open-Air-Kino auf einer Bergruine zu gehen.

»Meine Schwestern haben nur bad hair days«, sagt er.

»Das liegt daran, dass deine Schwestern normales Haar haben. Keinen Wuschelkopf wie ich.«

»Du hast den schönsten Wuschelkopf nördlich und südlich der Alpen.«

»Was ist mit Osten und Westen?«

»Auch östlich und westlich.«

Es ist an diesem Abend so kalt, dass wir uns die Fleecedecken des Veranstalters wie Kapuzen über den Kopf ziehen müssen und von meinem *good hair* ohnehin nichts zu sehen ist.

Ich schreibe Chris und frage, wie das war, als er sich in Jessy verliebt hat, woher er wusste, ob und wann man das ausspricht. Und Chris antwortet mit einer Flut an Herz-Emojis und dem Satz »Mach keinen Scheiß, Kleines ☺«.

Ich schlafe im Van, ich schlafe mit Jakob, ich schlafe dort, wo ich gerade will. Ich fühle mich wirklich frei, bis auf den einen Faden, der mich wie ein Sicherheitsseil fest zurück in den Gurt zieht, sobald ich vor Glück im freien Fall zu taumeln drohe.

Em.

Am Donnerstagabend erlischt die dreizehnte Glühbirne der Lichterkette.

Ich mache etwas sehr, sehr Leichtsinniges und kaufe ein Hangboard für den Van. Ich verstecke es in dem Fach im Boden über dem Wassertank, weil ich mich sofort nach dem Kauf etwas schäme. Aber Jakobs Satz »Du hast dich in mein Herz geschraubt, Aurora« will mir dennoch nicht aus dem Kopf gehen.

HaWe ist zu Besuch am Felsenhimmel, er und Marita sitzen sich sehr lange schweigend im leeren Speisesaal gegenüber, und ich höre dieses laute Schweigen überdeutlich, während ich eine kaputte Fußleiste montiere.

»Steig nicht so hoch hinaus. Am schönsten sieht die Welt von halber Höhe aus«, sagt HaWe, als er geht. »Ist nicht von mir, ist von Nietzsche«, fügt er dann noch hinzu.

Um halb sechs ruft meine Mutter an. »Emilia saß in dem Flieger, und sie ist nicht tot. Das sollen wir nur alle denken.«

»Welcher Flieger?«, frage ich verständnislos.

»Also, Aurora, wirklich. Der Flug MH370, Malaysia Airlines, von Kuala Lumpur nach Peking.«

»Der nie gefunden wurde? Wie lange ist das her, Mama, zehn Jahre?«

Ich versuche es immer wieder mit Logik, dabei weiß ich es doch besser.

»Aber das Zeitkontinuum ist verschoben«, widerspricht sie.

Unsere Rollen sind es auch, denke ich, sage es aber nicht.

»Sie halten mich hier fest«, flüstert sie daraufhin mit veränderter Stimme in den Hörer.

Und ich atme auf. Sie ist noch in der Klinik.

»Damit ich keine Nachforschungen betreibe.«

Nach dem Telefonat ist mein schlechtes Gewissen so riesig wie die Sehnsucht nach Em. Ich lasse mich zurück auf mein Bett fallen, in dem Jakob noch schläft. Es ist mir ein Rätsel, wie dieser Mann so ruhig schlafen kann, ohne aufzuwachen, wenn neben ihm jemand telefoniert. Aber wenn er einmal schläft, dann schläft er.

Alabaster dagegen sitzt vor dem Bett und mustert mich mit aufgestellten Ohren.

Eine Hand auf Jakobs Bauch, scrolle ich durch mein Handy, als könnte es mir Antworten geben, und lande dann irgendwie wieder in dem geteilten Ordner »What_The_Duck_Fotos«.

What the duck, Em? Warum hast du mich allein gelassen?

Vielleicht finde ich in den letzten vier Fotos doch noch irgendetwas. Vier … das letzte Foto. Die letzten Fotos … Moment. Da waren der Rucksack, der Sonnenuntergang, das Bild aus der Disco und die Aufkleber. Ich nehme die Hand von Jakobs Bauch und zähle an den Fingern herunter. Aber hier ist noch ein weiteres Bild.

Das ich übersehen habe oder das sich nachträglich synchronisiert hat? Kann das sein?

Ich starre darauf und werde nicht schlau draus. Es ist ein dunkles, düsteres Foto. Ein Bild von einem Berg oder einer Schlucht. Oder von beidem. Ohne es zu merken, habe ich den Atem angehalten und hole jetzt zittrig Luft. Ratlos drehe ich das Handy, der Bildschirm stellt sich quer, und mein Verstand tut es ihm nach.

Ist das Bild verkehrt herum aufgenommen? Es sieht aus wie ein Berg, aber gleichzeitig wie eine Schlucht.

Ich kneife die Augen zusammen, zoome ran, zoome wieder raus. Jakob neben mir murmelt leise etwas, aber ich habe nur Augen für den Bildschirm. Drehe und drehe zurück, bis ich begreife.

Ich habe ein Bild von einer Felsschlucht vor mir. Zittrig will ich die Eigenschaften des Bildes überprüfen. Wann wurde es aufgenommen, wann hochgeladen? Ein dicker Kloß in meinem Hals macht das Schlucken schwer, blockiert mich, und mein Puls reagiert sofort mit abnormer Geschwindigkeit. Bis die Ernüchterung mich überkommt. Denn offenbar ist das hier keine neue Erkenntnis und schon gar kein Lebenszeichen von Em. Wie auch, Em liegt tot in einer Schlucht. Das Datum des Hochladens ist zwar heute, aber ein Blick in die Einstellungen meines iPhones verrät, dass über Nacht ein Update gelaufen ist. Das mir dieses Foto in die Hände gespuckt hat wie einen makabren Scherz.

Ach, Em.

Draußen erwachen die Vögel. Viel zu laut, sie umschwirren den Camper, dessen Dach ich auch dringend mal von ihren Hinterlassenschaften befreien müsste. Das Flügelschlagen und ihr Gezwitscher ist fast schon aufdringlich. Wie die Schwalben an heißen Augustabenden, die sich in der Heimatstadt unserer Kindheit über den Himmel gestürzt haben. Em hatte als Kind wahnsinnige Angst vor ihnen, weil sie sie an die Druden in *Ronja Räubertochter* erinnert haben. Em, die gerne in Hallen klettern war, aber die Berge gar nicht mochte. Warum, warum, warum?

Der Druck in meiner Brust wird übermächtig, sehnt sich nach Adrenalin. Leise stehe ich auf und höre, wie etwas in der Küche piepst. Mein Blick fällt auf den AirTag, ich presse zweimal auf den Knopf an der Seite, bis er aufhört zu piepsen, und werfe ihn dann in meinen offenen Kordrucksack. Draußen schaue ich ein wenig ratlos auf die Berge. Ich weiß, dass ich nicht einfach wieder davonlaufen und etwas Dummes machen kann, nur um diesem dumpfen, bedrohlichen Pochen in mir Herr zu werden.

Ich wiege das Handy in der Hand, gehe auf die verpassten Anrufe. Sehe den Namen meines Vaters und schließe kurz die Augen. Versuche, die Gedanken wegzublinzeln, aber ohne Erfolg.

Die Schwalben haben sich auch nie vertreiben lassen. Sie sind jeden Abend wiedergekommen und haben sich in immer waghalsigeren Manövern von den Dächern gestürzt, aus der Regenwassertonne getrunken, nur um kurz darauf wieder steil in den Himmel zu schießen. Wie Em immer geschrien hat, wenn sie sie gesehen hat. Ob Em *am Ende* geschrien hat? Es gibt niemanden mehr, mit dem ich meine Kindheitserinnerungen teilen kann. Em ist tot. Unsere Mutter ist krank. Unser Vater …

Ich schlucke und schaue hoch zu den Felsen, dorthin, wo ich mir einbilde, den Grat erkennen zu können, der zur Gebirgsspalte führt. Ich atme tief ein und habe Jakobs Worte wieder im Sinn. *Hier versickern meine Ängste.* Die Arme unseres Vaters waren einmal dieses Gestein, in das unsere Ängste gesickert sind. Er war es, der mit Em hoch ins Scheunendach gestiegen ist und ihr die Vogelküken in den Schwalbennestern gezeigt hat. Er war es auch, der viermal hintereinander *Ronja Räubertochter* mit ihr geschaut hat, immer und immer wieder, bis ihr die Druden keine Angst mehr gemacht haben und sie nicht mehr jedes Mal die Hand vor die Augen gehalten hat.

Ich hab niemanden mehr, mit dem ich meine Kindheit teilen kann. Außer meinem Vater. Und ausgerechnet er ist mit ein Grund dafür, dass Em nicht mehr jeden Gedanken mit mir geteilt hat.

Was hat Jakob gesagt, als wir zur Hütte aufgestiegen sind?

Du weißt nicht, ob du deinem Vater verzeihen darfst?

Ich weiß es noch immer nicht. Und dann wähle ich einfach seine Nummer. Auch das schüttet eine Menge Adrenalin aus. Ich werde ihn fragen. Ich werde ihn jetzt einfach fragen und spüren, ob ich ihm verzeihen kann. Oder darf. Und will.

Es klingelt zweimal. Dann hebt er ab.

»Aurora, endlich meldest du dich!« Er seufzt tief.

»Ich war auf einer Hütte, ich hatte keinen Empfang.«

Dass das einige Tage zurückliegt, unterschlage ich.

Ich denke an HaWe, denke an diesen Satz, der sich in mir festgebrannt hat. *Der Gedanke geht der Tat voraus wie der Blitz dem Donner.*

»Ich muss dich was fragen.«

»Ja?«

»Papa … hast du … hast du es mehrmals getan?«

Stille in der Leitung.

»Mama geschlagen?« Ich wünsche mir, dass er es abstreitet. Wünsche mir, dass Em gelogen hat. Dass ich etwas – jemanden habe, an dem ich mich festhalten kann.

Menschen machen Fehler.

»Mir ist zweimal die Hand ausgerutscht, einmal war es … ein Reflex, als sie wieder einmal völlig außer sich war. Ich wollte ihre Hand festhalten, sie hat sie weggezogen, und ich hab sie erwischt.«

»Em hat das gesehen?«

Ich kann sein Nicken hören, ehe er leise »Ja« sagt. »Es ist keine Entschuldigung, das andere Mal … Sie hat behauptet, ich hätte mich an euch Mädchen vergriffen.« Papas Stimme bricht. »Und ich weiß, dass mir das nicht das Recht gibt, ihr eine Ohrfeige zu geben. Es war so … so erniedrigend. Ihr Kinder wart mir immer alles. Wie sie so etwas denken kann … Und doch ist es nicht sie. Ich weiß das, und ich hätte niemals so reagieren dürfen. Ich werde mir das selbst nie verzeihen, Aurora. Nie. Und Em …« Er stockt wieder. »Em kann ich es nicht mehr erklären.«

»Aber ich, ich würde es dir gern verzeihen«, sage ich leise.

»Das verlange ich gar nicht, mein Kind.«

»Ich möcht's gern versuchen.«

Ich höre ihn schlucken. »Das würde mir sehr viel bedeuten.«

»Ich vermisse sie so, Papa.«

»Ich auch. Ich auch.«

44

Jakob

Sätze, die mich (ein bisschen sehr glücklich) durch die letzten Wochen gebracht haben:

- Aurora: Ich bleibe noch ein bisschen. Vielleicht ein bisschen länger.
- Carabinieri: Es sind nicht Ihre Fingerabdrücke auf dem Kletterhaken, Herr Hofer.
- Aurora: Manchmal muss man für einen Traum einen anderen opfern.
- Nena: Ich hab die Fenster- und Türgriffe angeschraubt, und ich trage das Pfefferspray bei mir. Zufrieden?
- Magnus: Danke, Hofer, werd ich dir nicht vergessen. Musst die Schuhe nicht mehr ausziehen, wenn du das nächste Mal aufschlägst.
- Aurora (laut Mika): Wenn ich sesshaft werden wollte, dann hier.
- Aurora: Das ist ein Gefühl, kein Ort.
- Aurora: Ich glaube, ich komme schon.
- Aurora: Ich will dich so sehr.

- Aurora: Und ich bin nicht betrunken, ich bin nur beschwipst von dir.
- Alle Sätze von Aurora. Und so vieles mehr.

Was noch besser ist als diese Sätze:

- Auroras Love Language aus unverhohlen lautem Lachen und dem Blick aus ihren grünen Augen, wenn es wirkt, als hätte sie mich im Autofokus. Mich und nur mich.

45

Jakob

»Du hast was?«

Es gibt aber auch Sätze mit der Wucht einer Abrissbirne. Und genau so einen Satz schleudert meine Mutter mir entgegen.

»Ich habe den Notartermin abgesagt.«

»Und auf wann?«

»Abgesagt, nicht verschoben.«

»Aber warum?«

Das meint sie nicht ernst. Das kann sie nicht ernst meinen. Das ist doch *ihr* Traum, nicht meiner. Generationswechsel bla, bla, bla …

»Weil ich dir den Felsenhimmel nicht überschreiben werde«, sagt sie. Unfassbar ruhig.

»Aber warum?«, schreie ich fast. »Warum?«, wiederhole ich dann noch einmal leiser.

»Weil du das nicht wirklich willst, weil ich dich zu etwas drängen wollte, das nicht deinem Leben entspricht. Du bist mein Sohn, Jakob.«

»Das ist wahnsinnig … äh … rücksichtsvoll von dir, aber ich habe dir doch gesagt, dass ich das Ganze will.«

Sie legt den Kopf leicht schief, schiebt die Brille etwas nach vorn. »Ja, aber ich weiß, dass das nicht stimmt.«

Sie meint es ernst. Sie zieht das durch. Das geht nicht!

Ich versuche, ruhig zu bleiben, versuche es wirklich. Da ist nichts, womit ich meine Finger beschäftigen könnte, also kralle ich meine kurzen Nägel in meine Handflächen.

»Wie kommst du auf so einen Schwachsinn! Wir fahren jetzt zu diesem Termin, damit wir rechtzeitig zur Hochzeit wieder da sind.«

Meine Mutter, die gute fünfzehn Zentimeter kleiner ist als ich, baut sich vor mir auf und tritt mir in den Weg. »Nein, Jakob. Wir fahren nicht.«

Aber Magnus wartet in Meran auf mich. Um irgendeine Art Vorvertrag zu schließen. Magnus, der mich mit seltsamen Nachrichten und Anrufen bombardiert, seit ich ihn halb totgesoffen in seiner Wohnung gefunden habe. Alles, was er gesagt hat, ist vergessen. Nur die fixe Idee, ich könnte etwas mit Tristans Tod zu tun haben, ist geblieben. Einzig meine Zusicherung, dass ich ihm die Almwiesen natürlich überschreiben werde, hat ihn einigermaßen beruhigt.

»Das ist doch gerade alles viel zu viel für dich. Erst dieser schreckliche Unfall am Berg, jetzt …« Sie stockt. »Du musst erst mal zur Ruhe kommen.«

»Aber …«, setze ich an.

Doch natürlich kann ich meiner Mutter nicht sagen, dass ich mich von meinem ältesten Freund erpressen lasse. Dass ich ihre geliebten Almwiesen an einen Immobilienhai verschachern muss, damit ich nicht im Gefängnis lande. Ich oder Verena. Dass ich ihre und meine Prinzipien über Bord werfen will. Und in Wahrheit nicht den Felsenhimmel übernehmen will, sondern es schlichtweg *muss*. Wegen Nena. Wegen Kit. Wegen unser aller Existenz.

»Was bedrückt dich?«, fragt sie. »Geht es um die Befragung bei der Polizei? Ist es wegen Tristan? Ich verstehe das, ich meine, was ist das auch für ein Jahr. So viel … und gerade deshalb halte ich es für keine gute Idee, dich mit der Verantwortung zu überschütten.«

Ich weiß, sie meint es gut. Ich weiß, das ist das, was sie ehrlich für das Richtige hält. Wahrscheinlich. Aber ich habe keine Zeit für Mitleid. Magnus wird dort stehen und auf mich warten. Wenn ich nicht komme, wird er glauben, ich hätte ihn verarscht. Dann sieht er sich in seinen abstrusen Verdächtigungen bestätigt. Und dann bricht die Hölle los. Tristan ist tot. Und das bedeutet auch, dass die Last allein auf Magnus liegt. Eine, die er sich ironischerweise ebenso hat aufbürden lassen, wie ich mir selbst.

Für einen Augenblick kommt mir der Gedanke, Magnus selbst könnte etwas mit Tristans Tod zu tun haben. Dann aber sehe ich ihn in der Wohnung vor mir liegen, halb wahnsinnig vor Angst. Nein, Magnus hat sich in eine unmögliche Situation manövriert, aber er ist kein Mörder. Genauso wenig wie ich.

»Jakob?«

Ich blinzle und nehme meine Mutter erst jetzt wieder vollständig wahr.

»Was mich bedrückt?«, blaffe ich und habe immer noch Magnus vor Augen, der die Flasche auf mich richtet, die in meiner Fantasie plötzlich zu einer echten Waffe wird.

»Ja, rede mit mir, erklär mir, warum du das auf einmal so unbedingt willst. Wir finden eine Lösung.«

Aber ich bin keine acht mehr und kann mich bei Problemen nicht mehr hinter dem Rücken meiner Mutter verstecken. Ich allein muss da jetzt durch. Und dann kann ich nicht anders. Ich poltere meine Wut und meine Verzweiflung heraus. Ich schreie sie ihr entgegen.

»Was willst du eigentlich? Ich mache doch endlich das, was du immer von mir wolltest. Ich hatte einen Traum, ich musste ihn aufgeben. Ich gondele nicht wie andere in der Weltgeschichte herum, sondern übernehme hier Verantwortung. Was willst du noch?« Die letzten vier Worte spucke ich fast.

Sie weicht instinktiv zurück. »Du kannst deinen Traum noch immer leben, Jakob!«

»In vier Jahren bin ich zu alt! Das ist vorbei. Aber das ist auch gar nicht der Punkt. Ich bin hier, okay, bereit, das zu tun, was du wolltest. Und das, obwohl du offenbar immer wieder vergisst, dass für Menschen in meinem Alter Freiheit mehr ist als die Möglichkeit, morgens die Terrassentür zu einem kleinen Reihenhausvorgarten aufzuschieben.«

Jetzt schnaubt sie ein wenig, kontert aber immer noch verdammt ruhig: »Du hast nie in einem kleinen Reihenhaus gewohnt, also werde jetzt nicht prätentiös.«

»Ich könnte aber auch einfach in einem Hippie-Van in der Gegend rumfahren, heute hier, morgen da, weil ich auf einem egoistischen, idiotischen Selbstfindungstrip bin, der sinnlos ist, weil es so was wie den verdammten Sinn des Lebens gar nicht gibt. Weil man entweder sich selbst glücklich macht oder andere. Aber ich mache es nicht. ICH BIN HIER!«

Sie schüttelt langsam den Kopf, sieht aber an mir vorbei. Einen winzigen Augenblick zu lange schließen sich ihre Lider unter der Brille. Und ich weiß, ich habe in meiner Wut einen riesigen Fehler gemacht.

»Scheiße!«, sage ich und drehe mich um.

Da steht Aurora und starrt mich mit offenem Mund an. Sie sieht so anders aus als sonst, trägt die Hoteluniform, eine weiße Bluse, schwarze Hosen, die Haare so glatt, dass sie kaum wiederzuerkennen sind. Ihre Hände, in denen sie irgendein längliches Paket hält, fallen herunter.

»Ja, Scheiße, Jakob!«, sagt sie. Dann dreht sie sich um und geht.

»Scheiße!«, rufe ich jetzt laut. Und weiß nicht, wohin zuerst. Aurora hinterher oder meine Mutter zu diesem verdammten Termin schleifen, weil es nun mal nicht anders geht.

Fokussieren, Jakob. Auf das nächstschlimmste Problem.

Und das ist definitiv Magnus. Unter den fassungslosen Blicken meiner Mutter (die wahrscheinlich glaubt, sie hätte mich zu jemandem erzogen, der einem Mädchen, das er verletzt hat, nachrennt – hat sie auch, aber das hier ist eine Triage der Schwierigkeiten) ziehe ich mein Handy heraus und tippe eine Nachricht an Magnus.

Marita überschreibt mir den Felsenhimmel nicht. Wir finden eine Lösung, du bekommst deine Wiesen.

Die Antwort lässt kaum zehn Sekunden auf sich warten und bestätigt meine schlimmsten Vermutungen.

Ich mach dich fertig, Hofer.

46

Aurora

;

Die Küche ist leer. Ich knalle das Paket mit den Stoffservietten auf den Arbeitstresen. Alles in mir zittert und bebt. Jakobs Worte sind ein ekelhafter, widerwärtiger Nachhall in meinem Kopf.

Das denkt er also wirklich. Was will ich hier noch? Der Van fährt wieder. Was hält mich bitte noch hier?

»Ich verschwinde«, sage ich in den Raum. »Mir reicht's!«

Aber ich rühre mich nicht. Mika hat alles für den Empfang vorbereitet. Gläser stehen auf Tabletts, kleine Häppchen tummeln sich unter Klarsichtfolie, und ich weiß, dass in den Kühlschränken die Torten des örtlichen Konditors darauf warten, angeschnitten zu werden. Jeder von uns kennt heute seinen Platz und seine Aufgabe. Sogar HaWe hat Küchendienst.

»Niemand weiß, was in ihm steckt, solange er nicht versucht, es herauszuholen«, sagt HaWe, der gerade Kartoffeln schält. »Ist nicht von mir, ist von Hemingway, stimmt aber trotzdem.«

»Ich bin weg.«

»Wir brauchen dich aber hier. Willst du nicht noch ein wenig bleiben?«

Ich schüttle den Kopf und blinzle gegen die Tränen an. »Jakob hat gerade sehr klargemacht, was er von mir und meiner Art zu leben hält.«

»Er weiß ja gerade gar nicht, was er tut.«

»Ist das auch von Hemingway?«

»Nein, das ist von mir.«

Ich muss ganz kurz lachen, weil HaWe ein klein wenig drollig ist und weil er ein Netz auf den Haaren trägt und es seiner Attitude überhaupt nicht schadet.

»Ich will da nicht wieder raus und ihn sehen.«

»Dann bleib hier und hilf mir.«

Ich zucke mit den Achseln. Und dann schnappe ich mir eine Kartoffel und fange an zu schälen.

Mit HaWe muss man nicht sprechen. Ich mag Nicht-sprechen-müssen-Menschen. Gerade in Momenten, in denen es in mir so verdammt laut ist. Jakobs Worte übertönen alles, und ich kämpfe schwer mit mir, um gegen sie anzukommen. Als Mika dazukommt, habe ich immerhin meine Tränendrüsen wieder im Griff.

Was hab ich denn erwartet? Dass Jakob anders ist?

Ja, irgendwie schon.

Dass das hier Liebe ist?

Auch irgendwie. Wenn ich liebe, dann richtig. Wie absolut bescheuert, was für ein dämliches Timing, das jetzt zu merken, da ich weiß, was Jakob wirklich von meinem Lebensstil hält. Nämlich ebenso wenig wie meine Eltern.

Weil Mika zwar ein Viel-sprechender-Mensch ist, aber immerhin gute Sensoren hat, bleibt es still, als sie in die Küche kommt. Erst als nach und nach das Küchenpersonal eintrifft, wird es etwas hektischer.

»Du hast da einen Aufkleber auf dem Hintern«, sagt Mika und zupft etwas von meinem Po.

Es ist der Preiszettel der Servietten.

»Danke.« Und dann starre ich auf den Zettel in ihrer Hand. Schaue zu HaWe und habe einen plötzlichen Einfall. »Sag mal HaWe, was ist dein liebstes Zitat von Hemingway?«

HaWe findet die Frage offenbar nicht seltsam und runzelt sofort angestrengt die Stirn. »Das Meer ist der letzte freie Ort der Welt.«

»Das ist von Hemingway?«

Er lacht. »Ja, klar. Klingt mehr nach HaWe Hofer, was?«

Aber ich lache nicht mit. »Wo ist Adam?«

»Am Pavillon«, antwortet Mika, »er kümmert sich um den Feinschliff für die freie Trauung.«

»Könnt ihr mich kurz entbehren?«

»Klar, bist du nicht sowieso mit Jakob eingeteilt für die …«

Aber ich lasse sie nicht ausreden, sondern stürme an ihr vorbei nach draußen, nur um abrupt vor der Lobby zu stoppen. Denn ohne dass wir es in der Küche gemerkt haben, ist da draußen so etwas wie ein Sturm losgebrochen. Es ist so windig, dass ich die Tür beinahe nicht aufbekomme.

»Scheiß Bergwetter«, schimpfe ich, lehne mich dagegen und drücke das schwere Holz nach draußen.

Dann renne ich los und stoppe nicht ein einziges Mal, bis ich den Pavillon sehe und Adam, der verzweifelt mit der Lichterkette kämpft. Er steht auf einer Leiter, die bedächtig im Wind schaukelt, und hat das Bein nach hinten gestreckt. Weil der Pavillon fest im Boden verankert ist, hebt er sich nur und bauscht sein Dach. Den Stehtischen mit den weißen Hussen dagegen hat das Wetter schon den Garaus gemacht. Es ist ein einziges Desaster. Die großen Gläser, die mit Sand und Kerzen gefüllt waren, liegen zum Teil zerbrochen auf dem Boden. Das weiße Tuch, das eigentlich auf dem Tisch vor den beiden Stühlen für die Bräutigame drapiert war, hat sich um einen Ast gewickelt. Und dann donnert es so krachend, dass Adam zusammenzuckt und ich in letzter Minute an die Leiter haste und ihn festhalte. Der Himmel spuckt und wütet.

Und alles in mir mit ihm. Aus den verschiedensten Gründen, die ich nicht in Worte fassen kann. Noch nicht.

»Adam, der Aufkleber am Van … das Hemingway-Zitat. Stand da vielleicht: Das Meer ist der letzte freie Ort der Welt?«

»Hast du mit HaWe einen durchgezogen?«, fragt Adam, während er rückwärts von der Leiter steigt.

»Nein. Sag bitte, stand das da?«

»Ja, kann sein«, sagt er. »Hilf mir mal, wir müssen das in Ordnung bringen, bevor die Trauung anfängt.«

Ich schaue mich um, die Leiter fällt neben uns auf den Boden.

Und dann klirrt es.

47

Jakob

Alles, was schiefgehen kann, muss nicht zwangsläufig schiefgehen.

Das ist HaWes Law, aber ich spüre schon, als ich das halbe Haupthaus durchquert habe und Aurora nicht finde, dass es mehr auf Murphy hinauslaufen wird als auf meinen Vater.

Draußen geht die Welt unter, und ich bin nicht allein auf der Suche nach jemandem. Durch die Hotellobby folgt mir ein Typ, der auf den ersten Blick als Kellner durchgehen würde, hätte er nicht eine Spiegelreflexkamera in der einen Hand und sein Handy im Aufnahmemodus in der anderen.

»Das hier ist Privatbesitz, verschwinden Sie sofort!«, brülle ich den Paparazzo an.

Aber er grinst nur, und als ich einen Blick aus dem Seitenfenster werfe, stelle ich fest, dass er nicht der einzige Vertreter seines zweifelhaften Berufsstandes ist. Vor der Küche gelingt es mir, ihm die Tür vor der Nase zuzuschlagen.

In der Küche sitzt Kit wie ein Häufchen Elend auf einem Wasserkasten und hält mir ihr Handy hin. »Jemand hat die Hochzeit geleakt!«

Ich schaue nur kurz auf das Display und die Headline eines Online-Klatschmagazins, das ganz zufällig zur Tadigo Gruppe gehört. Auf dem Bild sind Liam Krajic und Thomas Reisler zu sehen, die Händchen haltend auf einer Jacht sitzen. Ein Journalist hat die hässliche Zeile »Erstes Homopaar der deutschen Fußballszene heiratet in heruntergekommenem Bergchalet« daruntergeklatscht.

Mika verzieht angewidert das Gesicht. »Ekelhaft.«

»Schätze, der Regen ist jetzt unser geringstes Problem.«

»Wir müssen einfach ein wenig umorganisieren«, sagt Mika. Optimistisch wie immer.

»Das ist eine Promihochzeit unter Ausschluss der Öffentlichkeit, wir haben eine Verschwiegenheitserklärung unterschrieben, und jetzt lauern da draußen die Paparazzi.«

Es ist jetzt sowieso alles egal, denkt ein Teil von mir. Das hier ist keine Warnung mehr, das ist der erste Schritt der Umsetzung seiner Drohungen. Und er hat immer noch das Video.

»Wo ist Aurora?«

»O ja, frag Aurora, vielleicht hat sie eine Idee. Aurora hat immer gute Ideen.«

Aurora hat gerade vor allem eine ziemliche Wut auf mich.

»Also, wo ist sie?«, frage ich ungeduldig.

Kit zieht die Achseln hoch, HaWe senkt den Kopf.

Mika ist die Einzige, die hilft. »Sie wollte zu Adam.«

»Und wo ist Adam?«

Muss man hier allen die Infos aus der Nase ziehen?

»Vorhin wollte er noch ein paar Sachen am Pavillon erledigen, aber ich nehme an, das hat sich jetzt schon selbst erledigt.«

Ich will mich umdrehen, aber da ist Mika schon an meiner Seite und hält mich am Arm fest. »Warte mal, du müsstest mal mit anpacken. Die Hochzeitstorte muss rein, und wir brauchen jemanden, der den Schirm hält und das Schlimmste verhindert.«

»Nehmt besser den Hintereingang über die Terrasse, ist weiter, aber geschützter.«

Erst nachdem ich die Torte sicher ins Haus gebracht habe, renne ich wieder nach draußen, wo meine Mutter mit einem Typen von der privaten Sicherheitsfirma diskutiert. An ihr vorbei, durch den Regen, renne ich hoch zur Aussichtsplattform.

Ich brülle Auroras Namen. Immer und immer wieder. Aber der Wind trägt ihn fort. Und oben angekommen sehe ich nur, dass die Lichterkette zerbrochen am Boden liegt, und habe das unerklärliche Gefühl, auch etwas anderes könnte endgültig kaputt sein.

48

Aurora

;

Alabaster bellt nicht, sondern legt sich erwartungsvoll auf den Boden und streckt alle viere von sich. Deshalb weiß ich, es kann nur Jakob sein. Ich will nicht öffnen. Aber er donnert mit der Faust gegen das Blech des Wagens. Wie damals … Als ob dieses *Damals* nicht wenige Wochen, sondern Jahre zurückläge.

»Mein Van ist kein Boxsack«, schreie ich unter Tränen.

»Und das hier kein Campingplatz.«

»Hör auf, meinen Bus zu schlagen.«

»Dann lass mich rein.«

»Ich denke nicht dran.«

»Bitte, ich möchte mich entschuldigen.«

»Aber ich möchte keine Entschuldigung annehmen.«

»Es ist ziemlich ungemütlich hier draußen.«

»Dein Problem«, schreie ich, merke aber, wie der Widerstand bröckelt.

Meine Finger schließen sich um den Türgriff. Ein blödes Lachen gurgelt in meiner Kehle.

Eine deiner größten Schwachstellen ist, dass du nicht nachtragend bist, hat Em immer gesagt. Und sie hatte recht. *Ich liebe dich für diese*

Schwachstellen, sie machen dich zu der Frau, die du bist, hat sie aber auch gesagt.

»Es tut mir leid«, brüllt Jakob. »Ich bin das Problem. Ich bin es.«

»Das ist nicht von dir, das ist von Taylor Swift«, rufe ich.

»Dann sag ich jetzt etwas, das nur von mir ist und hoffentlich niemandem sonst.«

Einen Moment lang ist es still. Bis auf den Regen, der unbarmherzig auf das Dach des Vans (und vermutlich auf Jakobs Kopf) einprasselt. Zwischen uns liegt nicht nur die Wand aus Blech und Worten, sondern auch sirrende Anspannung. Wie in der Gewitternacht, als ich zu ihm hoch- und er zu mir heruntergeschaut hat.

»Darf ich?«, fragt er zögernd.

»Ich höre«, schreie ich.

»Ich will dich, Aurora, ich will dich so sehr.«

»Das reicht nicht!« Meine Finger wollen die Tür öffnen, mein Verstand verbietet es, und mein Herz … na ja, auf das ist ja ohnehin wenig Verlass.

»Alles, was ich gesagt habe, ist völliger Bullshit, okay?«

»Stimmt«, sage ich. »Reicht aber immer noch nicht.«

Em wäre bestimmt ein bisschen stolz auf mich. Von wegen, ich kann nicht nachtragend sein. Ein paar Minuten oder Sekunden könnte ich noch durchhalten.

»Das mit dem Sinn des Lebens war eine Lüge. Ich …«

O nein, das wird er jetzt hoffentlich nicht sagen. Ich atme tief ein und brülle: »Ich war nah dran, die Tür aufzumachen, Jakob, aber wenn du jetzt sagst, dass ich der Sinn deines Lebens bin, dann kannst du den Camper zu Brei schlagen, denn ich werde dir dann auf keinen Fall aufmachen.«

Das Schlagen hört auf, kein dumpfer Knall mehr gegen das Blech.

»Ich wollte sagen, dass ich egoistisch und idiotisch bin«, ruft er mit eindeutig zerknirschter Stimme.

»Klingt schon besser.«

Ich drücke den Griff ein Stück weit herunter. Ein kleines bisschen nur. Das Metall ächzt.

»Und ich wollte sagen, dass ich mit dir dem möglichen Sinn meines Lebens näher gekommen bin.«

Ja, Scheiße, ich bin halt wirklich nicht nachtragend.

Schluckend lehne ich mich seitlich gegen den Beifahrersitz, wobei ich den Türgriff immer noch umklammere.

Und dann, ja, dann schiebe ich die Tür auf. Es ratscht laut, und mein Herz poltert passend mit dem Regen in meiner Brust.

Da steht er. Bedröppelt, nass, cute. Die Haare hängen ihm in die Stirn. Unter dem weißen Hemd ist seine trainierte Brust zu sehen. Von seiner Nasenspitze tropft eine Wasserperle. Alabaster hat sich schwanzwedelnd erhoben und schaut ihn so an wie er mich.

»Was ist das? Dein Hundeblick? Den hat Alabaster aber besser drauf.«

»Lässt du mich rein? In deinen Hippie-Van?«

»Wenn es sein muss.«

»Es muss.«

Betont langsam trete ich zur Seite, und Jakob macht einen Schritt hoch in den Van. Dann ist es aus mit der Langsamkeit. Er geht auf mich zu, fasst mich um die Taille, und wir prallen aneinander. Sein Körper klatschnass an meinem.

»Wir und der Regen, das ist eine Lovestory für sich«, sagt er.

»Lovestory?« Ich hauche das Wort nur.

Jakobs Worte dagegen sind klar. »Wir sind eine Lovestory, du und ich. Wir sind die schönste Lovestory, die ich mir vorstellen kann.«

Für den Moment möchte ich das einfach glauben. Weil es schön klingt, ein bisschen zu schön, um wahr zu sein.

»Das vorhin klang nicht sehr nach Lovestory.«

»Dann lass mir dir zeigen, wie sehr das hier dennoch eine Lovestory ist.«

Ich knurre etwas, Jakob imitiert es, und dann stimmt auch noch Alabaster ein und gibt einen seltsamen Laut von sich, der zwischen Bellen und Knurren changiert. Verdammt, jetzt muss ich auch noch lachen.

Wir drücken unsere Körper noch immer aneinander, und die Mischung ist so gefährlich. Wasser und elektrische Spannung. Wir beide in unseren unterschiedlichen Leben. *Wir sind alle kaputt, so kommt das Licht herein.* Vielleicht stand auch dieses Zitat von Hemingway auf dem Aufkleber. Ich werde es nicht erfahren.

»Verzeihst du mir?«, fragt er. »Bitte!«

»Vielleicht«, sage ich.

»Bitte.«

Und dann ziehe ich ihn am nassen Kragen seines Hemds zu mir und hauche einen Kuss auf sein Schlüsselbein. Ich rieche das Apfelduschgel, das ich mir auch schon von ihm gemopst habe, und es fühlt sich irrsinnig vertraut an.

»Das passt nicht zu dir, zieh das aus«, sage ich und mache mich an seinem Hend zu schaffen.

Seine Lippen suchen meine, verschließen meinen Mund, schließen die Worte und Gedanken ein und machen etwas viel Besseres daraus.

Wozu sich sagen, was man ist? Wozu etwas *zer*klären, wenn man es auch voll und ganz *er*fühlen kann?

Rückwärts stolpern wir durch den Van, und ich pralle mit dem Rücken gegen die Tür der Nasszelle. Jakob hebt ein Bein, um Alabaster nicht zu treten, und dann quetschen wir uns aneinander.

Erst jetzt fällt mir auf, dass ich noch die durchweichte Hoteluniform trage.

»Passt auch gar nicht zu dir«, murmelt Jakob in mein Ohr, als hätte er meine Gedanken gelesen.

Ich zerre an der Bluse, reiße dabei einen Knopf ab, aber es könnte mir nicht gleichgültiger sein. Ich kenne Jakobs Körper inzwischen ein bisschen, aber bestimmt noch nicht gut genug. Und doch habe ich schon meine Lieblingsstellen. Die harte Kante an seinem Hüftknochen mag ich gerne, weil sie sich wenige Zentimeter weiter in weicher Haut verliert und das so gut beschreibt, wer er ist. Seine harte Schale, sein überaus weicher Kern. Seine grummeligen Worte gegen die liebevollen Taten.

Auf dem Tisch neben uns liegt der Gedichtband, den er mir geschenkt hat, und die Worte darin, die er zwar nicht geschrieben, aber für mich ausgesucht hat, können die im Affekt gesprochenen ganz gut überschreiben. Ebenso wie seine Berührungen. Das Fordernde seiner Hände, die immer genau zu wissen scheinen, wohin sie greifen müssen, mit dieser Unsicherheit, die seine Finger zuweilen innehaben, wenn sie sehr zärtlich werden. Seine Lippen, die so voll und sanft sind, gegen die Härte seiner Erektion, die sich jetzt durch nassen Stoff gegen mich drückt.

Wir stolpern durch den Van, prallen immer wieder irgendwo dagegen, mit Ellbogen und Knien, während wir uns von unseren nassen Klamotten befreien. Ich habe es eilig, er ebenso. Als müssten wir mit Geschwindigkeit wettmachen, was dieser Tag bisher angerichtet hat. Schnell vergessen machen, wie sehr wir uns gegenseitig verletzen können. Wie sehr er sich in *mein* Herz hineingeschraubt hat.

Aber ich will jetzt nicht an die Zukunft denken. Und vor allem nicht an die Vergangenheit. Nicht an Aufkleber, nicht an die Möglichkeit, verrückt zu werden. Ich will diese Lovestory mit Jakob, aber für den Moment auch eine spicy Kurzgeschichte. Und vor allem will ich die Kontrolle. Das ist mein Van, meine Freiheit, mein Leben, das ich mir ausgesucht habe.

Deshalb wische ich den Gedichtband auf dem Tisch zur Seite, klappe die Platte mit einem Handgriff nach unten und fische im Rucksack am Boden nach den Kondomen. Dann drücke ich Jakob auf den Tisch und steige auf die Sitzbank, die jetzt nur noch wenige Zentimeter tiefer ist als der Tisch. Ich setze mich rittlings auf Jakobs Oberschenkel und höre ihn laut aufstöhnen, als ich mit den Zähnen die Kondomverpackung vorsichtig am Rand öffne.

Ich sehe ihn nur an, wir sprechen nicht. Nichts mehr über Liebe, über Storys, deren Ende wir nicht kennen. Kein Wort übers Gehen oder Bleiben. Mein Herz wummert, ich spüre die Ersatzdroge für das Adrenalin. Eine, die bisher nur mit Jakob funktioniert. Meine linke Hand greift fest um seinen Schaft, die rechte rollt das Kondom über seinen Schwanz.

»Aurora«, keucht er. »O Gott, Aurora.«

Ob ich ihm irgendwann sagen werde, dass mein Name aus seinem Mund wie ein Aphrodisiakum auf mich wirkt? Ob ich ihm sagen kann, dass es mich unfassbar anmacht, dass er die Lippen immer ein klein wenig spitzt, wenn er die beiden »r« in meinem Namen leicht rollt und immer, wirklich immer ein kleines Lächeln nachschiebt?

Ich lecke mir über die Lippen, rutsche mit dem Becken nach vorn und schaue an mir herab, schaue auf die wenigen Zentimeter, die unsere Körper noch von der Vereinigung trennen. Jakob schlingt die Arme um mich, zieht mich näher. Ich hebe das Becken und schließe die Augen.

49

Jakob

Sie reitet mich. Anfangs langsam. Ich muss mich höllisch konzentrieren, um nicht allein von dem Anblick ihres leicht nach hinten gekippten Beckens und meines Schwanzes darin zu kommen. Ich strecke meine Finger zwischen uns, reibe ihre Klit, gleite mit dem Finger an die Stelle, an der wir beide vereint sind. Sie legt ihre kleine Hand auf die meine, greift nach meinem Schaft, der nur wenige Zentimeter aus ihrem Körper herausschaut.

Wie verrückt es doch ist, dass Körper sich auf diese Weise vereinen. Als wären wir einst eins gewesen, wären gewaltsam getrennt worden und hätten jetzt erst zusammengefunden.

Aurora ist laut in ihrer Lust, ich bin leise.

Wir sind so gegensätzlich in vielerlei Hinsicht, dass man sich einreden könnte, es wäre zu viel. Vielleicht aber muss es so sein, damit wir ineinandergreifen. Damit nicht nur unsere Körper sich vereinen können. Wie Zahnräder, die nur die richtige Stelle brauchen, um einzurasten.

Als sie sich nach vorne beugt, vergrabe ich meinen Kopf an ihrer Brust, atme die Hitze ein, die von ihr ausgeht. In der Luft liegt der schwere Geruch von hoher Luftfeuchtigkeit und Sex. Es ist betörend. Sie ist betörend. Ich spüre ihre Enge, genieße den Moment, in dem sie sich nach hinten lehnt und ich um meinen Schwanz das Kontrahieren ihrer Muskeln spüre. Ein kurzes Zucken, das mich völlig verrückt macht und mich der letzten Kontrolle beraubt. Ich beuge mich vor und küsse den Ansatz ihrer Brüste, suche mit der Zunge nach ihrem Nippel und knabbere sanft daran.

Noch einmal bäumt sie sich auf, und in diesem Moment ist es völlig um mich geschehen. Ich liebe dich, will ich sagen. *Ich liebe dich, Aurora.*

Aber ich sage es nicht, weil Mann das nicht sagt, wenn er kommt. Weil Frau das dann wohl kaum ernst nehmen wird. Und ich will, dass sie es ernst nimmt. Ich will den Moment perfekt machen, wenn ich schon so viele andere Momente zwischen uns verdorben habe. Sie soll wissen, wie verdammt ernst mir das ist. Dass ich schon häufiger »Ich liebe dich« gesagt habe, aber nie damit gemeint habe, dass jemand bleiben soll, aber auch gehen darf und sich dadurch nichts, aber wirklich gar nichts an meiner Liebe ändert. Ich muss das ausbouldern, diesen Moment, und den perfekten Move für sie hinbekommen. Einen, der garantiert nicht schiefgeht. So wie das hier zwischen uns, diese Vereinigung, unverbesserbar ist, weil sie schon perfekt ist.

Aurora sieht mich mit großen Augen an und bewegt ihr Becken dann noch einmal, für mich. Köstlich langsam schiebt sie mich tiefer in sich. Ich stoße leicht an, und sie stöhnt laut auf.

Es ist ein Luststöhnen. Das weiß ich. So gut kenne ich sie schon. Der Gedanke macht mich absurd glücklich. Ich kenne ihr Stöhnen, ich weiß, was sie antörnt. Sie glaubt, ich weiß es nicht, aber sie mag es sehr, wenn ich ihren Namen laut sage. Ich kenne dieses Zucken in ihren Mundwinkeln, kurz bevor sie zum Höhepunkt kommt, ich weiß um diese schrecklich kitzelige Stelle zwischen Bauchnabel und ihrem Schambein. Sie hat mir beigebracht, wie ich mit der Zunge um ihr Piercing tanzen kann, sodass sie nur davon feucht wird. Es ist fast genauso sexy, all das zu wissen, wie zu spüren, wie sie sich um mich und mit mir bewegt. Ich komme ihr entgegen, dränge mich in sie und sie sich gegen mich. Und dann vergesse ich, was ich sagen wollte. Vergesse alles um uns herum, das Chaos, das unten im Felsenhimmel wartet, die Schwierigkeiten, die zwischen uns stehen. Es vergehen Sekunden, in denen ich mich völlig in ihr verliere. Ich schreie auf, als ich heftig komme, und spüre, dass auch Aurora sich noch einmal aufbäumt.

Schwer atmend, breit grinsend sehen wir uns an.

»Hi.«

»Hi.«

Sie schiebt sich die Haare aus dem Gesicht.

»Darf ich das hier als Zeichen deuten, dass du mir eventuell meinen verbalen Fehltritt verzeihen kannst?«

»Ich würde sagen, das war der erste Schritt.«

»Ah …«

»Du kannst weiter beweisen, wie leid es dir tut, mich und den Van beleidigt zu haben.«

»Ich werde nie wieder damit aufhören.«

Etwas in ihrem Gesicht zuckt kurz, ein winziges Blinzeln ihrer Augen.

»Wir können auch einfach hierbleiben, und du kannst den Rest des Tages üben zu verzeihen.«

»Von mir aus gern. Aber was sagen Liam Krajic und Thomas Reisler dazu?«

»Wer?« Ich strecke mich und streichle lächelnd ihren Hals, grabe meine Finger in ihre Haare.

Sie verzieht das Gesicht. »Wo sollen die beiden denn jetzt eigentlich heiraten? Der Pavillon ist zerstört.«

»Ich dachte, du hast vielleicht eine Lösung. Kit meinte, du hättest immer die besten Ideen. Genau genommen bin ich deswegen hier …«

»Ah. Ehrlich gesagt habe ich keinen blassen Schimmer.«

Auf ihrer Haut hat sich ein feiner Schweißfilm gebildet, ich streiche mit den Fingern darüber. Und habe dann selbst eine Idee. »Erinnerst du dich noch daran, was du gesagt hast, als du die Sauna das erste Mal gesehen hast?«

Aurora runzelt die Stirn. »Dass sie wie eine Folterkammer aussieht?«

Ich wackle ungeduldig mit der Hand vor ihrem Gesicht herum. »Nein, das andere.«

»Dass …« Sie überlegt und reißt dann die Augen auf. »Dass der Raum fast zu schade ist, um eine Sauna reinzubauen!«

»Exakt!«

»Ja!«

»Ja!«

»Das heißt, wir müssen einfach nur noch diese ekelhafte Headline der Tadigo zu unseren Gunsten nutzen und ein paar Fake News streuen.«

Was das genau bedeutet, erklärt sie mir in den folgenden Minuten. Kit hatte recht, Aurora hat die besten Ideen.

»Ich kümmere mich um das Ablenkungsmanöver und zieh mir was an. Du machst die Sauna ready. Wäre doch gelacht, wenn wir das nicht hinbekommen. Wir sehen uns bei der Trauung.«

• • •

Der Rest des Tages vergeht in emsiger Geschäftigkeit. Adam und ich bauen die Sauna um und schleppen alles, was aus dem Pavillon zu retten ist, nach unten. Meine Mutter und das Küchenpersonal haben alle Hände voll zu tun, die Arrangements für die Feier nach drinnen zu verlegen. Mika kommt auf die Idee, die Security-Leute, die ohnehin tatenlos herumstehen, für ein Täuschungsmanöver einzusetzen. Adam organisiert eine Limousine, deren rostige Radläufe hoffentlich nicht allzu sehr auffallen, kauft bei einer Floristin in Vieran opulenten Schmuck für die Motorhaube, steckt die beiden Securitys als Fake-Brautpaar auf die Rückbank und lässt HaWe als Chauffeur mit ihnen nach Bozen zu einem Luxushotel fahren. Kit nutzt ihre Social-Media-Affinität und streut gezielt ein paar Fake Infos.

Der unangenehme Teil, die beiden Fußballer darüber zu informieren, dass die Hochzeit geleakt wurde, bleibt bei mir hängen. Aber Liam und Thomas reagieren erstaunlich gelassen und teilen auf ihren Kanälen die Info, dass heute der Tag ihrer Hochzeit ist und diese in Bozen stattfindet. Somit haben wir freie Bahn. Der Regen lässt nach, es tröpfelt nur noch vor sich hin, als die kleine Hochzeitsgesellschaft eintrifft.

Die Aussicht ist umso schöner, da sich die Regenwolken wie fädige Nebelschwaden übers Tal gelegt haben und mit der Burgruine im Hintergrund eine spektakuläre Kulisse abgeben. Das Brautpaar ist begeistert, und als der freie Trauredner eingetroffen ist, können wir alle das erste Mal durchatmen.

In Ermangelung der beiden Securitys, die für die Bewachung der Traulocation eingesetzt waren, schmeißen Adam und ich uns in schwarze Shirts und dunkle Jeans und beziehen Position am Eingang der Sauna. Für den Sektempfang ist Aurora eingeteilt. Aber der Stehtisch unter dem provisorisch reparierten Pavillon neben dem Schwimmteich ist nicht besetzt.

»Wo ist Aurora?«

»Bin schon da. Sorry, ich hatte nichts anderes anzuziehen, was halbwegs passabel ist, und Uniformen in meiner Größe waren aus.«

Ich drehe mich um und … und … und …

Es dauert einen Moment, bis ich sie erkenne. Etwas passiert da. Verschiebt sich, verrutscht. Die Zeitachse gerät in Schieflage. Es ist, als hätte jemand die Sanduhr in der Sauna quer gestellt. Da rieselt kein Sand mehr nach unten, er stockt einfach waagerecht. Es ist die Farbe. Aurora trägt ein gelbes Kleid. Und sie hat die nassen Haare nach hinten gebunden. Es ist das Tattoo. Der Blick auf das Semikolon ist frei. Und diese Kombi ist es, die mein Herz stolpern lässt.

»Aurora«, hauche ich. Fast tonlos. Atemlos. Voller Angst.

»Das ist mein Name!« Sie strahlt mich an. Aber ich schaffe es nicht, meine Gesichtsmuskeln zu bewegen. »Komm schon, so spektakulär ist der Fetzen nun auch wieder nicht. Er gehört eigentlich … das Kleid hat Em gehört.«

Das Lächeln verliert sich etwas. In der Erinnerung oder in meinem erstarrten Gesicht. Es macht keinen Unterschied. Hat es einen Rest von Zweifel gebraucht, so ist er verschwunden, und zurück bleibt nackte Panik.

»Was ist denn, du schaust ja, als hättest du ein Gespenst gesehen?«

Aurora lacht, aber ich kann das Lachen nicht erwidern. Denn plötzlich weiß ich wieder, was mich schon vor Wochen hat stocken lassen. Das, was ich nicht in Worte fassen konnte, hat auf einmal einen Namen. Und es ist nicht Auroras.

Ich sehe, wie ihr das Lachen aus dem Gesicht rutscht und Unsicherheit weicht. »Oje, was ist jetzt wieder schiefgelaufen?«

Nichts. Alles. Die Welt steht kopf, und ich begreife etwas, das die ganze Zeit zum Greifen war. Vielleicht wollte ich nur nicht die Hände danach ausstrecken.

»Ich … hab gerade gemerkt, dass ich nicht weiß, wie du mit Nachnamen heißt«, stottere ich, blinzle, um gegen das Doppelbild anzukämpfen.

Gelbes Kleid. Die Tätowierung. Die dunklen Haare. Das Lachen.

»Martini, Aurora Martini«, sagt sie und macht eine kleine, alberne Verbeugung. »Ist alles okay mit dir?«

Es ist unmöglich und dabei so logisch, dass ich es nicht wegdiskutieren kann. Und ich weiß, was ich übersehen habe. Was die ganze Zeit da war, aber sich versteckt hat, weil ich es nicht sehen wollte. Wir sind auf einmal nicht vor einer umfunktionierten Sauna, wir sind in Wien. In einem Club. Wir, nein, *ich*. Mit der Frau, die das VIP-Bändchen zurückschiebt. Die Tätowierung auf ihrer Hand ist eine winzige Kopie von Auroras Semikolon. Mir wird schwindlig, ich taste nach der Wand hinter mir, lege die Hand dagegen.

Ich merke erst, dass meine Mutter zu uns tritt, als sie mich anstupst. »Steh hier nicht so rum, wir haben alle Hände voll zu tun.«

»Er ist seltsam fasziniert von meinem Namen«, sagt Aurora gut gelaunt, und dann haucht sie mir einen Kuss auf die Wange und entfernt sich in Richtung des Stehtisches.

Ihr Gang ist wippend, leicht und gut gelaunt. Der Saum des Kleides bewegt sich, und mein Magen ist kurz davor, sich umzustülpen.

Drinnen in der Sauna stimmt der Hochzeitssänger den ersten Song an, die Gäste klatschen im Takt.

In meinen Ohren dröhnen Fetzen aus alten Gesprächen, vor meinen Augen spielen sich Szenen ab, die erst jetzt ein Gesamtbild ergeben und dennoch viel zu schnell ablaufen. In zweieinhalbfacher Geschwindigkeit, während die Zeit um mich herum stehen zu bleiben scheint.

Nichts ergibt mehr Sinn.

Ich beobachte, wie Aurora langsam Sektflöten aus einem Karton zieht und sie vor sich auf dem Stehtisch aufstellt. Und sehe gleichzeitig eine andere Frau in diesem Kleid an einer Wiener Bar stehen. Ich schaue zu, wie sich Aurora die Haare aus dem Gesicht streicht, und beobachte gleichzeitig eine andere Frau mit glatten Haaren und Pony. Ich höre, wie Aurora mir etwas zuruft, und höre es nicht, weil sich die Geräusche des Fallens, das Klirren des Rucksacks und das Rieseln der Steine daruntermogelt.

Stimmen und Töne werden zu einem einzigen Rauschen, das alles andere übertönt. Ein gelbes Kleid, eine rote Jacke. Alles vermischt sich.

Ich verliere den Verstand.

Ich muss die Augen schließen.

Das hier muss aufhören.

Aurora darf nie erfahren, was ich getan habe.

Lass los.

Sie *muss* es erfahren. Darf nie, muss sofort.

Dieser logisch so widersprüchliche Halbsatz nistet sich wie ein Mantra in meinem Kopf ein. *Darf nie, muss sofort.* Aurora hat keinen blassen Schimmer, wer ich bin. Wir sind keine Lovestory. Wir sind ... wir sind ... wir sind eine einzige Tragödie. Fassungslos mustere ich sie aus den drei bis vier Metern Entfernung. Die Frau, in die ich mich verliebt habe. Die sich in mein Herz geschraubt hat.

Nur dass alles daran falsch ist.

Warum ist mir die Ähnlichkeit nicht schon längst aufgefallen? Sie haben die gleiche Augenfarbe, auch wenn mir Auroras leuchtender erscheint. Dunkles Haar, aber eine andere Frisur. Die gleiche Statur, was in dem Kleid erst richtig zur Geltung kommt.

Lass los, habe ich zu Verena gesagt. Schlimmer noch, meine Schwester vor der Polizei gedeckt. Ihr nie die Frage gestellt, die mir seither im Herzen brennt.

Und das Aller-, Allerschlimmste: Ich würde es wieder tun.

Ich liebe Aurora. Aber ich liebe auch meine Schwester.

»Jakob?« Meine Mutter sieht mich an. »Ist alles in Ordnung?«

Sie berührt mich am Arm, aber ich kann nicht reagieren, mich nicht mehr bewegen.

Denn der Gedanke, der mir als Nächstes kommt, übertrifft all jene zuvor an Grausamkeit. Es ist kein Zufall, es kann doch kein Zufall sein, dass Aurora hier ist. Sie ist *deswegen* hier. Vielleicht kennt sie meine Rolle in unserem Drama nicht. Aber sie ist nicht einfach mit ihrem Van auf einer unserer Wiesen gestrandet, sie hat ihn dorthin gelenkt. Wegen Emilia.

All das, was ich über Aurora weiß oder zu wissen glaubte, verschwindet hinter dieser Erkenntnis, die zu einem unbezwingbaren Felsen zwischen uns wird.

Die Verbindung zwischen uns ist eine Schlucht.

Und ich falle, falle, falle endlos.

50

Jakob

Drei Minuten nach dem Fall

Ein Tier schützt sein Junges. Eine Mutter ihr Kind. Ein Bruder seine Schwester. Ein Zwilling den anderen. Sachte schiebe ich Nena von mir, in Richtung des sicheren Felsens, weg von der Schlucht. Ich höre Magnus und Tristan rufen.

Dann ziehe ich den Rucksack von meinem Rücken und wage den ersten Blick in die Schlucht. Einen schwindelnden Moment lang kommt es mir so vor, als würde Emilia dort noch immer mit den Armen rudernd fallen. Fallen und fallen, ohne jemals aufzuschlagen. Ich blinzle das Bild aus meinem Kopf und hole das SAT-Telefon aus dem Rucksack.

»Hoch, geh da hoch, Nena, und lass mich das machen.«

»Aber …« Sie blinzelt aus tränenverhangenen Augen.

»Jetzt verschwinde, und komm in ein, zwei Minuten runter. Du warst am Gipfelkreuz, als die beiden gestürzt sind. Und dabei bleibst du, egal, was passiert.«

»Jakob, das geht nicht.«

»Es geht. Du musst!«, erwidere ich.

Ich kann Tristan und Magnus erkennen, die in der Senke verschwinden. Nur noch wenig Zeit, dann werden sie Verena hier bei mir am Felsenhimmel sehen.

»Pass auf, dass dich niemand bemerkt!«

Sie zögert kurz, dann rappelt sie sich endlich auf.

Ehe ich das SAT-Telefon bedienen kann, fällt mein Blick noch einmal in die Schlucht. Und mir stockt der Atem beim Anblick des roten Stoffes. Verdammt.

Ich schaue mich nach Verena um, aber sie ist bereits auf dem Weg nach oben. Tristan und Magnus kann ich nicht ausmachen. Ich rufe nach ihnen, aber meine Stimme wird vom pfeifenden Wind fortgetragen. Hastig lege ich das Telefon weg und klicke stattdessen den Karabiner los, werfe das Seil aus und suche nach einer Möglichkeit, es zu befestigen. Mein Blick irrt suchend umher, bis ich plötzlich, einen knappen Meter unter mir, einen Haken entdecke. Ich steige in den Klettergurt und befestige das Seil an dem Haken, dann lasse ich mich langsam ab.

»Emilia?«, brülle ich.

Aber die Antwort ist nur der unheimliche Widerhall meiner eigenen Stimme. Der Stein ist so brüchig, dass sich immer wieder Stücke von der Wand lösen und in die Tiefe stürzen. Jedes Mal zucke ich zusammen, weil es mir zu bildlich vor Augen steht, wie ebenjenes Gestein auf die leblosen Körper von Leo und Emilia fällt.

Dann erreiche ich die rote Jacke, und eine Gänsehaut breitet sich auf meiner Haut aus. Auch, weil es hier drinnen auf eine modrige Art kalt ist, aber vor allem, weil die Jacke dort hängt, als hätte sie einfach nur jemand vergessen. Die Jacke, sonst nichts.

Das, was von Emilia noch übrig ist.

51

Jakob

»Aurora ist Emilia Martinis Schwester. Und sie ist wegen ihr hier.« Die Worte verlieren in ihrer Wiederholung nichts von ihrem Schrecken. »Und jetzt habe ich keine Ahnung, was ich machen soll.«

So schließe ich meinen Bericht an Verena, während ich mit dem Handy am Ohr in der jetzt leeren Sauna meine schwitzige Stirn gegen die Scheibe lehne. Ich suche Auroras Handabdrücke von ihrem ersten Besuch hier. Aber natürlich ist das Glas blitzblank. Der Regen hat eine Pause eingelegt, was das Hochzeitspaar nutzt, um ein paar Fotos im Garten zu schießen. Es gibt unzählige Dinge zu tun, aber ich fühle mich zu nichts in der Lage.

Nena am anderen Ende im viel zu fernen Wien ist still. Ich höre sie atmen. »Sie hatte eine Schwester«, stellt sie fest. »Ich wusste nicht, dass sie eine Schwester hatte.«

»Wir wussten so wenig von ihr.«

»Ja.«

»Ich hab mich sehr verliebt in diese Schwester.«

»Ach, Jakob …«

»Was soll ich jetzt machen?«

Und wieder ist Nena still. Nena ist die Lösungsfinderin, Nena muss wissen, was ich jetzt machen soll. Die Verzweiflung meiner eigenen Stimme hallt wie ein Echo durch den Raum.

»Denkst du, dass sie vielleicht etwas damit zu tun hat?«

»Wer?«

»Sie … also Aurora?«

Ich schnappe nach Luft.

»Bevor du jetzt ausflippst … ich meine, sie hat dir nicht gesagt, dass Emilia ihre Schwester ist, vielleicht weiß sie aber längst, dass du … also, dass wir …« Verena stolpert über ihre eigenen Worte.

»Sie hat keine Ahnung, wer ich bin. Glaub mir.«

Verena atmet schwer in den Hörer. »Magnus ist am Durchdrehen. Leo ist tot.« Sie stockt kurz. »Emilia ist tot. Tristan ist tot … *Drei* Tote, Jakob. Ich begreife das alles nicht. Was geht hier vor sich?« Ich kann hören, wie ihre Stimmbänder vibrieren. »Und Hannah geht nicht ans Handy, ich hab unzählige Nachrichten bei ihr hinterlassen.«

An Hannah hatte ich nicht einmal mehr gedacht, wird mir jetzt bewusst. Vielleicht, weil sie nicht mit am Felsenhimmel war.

»Magnus versucht seit Wochen, mich wegen der Wiesen zu erpressen.«

Einen Augenblick lang ist es still. »Fuck, und das sagst du mir erst *jetzt?*«

»Ich wollte das allein regeln.«

»Du machst gar nichts mehr allein.« Verenas Stimme ist streng. Es ist selten, dass sie einen so autoritären Ton auflegt. Meine empathische Schwester wird selten bestimmend. »Ich komme nach Hause, wir finden gemeinsam Lösungen.«

»Musst du nicht«, brumme ich. Dabei wäre die Welt tatsächlich ein bisschen besser, der Himmel über mir ein klein wenig heller, wenn meine Zwillingsschwester hier wäre.

»Weiß ich. Mach ich aber trotzdem. Morgen früh bin ich da. Ich bin dein Gegenstück, Jakob. Und vor allem liebe ich dich.«

Es ist das Schönste, was ich heute gehört habe. Fast. Das Schönste war zu wissen, dass ich Aurora liebe, bevor das Schlimmste alles zerstört hat. Wenn ich Aurora sage, dass ich mit ihrer Schwester am Felsenhimmel war, dass ich es war, der … Ich kann den Gedanken noch nicht einmal zu Ende denken. Und dann fallen mir andere Wortfetzen ein. Ich löse mich von der Scheibe und lege meine freie Hand dagegen.

»Bist du noch da?«, fragt Nena vorsichtig.

Ich nicke, obwohl sie das natürlich nicht sehen kann. »Vor ein paar Wochen hat Aurora mich gefragt, ob ich mit ihr an den Felsenhimmel klettere. Und ich hab mir gar nichts groß dabei gedacht. Wie blind war ich bitte?«

»Du musst es ihr sagen, Jakob.« Ist da noch Zweifel an Auroras Intentionen in Verenas Stimme? Wenn ja, dann versteckt sie ihn gut.

»Dann steigt sie in ihren Van und ist weg. Ich weiß es. Sie wird es mich nicht erklären lassen. Sie wird mir nicht zuhören.«

»Dann … soll ich mit ihr reden?«

»Du?«

»Ja, ich kannte Emilia ein bisschen besser als du. Und ich bin nicht in Aurora verliebt. Vielleicht hört sie mir zu.«

»Sie wird trotzdem nicht bleiben. Und ich kann ihr schlecht die Schlüssel abnehmen und sie bitten, mir zu vertrauen.« Ich sage es nicht, aber der Satz »Wenn nicht einmal du mir richtig vertraust« hängt zwischen uns in der Luft. »Das alles ist doch unverzeihlich.«

»Was ist unverzeihlich?«, fragt Verena.

»Ich war mit ihrer Schwester da oben, ich hab sie stürzen sehen. Und ich hab nichts getan.«

Eine lange, viel zu lange, unerträgliche Weile ist es still. Dann dringt die Stimme meiner Schwester leise wie durch einen Nebel zu mir durch. »Dann sag mir, wenn du heute dort wärst, was würdest du anders machen? Wenn Aurora neben dir am Felsenhimmel stünde, was würdest du anders machen?«

Ich muss nicht lange darüber nachdenken. Die Antwort ist klar. Nichts. Ich würde nichts anders machen. Ich würde meine Schwester festhalten und ihr Leben retten.

»Siehst du«, sagt Verena sanft. »Du würdest mich retten und Aurora ihre Schwester. Und genau das musst du ihr erklären, dann wird sie es verstehen.«

»Nein, wie soll man das verstehen, wenn man nicht dabei ...«

Ich beende den Satz nicht, aber Nena kennt mich zu gut, um nicht genau zu verstehen, in welche Richtung meine Gedanken gehen. »Nein, schlag dir das aus dem Kopf. Das ist keine gute Idee, Jakob, ganz und gar nicht.«

52

Aurora

;

Der Tag nach der Hochzeit ist getränkt von verkaterter Aufräumstimmung. Wie sich herausstellt, ist es eine größere Herausforderung, die Sauna wieder in eine Sauna zu verwandeln, als sie zu einem Trausaal umzufunktionieren. Uns allen steht die letzte, arbeitsreiche Nacht und der Tag wie mit Filzstift ins Gesicht geschrieben. Von Jakob keine Spur.

Als ich gegen vier todmüde in den Van gefallen bin, war er noch damit beschäftigt, die restlichen Gäste an der Bar zu bedienen. Ich hätte schwören können, jemand hätte kurz danach an der Tür geklopft, muss mir das aber eingebildet haben.

Jetzt suche ich ihn in der Küche, im Gastraum, hinter der Bar, finde ihn aber nirgends. Weder Adam noch Mika wissen, wo er steckt. Marita sieht mich an, als wäre die Frage nach Jakob das Abwegigste, was sie je gehört hat. Aber das muss wohl auch an der Müdigkeit liegen. In einer kurzen Pause am Van schaue ich auf mein Handy und entdecke eine neue Nachricht von Markus.

Ich kneife die Augen zusammen, entsperre das Display und drücke auf den kleinen Pfeil in einem verschwommenen Bild, um das Video zu laden, während ich Alabaster die Leine anlege. Aber als ich den Blick wieder auf das Handy richte, wird der Screen schwarz, und der Akku kackt ab. Ich ziehe am Ladekabel und stelle fest, dass es nicht richtig eingesteckt war. Also drücke ich den Stecker fester in die Steckdose und lasse das Handy im Van. Erst einmal raus und Alabaster die Bewegung zukommen lassen, die sie braucht.

Ich nehme den Weg, der vom Naturteich auf den einfachen Wanderweg führt. Dort, wo man nach wenigen Hundert Metern zuerst auf den Brunnen trifft, an dem ich, bevor Adam mir einen Wasseranschluss in den Van gelegt hat, meinen Tank aufgefüllt habe. Wenige Meter weiter steht das kleine Marterl, das ich bereits an meinem ersten Tag hier bemerkt habe. Das Holzkreuz mit dem leicht windschiefen Dach ist mit einem Bild und einem Geburtssowie Todesdatum versehen. Es hat mich schon an meinem ersten Tag hier völlig fertiggemacht, wie nah diese beiden Daten sich sind. Das Mädchen, das irgendwo hier ums Leben gekommen ist, ist gerade einmal acht Jahre alt geworden. Ich hab Jakob nie danach gefragt, nur immer wieder beim Anblick des Gedenkkreuzes überlegt, ob es schön wäre, wenn es auch für Emilia ein Marterl gäbe. Schön oder irgendwie … endgültig.

Auf dem kleinen Dach über dem Kreuz ist eine Inschrift ins Holz geritzt, die durch die Jahre etwas verwittert ist. Ich muss genau hinsehen, um sie zu entziffern.

»Wenn man heilen will, muss man zuerst durch das Fühlen durch«, lese ich leise und wiederhole die Worte dann noch einmal laut.

Einen Moment lang bin ich fast ein wenig … beleidigt. Als würde dieses Kreuz mit mir sprechen. Seit ich hier bin, habe ich so viel gefühlt. Schmerz, aber nicht nur. Auch Heilung. Und dennoch habe ich es die ganze Zeit vermieden, über Em zu sprechen. Habe so getan, als suchte ich nach Gründen, und habe dabei vergessen, dass ich einfach nur Angst hatte, aus der lebendigen Erinnerung an meine Schwester meine tote Schwester zu machen, indem ich laut aussprach, was sich nicht leugnen lässt.

Das wird mir klar, als ich die Zeilen wieder und wieder lese, auf das Kind blicke, das auf dem Bild noch keine Ahnung haben kann, wie kurz sein Leben sein wird. Tamara Reiser ist nur acht Jahre alt geworden. Emilia Martini immerhin dreiundzwanzig. Um Tamara haben die Menschen getrauert. Ich war nicht einmal auf Ems Beerdigung. Tamara hat ein Marterl an dem Weg, der ihr zum Verhängnis geworden ist, ich habe den Ort, an dem Em gestorben ist, nicht gesehen.

Aber das muss ich auch gar nicht, oder? Em lebt in meinem Herzen, und ich sollte diesen Bereich auch für die neuen Menschen in meinem Leben öffnen.

Etwas in mir zerrt und reißt und rupft, und ich warte darauf, dass die Tränen kommen, aber nichts passiert. Ganz bestimmt haben Leute hier jahrelang Blumen abgelegt und über Tamara geredet.

Gedankenverloren lasse ich den Blick über die Chalets schweifen, in denen Jakob und ich so viel Zeit verbracht haben. Runter zur Sauna, dem Schwimmbecken, dem Naturteich, bis ich wieder am Van hängen bleibe, vor dem jemand steht. Eine Frau. Sie hält die Hand hoch und geht auf mich zu. Als sie dann vor mir steht und mich anlächelt, weiß ich es sofort. Ihre Haut ist hell, seine immer leicht gebräunt. Sie hat dunkelblondes Haar mit einem zarten Rotstich. Aber sie haben beide ein leicht vorstehendes Kinn und eine gerade Nase mit einer winzigen Wölbung an der Nasenspitze. Doch bei Jakobs Zwillingsschwester haben all diese Zutaten einen zusätzlichen Touch, etwas Geheimnisvolles. Sie kommt mir vage vertraut vor, wie jemand, den ich vor langer Zeit schon gesehen und gemocht, aber wieder vergessen habe. Es muss an der Ähnlichkeit der Geschwister liegen, dass ich sofort eine Verbindung zu Nena spüre.

»Du musst Nena sein, Jakobs Zwillingsschwester«, sage ich und will ihr meine Hand entgegenstrecken. Doch Alabaster kommt mir mit ihrer Schnauze zuvor.

»Und du Aurora.« Sie trägt ein lockeres schwarzes Shirt über einer weiten grauen Jeans mit ausgefranstem Saum und hat einen dunklen Rucksack auf dem Rücken.

»Wie schön, dich kennenzulernen.«

»Freut mich auch«, erwidert sie, krault Alabaster den Kopf.

Dann finden sich unsere Hände. Ihre ist erschreckend winzig, aber kräftig. Sie hat Jakobs Gletscheraugen. Er hat ihre. Sie haben beide die gleichen. So oder so, wenn ich in ihre Augen sehe, ist es, als schaute ich auch Jakob an. Und wahrscheinlich liegt es daran, dass ich sie sofort sympathisch finde.

»Ich … bin gerade auf der Suche nach deinem Bruder«, sage ich. Auch wenn das nicht ganz stimmt. Denn genau genommen habe ich erst in diesem Moment beschlossen, dass es Zeit ist, Jakob die ganze Wahrheit über mich zu erzählen.

Nenas Mundwinkel zucken nach oben. Das Lächeln wird sofort wärmer. »Das passt ja, ich auch.«

53

Jakob

Nena und Aurora kommen gemeinsam auf mich zu. Alabaster schnüffelt im Blumenbeet vor dem Haupteingang. Zwei meiner Welten, die sich vereinen und die sich unweigerlich wieder trennen werden, wenn es mir nicht gelingt, ehrlich zu Aurora zu sein. Wenn es ihr nicht gelingen wird, mir zu verzeihen. Ich liebe Nena. Ich liebe Aurora. Ich hasse die Situation, in die ich uns alle über kurz oder lang bringen muss. Diese beiden Frauen sind gerade wie zwei Welten, die sich nicht vereinbaren lassen. Ich habe meine Zwillingsschwester noch, Aurora wird ihr Leben lang ohne Emilia auskommen müssen. Und ich bin mit schuld daran.

Lass sie los.

»Hier bist du!«, ruft mir Nena zu. »Wir haben dich schon überall gesucht.«

Ich stelle die Getränkekiste ab und tue so, als wäre ich Aurora nicht bewusst den ganzen Tag aus dem Weg gegangen.

Emilia. Wir fragen Emilia, ob sie mit auf die Tour kommen will.

Nena drückt mich an sich, mit so viel Kraft, die nicht zu ihrer Zartheit passen will. Aber wenn man sie kennt, weiß man, dass diese Kraft von innen kommt. Sie gräbt ihren Kopf in meine Schulter, wie früher, als wir Kinder waren und sie mir Geheimnisse ins

Ohr geflüstert hat. »Wenn du da hochgehst mit ihr, dann komme ich mit.«

»Auf keinen Fall«, zische ich zurück.

Für Aurora muss es wirken wie eine herzliche Begrüßung unter Geschwistern, die sich eine Weile nicht gesehen haben, aber sehr eng miteinander sind. Und das stimmt ja auch. Auf eine gewisse Art. Aber ich spüre, wie Nena etwas steif in meinen Armen ist, wie der alten Vertrautheit ein wenig Griffkraft fehlt.

»Du hättest nicht kommen sollen«, wispere ich ihr zu.

Ehe die Umarmung auffällig lang wird, löse ich mich.

»Du wusstest, dass ich es trotzdem mache.«

Aurora sieht zu mir, und Verena schüttelt kaum merklich den Kopf.

»Ihr seid euch wahnsinnig ähnlich«, sagt Aurora. »Verrückt.«

Ich nicke. Und ob. *So ähnlich, dass wir beide tödliche Geheimnisse vor dir bewahren.*

»Ich wollte nachher mit dir reden«, sagt sie. »Aber jetzt begrüß du erst mal deine Schwester, ich bin drinnen.« Sie macht eine Handbewegung in Richtung Lobby.

Aber Verena schreitet sofort ein. »Nicht nötig, den alten Stinkstiefel hier sehe ich noch lang genug, ich gehe jetzt schnell rein zu Mama. Besprecht ihr mal, was ihr zu besprechen habt.«

Aurora sieht aus, als wüsste sie nicht, was sie davon halten soll. Aber Nena ist schon nach drinnen verschwunden, und wir bleiben allein zurück.

»Hi.«

»Hi.« Sie tritt auf mich zu und haucht mir einen Kuss auf die Lippen, den ich nicht imstande bin, zu erwidern. Ihr Blick fragt »Alles okay?«, aber ich antworte nicht.

»Du wolltest mit mir reden, wollen wir reingehen?«, frage ich und deute in Richtung Fitnessbereich.

Sie nickt, und ich gehe ihr schnell voraus, öffne die schwere Holztür und halte sie ihr auf. Ich habe Angst vor den Berührungen, die ich mir so sehr ersehne. Aber ich weiß, dass ich sie nicht zulassen darf, solange sie nicht das weiß, was ich gestern erfahren habe. Ich überlege, wo wir am ehesten ungestört sind, und entscheide mich für den Yogaraum. Dort setze ich mich auf eine der Matten, und Aurora nimmt mir gegenüber Platz.

Nichts ist okay. Was, wenn Aurora herausgefunden hat, wer ich wirklich bin. Aber würde sie mich dann so ansehen?

Sie holt Luft, ich schnappe mir die Kante der Yogamatte und biege sie nach hinten. Meine Finger sind fahrig, wie immer, wenn ich nervös bin. Und verdammt, so nervös war ich lange nicht mehr.

Aurora runzelt kurz die Stirn. »Ich muss dir etwas sagen.«

Jetzt wird sie mir sagen, dass sie fahren wird. Dass sie den Felsenhimmel verlassen wird. Ich muss ihr gar nicht mehr gestehen, dass ich dabei war, als ihre Schwester gestorben ist. Und ein bescheuerter Teil von mir will erleichtert darüber sein, während der Rest von mir, der noch halbwegs zurechnungsfähig ist, *Bitte bleib!* schreien möchte.

»Es geht um meine Schwester«, sagt sie leise.

Um ihre Schwester? Das ist mein Text. Nicht ihrer. Weiß sie etwa … Nein, unmöglich, dann würde sie hier nicht so sitzen. So seelenruhig, wie Alabaster, die sich ebenfalls auf einer der Matten niedergelassen und die Augen geschlossen hat.

Es kostet mich alle Kraft der Welt, meine Gesichtsmuskeln unter Kontrolle zu behalten. »Um deine Schwester?«

»Und um den Felsenhimmel.«

Fuck. Fuck. Fuck.

Aurora schaut zu Boden. »Ich hab dich neulich gefragt, ob du mit mir an den Felsenhimmel steigst. Und das hat seinen Grund, Jakob. Ich möchte ehrlich zu dir sein.«

Sie schaut mir mit ihren großen Auenaugen ins Gesicht, und es ist kaum auszuhalten. Das wäre der Moment, das *ist* der Moment, um ihr meine Rolle zu gestehen.

»Meine Schwester Em ist dort oben verunglückt. Es ist ein paar Monate her, ich weiß nicht, ob du es mitbekommen hast. Wahrscheinlich war das zu deiner Wiener Zeit.«

Ich sage nichts, ich kann nicht. Ich sehe sie an, und alles zerrinnt. Unmöglich, etwas zu sagen. Unmöglicher, es nicht zu tun.

»Ich hätte dir das viel früher sagen müssen. Es war nur ... ich weiß auch nicht. Der Felsenhimmel, das ist wie ein Zuhause geworden, und ich wollte das vermutlich auch für mich selbst nicht zerstören.«

»Das ... deine Schwester ist Emilia Martini«, sage ich.

Weil irgendetwas aus meinem Mund kommen muss. Irgendein Anfang. Das hier ist *ihre* Vorlage. Sie hat das Gespräch gesucht. In wenigen Minuten, vielleicht nur Sekunden, könnte ich alles, was jetzt noch zwischen uns steht, aussprechen. Und uns vernichten.

»Ja.« In ihrem Gesicht glüht etwas. Sie lächelt mich an, dabei sollte sie mich schlagen. »Du hast davon gehört.«

»Flüchtig«, sage ich.

Ein knappes Wort, und was für eine Lüge. Wie aber soll ich dieses Lächeln, dieses Vertrauen in ihrem Blick zerstören? Ich hungere nach Vertrauen. Und nach ihrer Liebe.

Nur noch ein bisschen.

Gleich, gleich werde ich es ihr sagen.

»Bist du mir böse?«, fragt sie.

Ich möchte sie in den Arm nehmen, sie an mich pressen und nie wieder damit aufhören.

»Nein, natürlich nicht«, sage ich matt.

»Gut.« Sie seufzt. »Es ist superschwer. Ich hab … ich weiß auch nicht. Ich bin hierhergekommen, nachdem ich ihre Sachen in Wien ausgeräumt hab und …«

Ich versuche, mir Emilia und Aurora zusammen vorzustellen. Versuche, diese beiden Frauen auf ein Bild zu bekommen, aber es gelingt mir nicht.

»… deshalb hab ich nichts gesagt. Ich war einfach zu feige. Aber jetzt hab ich das Gefühl, es ein bisschen verarbeitet zu haben. Ich möchte über Em sprechen. Und mich irgendwie von ihr verabschieden. Dazu muss ich nicht an den Felsenhimmel, das hab ich begriffen, aber …«

Wieder verschwimmen ihre Worte in Bildern. Emilia in dem gelben Kleid in der Disco. Aurora, die in die Hocke geht, um am Boden die Reste meiner Bouldertasse zusammenzusammeln. Emilia am Felsen, wie sie die Hand meiner Schwester festhält. Aurora, neben Nena, wenige Minuten zuvor.

Ich nicke langsam.

»Jakob?«

»Ja?«

»Ist alles okay?«

»Wenn du willst, steige ich mit dir an den Felsenhimmel«, höre ich mich sagen.

54

Aurora

;

Dort, wo das Flussbett ausgewaschen ist, teilt sich das Wasser wie die dünnen Beinchen einer überdimensional großen Spinne. Die Rinnsale schimmern türkisgrün, und man kann selbst in den flachen Pfützen erahnen, was das Wasser hier für eine Kraft hat, wenn es sich im Frühjahr sammelt. Dann, wenn ich nicht mehr hier sein werde. Dann, wenn auf den Körper meiner Schwester das erste Mal Schnee gefallen sein und das Gras aufgehört haben wird zu wachsen, der Schmerz aber bleiben wird wie eine tiefe Müdigkeit, die sich in meinen Gliedern für immer eingenistet hat.

Meine Muskeln motzen und schreien, aber ich gehe weiter. Wir sind seit mehr als drei Stunden unterwegs. Jakob hat gute vier Stunden angesetzt, bis wir die Sperrzone erreichen.

Nena und Jakob gehen hinter mir. Sie sind die geübten Bergsteiger, aber ich habe plötzlich einen unbändigen Drang, diese Wanderung hinter mich zu bringen.

»Zu zweit ist es zu gefährlich«, hat Jakob gesagt.

Aber ich habe das unbestimmte Gefühl, dass er nicht mit mir allein sein will und seine Schwester nur deshalb dabei ist.

Er weicht mir aus, er berührt mich nicht, er hält Distanz. Es liegt nicht an Nena. Es liegt an mir. An mir ganz allein. Aber ich habe nicht die Kraft und nicht den Mut, ihn zu fragen, ob das allein daran liegt, dass ich den Grund meiner Anwesenheit so lange verschwiegen habe. Seit wir auf den Yogamatten gesessen haben, ist er … so anders.

Zwischen Nena und Jakob herrscht eine seltsame Stimmung. Zu mir ist sie reserviert, aber freundlich, schließt immer wieder zu mir auf, während sich Jakob zurückfallen lässt. Weil wir den steileren Aufstieg wählen, sparen wir uns die Zwischenetappe über die Almhütte und haben uns von Adam mit dem Geländewagen zum Einstieg am Ende des Forstweges fahren lassen.

»Ist das die einfachere Route?«, frage ich Nena und erinnere mich an das Gespräch mit Kit am Aussichtspunkt. »Oder die östliche Passage?«

»Es ist die einfachere Route, man kann auch nördlich einsteigen, über die Almhütte, aber das ist nicht in einer Tagestour möglich.« Sie wirft Jakob einen Blick zu.

Ich nicke.

»An der Eisenleiter vereinen sich alle Routen, von dort aus gibt es nur noch einen Weg bis zur Schlucht. Die Schneeschmelze ist abgeschlossen, es ist jetzt weitaus weniger gefährlich als noch vor einigen Wochen.« Sie zögert kurz. »Aber es bleibt eine gesperrte Passage. Bist du sicher, dass du das willst?«

Die Frage richtet sich an mich, aber Jakob nimmt die Antwort vorweg. »Wir steigen an den Felsenhimmel.«

»Nicht ganz«, relativiert Nena. »Vom Gipfelkreuz aus hast du einen guten Blick, ohne … dich in Gefahr zu begeben.« Wieder dieser Blick zwischen den beiden.

Einige Minuten später lasse *ich* mich etwas zurückfallen, um endlich neben Jakob zu gehen.

Ein feines Lächeln legt sich auf seine Lippen, ein winziger Blick nach rechts, dann schaut er wieder geradeaus. Als wäre die Lärche, die vor uns aus dem Felsen ragt, das Interessanteste, was er je gesehen hat.

Ich hole Luft, schlucke sie wieder. Versuche es erneut. »Ist alles okay?«

»Klar«, sagt er knapp. »Das Wetter ist gut, wir sollten …«

Ich halte es nicht mehr aus und fahre ihm ins Wort. »Was ist eigentlich los?«

Er drückt die Lippen aufeinander, als müsste er gewaltsam verhindern, mir zu antworten.

»Ich kann verstehen, dass du sauer auf mich bist, weil ich dir nichts von meiner Schwester gesagt hab, aber können wir bitte darüber reden?«

»Ich bin nicht sauer auf dich.« Zum ersten Mal, seit wir die Wanderung angetreten, unsere Rucksäcke mit Proviant und Kletterhaken und Seilen vollgepackt haben, sieht er mich an. Da ist wieder dieses Halblächeln, das dieses Mal eigentlich gar keines ist, sondern mehr eine Grimasse.

Und ganz plötzlich macht es mich irrsinnig wütend. Ich bin nicht wie Em, deren Wut schnell und schäumend hochkochen konnte. Aber diese Stimmung zwischen uns ist so zermürbend, weil ich sie nicht verstehe, und deshalb brodelt der Zorn und lässt mich den nächsten Satz fast schreien. »Möchtest du, dass ich gehe? Wenn wir wieder runtergestiegen sind, möchtest du dann, dass ich gehe?«

Ich bin stehen geblieben, aber Jakob macht noch zwei, noch drei, noch vier Schritte, ehe er ebenfalls innehält. »Das ist ganz allein deine Entscheidung.«

»Ich hab …« Ich stocke und fühle mich absolut erbärmlich.

Die Wut ist schon wieder verraucht, und zurück bleibt ihr Abfallprodukt: Verzweiflung. Ich möchte sagen: *Ich hab dir ein Hangboard gekauft, für den Van. Wenn du mich nicht fragst, ob ich bleiben möchte, dann frage ich dich jetzt, ob du mit…, ob du mit mir mitkommen möchtest.*

Aber ich kaue auf den Worten herum, bis ich sie schlucken kann. Das ist nicht der richtige Zeitpunkt, so viel ist klar.

Ich sehe nur seinen Rücken, sehe weiter vorn Nena. Seine Schultern heben sich, ich kann die Anspannung beinahe greifen. Dreh dich um, beschwöre ich ihn innerlich. Ich sehe seine Finger, und dieses Mal ist es kein Mr-Darcy-Move, die Bewegung, die seine Hand macht, ist so verkrampft, so angestrengt, so … wütend.

»Wir müssen weiter, sonst schaffen wir es nicht zurück bis zum Einbruch der Dunkelheit«, sagt er. Und dann geht er tatsächlich einfach weiter. Ich schließe den Reißverschluss meines Sweaters, dabei ist es eigentlich zu warm für die Jacke. Die Kälte, die ich spüre, kommt von innen. Ich sollte vorschlagen, dass wir umdrehen. Ich bin mir sicher, Nena würde sich sofort darauf einlassen. Sie krallt beide Hände um die Tragegurte ihres Rucksacks, als müsste sie sich an ihm festhalten. Etwas läuft hier völlig falsch.

Und von Schritt zu Schritt, den ich hinter Jakob und seiner Zwillingsschwester hergehe, verkleinert sich der Abstand zum Felsenhimmel, zu Em. Während gleichzeitig meine innere Beklemmung immer mehr zunimmt.

55

Jakob

»Wenn du willst, dass sie dir verzeiht, Jakob, dann solltest du dich nicht wie ein Arsch verhalten«, sagt Verena, aber es könnte auch von Kit kommen. Von Mika, von Adam … von jedem halbwegs vernünftigen Menschen, der eben nicht in meiner Haut steckt.

Aber ich kann nicht anders. Ich muss mich distanzieren, sonst schaffe ich es nicht. Sonst werde ich es ihr nicht sagen können. Und ich will ehrlich sein, weil es die einzige Möglichkeit ist, uns zu retten oder zumindest Aurora Gewissheit über das Schicksal und die letzten Minuten im Leben ihrer Schwester zu geben.

»Wir sind gleich an der Eisenleiter, hilfst du ihr?«

Nena zögert, und ich sehe, wie ihre Hände ein wenig zittern, als sie sie vom Gurt ihres Rucksacks löst. Sofort bekomme ich ein schlechtes Gewissen. Nena hat darauf bestanden mitzukommen. Weil sie wusste, dass sie mir das Ganze nicht würde ausreden können. Aber ich habe bisher überhaupt nicht darüber nachgedacht, wie es für sie sein muss, an diesen Ort zurückzukehren.

»Scheiße, Nena, ich …«

Nena schüttelt kaum merklich den Kopf. »Nicht jetzt, Jakob. Jetzt ist es zu spät, jetzt sind wir hier.«

»Aber …«

»Ich komme klar«, sagt sie mit fester Stimme. »Und ich helfe Aurora an der Leiter.« Mit diesen Worten wendet sie den Blick ab und lässt mich und mein schlechtes Gewissen stehen.

Bevor wir über den Felsen steigen, der nur mit einem Drahtseil gesichert ist, bestehe ich darauf, dass alle das Kletterzeug anziehen. Und da passiert es zum ersten Mal. Während Aurora in den blauen Gurt steigt, verschwimmt ihr Gesicht. Wird zu Emilias Gesicht. Als Verena den Helm aufzieht, bilde ich mir ein, auch Tristan und Magnus sehen zu können, die bereits am Grat entlangwandern. Ich kneife die Augen fest zusammen, reibe mir übers Gesicht. Die Bilder verschwinden wieder, und ich atme erleichtert auf. Nena zeigt Aurora, wie sie sich einhaken soll, und dann dreht sich Aurora noch einmal zu mir um, ehe sie über die Leiter steigt.

»Sieh nicht nach unten«, sage ich. »Nicht nach unten sehen, Aurora.«

Ihr Name schlüpft mir von den Lippen, und ein Zucken geht durch ihren Körper. Eine winzige Windböe kommt auf, und obwohl Verena eine eng anliegende, dünne Jacke trägt, sehe ich mehrere Wochen weit zurück. Sehe das Bauschen des Stoffs und kann kaum mehr atmen.

»Fuck, ist das hoch«, sagt Aurora.

Fokus, Jakob, Fokus.

»Ich bin hinter dir, Aurora.« Noch einmal. Ihr Name und ein Blick über ihre Schulter, nachdem sie den ersten Fuß auf die Leiter gesetzt hat. Ihr Blick fesselt mich ans Hier und Jetzt. »So ist es gut«, sage ich, ohne zu wissen, wen ich beruhige. Sie oder mich.

Ich habe nicht darüber nachgedacht, was das hier oben mit Nena machen könnte. Aber genauso wenig, was es mit *mir* machen könnte. Aber, verdammt, ich hätte niemals wieder herkommen sollen.

Sobald sie die Augen wieder von mir ab- und nach vorn wendet, katapultiert mich die Umgebung gnadenlos in die Vergangenheit. Die Landschaft ist hier fast unverändert, karg und nüchtern, nur jetzt im Juni ohne Schnee. Die Geräusche des Windes und das Quietschen von Eisen sind von derselben Tonspur wie vor ein paar Monaten.

Aurora überquert die Eisenleiter.

Aber ich sehe nicht nur sie. Ich sehe auch Emilias rote Jacke.

»Nena, alles gut?«

»Ja«, sagt sie knapp. »Jeder konzentriert sich jetzt auf sich selbst.«

Aurora greift mit der Hand an das Kletterseil, aber da ist auch Emilias Hand, verzögert, als würde sich Zeit wie Nebel auf eine Landschaft legen und parallel existieren können. Wir sind nicht nur zu dritt hier, ich spüre es so deutlich, als würden mir die Geister der Vergangenheit ihre kalten Hände auf die Schultern legen und mich voranschieben.

Schau es dir an, Jakob, sieh genau hin. Das hier ist auch deine Schuld.

Da ist sie wieder. Emilia mit der grünen Kappe auf dem Kopf. Aber sie balanciert nicht mehr, sie beobachtet uns. Und um ihren Mund spielt ein wissender Zug. Ich kann nicht hinsehen, beschleunige meine Schritte, richte den Blick auf das Gipfelkreuz.

»Jakob! Verdammt, hörst du mich?« Nenas Stimme klingt gedämpft durch meine Gedanken.

»Was?«

»Du bist nicht gesichert.«

»Was?«, wiederhole ich.

Sie fuchtelt mit den Armen, aber ich sehe nur das Doppelbild aus Aurora und Emilia.

»Die Sicherung, hake deinen Gurt ein.«

Ich schaue an mir herunter und stelle fest, dass sie recht hat, doch statt das Seil zu verwenden, mache ich drei große Schritte und komme neben den beiden Frauen auf festem Grund zum Stehen.

»Was ist los?«, raunt meine Schwester mir zu.

Ich zucke mit den Achseln.

»Du schwitzt!«

Das kann nicht sein, denke ich, so kalt, wie mir ist. Aber als ich meine Stirn betaste, stelle ich fest, dass sie recht hat. Kalter Schweiß rinnt über meine Haut, und ich fühle mich plötzlich selbst wie die Gespenster, die ich mir eingebildet habe. Ganz leise höre ich das Pfeifen einer Gams, das mich jedes Mal an das Zischen eines alten Teekessels erinnert. Und dann fällt mein Blick auf Aurora, auf ihren leicht geöffneten Mund. Sie fixiert mich, als würde ihr etwas an mir heute zum ersten Mal auffallen. Vielleicht die Tatsache, dass ich ein Lügner bin. Ich weiß es nicht.

Sie nimmt den Helm vom Kopf. »Kit hat mir vor ein paar Wochen gesagt, ich soll dich nicht auf das Unglück ansprechen. Warum eigentlich?«

Ich sehe, wie Nena hinter ihr die Augen schließt. Als würde sie meine Worte bereits vorausahnen können.

»Ich war hier.«

Der Wind steht still, die Zeit hat sowieso aufgehört zu existieren, da sind nur noch Aurora, ich und die Geister.

Ihre Lippen bewegen sich wie in Zeitlupe. »Hier?«

»Am Felsenhimmel«, sage ich und merke erst, als die Worte meinen Mund verlassen haben, dass das nichts klarstellt, sondern nur *ver*stellt.

»Natürlich«, sagt sie, und ihr Gesicht entzerrt sich gleichzeitig mit Nenas hinter ihr.

Was tue ich hier? Ich schlucke die Übelkeit hinunter und deute aufs Gipfelkreuz. »Von da oben hast du einen guten Ausblick.«

Als wäre das hier ein Wochenendausflug und ich ihr Bergführer. Dabei bin ich der Mann, der sie liebt. Und der Mann, den sie hassen wird.

Ich lasse Nena und Aurora vor mir zum Gipfel steigen. Dort zieht Aurora ihr Handy aus der Tasche, offenbar will sie ein Foto machen. Den Ort festhalten, der ihr Leben für immer verändert hat.

Auf einmal wünsche ich mir nichts mehr, als sie in den Arm zu nehmen. Sie festzuhalten und ihr zu sagen, dass nichts, wirklich nichts, was hier passiert ist, etwas mit uns beiden zu tun hat. Zu tun haben muss.

Aber es stimmt nicht. Deshalb halte ich inne. Und dann sinkt Verena vor dem Kreuz zu Boden. Ich verharre wie erstarrt an Ort und Stelle, während sich Aurora zu meiner Schwester auf den Boden beugt, ihr die Hand auf die Schulter legt. Das ist alles meine Schuld. Ich hätte Nena nicht mit hier hochnehmen sollen. Es ist zu viel für sie. Ich habe nur an Aurora gedacht und Nenas Gefühle völlig außer Acht gelassen. Der Körper meiner Schwester bebt, sie hebt die Hand und zeigt nach unten. Selbst aus der Entfernung sehe ich, wie ihr Unterarm die Spannung nicht lange halten kann, wie sie erzittert.

Ich höre ihre Worte nicht, ich muss mich zwingen, die Augen nicht zu schließen. Das hier ist real, kein Film. Das hier ist, was ich wollte. Aurora erfährt die Wahrheit, und ich muss das aushalten.

Das Handy in Auroras Hand fällt zu Boden, sie dreht ruckartig den Kopf, sieht zu mir, noch einmal zu Verena und wieder zu mir.

Ihre Lippen bewegen sich dabei wie in Zeitlupe und formen das Wort »Mörder.«

56

Aurora

;

Wir waren beide dabei, als deine Schwester in den Tod gestürzt ist.

Verenas Satz hallt durch mein Inneres und hat den Effekt einer Bombe.

Jakob und ich. Wir waren Teil der Tourgruppe.

Alles zersplittert in Einzelteile. Die Umgebung flirrt und schwankt. Ich schwanke, schaue runter zu Jakob. Wieder zu Verena, die noch immer heftig zitternd am Boden kniet. Meine Hand ruht wie ein Fremdkörper auf ihrer Schulter. Mein Handy ist auf den Boden gerutscht.

Ich betrachte das Gestein, fühle nichts und fühle alles. Vor mir liegt eine Landschaft aus dünnem Grün und sattem Grau. Viel zu mühelos kann ich mir meine Schwester hier vorstellen, so mühelos wie Schneeflecken, wo jetzt nur Geröll zu sehen ist. Ich spüre die Ausmaße von Verenas Geständnis wie ein nahendes Erdbeben. Die Katastrophe ist bereits geschehen, sie liegt Monate zurück. Und spielt sich doch direkt vor mir ab. In Jakobs Gesicht, in Verenas Worten, die zu Bildern in meinem Kopf werden. Und dann in einem Moment, der mir so tief ins Fleisch schneidet, wie es nur seelischer Schmerz kann, wird mir alles klar. Jeder Satz der letzten Wochen bekommt eine andere Bedeutung, als hätte sie bislang nur jemand in die falsche Sprache übersetzt. Jede Geste erhält neuen Sinn.

Jakobs *»Ich war hier. Am Felsenhimmel«.*

Verenas Arm, der auf den Felsspalt deutet, sagt es mir.

Ich höre sie sprechen, wie aus weiter Entfernung, während ich langsam die Hand von ihrer Schulter nehme.

»Jakob ist später nachgekommen, da war es schon fast zu spät. Emilia und ich, wir hingen schon über dem Abgrund.«

Ich schlucke Galle.

Deine Schwester ist Emilia Martini.

Und dann fasst sie nach meiner Hand, hebt den Kopf und sieht mir in die Augen.

Ich zucke zusammen.

»Lass es dir erklären«, sagt ihre sanfte Stimme. Nena … Verena …

Jakobs Schwester ist Verena Hofer. Die Verena aus der Bergtruppe. Ich entziehe ihr meine Hand, und sie baumelt vor mir, über ihrem Knie. Wir beide kauern auf dem Boden, und während ich ihr stumm in die Augen sehe, als könnte ich darin die ganze Wahrheit erkunden, weiß ich plötzlich wieder, warum sie mir vage vertraut vorgekommen ist, gestern schon, als ich sie das erste Mal gesehen habe. Nicht weil ihr Gesicht eine weibliche Version von Jakobs ist. Sondern weil ich sie schon einmal gesehen habe. Auf einem der Partyfotos aus dem *The Wire*. Das eine, das ich mir etwas länger angesehen habe, weil die abgeschnittene Frau auf dem Bild Em hätte sein können. Diese Frau dort neben meiner Schwester war Verena Hofer. Wie blind ich war!

»Geht es dir … gut?«, fragt sie jetzt. »Ist dir … schwindlig?«

Ich weiß nicht, ob mir schwindlig ist. Ich weiß gar nichts mehr. Das hier ist zu viel. Ich schaue auf meine Hände und begreife nicht, dass sie zu mir gehören. Dass ich hier oben auf einem Berg knie, nur Meter von den sterblichen Überresten meiner Schwester entfernt, und das mit den gleichen Menschen wie sie damals. Vielleicht sollte ich jetzt Angst haben, denke ich. Aber da ist nur Fassungslosigkeit.

Ich höre mich schreien. Ich weiß, dass ich es bin. »Du und Jakob, ihr … habt mich alle verarscht.«

Mein Blick sucht Jakob, aber er steht nicht mehr an derselben Stelle. Ich schaue hinunter zum Felsenhimmel. Fast schon erwarte ich, ihn dort liegen zu sehen.

Ich gehe nicht mehr in die Berge.

Jakob liegt nicht am Felsenhimmel, er steht jetzt hinter mir.

»Wie ist sie da runtergestürzt?«, frage ich ihn, ohne mich zu ihm zu drehen. Alles, was ich sehe, sind Verenas glasige Augen.

Jakob antwortet nicht.

»Ich weiß nicht, wie es dazu kommen konnte. Leo und deine Schwester standen unten am Felsenhimmel. Leo ist … Leo war … Wir waren ein Paar und … er hat mich mit Emilia betrogen. Es war alles ein dummes Unglück.«

Verenas Blick hat sich von mir abgewandt, richtet sich auf Jakob, der hinter mir schwer atmet. Und selbst jetzt, da sich meine Gedanken überschlagen, bemerke ich, dass etwas nicht stimmt. Die Art, wie sie ihren Bruder ansieht. Wie etwas darin schwindet, wie ihre Augen sich vergrößern und sie nach Luft schnappt.

Ich wiederhole meine Frage, als wäre sie wichtig. Vielleicht ist sie wichtig, und ich weiß nur selbst noch nicht, warum. »Was genau ist passiert? Hat dieser Leo sie da runtergestoßen? War es einer von euch?«

»Bitte …«, sagt Jakob.

Aber Verena hebt die Hand. »Weißt du das nicht?«, fragt sie. Aber nicht mich, sondern ihren Bruder. Sie verengt die Augen.

Dann richtet sich ihr Blick auf mich, und ich begreife, was das in ihrer Miene ist.

Es ist Schmerz.

»Es tut mir leid, Aurora.«

»Sag es mir«, sage ich keuchend und fühle die Taubheit in meinen Gliedern. Die Ruhe vor dem Sturm, der unweigerlich folgen wird.

Nena holt Luft, Hundertstel von Sekunden, die sich dehnen wie eine Blase.

Dann sagt sie. »Emilia hat Leo gestoßen.«

57

Verena

Wenige Minuten vor dem Fall

»Aber so war das ja gar nicht, du verstehst das völlig falsch«, sagt Leo, während der Wind uns um die Ohren pfeift.

Ich habe es ja eigentlich schon in Wien gewusst. Jakob hatte mit allem recht. Es war ein entsetzlicher Fehler, mit dieser Truppe hier hochzusteigen. Keine Ahnung, was in mich gefahren ist. HaWe hat es uns als Kinder doch gepredigt. Immer und immer wieder.

Man geht nur mit Leuten in die Berge, denen man zu einhundert Prozent vertraut.

Ich schließe kurz die Augen. »Hast du Emilia gevögelt oder nicht?«

»Bei der Party hatten wir doch alle zu viel, sie war in meinem Zimmer.« Leo macht eine abwehrende Bewegung.

Nicht zum ersten Mal denke ich, dass Leo Politiker hätte werden sollen, so wie er Fragen perfekt ausweichen kann.

»Und was hättest du da auch anderes machen sollen, als sie zu ficken.«

Leo zuckt zusammen.

»Lass es uns einfach beenden«, schreie ich. Der Schmerz wird noch kommen, nach der Wut.

»Warum?«, fragt er.

Einen Moment lang bin ich so perplex, dass ich ihn nur anstarre. Er grinst breit. Ein schönes Gesicht, das ich plötzlich nicht mehr schön finde. Ich ziehe ihn zu mir herunter. Sein Blick schweift nach unten zur Felsspalte. Ich folge seinen Augen und sehe dort Emilia winken.

Leo setzt sich in Bewegung.

Ich will ihn an der Jacke festhalten, aber er reißt sich los. »Komm mit«, sagt er. »Wir klären das mit Emilia.«

Ich wüsste nicht, was ich zu klären hätte. Aber meine Beine folgen einfach. Die Wut hat mich im Stich gelassen. Ich will nicht mit Emilia über Leo oder mit Leo neben Emilia oder mit Emilia und Leo sprechen.

Will ich nicht. Will ich nicht. Will ich nicht.

Aber ich folge. Wie immer.

Leo erreicht die Schlucht vor mir. Emilia stolziert am Abgrund herum, als wäre er der Rand eines Schwimmbeckens, nicht die gefährlichste Schlucht der italienischen Alpen.

Sie schaut zuerst mich an, dann ihn.

»Du solltest da weggehen«, rufe ich ihr zu, »das ist verdammt gefährlich.«

»Ach ja?«, erwidert sie. Dann fällt ihr Blick auf Leo. »Hat er es dir gesagt, ja?«

»Dass ihr miteinander geschlafen habt?« Es klingt so harmlos. Wie »gemeinsam kochen« oder »ins Kino gehen«.

Emilia fällt das offenbar auch auf. »So könnte man es natürlich auch nennen.«

Unter ihren Wanderstiefeln knirscht das poröse Gestein. Sie ist viel zu nah an der Schlucht. Auf ihrem Rücken ist der Rucksack mit einem zusätzlichen Verschluss um den Bauch herum festgezurrt, sodass die Jacke sich bauscht. Das Sicherungsseil, mit dem sie sich eingehakt hat, ist noch immer um den Körper gewickelt. Es ist kein Knoten, der mir bekannt vorkommt. Mein Kopf hält sich an diesem Detail auf, weil ich den Rest, der um mich herum passiert, nicht ertrage.

»Mach kein Ding draus, dir war doch klar, dass das eine einmalige Sache war. Ich würde sagen, dein Freund hat mich gefickt, und jetzt versucht er, etwas anderes daraus zu machen als das, was es war.«

Weiter kommt sie nicht. Leo hebt die Hand, als wollte er sie schlagen, packt sie stattdessen am Gelenk. »Lass uns das woanders klären«, zischt er.

»*Hier* klären wir das!«, ruft Emilia.

Ihre rauchig kalte Stimme geht mir durch Mark und Bein.

Wo sind die anderen? Ich wünsche mir Magnus und Tristan herbei. Jemanden, der einschreitet und das hier beendet.

»Geh da weg, Nena, der Fels ist porös. Geh da weg!«

Das ist nicht Magnus. Nicht Tristan. Das ist mein Bruder.

Ich drehe mich um, der Wind bläst mir die Haare ins Gesicht, und ich muss sie aus den Augen wischen, um zu erkennen, wo Jakob ist. Mein Herzschlag beruhigt sich ein wenig. »Jakob! Komm runter. Aber vorsichtig.«

»Spinnst du!«, brüllt Leo, während ich Emilia lachen höre.

Der Wind rauscht durch die Worte, die die beiden im Streit wechseln, und verzerrt sie zur Unkenntlichkeit. Zurück bleibt der gellende Klang von Emilias Lachen, der sich mit einem dumpfen Poltern mischt.

Ich versuche auszumachen, wie weit Jakob entfernt ist, aber ich kann ich ihn nicht mehr sehen. Hastig scanne ich den Grat.

Hinter mir schreit Leo auf.

Ich wirble herum.

Erst jetzt begreife ich, dass Leo nicht mehr aufrecht steht, sondern am Boden kauert. Die rechte Hand, auf die ich getreten bin, stützt sich ab. Über ihm ragt Emilia auf, die mit dem Fuß ausholt und auf seinen Kopf zielt.

»Nicht«, rufe ich, und reflexartig greife ich nach ihr und will sie wegziehen. Leo rappelt sich hoch, aber Emilia ist schneller und tritt nach Leo. Er rutscht ab, schlägt mit den Knien auf dem Boden auf, der unter ihm nachgibt. Er keucht, und dann ist da plötzlich das blanke Nichts unter ihm. Er klammert sich am Gestein fest, während der Rest seines Körpers über dem Felsenhimmel baumelt wie eine leblose Puppe. Emilia drängt mich zurück, hält mit einer Hand die meine fest und verhindert, dass ich Leo zu Hilfe kommen kann. Als Nächstes sehe ich die Abrollbewegung ihres Fußes, das langsame, kraftvolle Aufsetzen ihrer Ferse direkt über Leos Hand. Damit nicht genug, schiebt sie ruhig, als gäbe es nichts zu gewinnen, nichts zu verlieren, nicht einmal ein Leben, den hinteren Teil ihres Fußes nach vorn. Leos Jaulen durchschneidet das Heulen des Windes. Ich schaue über meine Schulter, strample in Emilias Griff. »Jakob!«

Doch ehe ich ihn erkennen kann, ist es Emilia gelungen, auch mich zu Boden zu ringen. Nicht ohne dabei selbst von meinem Gewicht heruntergezogen zu werden. Ich röchle, so sehr nimmt mir der Aufprall die Luft zum Atmen. Emilias Hände rudern, ich sehe ihre rote Jacke, und sobald ich genug Sauerstoff in meine Lungen gepumpt habe, schreie ich nach meinem Bruder. »Hilf mir, Jakob!«

Emilia zieht mich immer näher an den Abgrund. Während ich Halt zu finden versuche, echot der dumpfe Hall von Schritten hinter mir, und dann schließt sich eine Hand um meine Waden.

Jakob. Endlich.

Aus dem Augenwinkel sehe ich Finger, die sich an den Felsen klammern, ehe sie es nicht mehr tun. Es rumpelt, und dann prasseln Steine in die Schlucht. Steine und – das weiß ich, ohne es zu sehen – ein Mensch. Der Schrei, der so gellend und erschütternd durch mein Inneres geht, ist vielleicht von ihm, vielleicht von mir.

Nur nicht von Emilia, die jetzt an meinen Armen zieht. Weiter und weiter in Richtung Schlucht. Sie sieht mir in die Augen, als stünde dort etwas anderes geschrieben als Todesangst.

Dann rutscht sie ab, und ich schreie auf.

»Lass sie los«, höre ich die Stimme meines Bruders.

Einen völlig verrückten Moment lang glaube ich, er meint Emilia. Sie hält doch mich und ich sie. Oder nicht? Für den Blick aus Emilias Augen, ehe sich ihre Finger von meinen lösen, werde ich noch Monate eine Beschreibung suchen.

Dann lässt sie mich los.

Oder ich sie.

Wir uns beide.

Zeitgleich werde ich herumgerissen, und Jakob ist es zu verdanken, dass mir der Anblick von Emilias fallendem Körper erspart bleibt. Fast, so scheint es mir, ist es zu lautlos, wie sie unter mir verschwindet. Einfach so. Ein Menschenleben, zwei, ausgehaucht. Meine Lebensversicherung sind die Hände meines Bruders.

58

Aurora

;

Angst ist etwas Gesundes, du darfst sie nur nicht über dich bestimmen lassen.

Jakobs Worte sind das Erste, was mir einfällt, als Verena verstummt.

Ich will sagen, dass Emilia so etwas nicht tut. Aber ich fürchte zu sehr, dass Verena mir noch mehr erzählen könnte.

Ich schaue hinunter zu dem Felsspalt, auf den schmalen Grat, der dorthin führt. Den Grenzbereich eines schwarzen Lochs nennt man Ereignishorizont. Es war Em, die mir das erzählt hat. Hat das Licht den Ereignishorizont überquert, gibt es kein Zurück mehr. Dann ist es für immer im schwarzen Loch verschwunden. Ich habe nicht verhindern können, dass Em in dieser Felsspalte verloren gegangen ist, aber ich kann verhindern, dass meine Gefühle für sie Schaden nehmen.

Auf einmal ist Jakob da. Direkt vor mir.

»Wer von euch hat meine Schwester in den Abgrund geworfen?«, keuche ich.

»Niemand«, sagt er leise. »Im Gegenteil.«

Ich weiche zurück. Stoße mit dem Fuß gegen einen Felsvorsprung und taumle. Jakob streckt die Hand in meine Richtung, aber ich wende mich ab. Und fühle Verenas stützende Hand in meinem Rücken.

»Du hast gesagt, Jakob hätte dir zugerufen, dass du sie loslassen sollst.«

Verenas Arme fassen mich von hinten um die Taille, sie hält mich, und es ist erschreckend angenehm. Ich will mich wehren und mich gleichzeitig halten lassen.

»Ja, das hab ich gesagt! Weil sie Nena sonst mit in die Tiefe gezogen hätte!«

Nenas Körper bebt, ich fühle, wie ihre schlanken Finger zittern. Sie ist mir so nah, dass ich ihren Herzschlag spüre. Ihr Puls rast schneller als meiner.

»Jakob«, höre ich sie sagen, ihre Stimme erstickt. »Ich hab nicht losgelassen.«

»Natürlich hast du …«, fängt er an und beendet seinen Satz dann vorzeitig. »Hast du nicht?«

»Nein.«

Nenas Hände halten mich, als wären sie mein Gurt, der verhindert, dass ich in die Tiefe stürze. Und ich begreife, dass sie genau das auch vorhat. Ebenso wie ich es tun würde. Davonstürzen, flüchten, mich an den Rand dieses Felsens hängen.

»Sie hat mich losgelassen«, höre ich Nena sagen. In mein Ohr, direkt in meine Gedanken hinein. »Und wenn sie sich nicht bewusst dazu entschieden hätte … dann wäre ich jetzt nicht hier.«

»Was willst du damit sagen?«, flüstere ich.

»Deine Schwester«, beginnt sie. »Deine Schwester wollte, dass Leo stirbt. Und sie wollte, dass ich sterbe. Aber aus irgendeinem Grund hat sie es sich im letzten Augenblick anders überlegt.«

Ich bemerke erst jetzt, dass warme Tränen über meine Wangen laufen, und denke an das ausgewaschene Flussbett auf dem Weg hierher. Ein Rinnsal aus Wasser, wie das, das mein Gesicht flutet.

Wie sehr ich wünschte, gemeinsam mit meinen Tränen einfach weggeschwemmt zu werden.

Jakobs Hände strecken sich meinen entgegen, aber ich will nicht, dass er mich berührt.

»Wie lange weißt du es schon?«, schreie ich ihn an. »Wer ich bin?«

»Ich hab dich in dem gelben Kleid gesehen … das deine Schwester …« Er tut sich schwer, das zu sagen. *Meine Schwester.*

»Emilia, sie hieß Emilia.«

»Das gelbe Kleid, das Emilia in Wien getragen hat.«

Ich muss die Augen schließen, aber es hilft nicht. Die Bilder sind in meinem Kopf. Die Boutique in Rom. Em, die sich auf der Plaça Reial damit im Kreis dreht. Dasselbe Kleid, das oben auf ihren gepackten Sachen in ihrem WG-Zimmer in Wien liegt. Ihre gepackten Sachen. Wien. Diese wie für einen Umzug gepackten Sachen. Das Kleid obenauf.

Hat sie das alles geplant?

Jakob. Die Tasse.

Ich atme zittrig ein.

»Du hättest es mir sagen müssen. Sofort! Aber offenbar hattest du das gar nicht vor.«

»Doch. Natürlich, ich wollte es dir sagen, es dir erklären. Hier oben …«

»Dann erklär es mir! Erklär mir, warum meine Schwester, die nichts für die Berge übrighat, mit einer Truppe Halbfremder bei Schnee und schlechtem Wetter auf einen gesperrten Grad gestiegen ist und in eine Felsspalte gestürzt ist, nachdem sie angeblich einen anderen Typen, mit dem sie auch noch etwas gehabt haben soll, in den Tod gestoßen hat.«

»Weil ich sie eingeladen habe mitzukommen«, sagt er. Leise, aber gut genug verständlich.

Ich zerre an Nenas Armen, die mich wie Fesseln gefangen halten. Mein Hals wird eng, ich bekomme nicht genug Luft.

Nena lässt ein wenig lockerer und sagt mit ruhiger Stimme: »Und weil Magnus sie aufgestachelt hat. Weil ich aus falschem Ehrgeiz eingewilligt habe, auf den Felsenhimmel zu steigen. Wir sind ohne Jakob los, Aurora. Er wollte das nicht. Wir haben uns überschätzt, und ich bin vor Eifersucht rasend geworden. Ich war so wütend, auf Leo, nicht auf deine Schwester.«

»Ich hab mich in eine Lüge verliebt«, spucke ich ihm entgegen. Den Blick an ihm vorbei gerichtet, schaue ich auf den Grat, auf den Felsen, der mich von meiner toten Schwester trennt. Diesen Riss im Stein, der alles teilt. Mein Herz, die Landschaft, Tod und Leben. Jakob und mich.

Und dann reiße ich mich mit Gewalt von Nena los und renne auf den Abgrund zu.

59

Jakob

»Du hast dich nicht in eine Lüge verliebt«, schreie ich ihr hinterher. »Du hast dich in *mich* verliebt.«

Sie hält inne, und mein Herz setzt einen Moment aus, weil ihre Füße auf dem schmalen Grat über den trockenen Kies schlittern. Sie fängt sich und eilt weiter.

»Das macht keinen Unterschied«, ruft sie zurück.

Sie hat recht. Es ändert alles. Und gleichzeitig nichts.

»Bitte bleib stehen, Aurora, es ist zu gefährlich«, warnt Nena.

Ich betrachte meine Schwester eine Sekunde lang, frage mich, wie ich je glauben konnte, sie trage mehr Schuld als ich. Warum nur hab ich gedacht, es sei notwendig, sie mit Lügen zu schützen? Wäre ich von Anfang an ehrlich gewesen, hätte das etwas geändert?

Ich renne hinter Aurora her wie damals Verena. Alles wiederholt sich, weil Geschichte stets dazu neigt, sich in den ungünstigsten Momenten selbst zu reproduzieren, und die Umgebung verschwimmt um mich herum. Auroras Körper bebt unter heftigen Schluchzern. Sie kauert nicht direkt am Abgrund, es liegt ein guter halber Meter zwischen ihr und dem klaffenden Loch, das uns wie eine alte Wunde vorwurfsvoll anzuschreien scheint.

Dennoch, es ist zu nah. Es gefällt mir nicht, es macht mir Angst.

»Sag es mir! Sag mir alles, was passiert ist«, schluchzt sie, krabbelt ein wenig nach vorn und schaut hinunter ins schwarze Nichts aus Felsen und Geröll.

Sofort trete ich näher, bereit, jederzeit nach ihr zu greifen. Sie lässt es zu, dass ich meine Arme von hinten um sie schlinge und sie halte. Und ich weiß, dass es einzig und allein daran liegt, weil sie sich für den Augenblick an nichts anderes klammern kann. Es hat nichts mit mir zu tun. Und das ist in Ordnung. Aus so vielen, vielen Gründen wie Fahrtwind und Freiheit, wie Kryptonit und Felsgestein, wie Blechtassen und Bouldergriffen. Und Gründen, die ich fühle, aber nicht mit Worten fassen könnte.

Dafür muss ich jetzt für Aurora Worte finden, für alles, was hier geschehen ist.

Hinter uns höre ich Nenas Schritte, und meine Schwester lässt sich mit einem kleinen Abstand neben uns sinken.

»Ich will nach Hause.« Es kommt als röchelndes Flüstern aus Auroras Kehle.

»Wir steigen gemeinsam ab.« Verenas Worte lassen keine Deutung zu und keinen Widerspruch. »Wir steigen gemeinsam ab. Dann sehen wir weiter.«

Aurora spricht kein Wort, stellt keine Frage, aber immerhin versucht sie nicht, vor uns zu fliehen und kopflos den Berg hinunterzurasen. Hin und wieder laufen Tränen über ihre Wangen, und der Anblick reißt mein Herz entzwei, aber ich kann nichts sagen und nichts tun, um ihre Tränen zu trocken.

Wir sind nicht mehr dieselben, die diesen Berg erklommen haben, als wir ihn verlassen. Es stimmt, was ich selbst zu Emilia gesagt habe.

Du kannst da nicht hoch und als derselbe Mensch zurückkommen. Du wirst etwas finden. Und es kommt auf dich an, was.

Ich hab mich nur in einem Punkt getäuscht. Du wirst etwas finden. Oder es verlieren.

Am Chalet sehe ich ihr zu, wie sie Alabaster von Mika abholt. Ich sehe zu, wie sie in ihren Van steigt und den Motor zündet. Um nicht an mir vorbeifahren zu müssen, manövriert sie den Camper mühevoll rückwärts aus dem Standplatz. Und ich lasse zu, dass sie und ihr Van in der Dunkelheit verschwinden, als wäre sie ein einsames Licht zwischen Apfelreihen, das langsam verglüht.

60

Jakob

Ich sitze in der Sauna und sehe dieses Brett, das fünfte von oben, das ich schlecht zurechtgeschnitten habe. Seit einer halben Stunde starre ich darauf. Ständig habe ich Auroras Worte in meinen Ohren.

Mach es gescheit, sonst machst du es zweimal.

Ich schaue aus dem Fenster, aber immer wieder fällt mein Blick auf dieses mies zusammengestückelte Element. Das kann so nicht bleiben, ich mache es jetzt gescheit. Ich hole mir einen Siebzehnerschlüssel, schraube die Muttern auf und ziehe Brett für Brett aus Nut und Feder, bis ich beim fünften angekommen bin. Danach suche ich in Adams Werkstatt nach den Reststücken, schneide das neue passgenau zurecht und bin für ein paar friedvolle Minuten sehr zufrieden mit mir. Bis mir einfällt, dass ich es Aurora nie werde zeigen können.

• • •

Google Maps glotzt mich in der Dunkelheit der Lobby vorwurfsvoll an. Als wollte die App sagen: Wenn du nicht weißt, wohin du willst, kann ich dir auch nicht helfen. Mir fehlt ihr Van unter meinem Zimmer, deswegen schlafe ich, seit sie weg ist, nicht mehr im Apartment, sondern manchmal im Büro auf dem Boden, manchmal auf einer der Couches in der Lobby. Der Platz auf dem Kies ist ein leerer Fleck auf der Karte des Felsenhimmels. Dort, wo wochenlang Auroras Camper stand, wächst kein Unkraut durch die Steinchen, sodass man noch deutlicher sehen kann, was fehlt.

»Ich hab keinen Lebensplan, nur Landkarten«, hat sie gesagt.

Und wo fange ich an, sie zu suchen? Ohne Plan, *wo* auf der Landkarte sie sich befindet?

»Schade, dass sie den Tracker nicht dabeihat«, sagt Adam in meine Gedanken hinein.

Ich schrecke hoch und stoße mir den Kopf an der Leselampe.

»Wohnst du jetzt hier?«, fragt er irritiert.

Schnell schiebe ich das *Ramones*-Shirt, das ich zwei Tage zu lang getragen habe, unter ein Kissen. Mir ist schon klar, dass ich hier nicht bleiben kann. Schlechter Eindruck bei den Gästen und so.

»Was für ein Tracker?«, frage ich, statt ihm eine Antwort zu geben.

Adam hält einen dunklen Kordrucksack vor meine Nase.

»Der gehört Aurora«, murmle ich und stehe ruckartig auf.

»Du musst deswegen nicht gleich Amok laufen. Es ist nur ihr Rucksack. Sie ist nicht da.«

»Wieso ist ihr Rucksack da, aber sie nicht?« Alle Alarmglocken schrillen auf einmal. So laut, dass ich mich kaum auf das konzentrieren kann, was Adam sagt. »Und was für ein Tracker? Ich bring ihn um, wenn er damit was zu tun hat!«

»Wen?«, will Adam wissen. »Winnie, den Tankstellenbesitzer?«

»Nein! Magnus. Wieso denn Winnie?«

»Der Tracker war an ihrem Van. Hat sie dir das nicht erzählt?«

»Nein!«

»Und den Rucksack hat sie anscheinend in der Tanke vergessen. Winnie hatte ihn bei den Fundsachen auf dem Tresen stehen, und ich hab ihn gleich erkannt.«

Ich schüttele irritiert den Kopf.

Adam, der eigentlich zu klein für so eine Aktion ist, streckt sich, drückt mich an den Schultern zurück auf das Sofa.

»Lass mich, ich hab was zu erledigen«, blaffe ich ihn an, schiebe ihn zur Seite und renne endlich aus dem Haus.

61

Aurora

;

Überall sind Fliegen und Touristen, Venedig könnte sich vom Felsenhimmel nicht stärker unterscheiden. Alles ist flach, hinter mir die Lagune, vor mir der Strand und das trübe Meer.

Ich vermisse die Berge und die klare Luft. Ich vermisse Menschen, die mich kennen und die *ich* kenne. Oder zu kennen geglaubt habe.

Alle paar Meter Sonnenliegen und Quallen und Sandeimer und Schirme und Eisverkäufer.

Ich vermisse Jakob.

Wäre Alabaster nicht, würde ich mich im Van vergraben, so sehe ich meiner Hündin dabei zu, wie sie im Sand buddelt. Und empfinde eine Leere, auf die diese verdammte Bergschlucht neidisch wäre.

Es fühlt sich fast so an, als wäre Em erst jetzt richtig gestorben. Jetzt, da ich weiß, was passiert ist.

War es das, was ich wollte?

Nein und ja und vielleicht.

Durch das Fühlen durch. Ach, fuck. Ich will gar nichts fühlen. Und denken sowieso nicht.

Also setze ich mich vor den Van auf den Fransenteppich, die

Blechtasse und das Handy in der Hand. Zum ersten Mal, seit ich den Felsenhimmel verlassen habe, scrolle ich durch meine Nachrichten. An Jakob und Mika und meinem Vater vorbei, über fünf Messages von Chris hinweg, bis ich plötzlich stocke. Nach all den Namen, die für mein Leben eine Rolle spielen oder gespielt haben, kommt das Video von Markus, das ich völlig vergessen habe. Mein Finger schwebt über dem Playbutton. Ich zögere und weiß gar nicht, warum. Markus …

Ich airdroppe dir meinen Kontakt.

Ich habe kein iPhone.

iPhone von Magnus.

Verdammt! *Natürlich*. Magnus ist Markus. Es gibt keinen Markus.

Ich tippe auf den Pfeil und kann zunächst nichts erkennen. Die Kamera wackelt, es rauscht durch den Lautsprecher. Ich keuche. Auf dem Screen spielt sich das ab, was Jakob und Verena mir erzählt haben. Ich sehe eine Hand. Die Hand meiner Schwester. Mit zittriger Hand schalte ich die Lautstärke meines Handys auf Maximum. Sehe Verena und Jakob am Boden, sehe ein krisseliges Bild, das klarmacht, aus welch weiter Entfernung das Video aufgenommen worden ist. Die Aufnahme gemacht worden sein muss. Und ich höre, wie Jakob »Lass los!« sagt. Mit einer Verzweiflung in der Stimme, die ich bis tief in meine Brust fühlen kann.

Die Kamera schwenkt, ich sehe Wolken und bewege das Handy, drehe den Bildschirm, als würde er mir dann zeigen, was ich sehen will. Aber dann bricht das Video ab. Ich starte es erneut, wieder und wieder, während mir Tränen über die Wangen rinnen.

Jakob hat die Wahrheit gesagt. Verenas Schilderung deckt sich vollständig mit dem, was ich sehe. Und als ich das Handy kraftlos sinken lasse, begreife ich nicht nur, dass ich eben zugesehen habe, wie meine Schwester gestorben ist. Ich habe auch gesehen, was Jakob getan hat. Er hat *seine* Schwester gerettet.

• • •

Erst zwei Tage später bekomme ich genug Appetit oder besser Hunger, um mich um etwas Essbares zu kümmern. Ich kaufe mir eine Plastiktüte voll Tomaten und Büffelmozzarella an einem Marktstand vor dem Campingplatz, aber mein Messer ist weg. Ich habe den ganzen Van durchsucht, aber es ist verschwunden. Genauso wie mein Rucksack. Nur dass ich von dem weiß, wo er ist. Der steht an einer Tankstelle Ortsausfahrt Vieran, einen Ort, den ich ebenso von meiner Landkarte gestrichen habe. Nur leider noch nicht aus meinem Herzen. Ich erinnere mich daran, wie ich Kit den Van gezeigt habe und dabei das Gefühl hatte, eine große Schwester zu sein. Es war ein zu guter Ersatz dafür, keine kleine Schwester mehr zu sein.

Kit fehlt mir.

Ich gehe noch einmal auf den Markt und kaufe mir ein Messer.

• • •

Sie sprühen jetzt Gift, gegen die Moskitos. Es ist ein guter Grund, den ganzen Tag im Van rumzuhängen und sinnlos auf meinem Handy herumzudaddeln und das Video immer wieder anzusehen, um mich zu fragen, warum er das gedreht hat, warum er nicht stattdessen eingegriffen und geholfen hat. Wenn ich die Wut auf Magnus für wenige Momente verdrängen kann, dann fallen mir andere Dinge ein, die ich vergessen wollte. Dass Jakob auf der Almhütte meinte, es sei schade, dass ich den Sonnenaufgang verpasst habe, er sei hier so schön. Dann rufe ich das Foto aus dem geteilten Ordner auf. Das Foto, das Em gemacht hat. Das könnte die Almhütte sein.

Kit, kannst du mir ein Sonnenaufgangsfoto von der Almhütte schicken?

Klar. Kommt gleich. Wie geht's dir?

Ich hoffe, schlechter als dir.

Ich hoffe, nicht schlechter als Jakob. Dem geht's sehr schlecht, seit du weg bist.

Und dann schickt sie mir zwei Fotos. Eines vom Sonnenaufgang, das fast exakt so aussieht wie das von Em. Nur dass man erkennen kann, dass sich die Umgebung verändert hat. Die Bäume sind grün, die Wiesen auch. Immer wieder dieses abartige Grün. Als ob man davon Heimweh bekommen könnte.

Wir vermissen dich. #ff

Was bedeutet FF?

Found Family.

Und dann muss ich ein bisschen weinen.

Auf dem zweiten Bild sitzt jemand, den ich vergessen will, vollständig angezogen mit einem schwarzen *Ramones*-T-Shirt in der Sauna und schaut aus dem Fenster. Kit hat das Foto durch die

Scheibe gemacht, sein Gesicht ist ein wenig verschwommen. Nur deswegen zoome ich ran. Ich will Jakob schreiben, dass die *Ramones* Kommerz sind. Jedes Kleinkind trägt ein *Ramones*-T-Shirt. Wahrscheinlich gibt es die sogar bei H&M, wie die *Nirvana*-Shirts mit dem Smiley. Das ist keine unbekannte Punkband.

All das will ich schreiben. Mach ich aber nicht. Jakob hat mich angelogen.

Hat er genau genommen nicht.

Mir verheimlicht, dass ...

Na ja, genau genommen nur einen Tag lang.

Er war mit meiner Schwester am Felsenhimmel. Er hat *Lass los* gesagt.

Das hätte ich auch.

Weil hier niemand ist, außer Alabaster, die selten Widerworte gibt, spreche ich jetzt also schon mit mir selbst. Ich gehe raus, befehle Alabaster zu bleiben und renne ans Meer, bin froh, dass so wenige Leute draußen sind. Ich stehe am Meer. Schaue raus. Auf Endlosigkeit, die doch irgendwo endet. Weil das mit allen Dingen im Leben so ist. Weil man vorher nie wissen kann, wie lange etwas geht.

• • •

Am frühen Abend spielt eine Band in der Strandbar. Ich sitze etwas abseits am Rand des Hundestrandes auf einer verlassenen Liege und lausche den Tönen. Der Anfang klingt, als wäre es ein Lied der *Chameleons*, aber der Zufall wäre einfach so absurd, dass er fast als Zeichen verstanden werden müsste. Es ist kein Song der *Chameleons*, nur die ersten Takte ähneln sich.

Der Wind frischt auf, sodass das Zelt, unter dem die Band steht, ein wenig wackelt. Ich denke an den Pavillon, unter dem

Kit, Mika, Adam und Jakob jetzt vermutlich sitzen. Denke an die kaputte Lichterkette, deren Countdown endgültig heruntergezählt ist.

»Das muss man schon aushalten können«, sagt eine Stimme neben mir. Es ist eine ältere Dame, die Flip-Flops trägt und sich auf einen Stock stützt.

»Die Musik?«, frage ich.

»Die auch, aber ich meinte den Wind.«

»Ja.«

»Ich habe mal an der Ostsee gelebt. Es ist stürmisch da. Aber schön. Waren Sie schon einmal an der Ostsee?«

»Nein.«

»Wollen Sie mal hin?«

»Nein«, erwidere ich.

Sie lacht.

»Ich will gerade nur an einen Ort.«

Jetzt lacht sie noch lauter. Als ob irgendetwas daran witzig wäre. »Ah, Kindchen, muss man auch aushalten können, was?«

»Was?«

»Na, die Sehnsucht.«

Ich wiege meinen Kopf nachdenklich nach links und rechts. »Mir wär's lieber, ich könnte es einfach vergessen. Einfach alles vergessen.«

»Das war noch nie eine gute Idee, das mit dem Vergessen«, sagt sie. »Glauben Sie mir, ich weiß, wovon ich spreche.« Sie tippt mit ihrem Stock auf den harten Sand. »Verzeihen ist meistens eine bessere Idee.«

Ich antworte nichts, und nach einer Weile zieht sie weiter. Vielleicht habe ich sie mir auch nur eingebildet. Vielleicht war sie nicht echt, oder ich bin es nicht. Vielleicht cosplaye ich überhaupt mein ganzes Leben. Ich bin gar nicht erwachsen, ich bin gar keine Abenteuerin, ich bin nur ein Mädchen, das in ein täuschend echtes Kostüm gestiegen ist und dabei eigentlich am liebsten mit ihrer großen Schwester in einem bettwanzenverseuchten Airbnb versuchen möchte, sich mit dem Miniwasserkocher einen Cappuccino zu machen. Ein Mädchen, das sich wünscht, mit Jakob in einem Heulager zu liegen, ohne dabei denken zu müssen. Ein Mädchen, das für nichts verantwortlich ist als für ihr eigenes Glück.

Bei diesem Gedanken höre ich die alte Frau wieder lachen. *Aber, Mädchen, genau das bist du doch.*

Ich lausche der Band noch ein wenig. Spiele das Spiel, das Em so geliebt hat. Wenn die Band jetzt ein Lied spielt, das ich mitsingen kann, dann schreibe ich Jakob eine Nachricht. Wenn nicht, dann nicht.

Und als ich dann wieder zurück beim Van bin, weiß ich nicht mehr so richtig, warum ich den Mann in der Sauna vergessen will.

Und dass ich wirklich Sehnsucht habe. Oder Heimweh.

Dass ich gar nicht mehr weiterfahren will.

Was will ich in Portugal?

Was will ich irgendwo?

Ohne Jakob?

Ohne das Gefühl, von jemandem wirklich gekannt zu werden?

Ohne einen Ort, der kein fester Standort für den Camper, Alabaster und mich werden muss, aber so was wie ein Dauercampabo?

62

Jakob

Vor Magnus' Haus sehe ich einen Kerl mit dunklen, kinnlangen Locken, der aussieht, als würde er für Armani modeln. Dunkle Hose, weißes Hemd, braun gebrannt und sehr italienisch. Gute Tarnung für einen Bodyguard, das muss man Magnus lassen.

Er mustert mich mit einer steilen Falte zwischen den Augen und zieht dann sein Handy aus der Tasche. Ich warte darauf, dass er Magnus anruft oder mich nach meinem Namen fragt, stattdessen bemerke ich, dass es offenbar klingelt. Ich kann den Namen des Anrufers lesen. Davide d'Alessi. Die Stirnfalte verschwindet sofort, und er lächelt mir entschuldigend zu, eher er »Pronto« in den Hörer sagt.

Oben in Magnus' Wohnung will ich aus Gewohnheit die Schuhe abstreifen, denke dann aber an seine Worte vom letzten Mal und lasse sie an.

»Grasser!«, brülle ich in den Raum hinein. »Komm raus, damit ich dir eine in die …«

Die Wohnung ist blitzblank. Der Marmorboden glänzt, und unter dem Küchentisch mit den Designerstühlen liegt ein neuer Teppich. Soll mir recht sein. Ich prügle mich lieber mit einem Magnus, der keine dreieinhalb Promille im Blut hat.

»Magnus, du verdammtes Arschloch, ich weiß, dass du da bist, also komm raus und erzähl mir, warum du beschissener Fuckboy Aurora mit einem AirTag trackst.«

Keine Antwort.

»Grasser!«, brülle ich noch einmal.

»Er ist nicht da«, piepst eine Frauenstimme, und dann sehe ich einen Kopf unter der Bettdecke auftauchen.

»Hannah?«

»Ja … Sorry.«

»Was machst du hier?«

Dumme Frage, Jakob. Wirklich dumme Frage.

»Wo ist er?«

»Er ist vor zehn Minuten runter in die Garage. Er trifft sich mit jemandem.«

»Mit wem?«

»Keine Ahnung. Es ist ein Geschäftstermin.«

»Hast du hier aufgeräumt?«

In Hannahs Mausgesicht werden die Augen ganz rund.

»Vergiss es«, sage ich schnell.

Ich drehe mich um und will gehen, aber Hannah ruft mir nach. »Jakob?«

»Ja?«

»Glaubst du, also glaubst du … dass wir alle in Gefahr sind?«

Ich schnaube. »Du wahrscheinlich nicht, hier im Sicherheitstrakt.«

Sie hält die Bettdecke vor ihre Brust, zieht sie noch ein wenig weiter nach oben, bis ihr Kinn darin verschwindet. »Es sind ja sowieso bald Semesterferien.«

Noch einmal wende ich mich zum Gehen, drücke auf den Knopf des Aufzugs und halte inne. »Hannah?«

»Mmh?«

»Sag mal, wurde Magnus das Handy wirklich geklaut?«, frage ich, weil mir plötzlich wieder einfällt, dass Magnus das bei meinem letzten Besuch hier erwähnt hat.

»Ja, bei seinem letzten Meeting mit … Tristan.« Sie schluchzt theatralisch. »Wieso fragst du?«

»Nur so.«

63

Aurora und Jakob

Ich hab dir ein Hangboard gekauft.

Ich hab dir deinen Parkplatz reserviert. Da steht jetzt ein Schild mit deinem Namen.

Du hast diese Nachricht gelöscht.

Wo bist du gerade?

269 Kilometer weit und 700 Höhenmeter hoch entfernt.

Wo bist du?

Zu Hause. Ich bin zu Hause, am Felsenhimmel.

Ich werde es wieder verkaufen.

Das Hangboard.

Ich hab deinen Rucksack, du hast ihn vergessen.

Warum?

Willst du es verkaufen?

Also. Warum willst du es verkaufen.

Wie geht es dir?

Weil ich Höhenangst habe.

Weil du nicht da bist, um es zu benutzen.

Eigentlich will ich ja gar nicht.

Hier sind überall Moskitos. Und Moskitogift.
Und die *Ramones* sind keine unbekannte Punkband.

Wie hoch hängt das Hangboard?

Ich könnte kommen.

Wenn du nicht willst, dann verkauf es nicht.

Du bist in Venedig?

Road to Ruin ist so legendär, dass man

darüber hinwegsehen kann, dass H&M
neuerdings *Ramones*-Shirts verkauft.

Es liegt – siehe Pic.

… ich weiß nicht, Jakob. Ich weiß gerade
einfach noch gar nichts.

Nicht in Venedig, aber nicht weit.

Road to Ruin? Wenn du wenigstens End of
the Century gesagt hättest.

Du hast geschrieben: zu Hause.

Ja, hab ich wohl.

Wo ist dein Zorn?

Ist mit dir nach Venedig gefahren.

Was hast du jetzt vor? Noch mal Olympia?

Nein. Ich will nur noch klettern, weil ich
Freude daran hab. Vielleicht irgendwo anders.
Mit dir … irgendwann, wenn das geht.

Warum hast du mir nichts von dem AirTag
erzählt?

Gab es sonst noch irgendwelche seltsamen Vorkommnisse?

Mein Messer ist verschwunden. Ansonsten alles gut. Der AirTag ist nicht der Rede wert. Irgendein dummer Scherz wahrscheinlich.

Klingt nicht nach Scherz. Dein Messer?

Ich hab schon ein neues.

Wer würde jemandem als Scherz eine Apple-Wanze ans Auto kleben?

Ich glaube, ich weiß, wer das war. Em. Wahrscheinlich hat Em mir den AirTag an den Van geklebt. Damit sie immer weiß, wo ich bin.

Es tut mir alles so leid.

Mir auch. Ich hätte das mit Tristan nicht sagen sollen.

Ist okay, du hattest jedes Recht dazu.

Nee, nicht okay.

Ich weiß nicht mehr, was ich schreiben soll. Ich wünschte, wir würden das hinbekommen.

Ich wüsste was …

Ja?

Gute Nacht

Gute Nacht, und pass auf dich auf.

64

Aurora

;

Es ist 4:30 Uhr, und natürlich kann ich nicht mehr schlafen.

Wie auch, wenn ich nicht in Gletscheraugen schauen kann. Verdammte innere Uhr.

Ich habe vielleicht zwei Stunden geschlafen, nachdem das dröhnende Entertainmentprogramm der Nachbaranlage endlich verstummt ist. Mein Handy liegt auf meiner Brust, ich bin mit Jakobs Gute Nacht eingeschlafen. Ich tippe auf Google Maps und gebe »Vieran« ein.

Die App wirft mir eine Fahrtzeit von drei Stunden und zweiunddreißig Minuten aus.

Um acht könnte ich am Felsenhimmel sein.

Und dann?

Ich schließe die App wieder.

Öffne sie erneut. Keine Straßensperrungen, keine Verkehrsbehinderungen. Drei Stunden und zweiunddreißig Minuten, um Jakob noch einmal in die Augen zu sehen und zu prüfen, ob wir das aushalten können. *Man muss es aushalten können.* Dass er meine Schwester hat sterben sehen und ich mich in ihn verliebt habe. Dass er sie gebeten hat, mit auf diese Tour zu gehen, und ich das jetzt weiß und nie wieder vergessen kann.

»Was würdest du dazu sagen, Em?«, frage ich laut in den Raum.

Aber die Antwort werde ich nie erhalten. Auf der Ablage klebt die Christophorus-Plakette, die wie eine Münze aussieht und die Chris da hingeklebt hat. Em ist hier, in meinem Herzen. Auch wenn ich noch immer weder mit meinem Verstand noch mit meinem Herzen greifen kann, dass meine Schwester nicht mehr wiederkommt, so ist sie doch bei mir.

Heimat ist kein Ort, Heimat sind die Menschen, die dich lieben.

Kurz vor der Auffahrt auf die italienische Autobahn halte ich noch einmal an einer kleinen Tankstelle, und dann rufe ich über die Freisprechanlage Jakobs Nummer an.

Ich muss lernen, ohne die Antworten meiner Schwester klarzukommen, ich kann für mich selbst Lösungen finden. Und vielleicht ist es dabei auch gar nicht so wichtig, ob Em einverstanden wäre oder nicht.

Es klingelt zweimal, dann höre ich sein dunkles »Hi«. Das gar nicht müde klingt. »Ich bin wach, seit 4:30 Uhr, und hab im Halbschlaf deinen Van gesucht«, sagt er.

»Könnte sein, dass ich gerade weiterfahre«, sage ich.

Schweigen.

»Wirklich?« Und dann nach kurzem Zögern: »Könnte sein, dass ich gerade überall da hinfahren würde, wo du bist.«

Ich lächle in mich hinein. »Könnte sein, dass du das nicht musst.«

»Weil es sein könnte, dass du zu mir kommst?« Seinen Worten echot ein leichtes Fragezeichen nach.

Stille. Dann atmet er tief. Er klingt ein wenig metallisch durch den Hörer. Als wäre sein Handyempfang nicht recht stabil.

»Verena hat gesagt, Liebeskummer ist ein Arschloch.«

»Mmh.«

»Weißt du, was sie noch gesagt hat?«, will er wissen.

»Nein.«

»Ein noch größeres Arschloch ist falscher Stolz.«

Kurze Stille.

»Chris hat mich gefragt, ob ich dir glaube.«

»Und was hast du geantwortet?«

»Ich habe Ja gesagt. Aber dann hat er mich gefragt, ob ich dir auch verzeihen kann.«

»Und? Kannst du es?«

»Ich hab begriffen, dass es nichts zu verzeihen gibt. Du hast nichts falsch gemacht. Ich muss es nur aushalten können, dass es diese Verbindung gibt. Zwischen dir und Em.«

»Ja«, erwidert er schlicht.

Wir schweigen eine Weile. Aber ich verspüre überhaupt nicht das Bedürfnis, diese Stille zwanghaft zu durchbrechen oder aufzulegen.

65

Jakob

Ich lasse den Lkw an mir vorbeiziehen, bleibe auf der rechten Spur, beide Hände ganz ruhig am Lenkrad. Das Lächeln in meinem Gesicht wird zu einem breiten Grinsen. Und dann lasse ich die Katze aus dem Sack.

»Könnte sein, dass ich unterwegs Richtung Venedig bin.«

Ich halte es einfach nicht länger aus, ihr das vorzuenthalten.

»Was?«, kommt es aus dem Lautsprecher. Dann kichert sie. »Wirklich?«

»Ich bin erst losgefahren«, relativiere ich. »Könnte noch umdrehen.«

»Ich auch! Also, erst losgefahren. Könnte auch noch umdrehen.«

»Oder wir … treffen uns in der Mitte?«, schlage ich vor.

»Okay … wenn du mir sagst, wo die Mitte ist.«

Sie kichert immer noch, und mein Inneres fühlt sich an, als müsste es überschäumen, weil jedes Miniglucksen von ihr kleine Seifenblasen des Glücks in mir platzen lässt.

»Lass uns einfach so lange am Telefon bleiben, bis wir uns so nah sind, dass wir nur noch die gleiche Ausfahrt nehmen müssen.«

»Gut, okay …«

»Jakob?«

»Ja?«

»Ich würde noch ein bisschen bleiben, am Felsenhimmel.«

»Ich werde dir nie sagen, dass du bleiben sollst. Ich will dich nicht festhalten.«

»Vielleicht möchte ich ein bisschen festgehalten werden. Und du sollst auch nicht sagen, dass ich bleibe. Ich könnte dich ja fragen, ob du mitkommen magst.«

»Es wäre schade um das Hangboard.«

»Auf jeden Fall.«

Dann erkundigt sie sich nach Verena und nach dem Fall. Ob es etwas Neues zu Tristans Tod gibt, sie fragt nach allen auf dem Felsenhimmel, als wäre sie nicht wenige Tage, sondern bereits Wochen weg. Und genauso fühlt es sich für mich auch an.

»Ich hab noch zweihundertzwanzig Kilometer bis Vieran.«

»Ich noch zweihunderteinunddreißig bis nach Venedig.«

»Nicht mehr lang.«

»Nein, nicht mehr lang.«

Ich erzähle Aurora, dass wir aufgrund der Hochzeit einiges an neuen Buchungen reinbekommen haben. Ich erzähle ihr auch, dass die Polizei mich zu einem weiteren Verhör geladen hat. Ich richte die Frage meiner Mutter aus. Marita will wissen, ob das Geld ausreichend war, und sie sagt, sie habe gar nicht in den Umschlag geschaut.

»Magnus hat sein Leben offenbar wieder im Griff«, erzähle ich. »Seine Wohnung ist tipptopp, und er hat eine neue Handynummer …« Ich halte inne.

»Magnus hat mir ein Video geschickt, Jakob.«

»Er hat was?« Dieses verdammte Arschloch!

»Ich wusste nicht, dass er der Magnus ist, der mit euch am Berg war. Mir gegenüber hat er sich als Markus vorgestellt. Und er hat mir ein Video geschickt, in dem … du und Verena und Em …«

Fuck.

»Und?«, frage ich.

»Und es erzählt die gleiche Geschichte wie du und Verena. Nur dass er *Du schläfst mit dem Mörder deiner Schwester* daruntergeschrieben hat.«

»Ich … ich weiß nicht …«

»Ich weiß, dass das nicht stimmt. Aber warum macht er das?«

»Weil er etwas von mir will. Vielleicht hat er geglaubt, er könnte über dich … aber das ergibt keinen Sinn. Zumal er mir erzählt hat, sein Handy wäre geklaut worden.«

»Dann hat er dich vermutlich angelogen, Jakob.«

»Ja …«

»Es tut mir leid. Das alles. Dass wir Emilia nie fragen werden können, ob sie Leo absichtlich …« Sie bricht ab, und ich weiß, was jetzt kommt. Ich wusste die ganze Zeit, dass sie mir diese Frage stellen wird. »Wirst du das der Polizei sagen? Dass Emilia Leo gestoßen hat?«

»Nein.«

»Aber es würde dich endgültig entlasten.«

Auch das habe ich erwartet. Ich atme tief ein und aus. »Ja, schon. Nur ist meine Aussage damit eine Falschaussage und …«

»Und was?«

»Wie wäre das für deine Familie, Aurora? Was würde es mit Ems Andenken machen?«

»Du würdest es meinetwegen nicht tun?«

»Auch.«

»Ich möchte, dass ihr das klärt. Sagt die Wahrheit. Nur dann seid ihr auch nicht mehr angreifbar. Ich stehe hinter dir. Und hinter Nena.«

»Ich hab noch hundertfünfzig Kilometer«, sage ich.

»Hundertfünfundvierzig«, erwidert sie.

Eine Weile ist es still. Ich überhole einen Holztransporter, Aurora summt zu einem Lied, und ich frage sie nach dem Radiosender, damit wir zusammen summen können.

»Meine nächste Ausfahrt ist Grigno.«

»Meine auch!«

»Rausfahren?«

»Rausfahren.«

»Wie finden wir uns?«

»Das ist sicher nicht groß. Marktplatz?«

Aber dann gibt es gar keinen Marktplatz in Grigno, nur eine alte Scheune, vor der man notdürftig parken kann. Ich fahre dreimal im Kreis, bis ich die Stelle finde, die Aurora mir beschreibt.

Sie steht in der Tür des Vans, Alabaster neben ihr, und streckt mir grinsend zwei Blechtassen entgegen. »Ich hab jetzt zwei.«

»So weit hast du mich also gebracht.« Ich lache.

»Hi.«

»Hi.«

Sie steht auf der Stufe, ich darunter, wir sind exakt gleich groß. Langsam stupse ich sie mit meiner Nase an.

»Es ist Sommer, und wir sind in Italien. Wir haben Kaffee und Blechtassen«, murmelt sie.

»Und uns«, ergänze ich.

»Und uns.«

»Wir könnten bleiben.«

»Oder weiterfahren.«

»Ich darf das Land nicht verlassen«, sage ich leise.

»Grigno ist schön.«

»Abartig schön«, behaupte ich. »Wenn auch nicht abartig grün.«

Sie lacht, während ihre vibrierenden Lippen die meinen berühren. Auf einmal ist etwas anders. Sie ist weg, diese imaginäre Felsspalte, die es vielleicht immer gibt zwischen zwei Menschen. Und unterschiedlichen Lebensentwürfen. Selbst bei Menschen, die sich lieben. Wie ich sie. Und sie mich. Glaube ich. Sie ist für einen Moment verschwunden. Und das reicht. Den Rest müssen wir auszuhalten lernen.

Dann sagt sie den schönsten Satz überhaupt. »Lass uns nach Hause fahren. Ich will nach Hause, an den Felsenhimmel.«

Erste Sprachnachricht

Scheiße! Wo bist du? Das ist nicht witzig. Laut meiner App bist du seit Tagen in einer Tankstelle. Und jetzt ist das Signal einfach weg. Das kann doch nicht sein!

Dein Van ist weg. Wie kann dein Van weg sein? Ich hab doch extra das Messer … Du hättest da nicht rausfahren können, ohne dir den Reifen zu zerschlitzen. Scheiße.

Das kannst du nicht bringen. Ich mache mir Sorgen um dich!

Oder … machst du das absichtlich?

Du hast den Aufkleber doch gefunden, oder?

(Lautes Atmen)

Du warst oben, oder? Am Felsenhimmel. Aber ich hab dir doch den Aufkleber … hast du den nicht gefunden?

Okay. Okay, wahrscheinlich hast du recht. Ich … fuck, ich hasse Sprachnachrichten. Aber dein Handy ist seit einer halben Stunde durchgehend besetzt. Ich komme nicht durch. Das ist so typisch für dich, das Anklopfen auszustellen. Oder hast du diese Nummer blockiert? Ich mache mir Sorgen um dich, Kleine.

66

Aurora

;

Jakobs Rücklichter leuchten mich durch den Regen. Ich halte mich an ihnen fest, während wir uns Kilometer für Kilometer hintereinander herfahrend dem Felsenhimmel nähern.

Mein Handy, das noch immer vor mir auf der Ablage liegt, zeigt neue Nachrichten in der Vorschau.

»Hey, Siri«, sage ich. »Spiel mir die Nachrichten vor.«

»Ich spiele dir die Sprachnachrichten von Markus vor«, sagt Siri.

Magnus? Der in meinem Handy natürlich noch als Markus eingespeichert ist. Er hat Jakob also wirklich angelogen.

Aber das, das ist nicht Magnus' Stimme. Das ist die eine Stimme, die ich nie wieder zu hören glaubte. Warum … warum schickt mir Magnus Nachrichten von meiner Schwester? Das ist Ems Stimme. Man kann so etwas fälschen heutzutage.

Magnus wurde das Handy geklaut.

Ein AirTag an mein Auto zu kleben, das ist etwas, das zu Emilia passt.

Ich verreiße das Lenkrad des Vans, er fängt zu schlingern an, der Seitenwind drückt mich in Richtung Leitplanke. Der Regen auf der Straße tut ein Übriges, um mich ins Rutschen zu bringen. Die Karosserie des Vans streift quietschend über das Metall der Leitplanke. Eine Wunde im Lack, ein Riss durch mein Herz.

»Siri«, zittere ich. »Siri, wiederhole die Nachricht.«

»Ich habe dich leider nicht verstanden.«

»Siri, wiederhole die Nachricht!«, schreie ich und lenke mit nassen Fingern den Van wieder zurück auf die Fahrbahn. Hinter mir hupt es laut. Vor mir leuchten die Warnblinker von Jakobs Lieferwagen.

Und Siri wiederholt. Erbarmungslos füllt die lebendige Stimme meiner toten Schwester den Innenraum meines Zuhauses, flutet ihn, überschwemmt mich. Siri spielt mir fünf weitere Sprachnachrichten vor.

Mein Fuß ist vom Gaspedal gerutscht, wieder hupt es. Ich lenke den Van nach rechts, weiter nach rechts, stoppe und gebe wieder etwas Gas.

Was tue ich hier? Das muss aufhören. Auf dem Seitenstreifen bleibe ich leicht schräg stehen, bremse noch gerade rechtzeitig, ehe der Van auch rechts die Leitplanke crasht. Meine Bewegungen danach sind zäh wie Honig. Ich bin eine Masse aus dickflüssiger Angst und einer Hoffnung, die mein Inneres streichelt wie eine Feder.

Ich tippe auf meine Kontakte, wähle »Markus« und beobachte meine eigene Hand, die das Handy an mein Ohr drückt, um diesem Spuk ein Ende zu machen oder … oder … den Rest wage ich nicht zu denken.

»Hallo, Kleine«, sagt Em am anderen Ende. »Hab ich dich erschreckt?«

Quellen zu Auszügen aus Songtexten:

Kapitel 13: »My life meant nothing at all, In shreds, I stare down at the street, Yearning for sleep, That blissful escape« aus *In Shreds* von The Chameleons.

Kapitel 14: »Fever dream high in the quiet of the night … You know that I caught it …« aus *Cruel Summer* von Taylor Swift.

Kapitel 22: »Komm mit mir ins Abenteuerland, die Reise kostet den Verstand« aus *Abenteuerland* von Pur.

Kapitel 23: »Feel myself falling to the ground, solitary silence, there is no sound« aus *View from a Hill* von The Chameleons.

Zitat zu Beginn und Kapitel 36: »I love you, it's ruining my life« und »I loved you for only a fortnight« aus *Fortnight* von Taylor Swift.

Kapitel 50: »Ich bin das Problem. Ich bin es.« Übersetzung aus einer Textzeile aus *Anti Hero* von Taylor Swift.

Danksagung

Nach den *Breaking Waves* hat es eine Weile gebraucht, bis ich mich in diesem völlig anderen Setting heimisch gefühlt habe. Die Surfbretter haben mir ein wenig gefehlt, aber schnell war die Euphorie für die atemberaubende Landschaft der Dolomiten und italienischen Naturparadiese da. Und jetzt weiß ich, dass das nötig war. Wie bei Aurora, die den Felsenhimmel auch erst als ihr Zuhause entdecken musste. Sie ist ebenfalls vom Meer in die Berge gereist und hat ihr Glück gefunden. Jetzt, da ich diese Zeilen schreibe, haben sich Jakob, Aurora, Nena, Mika, Kit, Adam und Co. bereits fest in mein Herz geschraubt. Ich hoffe, es ist euch auch so ergangen und der Cast von *Red Summer* ist für euch eine »Found Family« geworden. Auf diesem ein wenig steinigen Weg hoch in die norditalienischen Alpen hatte ich die beste Begleitung, und vielleicht ist es beim Schreiben auch wie beim Bergsteigen: Man geht nur mit Leuten, denen man vertraut. Zum Glück gibt es davon eine ganze Menge in meinem Leben.

Meine Agentin Franziska Hoffmann. Mit dir würde ich nicht nur auf die höchsten Gipfel klettern, dir ist zu verdanken, dass ich ganz zu Beginn dieses Schreibprozesses nicht abgestürzt bin. Danke für deine Unterstützung, deinen unersetzlichen Rat, deine Freundschaft. Du bist mein erstes Mittel gegen Höhenangst und Schreibtaumel.

Meine Lektorin Margit Schulze, unser fünftes Buch, kannst du es glauben? Du reichst mir die Hand, wenn ich es manchmal ein bisschen textlich übertreibe, und ich darf sie ausschlagen, wenn mir bestimmte Stellen wichtig sind. Du bist jemand, der den Berg nicht nur hochwandert, du sprintest, und deine Energie ist wahnsinnig wichtig und so ansteckend. Herzlichen Dank für alles! Inzwischen sind wir ein so eingespieltes Team, dass du sogar zweimal menschliches »Schnauben« unkommentiert hast durchgehen lassen. Schön, dass es dich gibt.

Vielen Dank an Katharina und Melina, an Juliane und Agnieszka, an Annemarie, Sabina, Stephanie, Linda, Gina und alle anderen wunderbaren Menschen vom Verlag. Mir kommt es vor, als würden wir uns bereits viele Jahre mehr kennen, als es eigentlich der Fall ist. Ihr seid mir so sehr ans Herz gewachsen, und jede einzelne von euch macht einen fantastischen Job. Ich möchte euch nicht missen.

Danke an Kyra Groh. Du hast als eine der Ersten bereits den Anfang dieses Buches gelesen und mir das wichtigste Feedback gegeben, als ich gezweifelt habe. Danke für die Lachmomente zwischendurch, für gemeinsame guilty pleasures und das Gefühl, mit den Verrücktheiten dieser Branche nicht allein zu sein.

Danke an Kathinka Engel, für den unersetzlichen Austausch mit dir und deinen Blurb für dieses Buch. Du bist wunderbar. Wie schön, dich kennen zu dürfen.

Danke an Lilly Lucas, für deinen Support, deine Hilfsbereitschaft in allen Lebens- und Schreiblagen und einfach dafür, dass es dich gibt.

Danke an Angela Kirchner, du Herz durch und durch. Auch wenn wir uns viel zu selten sehen, bist du da, und ich bin glücklich, dich zu kennen.

Danke an Carina Schnell, einen der liebenswertesten Menschen, die ich in dieser Branche kennenlernen durfte.

Danke an Antonia Wesseling, stellvertretend für andere liebe Menschen aus der Forever-Bubble. Schön, dass es euch gibt und wir uns über so vieles so offen austauschen können.

Mein Cast im *echten* Leben hat sich nicht verändert, und das ist verdammt beruhigend, und ich bin mehr als dankbar dafür, auch in dieser Danksagung die gleichen Menschen erwähnen zu dürfen, die diesen doch nicht immer geradlinigen Weg meiner Autorinnenkarriere und meines ganz privaten Lebens mit mir gegangen sind.

Danke an meine Schwestern Teresa und Luisa sowie meine Tante Susi, ihr seid die Fallschirme in meinem Leben. Danke, dass ihr mich in allen Lebenslagen immer wieder bereitwillig auffangt.

Meine Lebensversicherung ist kein Seil, sondern meine Familie. Danke, Tom, T. und M., dass ihr Farbe, Wind und Sonne, Berg-und-Tal-Fahrten in mein Leben bringt. T. und M., herzlichen Dank, dass ich nach jedem Besuch in den (anstrengenden!) Bergen wieder weiß, warum es eine bessere Idee ist, mit euch beiden ans Meer zu fahren ☺.

Danke, Mama. Wie immer suche ich an dieser Stelle am längsten nach den richtigen Worten, die es schon lange nicht mehr gibt.

Weil du sie nicht mehr hören kannst. Aber ich kann's nicht sein lassen. Denn ohne dich gäbe es mich nicht.

Danke, Papa. Du bist zwar ganz bestimmt keine Leseratte, aber der mit den verrücktesten Abenteuerträumen und ziemlich viel Fantasie. Ich schätze, das hab ich von dir.

Danke an meinen Cousin Pascal und seine Freundin Jana, die mir vor einigen Monaten einen AirTag mitgebracht haben, damit ich meine Kinder beim Skifahren orten kann und dank dessen nervigen Gepiepses in der Schublade ich auf die Idee mit Auroras AirTag kam.

Danke an meine Freundinnen:

Allen voran Christiane Blos, der dieses Buch gewidmet ist. Du bist mein Fels in der Brandung, aber einer, von dem ich nicht abstürzen kann.

Danke an Tamaris, nicht zuletzt für bekloppte Reels, die mich in trübsinnigen Momenten zum Lachen bringen.

Danke an Jani, Isi, Naddel, Nicole, Corinna, Heike und Isabell.

Danke an Seli, die die Berge wahrscheinlich noch mehr liebt als alle fiktiven Menschen in diesem Buch. Danke für die fantastischen Bilder deiner vielen Bergtouren.

Helena, Franzi, Christine, Manon und Christiane: Da war zwar so manches Buch im Club ein Flop, aber ihr alle seid 10/10 und fünf Sterne plus.

Danke an Melina L., für die ich auch gern mal bei Sonnenschein in einer Regen»wolke« stehe ☺.

Danke an Kirsten, Katharina, Theresia, Franzi, Silke und Christiane und alle meine lieben Kolleginnen und Kollegen aus der »anderen« Arbeitswelt.

Herzlichen Dank an Powerfrau Dorothea Mahlknecht vom Waldhof in Meran für das lange, ausführliche Interview und die geduldig beantworteten Fragen zum Leben in Südtirol, der Leitung eines Resorts und den Besonderheiten der Region.

Bis zum Schluss aufgespart habe ich meinen Dank an meine lieben Leser:innen. An jene, die vom ersten Buch an dabei sind, und an jene, die mit diesem Roman vielleicht das erste Buch aus meiner Feder lesen. Danke dafür, dass ihr unter all den vielen Büchern zu meinem gegriffen habt.

Herzlichen Dank an alle Blogger:innen, Bookstagrammer:innen und TikToker:innen für euren Support, unglaublich kreative Videos und die Power, mit der ihr jeden Tag aufs Neue zeigt, wie schön und wichtig Lesen ist.